REDES DE PESQUISA
Comunicação em perspectiva

Conselho Editorial

Alessandra Teixeira Primo – UFRGS

Álvaro Nunes Larangeira – UFES

André Lemos – UFBA

André Parente – UFRJ

Carla Rodrigues – UFRJ

Cíntia Sanmartin Fernandes – UERJ

Cristiane Finger – PUCRS

Cristiane Freitas Gutfreind – PUCRS

Erick Felinto – UERJ

Francisco Rüdiger – UFRGS

Giovana Scareli – UFSJ

Jaqueline Moll – UFRGS

João Freire Filho – UFRJ

Juremir Machado da Silva – PUCRS

Luiz Mauricio Azevedo – USP

Maria Immacolata Vassallo de Lopes – USP

Maura Penna – UFPB

Micael Herschmann – UFRJ

Michel Maffesoli – Paris V

Moisés de Lemos Martins – Universidade do Minho

Muniz Sodré – UFRJ

Philippe Joron – Montpellier III

Renato Janine Ribeiro – USP

Rose de Melo Rocha – ESPM

Simone Mainieri Paulon – UFRGS

Vicente Molina Neto – UFRGS

REDES DE PESQUISA
Comunicação em perspectiva

Orgs.
Juremir Machado da Silva
Roberto Tietzmann
Antonio Hohlfeldt
Cristiane Freitas Gutfreind

Editora Sulina

Copyright © Autores, 2023

Capa: Like Conteúdo
Projeto gráfico e editoração: Niura Fernanda
Revisão: Simone Ceré

Editor: Luis Antonio Paim Gomes

Dados Internacionais de Catalogação na Publicação (CIP)
Bibliotecária Responsável: Denise Mari de Andrade Souza – CRB 10/960

R314

    Redes de pesquisa: comunicação em perspectiva / Organizado por Juremir
       Machado da Silva...[et al.]. – Porto Alegre: Sulina, 2023.
       408 p.; 16x23cm.

       Outros organizadores: Roberto Tietzmann, Antonio Hohlfeldt e Cris-
    tiane Freitas Gutfreind.
       ISBN: 978-65-5759-097-3

       1. Meios de Comunicação. 2. Jornalismo. 3. Comunicação Social –
    Pesquisas. 4. Sociedade da Informação. 5. Mídia. I. Silva, Juremir Machado
    da. II. Tietzmann, Roberto. III. Hohlfeldt, Antonio. IV. Gutfreind, Cristiane
    Freitas.

CDU: 070
316.77
CDD: 301.16
302.23

Todos os direitos desta edição reservados à
EDITORA MERIDIONAL LTDA.

Rua Leopoldo Bier, 644, 4º andar – Santana
Cep: 90620-100 – Porto Alegre/RS
Fone: (0xx51) 3110.9801
www.editorasulina.com.br
e-mail: sulina@editorasulina.com.br

Janeiro/2023
IMPRESSO NO BRASIL/PRINTED IN BRAZIL

Sumário

Apresentação 9

IMAGENS E IMAGINÁRIOS

Passagens imaginárias (Convencimento e consequência).............. 17
Juremir Machado da Silva

**A beleza da vida cotidiana: mídia, estética e
imaginação contemporâneas** 27
Vincenzo Susca

O filme político-militante no Brasil contemporâneo 45
Cristiane Freitas Gutfreind

**A imagem compartilhada: forma arquetípica e cultura
na experiência cotidiana** 59
Fabio La Rocca

PODERES E CONTRAPODERES

Gênese da imprensa cubana: o terror dos tiranos 83
Antonio Hohlfeldt, Eduardo Comerlato

**As experiências de mediação social nas periferias
dos centros: das rádios comunitárias às expressões
da arte em Cabo Verde** 105
Silvino Lopes Évora

Misoginia e desinformação: ataques do Presidente Jair Bolsonaro a mulheres jornalistas...........131
Thalita Albano Duarte Moura, Ana Regina Rêgo

Comunicação e historicidade do presente..........151
Marialva Barbosa

Exortação e pobreza..........173
Jacques A. Wainberg

O protagonismo feminino na gênese do jornalismo operário brasileiro: um campo de pesquisa em aberto..........185
Álvaro Nunes Larangeira

MÉTODOS E DESCONSTRUÇÕES

Método e metodologia: reflexões necessárias..........203
Cleusa Scroferneker

Propuestas teórico-metodológicas para el estudio de la comunicación digital organizacional..........217
Rebeca Illiana Arévalo Martínez, Rogelio Del Prado Flores

Relações entre redes móveis e o metaverso: estudos iniciais sobre métodos e abordagens..........229
André Pase, Eduardo Pellanda

***Esports* móveis: panorama e lacunas em uma agenda de pesquisa internacional**..........245
Tarcízio Macedo, Suely Fragoso

Entre tradição e contramodernidade: proposta de um modelo para a investigação do atravessamento da circulação midiática e da circularidade do afro na diáspora.......................... 271
Deivison Moacir Cezar de Campos

Controvérsias e interdições ao debate estético na esfera pública 289
Gabriela Machado Ramos de Almeida

TELAS, DISPOSITIVOS E SERES HUMANOS

A didática das telas: estratégias do telejornalismo no combate à desinformação em ano eleitoral 311
Christina Ferraz Musse, Cristiane Finger, Fernanda Lília de Almeida

Ao final de tudo: informação 327
Cárlida Emerim

Contemplação, ação e imersão: uma exploração de três sentidos das imagens técnicas em narrativas 349
Roberto Tietzmann

"Ele consegue saber do que eu gosto": a percepção da audiência sobre algoritmos e sistemas de recomendação em plataformas de streaming 363
Vanessa A. D. Valiati

A inovação mais aguardada: (re)tornar a *ser humano* 375
Cristiane Mafacioli Carvalho

Cartografia(s) no campo da publicidade 389
Juliana Petermann

Apresentação

Pesquisar é explorar o mundo com uma curiosidade organizada, seguida pelo desejo de comunicar a outros o que se encontrou. Tem parte de uma atividade solitária, vinculada aos pontos de vista de cada pesquisador, os objetos que escolhe e a seleção de referências teórico-metodológicas. Esta obra se destina a conectar esses pontos, sendo a expressão tangível de redes de pesquisa entre investigadores e investigadoras de diversas instituições e nações. Como em todas as redes, desde aquelas usadas na pesca até as suas metáforas digitais, nem sempre os nós e ligações que fazem a trama de uma rede estão lado a lado, mas conectados através de semelhanças, diferenças, perguntas e objetos.

Assim convidamos você a abordar esta rede a partir de qualquer ponto, mas saboreá-la por inteiro percorrendo seus capítulos e conexões. O aspecto linear que um livro sugere é apenas uma limitação dos meios físicos, uma interface de papel criada para facilitar ergonomicamente a manipulação do conteúdo. A curiosidade dos pesquisadores, asseguramos, é muito maior e diversas conexões surgirão. Neste volume, batizado de *Redes de pesquisa: comunicação em perspectiva*, reunimos capítulos organizados em quatro grandes áreas: "Imagens e imaginários", "Poderes e contrapoderes", "Métodos e desconstruções" e "Telas, dispositivos e seres humanos".

Juremir Machado abre a primeira seção do livro, que tematiza "Imagens e imaginários". Em seu capítulo, revisita as conexões entre o imaginário e o contemporâneo em suas diversas possibilidades de interpretação a partir de autores inspiradores como Baudrillard, Benjamin, Heidegger e Maffesoli, sem a pretensão de encontrar um ponto final, mas de abrir a polissemia de debates que é empreendida ao longo dos capítulos. As conexões com o texto de Vincenzo Susca são muitas, preocupando-se com a transitoriedade do conceito de beleza em um cotidiano marcado pela reprodutibilidade técnica e sua redescoberta transmutada na experiência individual e coletiva.

A reprodutibilidade técnica, base do cinema, está no centro do capítulo escrito por Cristiane Freitas, que relembra e discute a história política recente do Brasil através de filmes político-militantes contemporâneos e a complexa trama de posicionamento e interpretação que elaboram. Fechando esta primeira seção, temos o capítulo de Fabio La Rocca, que se debruça sobre a abundância de imagens multiplicadas pelas técnicas e tecnologias contemporâneas e a atualização dos imaginários que tais contextos potencializam e representam. Mesmo que o imaginário seja maior e anterior às tecnologias, é ao mesmo tempo nó e vínculo da rede e assim influenciador e influenciado pelas dinâmicas que as tensionam.

Abrindo a segunda seção de capítulos, intitulada "Poderes e contrapoderes", temos o texto de Antonio Hohlfeldt e Eduardo Comerlato, que nos convida a uma visita à imprensa cubana dos séculos XVIII e XIX. Ilha disputada política e geograficamente, teve em seus jornais uma crônica com narrativas do cotidiano e fortes posicionamentos. Silvino Évora, por sua vez, leva o foco de seu texto da América para a África ao refletir sobre as experiências de comunicação que são desenvolvidas fora dos fluxos dos *mass media* nacionais e internacionais. Ao discutir as experiências das rádios comunitárias de Cabo Verde e seu papel na integração de uma cultura desenvolvida na periferia dos centros urbanos, encontra intervenções positivas para o desenvolvimento local alinhado com os conceitos da Folkcomunicação.

A comunicação e o jornalismo frequentemente são campos de embates entre culturas e imaginários. O capítulo de Thalita Moura e Ana Rêgo é pautado pela violência simbólica cometida e estimulada pelo presidente Jair Bolsonaro a mulheres jornalistas. Utilizando três casos como referência, o texto reflete sobre avanços e retrocessos no debate público no Brasil contemporâneo.

Os diálogos constantes entre o passado colonial e o presente decolonial, entre o relato histórico e as narrativas ágeis e efêmeras do jornalismo e das outras formas de comunicação apontam caminhos que levam ao capítulo de Marialva Barbosa. Ao discutir processos de comunicação no contemporâneo a partir de uma dimensão histórica, a autora problematiza o uso ingênuo de tais conceitos e indica caminhos para a reflexão a respeito.

As disputas e embates dos poderes e contrapoderes ganham uma dimensão simbólica no capítulo de Jacques Wainberg, que analisa com um olhar provocador os apelos à ação presentes em cartazes feitos por pedintes. A luta por visibilidade, presente em diversos sinais de trânsito pelo país, também envolve comunicação.

Uma temática tradicional da luta de classes destaca as disputas entre patrões e empregados por melhores condições de trabalho. O capítulo de Álvaro Larangeira situa um aspecto menos difundido do jornalismo operário brasileiro na transição do século XIX para o XX: o protagonismo feminino na formação desse campo da imprensa nacional.

Abrindo a terceira seção, sobre métodos e desconstruções, o texto de Cleusa Scroferneker problematiza e questiona diversos métodos e metodologias utilizados na pesquisa em comunicação organizacional. Mais do que certezas, a construção do conhecimento é feita de contínuas perguntas. Questões essas que têm continuidade no texto seguinte, de Rebeca Arévalo Martínez e Rogelio Del Prado Flores. Os autores lançam um novo olhar sobre as propostas teórico-metodológicas para o estudo da comunicação organizacional, em especial em seus aspectos de mídias digitais em um contexto ainda marcado pela pandemia de Covid-19.

A presença das redes sociais no cotidiano vem sendo complementada pela atenção crescente dedicada a mídias imersivas. No capítulo de André Pase e Eduardo Pellanda, as linhas de desenvolvimento desses campos são investigadas e os autores refletem sobre combinações emergentes entre as áreas e a elaboração de metodologias de análise capazes de dar conta de tais objetos.

A preocupação com objetos de comunicação que se aproximam do *mainstream* está presente também no capítulo de Tarcízio Macedo e Suely Fragoso. A audiência dedicada a transmissões de esportes eletrônicos competitivos tem alcançado canais de televisão no Brasil, afastando-se de um interesse de nicho restrito à internet. O texto reflete sobre pesquisas que tematizam esse objeto, questionando presenças e ausências nas abordagens.

O capítulo de Deivison de Campos apresenta a proposição de um modelo desenvolvido para cartografar e analisar o processo de circulação midiática de produtos simbólicos produzidos nas culturas negras e as estratégias de comunicação, territorialização e reconfiguração dessas culturas em diáspora nos processos de consumo.

Fechando a terceira seção do livro, o artigo de Gabriela de Almeida discute produtos presentes na cultura pop como provocadores de debates estéticos no presente, considerando as condições atuais da esfera pública, que tem plataformas digitais como espaços de fala e regulação de mediações com práticas nem sempre evidentes.

A quarta seção deste livro conduz os conceitos e panoramas históricos elaborados previamente a discussões sobre objetos de estudo, conflitos e pragmáticas do tempo presente. A rede de pesquisas e pesquisadores se aproxima da comunicação no contemporâneo, refletindo sobre o jornalismo, as plataformas de *streaming*, a publicidade e outras tantas imagens técnicas ao nosso alcance.

O capítulo que abre esta seção, escrito por Christina Musse, Cristiane Finger e Fernanda de Almeida, analisa as estratégias dos telejornais durante o ano eleitoral de 2022 dedicadas a desmentir a desinformação, refletindo uma problemática contemporânea de que não basta buscar comunicar através do jornalismo, mas também qualificar o fluxo informacional como um todo. O texto seguinte, de autoria de Cárlida Emerim, dialoga diretamente com o anterior ao refletir sobre o excesso de mensagens em circulação nas diversas telas e meios atuais, situando que, ao fim e ao cabo, a busca por informação de qualidade passa pela valorização do jornalismo em quaisquer contextos.

Narrativas mediadas por imagens técnicas são o assunto do próximo capítulo, escrito por Roberto Tietzmann. O texto parte de uma noção de que narrativas e tecnologias são algo potencialmente interligado, ainda que distinto, e explora três sentidos frequentes no contato com tais conteúdos, a contemplação vinda da arte, o apelo à ação em jogos digitais e a imersão em realidade virtual e derivados dela. O registro e circulação digital dessas imagens nos leva ao texto de Vanessa Valiati. Produzidas, transmitidas e organizadas por plataformas de *streaming* de vídeo, o capítulo investiga os algoritmos que estão entre a curiosidade dos espectadores e as obras, uma mediação que influencia oferta e demanda.

Dois olhares sobre a publicidade completam esta seção. O primeiro deles, escrito por Cristiane Mafacioli Carvalho, reflete sobre pesquisas desenvolvidas em rede que valorizam o humanismo em meio a um contexto comunicacional publicitário saturado pela tecnologia. Fechando a edição, o capítulo de Juliana Petermann faz uma cartografia da pesquisa em publicidade, considerando os desafios para refletir e promover uma sociedade mais inclusiva e democrática.

E assim desejamos uma ótima leitura!

Juremir Machado da Silva
Cristiane Freitas Gutfreind
Roberto Tietzmann

Organizadores

Imagens
e imaginários

Passagens imaginárias
(Convencimento e consequência)

Juremir Machado da Silva[1]

O pensamento é também aquilo que liberta a ideia. Fazer ensaio tornou-se inadequado. Pecado quase mortal da atividade acadêmica. Paradoxalmente ensaístas são citados de modo exaustivo como fontes de inspiração, o que também, numa perspectiva irônica, pode atender pelo nome de referencial teórico. *Passagens*, de Walter Benjamin, está certamente entre os textos mais inspiradores de uma época[2]. Uma prova disso pode estar nesta citação: "Somente um observador superficial pode negar que existem correspondências entre o mundo da tecnologia moderna e o mundo arcaico dos símbolos da mitologia" (2007, p. 503).

Quais são essas correspondências? Cada um poderá fazer o exercício dessa fixação. Ponte e interdição. Comunicação e preclusão. O imaginário, nesse sentido, funciona como uma alavanca: eleva a base da reflexão misturando-a com a fantasia. Em "observador superficial" predomina a desqualificação, que obriga o leitor ou o argumentador a fazer o exercício da prova. Benjamin, no caso, adianta a prova, dando-a como pressuposto. O ensaísta sem preconceitos pode, contudo, facilmente formular hipóteses que demonstrem essa relação entre a tecnologia e os símbolos da mitologia arcaica. Nessa inversão dos termos, propõe-se que mais correspondências aparecem entre o mundo da tecnologia e mundo dos símbolos das mitologias contemporâneas.

A tecnologia serve de totem. Em torno dela pode haver comunhão e exorcismo. Embora tenha materialidade incontestável, um totem, como metáfora, já é símbolo e mitologia pura. Tecnologia é aquilo que une

---

[1] Historiador, jornalista, doutor em sociologia pela Sorbonne, professor do Programa de Pós-Graduação em Comunicação da Pontifícia Universidade Católica do Rio Grande do Sul (PUCRS). Coordenador da Rede JIM (Jornalismo, Imaginário e Memória) e do projeto Réseaux Sociaux, Imaginaire et Quotidien – France – Brésil.
[2] Sobre a relevância desse intelectual, vale conferir o dossiê sobre Walter Benjamin publicado na revista *Sociétés*, Paris, DeBoeck, n. 155, 2022. Em especial o texto de La Rocca, Fabio, "Walter Benjamin: constelação de um pensamento em fragmentos", p. 11-33.

separando. Símbolos e mitos aproximam virtualmente. Outra frase de Benjamin pode prestar-se melhor a esta prospecção: "A loja de departamentos é a última passarela do flâneur" (2007, p. 47). Por um lado, afirmação simbólica de uma época arcaica. Benjamin foi um pensador prolífico do "entre-guerras", figura marcante de um marxismo heterodoxo, passante entre as frestas da ciência materialista histórica, cuja história também teve o seu tempo e sua magia.

E se pensar for exatamente a possibilidade de passar? A última passarela do flâneur ontem era o shopping center concreto. Hoje, as galerias virtuais desmaterializam o consumo, mas muito mais o seu pagamento. Resta algo de arcaico no produto consumido, salvo quando ele é simbólico, essa fortaleza imaginária da pluralidade de sentidos. O passante benjaminiano passeava num universo físico. Estava preso na concretude da cidade da sua época, amarrado às suas possibilidades de classe, liberado, contudo, pela imaginação capaz de arrancá-lo do torpor da produção. Só o consumidor justifica a existência do produtor. Eis a superioridade do capitalismo do século XXI sobre os seus predecessores. Benjamin fustigava os seus fantasmas: "Com o flâneur a intelectualidade encaminha-se para o mercado" (2007, p. 47).

O intelectual oscila entre suas impossibilidades. O saber atinge sua quintessência na mercadoria. Valor de troca para valor de uso. Valor de uso por valor de troca. Realidade concreta versus valor atribuído. O que vale algo que se apresenta como puro valor? Supremacia da utilidade num universo de introspecção. Se a sentença de Benjamin soa como uma condenação, os significados possíveis passam. O receptor nunca deixa de ser a derradeira esperança de passagem.

Pequeno cristal do todo

Se Walter Benjamin costuma ser usado como fonte de fundamentação argumentativa, o que equivale cada vez mais a argumento de autoridade e legitimação no mercado das ideias, talvez possa ser fator de inspiração metodológica minimalista. Metodologia como meio precário. Caminhada que só se conhece retrospectivamente. Impulsão. Martin Heidegger, no célebre ensaio "A questão da técnica", pavimentou uma estrada sem fim ao garantir que "o caminho é um caminho do pensamento" (2001, p. 11). O passante (flâneur) pensa enquanto passa. Passar é caminhar. Pensar. Benjamin segue essa orientação viária de acordo com seu GPS ideológico, oposto ao do infeliz Heidegger. "A primeira parte desse caminho será aplicar o princípio da montagem. Isto é: erguer as grandes construções a partir de elementos minúsculos, recortados com clareza e precisão. E, mesmo, descobrir na análise do pequeno momento individual o cristal do acontecimento total" (2007, p. 503).

O pequeno momento individual está sempre ao alcance da vista, mesmo ou sobretudo quando o intelectual se encaminha para o mercado, passando entre as vitrines das galerias virtuais ou perambulando pelas redes sociais em busca das pegadas firmes da vida em toda sua emoção, muitas vezes, como não poderia deixar de ser, perversa, pois o coração não sabe distinguir entre o amor e o ódio. Só lhe interessa a força do batimento. A intelectualidade já não se encaminha ao mercado, visto que tudo se tornou mercado. Não é mais necessário se deslocar. A bolha das bolhas, a grande bolha, o mercado, tornou o fim apenas uma mutação.

Se porventura ainda houver acontecimento total, o seu cristal, esse momento individual, célula de um organismo mutante, só pode ser a própria passagem. Note-se que Benjamin fala em "primeira parte desse caminho", o que obviamente pressupõe outro ou outros segmentos. Não interessa aqui procurar o que vem benjaminianamente depois. Basta salientar que o suplício do passante talvez esteja na impossibilidade de terminar a caminhada, sendo obrigado a passar para sempre pelas tantas etapas de um caminho sempre incompleto, até a exaustão da morte. Perspectiva pessimista? Infundada? Possivelmente. O contrário, porém, também se assevera verdadeiro, de uma verdade inexpugnável.

O maior intérprete, querendo ou não, de Walter Benjamin pode ter sido Jean Baudrillard, o "paroxista indiferente", para quem a extinção se daria cada vez mais por saturação. Quando todos são escritores, não há mais escritores. Um arcaico título de Baudrillard, publicado na França em 1978, *À sombra das maiorias silenciosas, o fim do social e o surgimento das massas*, anunciava um desaparecimento e um nascimento, ambos, agora, sepultados. As massas deram lugar aos grupos, às segmentações, aos nichos, às bolhas, às redes sociais, que morrem quando incham, tornando-se massivas, sendo abandonadas por passantes em busca do pequeno cristal do acontecimento total em outras paragens.

Baudrillard (1985, p. 14) destruíra muitas esperanças alertando sobre a involução da imagem: "O mesmo ocorre com a informação. Seja qual for seu conteúdo, político, pedagógico, cultural, seu propósito sempre é filtrar um sentido, manter as massas *sob o sentido*". Teria o genial Jean Baudrillard instituído o fim das massas e da sua procura por sentidos enquanto era instada por ditaduras de todos os tipos a só sentir o permitido? Durante muito tempo, na escala dos tempos mitológicos, as massas foram abastecidas com sentidos, inclusive, ou principalmente, por intelectuais que se propunham a não responder aos mercados. Nesse tempo mítico ainda havia um plural para mercado.

> Num primeiro momento, de fato, a novidade tecnológica produz efeito somente enquanto novidade. Mas logo nas seguintes lembranças da infância transforma seus traços. Cada infância realiza algo grande e insubstituível para a humanidade. Cada infância, com seu interesse pelos fenômenos tecnológicos, sua curiosidade por toda sorte de invenções e máquinas, liga as conquistas tecnológicas aos mundos simbólicos antigos. Nada existe no domínio da natureza que seja por essência subtraído de tal ligação. Só que ela não se forma na aura da novidade e sim naquela do hábito. Na recordação, na infância e no sonho (Benjamin, 2007, p. 503).

Infância e imaginário podem ser considerados sinônimos. De certo modo, a humanidade chegou, enfim, ao apogeu da sua infância, involuindo (ou evoluindo) da velhice abstrata para a totalidade maquínica, quando toda ferramenta se apresenta como brinquedo e toda tarefa exige o seu componente lúdico, ao menos em termos de narrativa. A novidade que deslumbra uns e irrita outros já assumiu a sua habitualidade. Na era da novidade, espaço incomensurável do hiperpassante, tudo se reconstrói como hábito, paradoxalmente hábito da novidade. Viver equivale a brincar. A aura da sociedade tecnológica pode ser renovada a cada momento como uma obsolescência programada. O mercado toma novas formas, cada vez mais tecnológicas, suscitando entusiasmo e temores, como na anedota do cliente que não teria podido consumir por ter esquecido o celular, sendo o cardápio acessível apenas por leitura do *query code*. Para o intelectual aterrorizado com o avanço da tecnologia, passante de vasta caminhada, seria esse o cristal do acontecimento total. Para o encantado com as maravilhas tecnológicas, essa piada não passaria de exagero ou de *fake news*.

Sem uma narrativa legitimadora, metanarrativa aquém e além dos contextos, tudo se perde na impossibilidade de uma demonstração. Resta o par convencimento e consequência. Se alguém é convencido por determinado argumento ou visão de mundo, tenderá, em consequência, a viver de certa maneira e não de outra. Por que foi convencido? Talvez a única resposta honesta seja: não se tem a menor ideia. O próprio convencido, no fundo, não sabe a razão de sua anuência. Sabe que foi pego, capturado, dobrado, conquistado. É tudo. Walter Benjamin não poderia admitir uma tese tão pueril: o convencimento pelos sentidos.

O imaginário de Walter Benjamin equilibrava antagonismos muito fortes: uma fresta para o imponderável, outra para a utopia marxista. Convencimento e consequência. Muitas vezes, nas suas passagens, um não se apresenta tão firme a ponto de levar ao outro. Então, nesses instantes de hesitação, sopra o vento da dúvida que humaniza e transforma. Quando Benjamin (2007, p. 708) diz "experiência de nossa geração: o capitalismo não morrerá de morte natural", está duvidando da dialética? Apressar o parto da revolução sempre foi uma meta de profissionais. Estar convencido dessa necessidade teve consequências que até hoje se fazem sentir e que justificaram vidas e mortes. A racionalidade, ao que consta, embora os racionalistas não o admitam, não se sustenta sem uma boa dose de crença e de mito. O que resta desses amores tão intensos? Um passado, um presente, um futuro?

Imaginário como *magificação*

Se as passagens concretas de Walter Benjamin remetem a essa "Paris, capital do século XIX", as passagens virtuais de Michel Maffesoli levam aos imaginários, territórios da infância eterna, não de infantilizações passageiras, que vão da Paris do século XXI aos confins intemporais da internet, onde se acotovelam passantes à espera das novidades totais dos metaversos, dos quais "Palace" e "Second life" já são vestígios pré-históricos inquietantes ou cristais do acontecimento total, fósseis de 30 anos, junto com disquetes e outros utilitários de vida curta, cada década, na escala virtual, correspondendo a um século do arcaico mundo dito real. Paisagens sem drama povoadas de traços que evocam um passado presente. Se Baudrillard denunciava sem ressentimento saturações e extinções, ou extinções por saturação, algo novo se apresenta quando não há mais lugar para o esquecimento nem espaço para a revogação de uma marca.

O imaginário pode ser visto como "magificação" ou "tecnomagificação"[3]. Michel Maffesoli, leitor arguto de Walter Benjamin e crítico acerbo da intelectualidade que foge das ruas por temer a contaminação do mercado, percebe a entrada em cena de um sagrado pós-moderno, feito de deslumbramentos que passam pela tecnologia:

> C'est dans le même esprit que l'on peut parler d'un « sacral » postmoderne. Forme diffuse d'un sacré ne se réduisant pas à l'ordre du religieux, mais contaminant l'ensemble de la société. Pour inverser le terme proposé par Max Weber qui avait parlé de « désenchantement du monde » comme conséquence du rationalisme moderne, on assiste, sous diverses formes, à un véritable réenchantement de ce même monde (Maffesoli, 2018, p. 11).[4]

Retorno do encantamento do passante com as vitrines das galerias pós-modernas. Reencantamento talvez menos ingênuo do que outrora – pressupondo-se que o passante de antes se iludia com as promessas que lhe eram feitas em livros que não lia –, sem a caução do futuro redimido tão cara a intelectuais marxistas. Havia um pessimismo radical quanto ao presente e um otimismo metafísico quanto ao futuro. O presente, contudo, não passava, imobilizando o passante na camisa de força temporal, prisioneiro de uma miragem, o futuro libertador. Ao viver intensamente aqui e agora, de um presenteísmo trágico se opunha, com seu viés moral, ou moralista, um futurismo dado como inexorável.

---

[3] Cf. o artigo de Susca, Vincenzo, "La technomagie et le quotidien – Sociologie de l'émotion publique". Revista Fameccos: Porto Alegre, v. 24, n. 1, janeiro, fevereiro, março e abril de 2017.

[4] "É com o mesmo espírito que se pode falar de um 'sacral' pós-moderno. Forma difusa de um sagrado que não se reduz à ordem religiosa, mas contamina toda a sociedade. Para reverter o termo proposto por Max Weber, que havia falado de 'desencantamento do mundo' como consequência do racionalismo moderno, estamos presenciando, sob várias formas, um real reencantamento desse mesmo mundo" (tradução nossa).

Encantamento pela imagem, com a imagem, por seus reflexos e imaginários. Virtualização da promessa de emancipação. Se Walter Benjamin via na imagem a "dialética da imobilidade" (2007, p. 504), o passante pós-moderno possivelmente encontre nela o movimento dos corpos que se volatilizam no mundo virtual das redes sociais e atuam como espíritos incontroláveis, para bem ou mal, nesses mundos e submundos da nova ordem imaginária, onde tudo que é sólido se desmaterializa como linguagem, símbolo, narrativa e realização. Não é o sonho que está ausente, mas o seu aparelhamento como passagem, a sua instrumentalização enquanto utopia capaz de remeter para o porvir aquilo que não encontra mais o seu devir, a sua expressão mágica.

Walter Benjamin esboçou uma "teoria do progresso". À sombra das minorias ruidosas que povoam os desvãos da web, o progresso assume diferentes faces, podendo, inclusive, adotar a regressão como forma expressiva radical. Afinal, na raiz, predomina o arquetipal, razão e emoção, amor e ódio, instinto e formatação. A tecnologia de ponta usada para a expressão dos sentimentos mais arcaicos, aqueles que desde sempre constituem o aparelho psíquico do ser humano. Benjamin fala em "consciência onírica" (2007, p. 505). A sua formulação deixa antever um julgamento negativo: "Seria o despertar a síntese da consciência onírica e da antítese da consciência desperta" (2007, p. 505). A consciência onírica, porém, é feita de sonhos e pesadelos. A consciência desperta não seria a anulação mortal dessa outra "consciência", dessa fresta para o imaginário como ponto de fuga?

Progresso e catástrofe

Walter Benjamin nada tinha de otimista vulgar quanto ao futuro. Andou sempre no limite entre a sua crença na emancipação e a sua dúvida existencial como *flâneur* contumaz. Os rastros que deixou em sua escrita fragmentária e provocativa são o pequeno cristal do acontecimento total que foi a sua sofrida caminhada do pensamento.

> O conceito de progresso deve ser fundamentado na ideia de catástrofe. Que 'as coisas continuem assim' – *eis a catástrofe*. Ela não consiste naquilo que está por acontecer em cada situação, e sim

naquilo que é dado em cada situação. Assim Strindberg afirma (em *Rumo a Damasco*): o inferno não é aquilo que nos aguarda, e sim esta vida aqui (Benjamin, 2007, p. 515).

O movimento da história mostrou que a catástrofe também poderia estar no futuro, fazendo da vida lá um novo inferno. Que "as coisas continuem assim" revela, de fato, um problema social incontornável. As astúcias cotidianas dos seres humanos esquecidos da sorte, artimanhas da potência contra o poder, estratégias dos "fracos" contra os poderosos, indicam que, não podendo esperar pelo amanhã, os passantes tratam de viver o possível e o impossível na mesma esfera temporal, despertando a consciência onírica para enfrentar a imagem como suposta "dialética da imobilidade". A ordem parece ser desesperadamente vitalista: viver como der ou puder. Benjamin escreveu em tempos sombrios, à luz de catástrofes passadas, presentes ou prestes a acontecer. Não se pode querer que o sol brilhe à luz de tantas velas.

A catástrofe carrega a sua possibilidade de reversão. Benjamin, como um passante iluminista, mas não necessariamente luminoso, ansiava pelo futuro, única porta capaz de se abrir para o novo: porta e ponte. As suas iluminações, como as de Nietzsche, podem andar em zigue-zague, chocando-se umas com as outras em aparente contradição. Ele precisava domar a sua condição de *flâneur*, submetendo a dialógica do passante à dialética da passagem. Uma, por óbvio, nem sempre cabia na outra. Se ele diz que "o conceito da história universal é um conceito messiânico" e que "a história universal, como compreendida hoje [então], é um assunto de obscurantistas" (2007, p. 528), abrindo uma clareira na mata das generalizações, também afirma que "o presente determina no objeto do passado o ponto onde divergem sua história anterior e sua história posterior, a fim de circunscrever o seu núcleo" (2007, p. 518). O presente, contudo, não passa. É vivido.

Se Heidegger sustentava que o "questionamento trabalha na construção de um caminho (2001, p. 11), Benjamin trilha esse caminho em construção. Não o faz em linha reta. Não há linearidade no caminho e na caminhada. A forma por excelência do caminho é curva. A técnica, que hoje se diz tecnologia, ainda é denunciada como ferramenta de manipulação, isolamento e dominação. A sua "essência" continuaria não sendo técnica, não havendo neutralidade nem mera concepção instrumental. O computador, usado ou não por este ou aquele, afeta a existência total do seu tempo, pequeno cristal de uma tempestade. Para uns, de uma catástrofe. Para outros, de um reencantamento do mundo.

Qual o caminho construído? Quais os questionamentos ainda necessários para que o caminho se transforme em ponte para esse momento no qual as "coisas" possam não continuar sendo o que são? Benjamin imortalizou o problema da perda da aura na era da reprodutibilidade técnica. Não era uma catástrofe. Haveria arte, como o cinema, sem a aura do objeto único, singular, experiência artesanal de um momento criativo. A aura, porém, sempre ressurgiu por outros caminhos. Se os gregos estavam condenados pelas suas condições tecnológicas a produzir objetos artísticos únicos, com aura, os homens da globalização parecem condenados a viver o presente como passantes. Tudo lhes é permitido e nada ficará para sempre, entendendo-se por sempre o espaço de uma ambição realizada ou simplesmente exposta.

Para Benjamin (2007, p. 515), que polvilhava suas páginas de anotações com imagens, conceitos e verdades definitivas, ou quase, em vertigens de provocações, evocações e invocações, "ser dialético significa ter o vento da história nas velas", sendo que "as velas são os conceitos". Mas, alerta, "não basta dispor de velas", pois "o decisivo é arte de posicioná-las". Quem melhor fez esse posicionamento talvez tenha sido o grande poeta brasileiro Belchior: "Vida, vento, vela, leva-me daqui". Só não há certeza de ser para o futuro.

Referências

BAUDRILLARD, J. *À sombra das maiorias silenciosas*: o fim do social e o surgimento das massas. São Paulo: Brasiliense, 1985.

BENJAMIN, W. *Passagens*. Belo Horizonte: UFMG, 2007.

HEIDEGGER, M. *Ensaios e conferências*. Petrópolis: Vozes, 2001.

MAFFESOLI, M. "Considérations sur le sacral postmoderne". *Sociétés*, Paris, DeBoeck, n. 139, p. 7-17, 2018.

A beleza da vida cotidiana:
mídia, estética e imaginação contemporâneas[1]

Vincenzo Susca[2]

A beleza de qualquer tempo é sempre um indicador valioso do espírito da época. Em outras palavras, a estética que preside o estar junto é causa e efeito de uma atmosfera, de uma *Stimmung*, de um modo de estar no mundo, de estar com o outro. No mistério que cobre a nossa relação com o belo[3], está sempre inscrito o nosso modo de compreender o justo, o verdadeiro e o bom. Essa estrutura também identifica as instituições, a comunidade e outras formas sociais das quais estamos próximos e consideramos credíveis. Eis o poder do sentimento[4]: partilhar com o outro uma sensação estética, uma emoção ou uma paixão é delinear os enquadramentos, as imaginações e a sensibilidade de um corpo social.

A faísca que desencadeia e serve de pródromo à mudança de paradigma que vivemos remonta à fase em que se inicia a reprodutibilidade técnica da obra de arte. Esse acontecimento aparentemente insignificante, que é simplesmente o resultado da evolução das exigências industriais e da forma de lidar com os problemas que lhes estão associados, representa na verdade, de forma subterrânea, uma passagem com consequências sociais relativamente pesadas, embora mesmo de forma imprevista e oculta, ao desdobramento de práticas e sensibilidades enraizadas na vida cotidiana. Walter Benjamin foi quem melhor descreveu, e em grande parte antecipou,

---

[1] Tradução de Juremir Machado da Silva.

[2] Vincenzo Susca é pesquisador do Laboratório de Estudos Interdisciplinares sobre Realidade e Imaginários Sociais e professor de HDR em sociologia do imaginário na Universidade Paul-Valéry, em Montpellier, França. Diretor editorial dos *Cahiers européens de l'imaginaire*, é autor de vários livros, entre eles *À sombra de Berlusconi* (2006), *Alegria trágica* (2011) e *Indústria cultural e vida cotidiana* (2021). Professor visitante em várias universidades, escreveu também, com A. Béhar, a peça teatral *Angelus novissimus*. No Brasil, publicou com a editora Sulina os livros *Nos limites do imaginário* (2007), *Pornocultura* (2017, com C. Attimonelli), *As afinidades conectivas* (2019) e *Aurora digital* (2021, com C. Attimonelli). Integrante da Rede JIM (Jornalismo, Imaginário e Memória) e do projeto Réseaux sociaux, imaginaire et quotidien – France – Brésil.

[3] A. Abruzzese, *La puissance de la beauté*.

[4] M. Perniola, *Del sentire*.

o significado social de tal mudança. Assim como em toda a sua obra ele demonstrou o extraordinário instinto e capacidade de vislumbrar por trás das formas banais, efêmeras e até comerciais, os espectros da vida moderna que agitam o imaginário coletivo, aptos a se materializar e a moldar a modernidade. Nesse sentido, a fantasmagoria evocada por mercadorias, vitrines, panoramas e outras distrações da cultura de massa são outros tantos sinais de formas societais que começam a investir sonhos e emoções que transcendem a pura materialidade da produção e seus propósitos.

Em muitos aspectos, a emoção que o *flâneur* das passagens sente na pele, o fascínio que o indivíduo experimenta nos "mundos de sonho" que surgiram entre o século XVIII e hoje, a atração pelo "sex appeal do inorgânico"[5], característico da moda, são as matrizes de uma fuga da realidade econômica, social e política tal como foi concebida pelas ciências e instituições sociais do Iluminismo. De certa forma, o universo da tecnologia e seus artifícios sofre um processo de reajuste radical desde o momento em que passa das fábricas – onde é pensada e moldada – para os contextos em que se presta a ser contemplada, consumada e consumida. Entre os dois espaços, o objeto-signo é absorvido, negociado e finalmente recriado pelo sujeito social por meio de sua imaginação criadora[6], seu uso e os desejos que o animam.

Se quisermos analisar em todo o seu alcance a dinâmica transpolítica do imaginário contemporâneo, o modo como a cultura eletrônica sacode o paradigma da ordem estabelecida, não podemos prescindir de interceptar as modalidades pelas quais a comunicação midiática pouco a pouco fez as formas de beleza própria, integrou-as em suas construções tecnossociais, a ponto de fazê-las corresponder aos corpos disseminados na vida cotidiana. Nesse sentido, o processo de estetização do cotidiano ataca diretamente a sacralidade da política, porque põe em questão sua supremacia simbólica e o direito de representação.

A reprodutibilidade da obra de arte é, assim, a origem oculta, o germe subterrâneo, da reprodutibilidade digital da política[7], pela qual o público

---

[5] M. Perniola, *Le sex-appeal de l'inorganique*.
[6] G. Durand, *L'imagination symbolique*.
[7] V. Susca, *Les affinités connectives. Sociologie de la culture numérique*.

de outrora se torna ator, conteúdo primordial da vida coletiva, cada vez mais conectiva.

A reapropriação da arte

O pensamento de Benjamin ilumina aspectos sobre os quais se orientam as dinâmicas da midiatização da política primeiro e, depois, da politização do espetáculo durante o século XIX. Pelo primeiro mecanismo, entendemos o desaparecimento de uma relação rigidamente piramidal, abstrata e de mão única entre o poder político e a população, enquanto o segundo designa o processo pelo qual em determinado momento tudo o que, até o período anterior, se manifestava como espetáculo, diversão e puro entretenimento, tende a se traduzir na vida cotidiana e a reivindicar uma vontade de potência.

Segundo Benjamin, "por volta de 1900, a reprodução técnica atingiu o nível que lhe permitiu [...] conquistar uma relação autônoma entre os diversos processos artísticos"[8]. É por isso que entre as formas artísticas começaram a se insinuar não mais a simples produção de objetos ou performances, mas o próprio fato de traduzir, de replicar infinitamente o que já havia sido produzido por outros. Esta é uma alavanca central para os tempos vindouros, pois possibilitará, quando o processo adquirir plena maturidade, uma inversão total tanto na dimensão do que é artístico quanto na figura de seu produtor. É assim que se cria um duplo fluxo – dialógico – segundo o qual a vida social gradativamente se apropria, acolhe, faz suas as centelhas da arte, assim como encarna – no papel de produtora de ferramentas para a nascente indústria cultural – primeiro o distribuidor, depois o criador deste, finalmente o próprio objeto, objeto de consumo ou matéria-prima do capitalismo informacional em forma de dados úteis para alimentar os algoritmos que cada vez mais regulam nossas vidas[9].

É preciso esperar o fim de um longo ciclo para que o apresentador das primeiras emissoras locais se torne o DJ que monta a música dos

---

[8] W. Benjamin, *L'œuvre d'art à l'époque de sa reproductibilité technique.*

[9] D. Cardon, *À quoi rêvent les algorithmes. Nos vies à l'heure des big data.*

anos 1970. E ainda é na fase inicial dessa jornada que se estabelecem as premissas tecnossociais para um resultado desse gênero. O objeto artístico reprodutível é assim engolfado nos infernos da vida cotidiana e perde sua fluorescência para começar a se comprometer e se fundir com as coisas belas de mau gosto presentes na vida cotidiana e em suas ricas lojas esquecidas. Não é por acaso que definimos o espírito da cultura digital do remix[10]. Se no início o DJ, como o consumidor-produtor sobre quem escreveram Karl Marx, Alvin Toffler ou mesmo Michel de Certeau, limita-se a selecionar a música de outras pessoas, com o passar do tempo esse ato se torna fonte de uma verdadeira recriação, até dar aos protagonistas do console o papel de estrela[11]. Se você olhar de perto, são eles que pontuam o tempo musical da nossa época como uma dança perpétua – alegria trágica.

A reprodutibilidade técnica da obra de arte permite que ela "chegue ao beneficiário [...]. A catedral abandona sua localização para ser acolhida no escritório de um amante da arte; o coral que foi executado em auditório ou ao ar livre pode ser ouvido em uma sala"[12]. À primeira vista, para os observadores menos atentos, essa passagem pode parecer apenas um deslocamento do mesmo objeto em novos contextos, a fim de permitir que ele se expanda para além de seu local de origem. No entanto, a "desvalorização do seu *hic et nunc*" leva o objeto artístico a uma corrupção radical da sua "autenticidade" e da sua missão social: já não induz à contemplação reverente, já não responde aos princípios pedagógicos, não tem mais uma verdadeira ligação com o sagrado.

A intervenção da tecnologia como agente de reprodução, multiplicação e tradução do objeto original faz com que a 9ª Sinfonia de Beethoven possa ser ouvida como um interlúdio entre dois anúncios de rádio, modificando o caráter atento, ritualizado e sério de sua recepção. Desde a década de 1880 – quando os *souvenirs* e *gadgets* começaram a ser produzidos em massa –, após as experiências da pop art e em plena ascensão da sociedade de consumo, ficou evidente que a reprodutibilidade constitui o início de uma mutação irreversível do objeto estético,

---

[10] L. Lessig, *Remix: Making Art and Commerce Thrive in the HybridEconomy.*
[11] C. Attimonelli, *Techno. Ritmi afrofuturisti.*
[12] W. Benjamin, *L'œuvre d'art à l'époque de sa reproductibilité technique,*p. 22.

que aos poucos se torna um dispositivo de lazer capaz de encantar a vida cotidiana, conferindo-lhe uma aura agradável, divertida e espetacular. A vida comum engole avidamente qualquer forma previamente inscrita e útil no paradigma da beleza para emprestá-la à satisfação de seus próprios desejos mais imediatos, fantasmáticos e carnais.

Assistimos assim, na virada do século XX, ao início de um longo processo de reapropriação societal das formas artísticas, uma onda terrestre que, ao levar as peças artísticas até o público, irá inicialmente embriagá-lo de arte e revesti-lo de forma artística, capilarizando na existência ordinária a missão que Oscar Wilde se deu em *O Retrato de Dorian Gray* de fazer da vida uma obra de arte. Assim, a profecia de Nietzsche se cumpre: "O homem não é mais um artista, tornou-se uma obra de arte: o que se revela aqui na emoção da embriaguez é, em vista da suprema voluptuosidade e do apaziguamento do Uno original, a potência artística da natureza inteira"[13].

A dimensão do bios, da existência como tal, é o destino último desse fluxo, sua realização. Isso só ficará plenamente evidente quando as linguagens digitais, as redes sociais e tudo o que está relacionado à estetização da experiência vivida envolverem o corpo de todos, entre a web e a rua, com uma luz nova. A sua principal virtude, nesse sentido, está na possibilidade dada ao corpo social de expressar suas pulsões materiais e corporais, base sobre a qual Bakhtin escreve seus impulsos fantasmagóricos e sua poética de ser-aí, de habitar o mundo[14].

As sinergias cotidianas que se estabelecem neste quadro, entre as maravilhas e as sombras, o celeste e o terrestre, o onírico e o sensível, não conduzem apenas ao devir da obra pública, mas também promovem o devir público da arte, bem como uma reversibilidade entre sujeitos e objetos. O "tornar-se público da arte" significa a dispersão do belo nas ramificações da vida ordinária, em que a beleza de estar ali e de estar junto prevalece sobre qualquer outra estética canonizada e *museificada*. Ao mesmo tempo, trata-se de uma nova e inédita reificação do público, pois, ao se tornar obra, ele se presta a ser controlado, manipulado e consumido segundo as mesmas regras que regem o sistema de objetos. É exatamente isso que

---

[13] F. Nietzsche, *La Naissance de la tragédie*. p. 45.
[14] M. Bakhtine, *L'œuvre de François Rabelais et la culture populaire auMoyen Âge et sous la Renaissance*.

acontece na vida digital na rede, no Tinder, Instagram, Yourporn, Tik Tok ou Twitch, onde de fato o assunto se torna uma obra, o conteúdo essencial da comunicação, ao mesmo tempo que se envolve nas tramas que fazem a informação nos *datas*, mercadoria entre os produtos das vitrines digitais. De certa forma, acontece com todos o que ocorreu no início do *star system*, quando as primeiras celebridades estavam ao mesmo tempo intoxicadas e consumidas por sua popularidade. Na época, James Dean e Marylin Monroe pagaram com a vida por essa dinâmica. Hoje, o mesmo vale para a crise de autonomia individual na existência eletrônica, ou seja, a "morte" do sujeito on-line, e às vezes até a morte física, por suicídio, de pessoas incapazes de sobreviver à visibilidade de suas histórias privadas.

Há, em muitos aspectos, uma mudança de paradigma em relação à nossa tradição sociológica e cultural. Mario Perniola, na esteira do pensamento de Benjamin, terá razão em falar do homem como objeto senciente[15] e do objeto como coisa senciente, pois de fato a interpenetração contemporânea entre bios e *teknè* matiza as diferenças entre essas ordens, que agora se encontram enredadas no mesmo mosaico.

Técnicas de distração

No nível da pessoa, as novas tecnologias eletrônicas, em particular as que mais entram em contato com o nosso corpo, abrem uma brecha no sujeito injetando-lhe várias doses de alteridade tecnossocietal. Na verdade, é um convite – uma iniciação – a perder-se no outro e a encontrar um novo equilíbrio com tudo o que o rodeia. Trata-se de uma explosão do ser, de sua fuga para outro lugar, de sua invasão por outro lugar. Em suma, como humano, ele não é mais o centro do mundo, nem está no centro do mundo; "o que desaparece é, em suma, o que pode ser resumido pela noção de 'aura'; e podemos dizer que o que desaparece na era da reprodutibilidade técnica é a 'aura' da obra de arte. O processo é sintomático, seu significado extrapola o campo artístico"[16].

---

[15] M. Perniola, *Le sex-appeal de l'inorganique*.
[16] W. Benjamin, *L'œuvre d'art à l'époque de sa reproductibilité technique*, p. 23.

Inscrita nessa passagem está a interpretação mais eficaz e profética do significado social de um fato, a reprodutibilidade da obra, aparentemente apenas técnica, mas na realidade fundamental para o futuro das formas estéticas, da sociedade de massa e seus sistemas de poder-saber. O desaparecimento da aura da obra de arte indica que o objeto externo ao corpo social, vindo de um certo modo mágico, para além de transcender o *hic et nunc*, sofre uma relativização que o esvazia de sua capacidade de seduzir e cativar o público. Ao perder sua autoridade moral, o universo artístico priva seu referente político, o sistema que o preside, de seu poder simbólico. Se é verdade que a democracia moderna se baseia na correspondência entre lei e costumes[17], que esta, por sua vez, é alimentada pela adesão simbólica do corpo social às elites, é claro que hoje esse vínculo se rompeu exatamente na medida em que o cotidiano, que estava embaixo, não se reflete mais nas formas estéticas acima, mas em si mesmo e em todas as suas extensões tecnossociais, das redes digitais à arte de rua, do rap ao funk e techno ao cosplay, *role-playing* e festas de rua.

As tradições legitimadas e consolidadas durante a modernidade, ou seja, suas organizações, suas instituições e seus conselhos, perdem subitamente o dispositivo estético que lhes permitia cristalizar a diferença entre si e a rua, colocar-se do outro lado da barreira, esta fronteira que se ilustra, por exemplo, pela distância que, em qualquer museu, separa a obra do público. O espaço sagrado do museu, aonde os novos peregrinos da sociedade devem ir para redimir sua ignorância e contemplar a beleza, é a zona de alta densidade simbólica em que estão alojados o sigilo e o monopólio do poder estatal e seus avatares. Bom gosto e conhecimento, elevados a valores supremos, defendidos e distribuídos cientificamente, são as alavancas por meio das quais o corpo social se organiza numa finalidade dialética entre produção de conhecimento e geração de poder. O museu é o lugar sagrado, uma sacralidade secular, o arquétipo da relação de luz e poder totalizante que regula a relação entre elite e massa na era da democracia. No interior, a linha de sombra entre a obra e a barreira que o público nunca pode atravessar adquire um valor particular. É a metáfora da imposição da lei e das regras segundo as quais público e governantes,

---

[17] É. Durkheim, *Sociologie et philosophie.*

representados e representantes, são obrigados a cumprir seus respectivos papéis: o primeiro deve contemplar com reverência; o segundo, governar difundindo esplendor e glória sobre as massas. Da mesma forma, em qualquer museu, é proibido dançar, gritar, comer... enfim, cabe fazer ouvir a voz do corpo, que deve, ao contrário, permanecer na ordem da razão.

O objeto artístico deve aqui ser contemplado em silêncio, com admiração ou pelo menos discrição, sem poder ser tocado ou, basicamente, discutido, pois tudo em um museu é organizado de tal forma que o visitante se move dentro de um espaço determinado e fechado. Esse modelo é, se olharmos de perto, o oposto daquele que se vive nos jogos linguísticos das plataformas comunicativas em rede horizontais e interativas, onde o espaço do prazer, do brincar e da celebração como beleza, é fruto da sociabilidade eletrônica e do conectivo e das afinidades que o compõem. O colapso da fronteira entre trabalho e público está, lenta mas inevitavelmente, levando à confusão dos dois domínios. É por isso que se trata de algo que remete para "além do campo artístico".

> A técnica de reprodução, como a coisa poderia ser formulada, retira o reproduzido do domínio da tradição. Ao multiplicar a reprodução, ele substitui um único evento por uma série quantitativa de eventos. E ao permitir que a produção vá ao encontro de quem a aprecia em sua situação particular, atualiza o produto. Ambos os processos levam a uma violenta reviravolta que investe o que é transmitido — a uma reviravolta da tradição, que é a outra face da crise atual e da atual renovação da humanidade. Eles estão intimamente ligados aos movimentos de massa hoje.[18]

As massas, o grande resquício da modernidade – sujeito criado e temido pela ordem instituída –, são dotadas imprudentemente de um instrumento que lhes dá a possibilidade de implementar suas próprias "quantidades" desproporcionais de novas "qualidades", em desvantagem para os guardiões do poder. O que é "reproduzido" separa-se do produtor e de seu círculo de fiéis *performers*, mas também é deslocado do palco – o museu e seus corolários – que o dotou de sua magia e de sua supremacia.

---

[18] W. Benjamin, *L'œuvre d'art à l'époque de sa reproductibilité technique*.

A atualização de qualquer produto em questão torna-se assim a antecâmara de uma sensibilidade inconciliável com as estratégias dos produtores. Instala-se com toda a discrição no contexto da distração generalizada, do lazer ou das fantasias. Nesse caso, a obra é adaptada à vida cotidiana e por ela apropriada para estetizá-la, torná-la agradável e "atraente". Acaba sendo definitivamente desviada quando a vida poética – a poética da vida cotidiana – prevalece sobre as autoridades da arte e sobre as formas artísticas. Nesse sentido, a arte pop, a estética urbana e a indústria cultural são apenas indicativos de obras do público com sua vida cotidiana desencadeada por *stories*, *selfies*, *reels* e *snaps* do Instagram. Segundo Marx, o ato de consumo constitui a fase final da produção, sendo o *finish* do consumidor a forma como a mercadoria ganha vida no contexto da vida cotidiana. É, de certa forma, sua continuação, sua recriação, a obra da qual o corpo social é o verdadeiro artista – em outras palavras. Estamos assim diante do acabamento final e decisivo do consumidor – melhor ainda, estamos imersos nele – onde ele se torna uma obra. Este final também revela uma fatalidade. Referindo-se à realização de um processo, anuncia não só a morte da arte evocada por Hegel[19], mas também a do público...

Esse tipo de performance, antes de sua finalização, assume um tom violento quando as "massas" a implementam contra o sentido em que a obra original foi concebida. A violência destrutiva é assim a face sombria do consumo, e Benjamin distingue desde o início as suas qualidades potencialmente subversivas, precisamente onde a obra é acolhida no seio tumultuado de uma vida cotidiana irredutível a qualquer ordem que não seja a dele, segundo a lei da irmandade. A convulsão da tradição é então o corolário do surgimento de práticas enraizadas em um passado arcaico e ao mesmo tempo tocado por visões futuristas. Assim, para Benjamin, o retorno um tanto trivial da cultura imediatamente tem a ver com uma destruição geral do que é dado e do que os saberes, poderes e instituições deixaram para sedimentar. A qualidade fundamental dos meios de comunicação de massa, que muitas vezes escapou daqueles que os moldaram e os desenvolveram para fins políticos ou comerciais, reside, portanto, em

---

[19] W. F. Hegel, *Esthétique.*

sua capacidade de entrar em sinergia com o corpo social e tornar-se sua atmosfera, seu território, sua paisagem, paisagem midiática, integrando a paisagem corporal e a paisagem corporal tornando-se um meio. O corpo social continua num cenário que lhe permite satisfazer uma série de desejos imediatamente associados a uma renovação geral da sua existência, pondo em causa as tradições e os cânones há muito sedimentados nas nossas sociedades. Os meios de comunicação aqui interpretam o papel de espaços poderosos de comunhão: atualizam o estar junto, corroboram a comunidade e sacrificam tudo o que ela não precisa mais ou não quer. De uma forma particular, o desafio mais significativo recai, em qualquer época, no meio mais novo, naquele que é capaz de garantir o equilíbrio entre a continuação e a renovação das formas sociais. No momento em que Benjamin escreve, há um vetor extraordinário das intenções conscientes e inconscientes das massas: "Seu agente mais poderoso é o cinema. Seu significado social, mesmo em sua forma mais positiva, precisamente nesta, é impensável sem sua forma destrutiva e catártica: a liquidação do valor tradicional do patrimônio cultural".[20]

De nossa parte, consideramos esse ponto fundamental, embora desprezado por quase todos os intérpretes do pensamento de Benjamin e, em geral, pela maioria dos midiólogos e sociólogos da comunicação. Gilbert Durand é uma feliz exceção a esse respeito, pois consegue identificar como a invasão de mercados e mentes por panóplias técnicas e imagens midiáticas atua sorrateiramente em favor de uma produção clandestina de "efeitos" perversos, dirigidos contra os próprios produtores dessas comunicações e objetos manipulados pelo corpo social[21]. O autor consegue isso sobretudo levando em consideração a dimensão do imaginário, antes e muito mais do que o discurso sobre os instrumentos ou as funções da mídia. Com efeito, neste reino invisível, mas sensível, por detrás de cada consumo de massa, há também uma destruição, "a liquidação do valor tradicional do patrimônio cultural", em nome de uma tradição mais antiga e de um presente sem outra finalidade, para aqueles que aí vivem, do que estar aí, aqui e agora.

---

[20] W. Benjamin, *L'œuvre d'art à l'époque de sa reproductibilité technique*, p. 23.
[21] G. Durand, *Introduction à la mythologie*.

A aura da vida cotidiana

A partir do momento em que começa a surgir um atrito entre as massas e o universo estético, quando este deixa de ser um objeto a ser contemplado a distância e com reverência, e a obra de arte se aproxima da pessoa, as massas inauguram um processo de apropriação do mundo dos objetos e das imagens que as leva a se tornarem cada vez mais gananciosas, de modo a crescer, segundo um paradigma próximo da obesidade e da obscenidade em Baudrillard[22]. Há uma espécie de vontade de potência do corpo social pela proximidade que se estabelece entre o cotidiano, as imagens e o sistema dos objetos. Para compreender plenamente essa dinâmica, devemos explorar em suas raízes e em suas superfícies o "condicionamento social da atual decadência da aura, que se baseia em duas circunstâncias, ambas relacionadas com a importância cada vez maior das massas na vida contemporânea. Isto é: aproximar as coisas, espacial e humanamente, é para as massas atuais uma exigência muito forte, tanto quanto a tendência a ultrapassar a unidade de qualquer elemento pela recepção da sua reprodução"[23].

A modernidade, de fato, jogou com um distanciamento geral das coisas e dos outros, segundo uma lógica de separação. Apostando na abstração e no universal, orientou seus projetos para objetivos distantes, válidos para tudo e todos e em qualquer lugar, que exige o sacrifício do gozo e do presente. Por outro lado, a cultura contemporânea que estamos explorando investe no que está próximo e em contato, tanto com o sensível quanto com o imaginário. Olhando de perto, a reprodutibilidade técnica da obra de arte é um processo fundamental que sustentou essa mudança de paradigma, atualizado desde a segunda metade do século XIX.

A autenticidade da obra equivale à unidade e separação do indivíduo, à sua distância dos outros e do mundo. A partir do momento em que esses princípios desmoronam, todas as gaiolas identitárias, econômicas e políticas do mundo moderno parecem estar em crise. Aproximar as coisas significa, para o sujeito, atraí-las para si, torná-las suas e, ao mesmo tempo, traduzir o que é autêntico e único em algo reprodutível e comum.

---

[22] J. Baudrillard, *Mots de passe*.

[23] W. Benjamin, *L'œuvre d'art à l'époque de sa reproductibilité technique*, p. 24.

O sujeito burguês é para o produto estético autêntico e distante o que as massas são para a estetização da existência e para a absorção do que as cerca. "A unidade da obra de arte identifica-se com a sua integração no contexto da tradição"[24], enquanto a sua reprodutibilidade e a sua traição são a medida do fosso existente entre a vida cotidiana e a própria tradição.

Essa redefinição mina a condição do homem moderno, seu equilíbrio sensorial, sua relação com o que está dentro e fora dele, e até mesmo seu ponto de vista. O que pertence à ordem do visual e que é capaz de estabelecer um distanciamento-diferença entre o indivíduo e sua alteridade, dá lugar ao ressurgimento do caráter tátil da experiência[25], quando o toque – tocar e ser tocado – torna-se o principal eixo da vida cotidiana, a marca da sociabilidade além e aquém do sexo. As carícias que caracterizam nossa relação com *tablets* e smartphones, os *swips* do Tinder, os compartilhamentos e os emojis, nesse sentido, são apenas as metáforas de uma aproximação generalizada, de uma ordem enfática com o outro, por meio de uma interação fundada no sentimento e na emoção mais do que ver e abstrair. Benjamin, graças à sua capacidade de compreender as mídias, superfícies e fantasmagorias de seu tempo, foi o primeiro a vislumbrar essa passagem crucial: "dentro a efígie, na reprodução, afirma-se de forma cada vez mais incontestável"[26].

A imagem é assim investida da delicada missão de religar o corpo social ao que antes estava separado, de permitir fundamentalmente uma apropriação do mundo que é também o início de sua recriação. Ícones, objetos, informações e símbolos são assim engolidos no ventre da vida cotidiana e reajustados ao que é atual e cotidiano. Ao contrário do que comumente se escreve sobre a globalização e o papel desempenhado pela mídia nesse processo, o imaginário é um regime pelo qual se atrai as coisas do mundo para si, ativa-se um processo de participação em que o próximo entra em conexão com o que está distante.

Nesse contexto, a imagem midiática é de fato um mesocosmo, um dispositivo através do qual combinamos o estranho e o misterioso: a na-

---

[24] *Ibid.*, p. 25.

[25] M. McLuhan, *D'œil à oreille*.

[26] W. Benjamin, *L'œuvre d'art à l'époque de sa reproductibilité technique*, p. 25.

tureza, a tecnologia, o céu. A rígida separação entre o eu e o outro, filha da cultura alfabética que moldou a modernidade ocidental, é então gradualmente abandonada em favor de uma confusão generalizada, de uma compenetração que lembra o holismo, de uma participação que evoca mais a tecnomagia do que a tecnologia[27]. Não é por acaso que as palavras-chave das culturas digitais são "interação", "imersão", "conexão", tantas pistas que falam de comunhão, confusão, ordem matricial[28]. Consequentemente, entendemos melhor porque, sendo cada vez mais dependentes do ambiente técnico, também nos aproximamos da natureza. O retorno da ecologia orgânica profunda, a ordem vegana, a triagem seletiva, as férias verdes, a economia sustentável e a ética do decrescimento aparecem então como sintomas de uma nova conjunção entre os seres e o ambiente, que há muito consideram como um objeto a ser conquistado, ocupado e manipulado como bem entendem. Pelo contrário, o fio que nos liga ao universo tecnológico é o mesmo que agora associamos à Mãe Terra. Em ambos os casos, o sujeito dá um passo para trás do que o cerca, mas é um passo de dança. Ele acaba dependendo disso da mesma forma que se depende da pessoa que comanda o show. Este é um dos eixos do pós-humanismo que sinaliza a crise do antropocentrismo. Há aqui também um sacrifício do humano, pois a confusão em questão envolve perdas para o indivíduo: a renúncia de si.

A função da arte, e em particular do momento ritual de sua fruição, tem sido, pelo menos desde o Renascimento, a de traduzir e deslocar os sentimentos e sensações induzidos pela contemplação da obra para os sistemas simbólicos de poder e conhecimento que a comandam: seja o Senhor, o padre ou o mecenas, tratava-se sempre de aderir diariamente a uma ordem superior, em nome da beleza, e cuja superioridade era vetor, fonte e garantia. Portanto, essa correspondência estética serviu para legitimar a supremacia moral e política do poder instituído sobre a vida cotidiana. A imagem é, portanto, o elo entre o público, as massas – ou ainda mais cedo, a "população" – e o corpo do soberano, que, à luz do primeiro, extrai a linfa vital para reforçar seu status. O êxtase experimentado individualmente

---

[27] *Les Cahiers européens de l'imaginaire*, «Technomagie».
[28] V.Susca, *Les affinités connectives. Sociologie de la culture numérique.*

diante do objeto único e autêntico, exposto de forma austera e pomposa no museu, funde-se, portanto, com a aprovação de uma ordem instituída e com a inscrição no quadro de uma comunidade social imaculada, que serve de pretexto para identificar o Leviatã[29].

O rito de admirar uma obra é a alavanca que confirma e reforça o mito sobre o qual se funda e lentamente se renova a ordem estabelecida. A distinção entre o sagrado e o profano é a matriz arquetípica sobre a qual também se orienta, durante a modernidade, a separação entre o poder instituído e o poder instituinte, entre as formas belas de quem governa e aquelas inferiores e banais vivenciadas no quadro da vida cotidiana. Se os primeiros mantêm uma sacralidade que os torna transcendentes, fundadores e emblemáticos, o espaço da vida cotidiana torna-se naturalmente a margem de quem governa, um desdobramento do poder – o espelho da política. O ritual de contemplação faz então parte da tradição, satisfazendo a permanência de seus guardiões e dissipando em seus corpos as energias agitadas na emoção estética.

> O modo original de articulação da obra de arte no contexto da tradição encontrou expressão no culto. As obras de arte mais antigas nasceram [...] a serviço de um ritual, primeiro mágico, depois religioso. [...] O valor único da autêntica obra de arte encontra seu fundamento no ritual, no contexto em que teve seu primeiro valor de uso original [...] a reprodutibilidade técnica da obra de arte, pela primeira vez na história do mundo, emancipa este último de sua existência parasitária no âmbito do ritual. A obra de arte reproduzida torna-se cada vez mais a reprodução de uma obra de arte predisposta à reprodutibilidade.[30]

O ritual do qual a obra de arte se origina como expressão e meio é, na verdade, reconfigurado, não extinto, pelo processo de reprodutibilidade. Benjamin, quando escreve, tem em mente uma imagem gloriosa, tradicional e transcendente do rito: pensa nas antigas formas de religião[31], nas

---

[29] B. Anderson, *L'imaginaire national: réflexions sur l'origine et l'essordu nationalisme.*
[30] W. Benjamin, *L'œuvre d'art à l'époque de sa reproductibilité technique*, p. 26.
[31] L. Obadia, *L'anthropologie des religions.*

quais o prazer estético e o envolvimento afetivo são pretextos que permitem ao público aderir a um sistema ético e simbólico, interpretando o papel de espectador com o fascínio dos fiéis. A reprodutibilidade técnica da obra de arte, por outro lado, inaugura o lento, mas progressivo deslocamento da faculdade de orientar sentidos, comunicações e imaginários de cima para baixo, do centro para a periferia da vida coletiva, de acordo com gostos, estilos e afinidades eletivas, depois conectivas. Gradualmente traduz o público em artista e ao mesmo tempo em obra, sujeito de recreação e objeto de contemplação, manipulação e consumo.

Nesse contexto, os rituais mudam de forma. A "peregrinação" nas catedrais clássicas da cultura, segundo a palavra cara a Benjamin, não desapareceu, mas se transfigura sob o impulso de arquiteturas emocionais e sensuais que apostam no espetáculo, na mercadoria e no lazer. Nesse sentido, os museus são reconfigurados em dispositivos impressionantes e de entretenimento com a ajuda de bares, cafés, espaços multimídia e lojas de *souvenirs*, que se tornam cada vez mais suas verdadeiras mecas. De certa forma, o turista ou visitante não vai mais lá para contemplar a obra única e autêntica, mas para viver um momento de sociabilidade ou convívio. Se outrora, aliás, o *gadget* e a lembrança do museu eram vestígios que serviam para recordar ao espectador a experiência artística vivida, hoje são verdadeiros fetiches. *Exit Through The Gift Shop*, *mockumentary*, de Banksy (2010), sobre a arte de rua e as misérias da arte contemporânea, visava justamente destacar a dimensão comercial e efêmera do setor. De fato, ao visitar os museus, e em particular os da nova geração, fica clara não só a hiperpresença das lojas de recordações à saída, mas a sua centralidade, muitas vezes mesmo à entrada desses locais.

A lembrança já não é propriamente uma simples recordação, mas a própria obra que o turista, fã e espectador, mais deseja, aquela que o acompanhará em casa e que lhe permitirá estetizar o seu cotidiano, dando--lhe uma aura. A aura da vida cotidiana. É a penúltima etapa do processo descrito por Benjamin como a absorção da arte no ventre do público, sendo a última o público tornar-se obra e até de seu tornar-se memória, coisa e *gadget*, como acontece com os perfis das redes sociais, fotos do Instagram, *Memoji, stickers, memes, Gifs* e qualquer outra reificação eletrônica de indivíduos on-line. Isso ocorre no quadro de novos rituais que certamente nada têm a ver com as filas de acesso ao Louvre ou ao Museu do Vaticano e que não correspondem aos cânones dos manuais artísticos. Porém, na mania das selfies e na implantação do ♥ on-line, na elaboração de *stories* e *reels*, na edição de memes, até a encenação de uma intimidade estetizada no Tik Tok e no Instagram, passando pela escolha criteriosa de Tinder ou em fotos de perfil do Grindr, somos obrigados a notar o advento e a proliferação de práticas sociais simbolicamente densas, causas e efeitos de emoções, cerimônias e comunhões. Já não se dirigem a altares suspensos, em nome de verdades universais e abstratas – as grandes narrativas –, mas centram-se na efervescência do próximo e do cotidiano, do que tem a ver com a ordem dos pares: afinidades conectivas, estar juntos sem propósito. A vida cotidiana torna-se assim, para o bem ou para o mal, segundo um espírito que evoca a sacralidade selvagem cara a Bastide, um museu ao ar livre em que "a revolta é o próprio prazer"[32].

Referências

ABRUZZESE, A. *La puissance de la beauté*. Paris: L'Harmattan, 2007.

ANDERSON, B. *L'imaginaire national: réflexions sur l'origine et l'essor du nationalisme.* Paris: La Découverte, 1996.

ATTIMONELLI, C. *Techno. Ritmi afrofuturisti*. Rome: Meltemi, 2018.

BAKHTINE, M. *L'œuvre de François Rabelais et la culture populaire au Moyen-Âge et sous la Renaissance*. Paris: Gallimard, 1998.

BATAILLE, G. *Le souverain*. Montpellier: Fata Morgana, 2010.

BAUDRILLARD, J. *Mots de passe*. Paris: Fayard, 2000.

BENJAMIN, W. L'œuvre d'art à l'époque de sa reproductibilité technique . In: BENJAMIN, W. *Œuvres*, III. Paris: Gallimard, 2000.

CARDON, D. À quoi rêvent les algorithmes. Nos vies à l'heure des big data. Paris: Seuil, 2015.

DURAND, G. *L'imagination symbolique*. Paris: PUF, 1964.

---

[32] G. Bataille, *Le souverain*.

DURAND, G. *Introduction à la mythodologie*. Paris: Albin Michel, 1996.

DURKHEIM, É. *Sociologie et philosophie*. Paris: PUF, 2002.

HEGEL, W. F. *Esthétique*. Paris: Aubier, 1944.

LES CAHIERS européens de l'imaginaire. Technomagie, n. 3, 2011.

LESSIG, L. *Remix: Making Art and Commerce Thrive in the Hybrid Economy*. NewYork: Penguin Books, 2008.

MCLUHAN, M. *D'œil à oreille*. Paris: Denoël, 1977.

NIETZSCHE, F. *La naissance de la tragédie*. Paris: Gallimard, 1997.

OBADIA, L. *L'anthropologie des religions*. Paris: La Découverte, 2012.

PERNIOLA, M. *Le sex-appeal de l'inorganique*. Paris: Léo Scheer, 2003.

PERNIOLA, M. *Del sentire*. Turin: Einaudi, 2002.

SUSCA, V. *As afinidades conectivas*. Porto Alegre: Sulina, 2021.

O filme político-militante no Brasil contemporâneo

Cristiane Freitas Gutfreind[1]

Após o golpe parlamentar de 2016 e a eleição presidencial de 2018, a ditadura civil-militar (1964-1985) esteve presente não apenas em filmes restritos à temática, mas em documentários sobre o golpe e as manifestações políticas que polarizam o país e levaram à eleição de Luiz Inácio Lula da Silva para iniciar o terceiro mandato presidencial a partir de janeiro de 2023. A reflexão sobre esses filmes, que faz parte de uma longa trajetória investigativa, nos permite entender a narrativa sobre o político, a ressignificação do filme militante e o sentido histórico da apropriação das imagens da ditadura na contemporaneidade.

Apresentação

Desde 2009, a relação entre a ditadura civil-militar e os filmes brasileiros é pesquisada por mim, tanto no formato documental quanto no ficcional e seus desdobramentos estéticos e narrativos[2]. Naquele momento, o tema não era muito estudado na área do cinema e os filmes, na sua maioria, eram muito didáticos, como se ainda precisassem contar a história, informar ao espectador sobre o acontecimento e incrementar o seu imaginário com imagens distintas das amplamente conhecidas e divulgadas nos livros de história e na imprensa, como manifestações, shows de protestos ou pessoas fugindo da violência policial. A título de exemplo, destaca-se o documentário *Vlado, 30 anos depois*, de João Batista de Andrade, realizado em 2005; e a ficção *Zuzu Angel*, de Sérgio

---

[1] Cristiane Freitas Gutfreind é doutora em Sociologia pela Université Paris 5 – Sorbonne (França) e professora titular do Programa de Pós-Graduação em Comunicação Social da Pontifícia Universidade Católica do Rio Grande do Sul (PUCRS). Bolsista produtividade do CNPq e líder do grupo de pesquisa Cinema e Audiovisual: Comunicação, Estética e Política (Kinepoliticom), registrado no CNPq.

[2] Desde então, essa pesquisa é desenvolvida junto ao grupo Cinema e Audiovisual: Comunicação, Estética e Política (Kinepoliticom), financiada com bolsa produtividade do CNPq e com auxílio PBA/PUCRS de iniciação científica.

Rezende, de 2006. Nessas imagens, encontramos com frequência cartões informativos mesclados a uma narrativa explicativa com recursos como plano e contraplano ou primeiríssimo plano, para ressaltar a emoção no espectador e a gravidade do fato histórico. As cenas de tortura mostram, usualmente, o pau de arara, a cadeira do dragão ou afogamentos de uma maneira distanciada pela câmera, e, raramente, aparece a tortura em mulheres ou outras técnicas de violência corporal e/ou psicológica.

Com o passar dos anos, esse contexto mudou devido à estabilidade aos incentivos cinematográficos; ao interesse pela ditadura militar decorrente das várias datas históricas relembradas, como os 40 anos e depois os 50 anos do golpe militar; à efetivação de algumas medidas que contribuíram para que o acontecimento histórico não fosse esquecido, como a indenização às vítimas ou familiares que lutaram no período; e a algumas discussões importantes, que colaboraram de forma crucial para a reparação da história, como a abertura de parte dos arquivos políticos e a criação da Comissão Nacional da Verdade (instituída em maio de 2012 e finalizada em dezembro de 2014), que trouxe à tona alguns esclarecimentos sobre desaparecidos políticos e depoimentos públicos de torturadores. Essa mudança foi acompanhada pelas estratégias estéticas nos filmes, o que corrobora a teoria de Siegfried Kracauer (1997) de que as imagens cinematográficas são um sintoma da história. Dessa forma, os filmes tornaram-se menos didáticos, mais subjetivos, revelando aspectos íntimos e de reparação histórica, como nos documentários *Diário de uma busca* (Flávia Castro, 2010) e *Cidadão Boilesen* (Chaim Litewski, 2009). Ambos os filmes são definidos como os responsáveis pela importante virada na perspectiva estética de imagens sobre a temática, permitindo ao espectador elaborar um processo de rememoração pela construção entre o passado e o presente por meio de narrativas diversificadas sustentadas por arquivos variados.

No entanto, em 2016, o golpe parlamentar[3] que destituiu a presidenta Dilma Rousseff provocou uma grave instabilidade política, econômica e

---

[3] A destituição da presidente Dilma Rousseff será designada pelo termo "golpe parlamentar", por ter sido uma ruptura institucional articulada por diferentes poderes, como o Legislativo e o Judiciário, levando o país a uma crise democrática até os dias atuais.

social que afetou drasticamente os incentivos à produção cinematográfica e promoveu o aniquilamento das políticas públicas de reparação histórica. Esse cenário é agravado com a eleição de Jair Bolsonaro, em 2018, que promoveu a ocupação de militares em cargos do governo, nunca vista desde a ditadura (o próprio presidente é um militar reformado), e consolidou o bolsonarismo[4] como fenômeno político de extrema direita. É a partir daí que o período histórico ditatorial passa a ser enaltecido, incluindo a referência a torturadores, mas, sobretudo, incitando manifestações que demandam pela instauração de um regime autocrático implementado com apoio das Forças Armadas. Esse processo teve como consequência uma grave crise econômica, acentuando a concentração de riqueza e um expressivo retrocesso nas práticas culturais e sociais.

Assim, o interesse, neste artigo, é refletir sobre os filmes brasileiros que usam as imagens sobre a ditadura-civil militar para construir a escrita da história na contemporaneidade a partir de escolhas estéticas que configuram a narrativa sobre o político e ajudam a compreender o filme político-militante. Para isso, faremos uma reflexão retrospectiva da história sobre filme político e militante por meio de imagens emblemáticas da ditadura civil-militar, no Brasil, possibilitando uma construção do pensamento por meio das escolhas estéticas nos filmes da história recente do país.

O político e os filmes

Segundo Chantal Mouffe, existe uma diferença entre a política e o político. A primeira se refere às práticas que dizem respeito à esfera do campo da ciência política; e o segundo à essência do político, logo, uma área da teoria política. A autora avança nas suas reflexões e afirma "que o que está em jogo na discussão acerca da natureza do 'político' é o próprio futuro da democracia" (Mouffe, 2015, p. 8). Assim, ao nos debruçarmos sobre a ontologia do político no Brasil contemporâneo por meio das ima-

---

[4] Movimento político de extrema direita que milita a favor do autoritarismo, do neoliberalismo e de valores conservadores como o porte indiscriminado de armas, o negacionismo científico e o fundamentalismo cristão.

gens, temos a possibilidade de compreender a fragilidade da democracia do país e a consolidação de valores autoritários.

Desde o golpe parlamentar de 2016 e, ainda, após a eleição presidencial de 2022, a ditadura civil-militar está presente não apenas em filmes restritos à temática[5], como *Marighella* (Wagner Moura, 2021), mas em documentários recentes sobre o golpe, como *O processo* (Maria Augusta Ramos, 2018), que mostram o processo de *impeachment* de Dilma Rousseff por meio de gravações realizadas ao vivo para televisão misturadas aos bastidores da presidenta e às manifestações nas ruas; sobre as manifestações de junho de 2013, que levaram à formação do bolsonarismo em 2018, passando pela Operação Lava Jato[6], como *O mês que não terminou* (Raul Mourão e Francisco Bosco, 2020); ou, ainda, em filmes que tentam entender a função recente da imprensa nos últimos acontecimentos políticos do país, como *Amigo secreto* (Maria Augusta Ramos, 2022), que, ao vazar conversas entre autoridades da Operação Lava Jato, coloca as investigações em descrédito e provoca uma crise na democracia do país, ao mesmo tempo que questiona o papel da imprensa na condução do processo. Além disso, as manifestações políticas disseminadas de norte a sul do Brasil, nos últimos anos, quando partem do movimento de direita, usam as cores da bandeira nacional, clamam por "intervenção militar" e, mais recentemente, se espalharam em acampamentos na frente de quartéis nos diferentes estados da nação para contestar os resultados das eleições de 2022. Esses atos remetem à herança da ditadura civil-militar na história contemporânea, trazendo à tona aspectos, transportados para as telas, que dizem respeito à liberdade de expressão, ao uso indevido da força para cercear direitos individuais, à manipulação das mídias, à militância, bem

---

[5] Filmes sobre a ditadura civil-militar são entendidos como aqueles em que a temática está no centro da narrativa, ou seja, filmes em que a ditadura aparece como mero elemento diegético não são considerados nesses estudos.

[6] A Operação Lava Jato, iniciada em 2014 pela Polícia Federal do Brasil, realizou investigações visando apurar esquemas de corrupção em órgãos estatais. A operação efetuou mandados de busca e apreensão e cumpriu prisões de empresários e políticos brasileiros, entre eles o então ex-presidente Luiz Inácio Lula da Silva. Após o vazamento de conversas à imprensa das autoridades que conduziam a operação, explicitando o caráter político-partidário do processo investigativo, a operação caiu em descrédito, e foi finalizada em fevereiro de 2021, sendo vários réus inocentados dos processos anteriores, entre eles Luiz Inácio Lula da Silva.

como à dor física e social que deixou suas consequências no imaginário contemporâneo.

Todas essas características estão atreladas a uma reflexão sobre o filme político e o filme militante, que constroem a narrativa sobre o político, que contempla uma nostalgia sobre a ditadura civil-militar e um questionamento sobre a ordem vigente. A disputa instaurada no país para manter ou não a institucionalidade democrática está presente nesses filmes numa disputa entre as imagens. O cinema é um agente da história, ele fabrica opinião, constrói a memória e fixa os imaginários. Como diz Jean- Louis Comolli (2004), "filmando o que é, o cinema fabrica o que será". Ou seja, num país polarizado politicamente como o nosso, as imagens fílmicas se tornam o lugar, por excelência, dessa polarização, entendida como "nós" e os "outros", onde não há comunicação possível. Isso se deve, de um lado, a uma ideologia autoritária que junta militares, milícias e religião, para defender o anticientificismo, a propriedade privada e valores morais conservadores; e, de outro, à pulverização dos movimentos sociais alinhados com uma ideologia democrática que coloca em jogo a revisão e a reparação histórica, que participa de amplo pacto antiautoritário e conta ainda com intelectuais, artistas, educadores e políticos de centro.

Nessa disputa do atual jogo político, os filmes realizados a partir de 2016 trazem à tona uma nova definição de filme político e de filme militante. A ideia de Walter Benjamin (1991) de que a história não ratifica o passado pela percepção dos opressores, serve de provocação para a reflexão desse objeto de pesquisa, pois permite inferir que a eleição de Lula para o terceiro mandato presidencial resguarda, até o momento, o pacto antiautoritário. Em sendo assim, atualmente, assistimos a uma solicitação por parte da população de retorno da ditadura militar legitimada pelo governo executivo e pelas forças policiais. As imagens da ditadura nos filmes contemporâneos corroboram a disputa política que está em jogo na realidade brasileira. Ou seja, a ditadura não aparece mais para ter a sua história contada de forma subjetiva ou como contraponto à história oficial, mas como peça fundamental desse jogo político, sob o ponto de vista dos dois lados que fazem parte dessa polarização.

Como definir filme político e filme militante

A questão proposta para reflexão é saber o que se tornou o filme político e o filme militante na contemporaneidade. No político é imprescindível o embate entre "nós "e os "outros", mas essa disputa se torna perigosa, de acordo com Mouffe (2015, p. 15), quando "os antagonismos estabelecem uma relação amigo/inimigo". Nos últimos sete anos, o país vive essa oposição, em que até a ideia de militante passou a ser contestada, pois passou a ser entendida, equivocadamente, como exclusiva da direita, e não mais, tradicionalmente, da esquerda. Por isso, antes de adentrarmos a discussão que diz respeito ao gênero fílmico, é necessário esclarecer que a militância se constitui em uma ação da política usada pelas forças de lados distintos em diferentes momentos da história. O que temos é uma maior ou menor ocupação das ruas por determinado lado do jogo em certos momentos. Por exemplo, no auge da pandemia de Covid-19, as ruas no país eram essencialmente ocupadas pela direita, negacionista da ciência, que solicitava que a população permanecesse em casa devido aos cuidados sanitários. Por sua vez, nas campanhas para as eleições ambos os lados da militância foram às ruas. No entanto, não é possível desconsiderar uma das grandes ações da militância atual: a ação digital, que gerou um novo modo de fazer e compreender a política, por meio de relatos e imagens manipuladas por todos os lados.

Porém, em meio aos diferentes modos de militância e a potência da militância digital, o filme político resiste como uma forma alternativa de ação política de realizar uma reflexão mais elaborada sobre o político e permitir a escrita da história e a construção da memória. O filme político, segundo Alain Badiou, faz parte dos gêneros éticos, pois tem a capacidade de "se endereçar à humanidade para propor uma mitologia moral" (2015). É o filme que tem como tema principal a maneira como é governado um Estado e o exercício do poder, a sua conquista e a denúncia dos seus excessos. Apresenta em seu cerne a ideia de busca sobre um aspecto do real que foi ocultado, tendo a sua força sustentada por um trabalho de investigação que não é feito pelas instituições oficiais, propondo, assim, uma reconfiguração da história e, por vezes, uma intervenção no real. Então, os filmes políticos se desdobram em diferentes direções, podem ser filmes relacionados a movimentos de insurreição; filmes que pretendem mobilizar a consciência do espectador sobre questões imediatas da realidade política e social; e, obviamente, filmes históricos e biográficos, mas também filmes militantes.

Nos anos 1960, o questionamento do filme político girou em torno da defesa, por parte de cineastas e teóricos, da interdição do uso de estetização excessiva nesses filmes para provocar um afastamento da dramatização. Pressupunha a não utilização de determinadas técnicas e formas de representação, para escapar da banalização das imagens. Destaca-se nesse formato os movimentos dos jovens cinemas que se espelharam por várias partes do mundo, como o Cinema Novo, com destaque para *Terra em transe* (Glauber Rocha, 1967). Esse filme, realizado em plena ditadura e ainda bem atual, mostrava com maestria a tomada do poder por um autocrata.

A partir dos anos 1980, o filme político passou a ser identificado com um "cinema-cidadão" (Leblanc, 2004, p. 39), ou seja, são filmes menos dogmáticos do que os dos anos 1960 e 1970, que buscavam na ideia de verdade a sua legitimação, são endereçados como contraponto à história oficial e, por isso, eventualmente informativos, como, por exemplo, *Jango* (Silvio Tendler, 1984). Aqui temos a trajetória de um presidente deposto por um golpe.

Nos anos 2000, em sua maioria, os filmes políticos trazem à tona o passado que não passa e que continua a ter um papel fundamental no agenciamento coercitivo na sociedade e numa demanda tácita de reparação. A politização passa pelo subjetivo, pelas histórias de família e por seus acertos de contas íntimos, como *Os dias com ele* (Maria Clara Escobar, 2012), *Elena* (Petra Costa, 2013), além do já citado *Diário de uma busca*. Nesses filmes, não por acaso todos biográficos (o primeiro é uma filha que filma o pai; no segundo, uma realizadora às voltas com a história da irmã; e, no último, é uma diretora em busca da história do pai assinado no retorno ao país depois do exílio), temos o passado tentando dar conta do presente por meio de testemunhos, reminiscências e busca pela própria história.

Por sua vez, os filmes militantes se inscrevem em uma luta com característica política, social ou ideológica para denunciar uma situação injusta. É um filme que privilegia a contestação e engajamento, se distinguindo do filme de propaganda, que se submete a uma causa ou partido. Essa observação é importante, pois ambos os gêneros podem ser confundidos. Desde 2015, o filme de propaganda é amplamente usado por militantes de direita e extrema direita no país.

No final dos anos 1970, os filmes militantes passam a ser designados como "filmes de intervenção", ou seja, filmes que mantêm a vontade de intervir sobre a sociedade, porém abandonam o dogmatismo característico dos filmes militantes dos anos 1960; são filmes dedicados à luta feminista, operária, contra as guerras do Vietnam ou da Palestina.

Essas características são encontradas no emblemático filme o *ABC da greve* (Léon Hirszman, 1990)[7], que retrata a primeira greve no país em meio à ditadura militar, destaca-se à frente do movimento o jovem sindicalista Luiz Inácio Lula da Silva. Os filmes militantes desse período podem também dialogar com outros filmes que não fazem parte do sistema político, mas pertencem a determinadas estruturas socioculturais que propõem transformações políticas, como sindicatos e ONGs. Por vezes, esses filmes não têm uma preocupação estética apurada, mas a preocupação de transformar e conscientizar a sociedade.

Nos anos 1990 até meados dos anos 2000, esse gênero fílmico entra em decadência, acompanhando o declínio do engajamento político e social do período, e a produção se volta para filmes investigativos ou filmes-reportagem sem inspiração especificamente ideológica ou partidária, que se debruçam sobre um tema do momento como a violência urbana ou a desigualdade social. Destaca-se o documentário *O velho: a história de Luiz Carlos Prestes* (Toni Venturi, 1997), filme-reportagem sobre a controversa biografia do militar e político comunista brasileiro.

A partir das manifestações conhecidas como Primavera Árabe[8], a militância digital se estabeleceu como ação política, reconfigurando o filme

---

[7] Esse documentário foi filmado em 1979, porém finalizado apenas nos anos 1990, após a morte de Hirszman, pelo diretor de fotografia Adrian Cooper, que seguiu as orientações do realizador. Por isso, entendemos que esse filme pertence às características dos documentários militantes realizados nas décadas de 1970 e 1980.

[8] A Primavera Árabe foi uma onda de protestos que assolou os países do Norte da África e do Oriente Médio, reivindicando práticas democráticas de governos autoritários, que contou com ações políticas como greves, manifestações e passeatas. Essas ações alcançaram grande repercussão pelo uso político das mídias digitais, tornando-se um marco de resistência contra a repressão e a censura perpetrada por governos nacionalistas islâmicos.

militante. No Brasil, essa mudança associada ao digital veio acompanhada do golpe parlamentar e a instauração da crise da democracia. Segundo Alain Badiou, essa situação de fragilidade política gerou um domínio "por um historicismo melancólico, em que existe um puro efeito de passado" (Badiou, 2010, p. 36).

Nesse sentido, o que vem a ser o filme político contemporâneo, dividido entre a nostalgia do passado, no caso a ditadura militar, e o militantismo que retorna às ruas acompanhado por um conservadorismo e pela judicialização que domina a sociedade como um todo? Surgem, então, nessa ambiência e no calor dos fenômenos políticos, documentários realizados sobre o golpe parlamentar que fazem alusão, sobretudo, à ditadura militar, mas também aos acontecimentos históricos que determinaram esse cenário atual, como os movimentos de junho de 2013, o "lavajatismo" e a manipulação da mídia, que implica no rumo da história.

Diante de tantas transformações, filmar acontecimentos que provocam a ruptura no processo histórico, como o golpe parlamentar, não se justifica pela obediência às regras de um filme ou às necessidades de uma progressão dramática, ou, ainda, servir como um contraponto à história oficial e revelar o real pelo íntimo ou pela subjetividade, mas selecionar situações, personagens e imagens recentes que podem auxiliar na compreensão do que se passa no presente, por meio de uma disputa entre imagens que explicita a polarização e questiona o passado que não passa. O que vemos, em documentários como *O processo* (Maria Augusta Ramos, 2018), *Excelentíssimos* (Douglas Duarte, 2018), *Não vai ter golpe!* (Alexandre Santos e Fred Rauh, 2019), *Democracia em vertigem* (Petra Costa, 2019), *Nossa bandeira jamais será vermelha* (Pablo Lopez Guelli, 2019), *O mês que não terminou* (Raul Mourão e Francisco Bosco, 2019), *Alvorada* (Anna Muylaert e Lô Piliti, 2021), *8 presidentes e 1 juramento* (Carla Camurati, 2021) e *Amigo secreto* (Maria Augusta Ramos, 2022), é a revelação de um real ocultado, um quebra-cabeça que tem a herança da ditadura militar no centro de um jogo polarizado. Nesses filmes, se escolhe um lado das imagens, paradoxalmente por meio de um falso narrador neutro, porém a militância não passa pela escolha de uma causa, e sim pelo confronto e revisão de erros do próprio presente.

O trabalho técnico-artístico, então, torna-se visível nesses filmes políticos como meio de produção de sentido e denúncia, o que importa é a busca pelo entendimento da história no momento do seu acontecimento. Ou seja, nesses filmes, o que se tem é uma busca para compreender "o real" do presente, através de imagens de arquivo, muitas repetidas em vários filmes, como, por exemplo, o voto de Bolsonaro pelo impeachment da Dilma evocando um torturador. Essa imagem, pelo excesso de absurdo, pronunciada dentro de um parlamento em meio a vaias e aplausos, não é mostrada como forma de conscientização, mas sim para marcar o lado do qual se faz parte no jogo político. Ressalta-se também que o "real" revelado nesses documentários torna-se um meio de reparação histórica e busca pela verdade perante a militância digital repleta de mentiras.

Esses filmes se sustentam na disputa entre imagens que se resolve na montagem de um arquivo que conta, invariavelmente, com as manifestações nas ruas, nos parlamentos e com o depoimento de intelectuais, jornalistas, militantes e dos próprios políticos. Ou seja, um arquivo feito em grande parte de imagens midiáticas e do "ao vivo", revelando outra coisa do que é divulgado pela imprensa no ato do acontecimento, além de colocar em cena os sujeitos que disseminam mensagens nas redes sociais, tendo a polarização como protagonista da cena através dos bastidores da defesa e da acusação no tribunal da causa em questão.

O que temos, então, é a experiência de filmes políticos e militantes que trabalham com arquivo de forma similar: informativo, didático e que revela uma injustiça, porém não privilegia a contestação e o engajamento político, e sim a denúncia de um golpe institucional, afirmando a melancolia do presente. Dessa forma, os filmes desvelam o jogo do poder, no sentido foucaultiano (2015), algo que está sempre em relação, ou seja, um agenciamento entre práticas, saberes e instituições. É assim que se apresenta o jogo entre a extrema direita e o pacto antiautoritário na frágil democracia brasileira, que, como afirma Nobre (2022, p. 217-218), ainda precisa reorganizar a direita para "inventar uma nova institucionalidade", abalada pelo avanço do neoliberalismo que aparelhou a ordem instaurada e possibilitou, assim, o avanço da extrema direita.

Nesse sentido, o filme político acompanha o processo histórico. O realismo torna-se a representação contínua da realidade para dar a essa mesma realidade duas visibilidades possíveis através de posições expressivas, revelando o ressentimento e a agressividade dos fatos.

Algumas considerações

As reflexões da investigação postas até aqui permitem constatar que o filme político mudou, principalmente em relação aos aspectos formais (passou do questionamento à dramatização e uso de imagens íntimas, à denúncia do real através do confronto) e à narrativa (do dogmático dos anos 1960 aos aspectos informativos dos anos 1980, passando pelo enfraquecimento da militância nos anos 1990, e pelo protagonismo do íntimo nos anos 2000, chega à disputa das imagens na contemporaneidade). Originalmente, o filme político tinha por objetivo contribuir para a transformação do homem e da sociedade através da imagem cinematográfica, como nos anos 1960 e 1970. No entanto, o pensamento libertário do cinema intervém, hoje, no acontecimento imediato para que a história possa ser compreendida. Tem por objetivo observar, documentar e colocar em perspectiva o autoritarismo iminente, reivindicando uma ação concreta baseada na disputa das imagens.

O recorte de filmes aqui citados pretendeu, em suma, questionar através do autoritarismo um modo de experiência que fragilizou a democracia, e provocou na sociedade "a dominação por um historicismo melancólico". Esses filmes se engajam na militância não de uma única causa, mas na necessidade de tornar o presente inteligível; contribuem com o pacto antiautoritário, entendido como uma associação de correntes de centro-esquerda, que permitem a manutenção das instituições para que o país não se torne ingovernável. Um presente em que, de acordo com a afirmação benjaminiana, até o momento, a história não ratifica o passado pela percepção dos opressores.

Podemos acrescentar, ainda, que esses filmes apresentam frequentemente uma estratégia estética que reforça a política e a subjetividade através de um falso narrador neutro, relacionando imagens do passado com a atualidade para desvelar o autoritarismo vigente. Nesse sentido, o documentário brasileiro contribui para revelar a história, construir a memória e fixar imaginários, misturando de forma inextricável detalhes autênticos, lugares-comuns e traços fictícios, além de configurar a polarização social que dissimula a herança deixada pela ditadura de uma cultura autoritária reatualizada, reforçando as diferenças econômicas, políticas e sociais, além de instaurar uma intolerância deliberada às diferenças de crença, gênero e raça; à orientação sexual e aos posicionamentos políticos. Os filmes pesquisados propõem, então, uma discussão entre imagens do passado e do presente com o intuito de revelar a violência social da ditadura reatualizada na "renúncia progressista da história" (Badiou, 2015, p. 55). Essa afirmação confirma o pressuposto de Marcos Nobre (2022) de que o bolsonarismo, independentemente de Jair Bolsonaro, veio para ficar. No entanto, há um antídoto possível para fortalecer a democracia no Brasil, além de recuperar a institucionalidade, como aponta Norberto Bobbio, "quem deseja dar um juízo sobre o desenvolvimento da democracia num dado país deve pôr-se não mais a pergunta 'Quem vota?' mas 'Onde se vota?'" (Bobbio, 2017, p. 205). E assim desejar que os filmes sejam um instrumento a mais na militância pela liberdade e representação de todos.

Referências

BADIOU, A. *Cinéma*. Paris: Nova, 2010.

BADIOU, A. *À la recherche du réel perdu*. Paris: Fayard, 2015.

BENJAMIN, W. *Écrits français*. Paris: Gallimard, 1991.

BOBBIO, N. *Estado, governo, sociedade*: fragmentos de um dicionário político. Rio de Janeiro: Paz e Terra, 2017.

COMOLLI, J.-L. *Voir et pouvoir. L'innocence perdue : cinéma, télévision, fiction, documentaire*. Paris: Verdier, 2004.

FOUCAULT, M. *A sociedade punitiva*. São Paulo: Martins Fontes, 2015.

KRACAUER, S. *Theory of film. The redemption of physical reality*. Princeton: Princeton University Press, 1997.

LEBLANC, G. Militantisme et esthétique. In: GAUTHIER, G. (org.). *Le cinéma militant reprend le travail*. Paris: Corlet, 2004.

MOUFFE, C. *Sobre o político*. São Paulo: Martins Fontes, 2015.

NOBRE, M. *Limites da democracia*: de junho de 2013 ao governo Bolsonaro. São Paulo: Todavia, 2022

Filmografia

Terra em transe (Glauber Rocha, 1967)

Jango (Silvio Tendler, 1984)

ABC da greve (Léon Hirszman, 1990)

O velho: a história de Luiz Carlos Prestes (Toni Venturi, 1997)

Vlado, 30 anos depois (João Batista de Andrade, 2005)

Zuzu Angel (Sérgio Rezende, 2006)

Cidadão Boilesen (Chaim Litewski, 2009)

Diário de uma busca (Flávia Castro, 2010)

Os dias com ele (Maria Clara Escobar, 2012)

Elena (Petra Costa, 2013)

Excelentíssimos (Douglas Duarte, 2018)

O processo (Maria Augusta Ramos, 2018)

Democracia em vertigem (Petra Costa, 2019)

Não vai ter golpe! (Alexandre Santos e Fred Rauh, 2019)

Nossa bandeira jamais será vermelha (Pablo Lopez Guelli, 2019)

O mês que não terminou (Raul Mourão e Francisco Bosco, 2020)

Alvorada (Anna Muylaert e Lô Piliti, 2021)

Marighella (Wagner Moura, 2021)

Amigo secreto (Maria Augusta Ramos, 2022)

8 presidentes e 1 juramento (Carla Camurati, 2021)

A imagem compartilhada:
forma arquetípica e cultura na experiência cotidiana

Fabio La Rocca[1]

Introdução

Em sua jornada histórica, a imagem viu seu função e importância aumentarem no processo epistemológico, fenomenológico e culturológico que contamina nossa sociedade. Cruzando as eras com as mutações e modificações do olhar, da cultura e da ciência, a imagem se estabelece no domínio social como uma das características essenciais para a compreensão do mundo. Esta jornada nos leva a uma sociedade onde vemos um aumento e proliferação da produção de imagens, dispositivos e condições de possibilidade de múltiplos canais de transmissão e distribuição. Isso é, naturalmente, o resultado de uma evolução progressiva dos modos de ver e entender: ou seja, uma mudança paradigmática na qual a evolução do conhecimento é acompanhada de uma evolução cultural e social. Portanto, se cada época tem seu próprio tipo de pensamento, de acordo com a abordagem de Thomas Khun de mudança de paradigma, da mesma forma o ato de visualizar o mundo muda e nos adaptamos a uma nova maneira de ver e fazer as pessoas verem. Assim sendo, também a técnica vem aqui influenciar a evolução das formas de visualização através das modificações dos instrumentos de visualização. Neste discurso nos colocamos em uma lógica de modificações plurais que acompanha a organicidade da sociedade e o contexto social e cultural que influencia as formas expressivas de vida. Como podemos repensar os modos de presença na era contemporânea?

---

[1] Sociólogo, atua como *Maître de conférences* na Université Paul-Valéry Montpellier 3, onde é membro do Laboratório de Estudos Interdisciplinares sobre Realidade e Imaginários Sociais (Leiris). Membro do Grupo de Pesquisa Comunicação, Arte e Cidade (CAC), do Programa de Pós-Graduação em Comunicação da, Universidade do Estado do Rio de Janeiro (FCS/UERJ, Brésil) e do Grupo Cinema e Audiovisual: Comunicação, Estética e Política (Kinepoliticom) (PUCRS). Tem experiência na área de Sociologia, com ênfase nas temáticas de Cidades e Ambiências Urbanas, Sociologia Visual, Sociologia do Imaginário, Cultura, Comunicação e Média. É autor do livro *La ville dans tous ses états* (CNRS éditions, 2013, *A cidade em todas as suas formas*, Sulina, 2018) e diversos artigos e capítulos de livros sobre cidade, sociologia visual, tecnologia, cultura.

Se, no entanto, a questão de uma "crise" de "presença" é insistida com muita frequência, e está se tornando cada vez mais proeminente nas esferas existenciais contemporâneas, também em relação à crítica da sociedade pós-moderna e sua aceleração dos ritmos da vida, ao mesmo tempo é possível observar "resíduos", "pedaços de vida" enfatizando uma vontade de estar presente. Ou uma modalidade existencial baseada na vontade de estar aqui e agora com uma presença plural, reforçada pelo efeito das tecnologias digitais e das imagens.

O poder do imaginário

Nesse cenário, o imaginário tem uma função proeminente do ponto de vista paradigmático e como um caminho da cena cultural na atual paisagem digital e circulação de imagens. Podemos considerar a proliferação de imagens e dispositivos visuais como uma extensão das possibilidades de conhecimento e um universo cultural de estilo de vida e também como uma das elaborações das características do imaginário. Isso significa que o imaginário contribui, através do espaço da mídia, para a ativação de novas dinâmicas de relação, formando uma propagação de uma configuração cultural particular e uma nova forma de narração. É então um movimento constante de aspectos culturais e de conhecimento. O imaginário participa da estruturação do mundo social através do impacto das tecnologias, das imagens e das formas culturais derivadas delas. Aqui é importante entender que a mídia deve ser considerada como um meio físico, um espaço habitado, um ambiente cognitivo onde nossa percepção de tempo e espaço é perpetuamente redefinida. A mídia e o imaginário estão associados na ação de redefinir juntos as categorias de conhecimento do mundo, de percepção e experiência do mundo social, e devem ser vistos como instrumentos teóricos para explorar a complexidade do mundo. Essa complexidade é também um sinal de uma exploração das possibilidades dos métodos teóricos e modelos para compreender as práticas sociais, o ambiente digital e a produção do mundo imaginário. Estamos bem cientes de que o imaginário foi relegado às margens do conhecimento científico e considerado como um santuário de quimeras dentro do qual se ergue uma forte oposição entre o real e o imaginário, com a subsequente dicotomia filosófica de imaginação versus razão, virtual versus real.

Conhecemos a história da modernidade e a importância do racionalismo que, de certa forma, afasta o imaginário da ideia de "científico", mas atualmente devemos considerar a força do imaginário como um método e um campo disciplinar. A sociologia do imaginário representa uma visão do social. Ela possui uma polissemia temática e uma transversalidade que se aplicam à elaboração do conhecimento do mundo e coloca representações coletivas, crenças, o simbólico, os mitos e a força da imagem na reflexão sobre o social. O imaginário assim circula através da história, culturas e grupos sociais e é, portanto, uma questão de civilização. Não está em oposição à realidade, mas sim é uma ação recíproca na qual os dois se infiltram e se influenciam mutuamente em um intercâmbio incessante, formando um conhecimento total.

Se olharmos para nossa situação atual, poderíamos dizer que está surgindo uma "revolução" teórica para ilustrar uma nova concepção do imaginário: um reino vibrante onde o indivíduo está em contato com o mundo no qual ele se forma através da experiência social. Estamos vivenciando uma revitalização do imaginário que está infectando as diversas esferas de influência do pensamento e da cultura. Depois de um longo período em que o imaginário esteve associado apenas à imaginação, sonhos, mitos, desligados da realidade, hoje, ao contrário, ele representa algo que nos convida a pensar na realidade e em como agir. Reconhecemos que o imaginário é um vasto território onde falamos de imaginação como a capacidade das pessoas de fabricar suas mentes através de várias imagens mentais, a importância dos mitos, o impacto do devaneio no comum... Todas essas coisas sempre foram pensadas como parte de outra realidade e, além disso, na tradição da filosofia ocidental o pensamento tem sido constantemente cético e desconfiado da imaginação e do imaginário. Assim, o imaginário e a imaginação (muitas vezes associados juntos) sempre foram considerados em oposição ao conhecimento da realidade e ao pensamento, um perigo para a visão materialista do mundo porque implicam uma ideia "falsa", como Platão indicou, em sua alegoria da caverna, quando falou de imagens como enganosas (também Pascal era da opinião de que a imaginação se opõe à razão), uma ilusão, um simulacro que nos desvia da verdade e da realidade. É claro que a história da filosofia é muito vasta para ilustrar aqui o caminho do conhecimento, mas sentimos que é importante sublinhar a reafirmação atual do imaginário em pensamento. Podemos declarar que o imaginário participa do conhecimento e leva em conta as imagens como vetores de ideias. De fato, a partir do século XX, a noção de imaginário mudou para um sistema dinâmico de imagens que dão sentido às relações e interações; isso representa uma nova sensibilidade na qual podemos entender que o imaginário e o sistema de imagens não são um obstáculo à compreensão, mas um complemento que acompanha o conhecimento. Compreender, de um ponto de vista paradigmático e epistemológico, significa também construir possibilidades: nessa direção, o imaginário está ligado à dimensão do conhecimento porque é o fundador das percepções, noções e visões da realidade social, forma padrões da mente e contribui para a apresentação do mundo através, por exemplo, da proliferação múltipla de imagens e da ação de compartilhamento de afinidades. As imagens, de acordo com a teoria do imaginário de Gilbert Durand, representam conceitos e essa associação pode nos ajudar a revelar o que está escondido; argumenta-se então que as imagens habitam nossa vida cotidiana onde a tecnologia permite um tipo de "revelação", uma forma de o indivíduo estar presente no mundo. E, neste mundo, o imaginário existe em todas as situações sociais e pode ser examinado como uma substância da nossa vida cotidiana. A experiência do contemporâneo, muitas vezes ilustrada e reduzida à única ideia de uma sociedade individualista ou ao triunfo do individualismo, pelo contrário, nos mostra a diversidade da concepção múltipla do ser. O indivíduo cartesiano, único e indivisível, não tem mais lugar em nossa contemporaneidade, o que, ao contrário, mostra a força e o vigor da multiplicidade do ser, da noção de persona, que representa uma de suas "oscilações" que caracterizam a vida social. Se falamos de fragmentação, devemos entender essa disparidade das várias facetas do ser, sendo o fragmento uma das possíveis constelações de formas de estar no mundo, e não um elemento negativo, como se ouve frequentemente em discursos sobre a crise do indivíduo. Em nossa perspectiva, o fragmento representa uma parte da riqueza múltipla do ser, é a modalidade através da qual a forma de aparecer e brincar com as múltiplas máscaras de identidade pode ser expressa. Ou construir a própria presença nos vários cruzamentos da vida cotidiana entre o material e o espaço digital.

O olho sensível e a visualização do mundo

Desse ponto de vista, é possível colocar em perspectiva a proposição de uma nova gramática do social, levando em consideração a transformação das dimensões sensoriais do olho e suas extensões técnicas. Essa mudança transforma tanto a experiência de vida quanto suas formas comunicativas. O cinema, a fotografia e o ambiente digital são paradigmáticos nesse aspecto, devido à sua capacidade de estruturar e condicionar nossa imaginação e nossa relação sensorial com o mundo. São interfaces que se interpõem entre nós e o mundo e transmitem o conhecimento e a transmissibilidade de suas múltiplas facetas.

Será necessário questionar, analisar e descrever essa evolução sob múltiplos aspectos (técnico, cultural, percepção, visão), a fim de compreender sua natureza, compreender as modificações que ela traz, as convulsões da esfera social condicionadas pelos objetos e o imediatismo da transmissão de mensagens e emoções, a relação com as superfícies digitais e a "*screenology*" da existência, as mutações ópticas/rápidas na fluidez das relações. Sintomas de nossa condição existencial estruturando o imaginário em ação na situação digital e cultural do mundo de hoje, nesta sociedade aumentada que determina as formas comunicativas e comportamentais do ser.

Se aqui estamos no registro de uma atualidade própria do sentimento contemporâneo, o valor sociológico do olho, já apartado por Georg Simmel (1981), e portanto de um órgão expressivo que estimula o conhecimento, é enriquecido pela presença e proliferação da imagem, sua centralidade que nos mergulha em uma atmosfera de transição onde percebemos o estabelecimento de um pensamento de ver e uma acentuação do sensível. De um ponto de vista metodológico e fenomenológico, a imagem deve ser considerada como a raiz de uma sensibilidade que visa a uma compreensão profunda das dimensões sociais do mundo através de extensões técnicas de câmeras e vídeos. Saber olhar o que é, o mundo como ele se apresenta aos nossos olhos, é uma dessas necessidades das quais a imagem nos acompanha e nos orienta, estabelecendo uma necessidade de atenção e reflexão sobre a dinâmica climatológica do nosso presente (La Rocca, 2007a). Uma sociologia dos sentidos na qual a imagem sondará as condições de possibilidade de conhecimento, afirmando-se como um instrumento de captação e restituição do teatro da vida cotidiana.

Na estratégia de possibilidade de conhecimento, o pensamento visual baseado no valor das imagens deve ser apreciado como uma inelutabilidade de ver, um olhar elucidativo que torna possível dizer ao mundo. Assim, o tempo das imagens e a prevalência do imaginário são o sinal de uma relevância sociológica que desempenha uma função central nas modalidades de relacionamento com o mundo, do ponto de vista da experiência prática da vida cotidiana e também do ponto de vista científico do conhecimento do mundo social. Além disso, existe a necessidade de saber como olhar o que é vivido *hic et nunc*, a fim de desenvolver formas de conhecimento e métodos capazes de nos fornecer as chaves para ler a atmosfera atual. Naturalmente, quando falamos de uma visão do mundo operada por e através de nosso olho e da extensão técnica da câmera (foto e vídeo), devemos considerar que a captura visual representa um ponto de vista distinto e as imagens serão uma restituição de uma realidade seletiva. Pode-se dizer que registramos peças de nossa realidade na estratégia de proporcionar uma leitura do momento. Além disso, vamos lembrar que Walter Benjamin mostrou como a fotografia tem um valor mágico dado por esse *hic et nunc*, ou seja, pelo instante capturado, a imortalização de um momento. No espírito de Benjamin e suas intuições teóricas, devemos mostrar as transformações sociais e as mudanças de percepção que ocorrem na temporalidade histórico-social e ver como o uso de câmeras muda para penetrar, da maneira mais intensa, no coração da realidade (Benjamin, 2003, p. 55). Se cada época corresponde a uma particularidade de visão, percepção e imagem, podemos ver que hoje a centralidade da experiência visual e a visualização do mundo estão contaminadas pelo efeito tecnológico que provoca uma transformação da apropriação das imagens pelo observador social.

Reprodutibilidade tecnológica do ser no mundo

Os avanços tecnológicos estão provocando toda uma série de mudanças que precisam ser consideradas em nível cognitivo e técnico. Nesse sentido, podemos questionar a atual transfiguração da imagem e sua implicação nas formas de conhecimento; e, nesse cenário, devemos notar a influência da imagem tecnológica em nossa visão do mundo. Com a reprodutibilidade tecnológica da imagem, somos confrontados com as mudanças que dizem respeito ao cenário social contemporâneo e afetam a tecnologia da visão, a forma como os indivíduos utilizam as imagens e a comunicação visual em sua vida diária, e também a omnipresença das imagens que nos rodeiam e nos mostram e restauram fragmentos do mundo social através do compartilhamento incessante.

Numa inversão de perspectivas, estamos na fase em que a galáxia de Gutenberg dá lugar à galáxia digital: através dessa mudança, devemos pensar na produção e circulação de imagens como uma condição do desenvolvimento tecnológico que favorece e transforma nossas formas de relacionamento e nossas maneiras de visualizar o cotidiano. Isso transmite uma nova alfabetização visual para atualizar nossa visão de acordo com as mudanças culturais e tecnológicas. Contemplar e saber é o desafio que nos impulsiona a considerar a tecnologia a serviço da imagem como uma fonte para enriquecer e ampliar o pensamento em uma expansão dos territórios visuais experimentados na vida cotidiana. Um conjunto inteiro de dispositivos ligados ao indivíduo nômade é colocado à nossa disposição para capturar a cada momento o desdobramento da vida cotidiana e compartilhá-lo no imediatismo de sua ação. Por esse fato, como sugere Claudio Marra (2006), a fotografia através de sua digitalização parece amplificar essas características e capacidades emocionais. Podemos, por exemplo, focalizar o ato fotográfico na vida cotidiana e ver como os dispositivos tecnológicos de visão permitem outro tipo de linguagem icônica e forma de comunicação. Por exemplo, a troca contínua de fotografias ou vídeos via telefone celular pode ser considerada como um dos sintomas banais dessa prática diária de troca emocional, de compartilhar situações. Fotografar e filmar a vida cotidiana, e depois compartilhar e trocar os momentos capturados para criar conexões tecnossimbólicas, é um processo comum de capturar o mundo em imagens: aquele mundo que está diante de nossos múltiplos olhares, que interceptam, de um ponto de vista fenomenológico, as formas de imersão na aura tecnológica atual. Este mundo representa uma era de hiperestimulação pelo visual, gerando uma hipervisibilidade constante, onde os corpos são continuamente exibidos e mostrados. Em nossa vida diária, divulgamos pedaços de nossas vidas em profusão através da comunicação por meio de imagens interpostas. Em outras palavras, comunicamos nossas facetas aos outros, que cada vez mais passam por uma tipologia de face a face através da tela: esta relação constante com a imagem, de troca e compartilhamento, representa a visibilidade dos corpos sociais na era da reprodutibilidade digital. Tudo isso produz uma espécie de carnavalização comunicativa da qual o *selfie*, a fotografia instagramada, representa a tendência mais comum do desejo de se mostrar e de ser visível, e não para o propósito que a maioria dos observadores psicossociais e jornalistas definem simplesmente como uma patologia narcisista. Além disso, se pensarmos na história da mídia, com cada nova ferramenta de comunicação há sempre uma tendência a elevar continuamente os aspectos patológicos e estigmatizar a mídia: pense na TV, nos videogames, no cinema, na internet.

Se considerarmos a influência das tecnologias, podemos ver como o universo digital permite uma reconfiguração da identidade, que pode ser definida como plural e ubíqua, devido ao aumento das possibilidades de estar aqui e em toda parte dentro das restrições espaciais, gerando assim dinâmicas de identidade particulares ao espírito dos tempos. Nessa dinâmica, poderíamos então observar certa multiplicação visual da identidade, do Eu, que se amplifica nos nós da rede com essa importância da relação com as imagens e os lugares de visualização. Isso gera outro significado para a ideia de presença que está em sintonia, ou em harmonia, com a dinâmica de visualização, provocando modos existenciais típicos do cenário atual da sociedade da comunicação digital. Estamos em uma situação em que nossa contemporaneidade é caracterizada por uma visão epocal onde o homem se adapta a um novo regime de ver e ser visto com, consequentemente uma mudança de paradigma e uma evolução das técnicas e instrumentos de ver que nos colocam em uma condição existencial de identidade multiplicada pelos efeitos das telas que se interpõem no cotidiano e dão outra configuração aos processos de apresentação e autorrepresentação, produzindo, como resultado, novas formas tanto de construção quanto de narração da identidade.

A condição selfie-Instagram do cotidiano

Consequentemente, além de análises simplistas e superficiais da realidade social, a fotografia pode ser vista e interpretada como um objeto interessante para compreender as mutações das formas comunicativas na era da rede. Como ressaltam Nancy Baym e Theresa Senft (2015) – duas figuras importantes nos estudos de mídia –, a fotografia é um objeto fotográfico que permite a transmissão de um sentimento humano na forma de uma relação, mas também uma prática, um gesto para enviar várias mensagens a diferentes comunidades. Entendemos aqui que, em sua banalidade cotidiana, essa prática é também um meio de formar e tecer laços e sobretudo um instrumento utilizado para expressar situações emocionais e uma presença socioespacial. Além disso, a fotografia, ou a imagem em geral, é sempre da ordem da emoção, de uma circulação de efeitos, de memória. E assim, nas práticas comunicativas culturais de nossa contemporaneidade, a autoestima é de fato da ordem dessa sacralidade afetiva, uma forma de expressar os estados de espírito que circulam nos territórios e paisagens espaço-digitais. Essa é a sensação de uma interface estética e sensível que permite que as emoções sejam disseminadas e circuladas e traz os sentidos em jogo. Com a prática visual da fotografia digital e o corolário do universo do *selfie*-Instagram, visualizamos a existência, a externalizamos em um fluxo imediato, fazemos eterno o momento presente de nossa manifestação de identidade. É uma espécie de novo álbum de família que transmuta do mítico filme Kodak para a digitalização da existência, captura o momento – o significado do Instagram é realmente esse – e nos dá uma visão das formas de habitar o mundo. Isso leva a uma dilatação do mundo e do corpo social, a ser entendido como uma das formas de comunicação contemporânea efetiva, onde o êxtase do compartilhamento e ao mesmo tempo novos comportamentos sociais são colocados em ação. Aqui estamos diante de uma participação na produção de formas estéticas no fluxo conectivo, contribuindo para a estilização do sentimento contemporâneo como um processo de transformação dos efeitos tecnossociais. O *cogito ergo sum* cartesiano é agora transmutado na foto *ergo sum* ou vídeo *ergo sum*: no duplo sentido de ver e ser visto a fim de existir. Este é um dos significados estilísticos do clima sociocultural contemporâneo, resultando na proliferação e circulação de imagens como um efeito aumentado das técnicas visuais e da metamorfose existencial da percepção e da manifestação. É de fato um panorama de mudança de uma "geografia situacional" (Meyrowitz, 1985) com considerável espaço para o questionamento social da imagem que nos torna conscientes da importância de nosso tempo, onde o visual e os processos de visualizações são variáveis consideráveis de nossa cultura. Ele nos torna conscientes da importância dos dispositivos tecnológicos e de sua ação na criação de imagens e, consequentemente, dos efeitos em nossa maneira de ver. E Instagram participa desse processo de visualização contínua da existência com sua colocação on-line do cotidiano, de fragmentos do ser, das facetas das pessoas e dos lugares e espaços sintomáticos da presença social. Assim como a prática dos *storys* e dos *reels*, que continuamente trazem à tona dados visuais sobre o real e o cotidiano vivido.

A banalização do ato vídeo-fotográfico através da proliferação tecnológica é um elemento importante na análise da vida cotidiana e do que os indivíduos fazem com as imagens e, portanto, a produção de uma cultura visual cada vez mais digital. Na vida diária, observamos que a cada momento os vários dispositivos digitais estão prontos para capturar e registrar o que passa diante de nossos olhos. Essa necessidade e desejo de fazer isso é um sintoma da crescente visualização do mundo, da regra do todo-poderoso. Este é um efeito do "retorno da imagem" do qual Jean Baudrillard falou quando apresentou a hipótese de uma "pornografia" de imagens. Essa "pornografia", em nossa opinião, não deve ser entendida como uma forma de violência simbólica, mas sim como um processo de erotismo social, orgiástico e apaixonado, que permanece em uma estética de ser-junto, de intercâmbio e compartilhamento através das diversas redes sociais digitais. Fotografar ou filmar a vida em toda sua banalidade e frivolidade diária (via o *selfie* e Instagram, por exemplo) é um processo ordinário de um novo e cada vez mais digital ser no mundo, onde os vários dispositivos tecnológicos de captação nômade nos acompanham para que a imagem estruture nossa própria mobilidade, nossas viagens, nosso nomadismo. Isso nos informa sobre os efeitos de uma digitalização que transforma significativamente a relação entre imagem e visão, comunicação e posturas culturais. Somos então confrontados com uma forma de aventurar e viver o presente desenvolvendo um olhar háptico, ou uma solicitação háptica favorecida e aumentada por instrumentos tecnológicos e seu sistema de redes e circulação de imagens digitais que afetam nossa percepção óptica. Um meio de entrar em contato com o mundo, de se apropriar do mundo. A digitalização nos permite assim definir e multiplicar os cortes nos momentos vividos, para forjar uma nova atitude no que se refere à relação com as imagens e os efeitos da socialidade e do compartilhamento on-line. Estamos então na presença de um rolo de imagens que afeta a existência e a presença social. Visualização, monstração e percepção são as ações de uma nova instantaneidade da experiência através de dispositivos tecnológicos que redefinem a própria aparência do ser humano e nossa presença nas coisas. É uma questão, retomando a análise de Stéphane Vial (2013), de um sentimento ontofático que institui novas modalidades de "sentir" o mundo. De um ponto de vista fenomenológico, estar-aí – como *dasein*, presença – situa-se numa perspectiva de mudança do ato perceptivo e da ação de mostrar, condicionado pelo efeito tecnodigital e pelo ato cultural de compartilhar. A situação perceptual digital não envolve apenas um novo evento histórico-social, mas coincide com a revelação de uma nova experiência fenomenológica do mundo. A revolução temporal da tecnologia não é apenas uma mutação de objetos (os vários dispositivos), mas também uma mutação de sujeitos e modos pelos quais o ser se comunica e vive sua vida cotidiana. Nesse sentido, a paisagem técnica pertence estritamente à nossa vida e condiciona os desenvolvimentos das formas e experiências interativas. Estamos em uma fase em que a tecnologia está experimentando uma nova "aura", em sua singularidade de aparência, através da qual o mundo é oferecido à percepção e, ao mesmo tempo, é mostrado através das visualizações de nossa experiência. Esse "aparecimento", graças a esses efeitos tecnossimbólicos, define uma dimensão na qual a humanidade é aumentada, já que a evolução biológica é atualizada pela da cultura e da tecnologia.

A experiência percebida

A imagem na era de sua reprodutibilidade tecnológica e digital está, portanto, ligada a seus novos suportes, que tornam possível a instantaneidade de seu acesso e o acúmulo e circulação em uma forma de rede estética. A relação de associação com o mundo e com o outro é aqui construída em um nível simbólico e imaginário e é então atualizada através do binômio Imagem-Rede para ser apreciada como uma forma climatológica de existência coletiva, da qual um dos efeitos é obviamente essa proliferação e troca da imagem. Este é um sinal de nossos tempos cujo significado não deve ser negligenciado, uma vez que suas imagens permitem o acesso ao conhecimento direto resultante do compartilhamento, mas também da experiência ou do estilo de vida. Contemplar e saber é o desafio que nos impulsiona a considerar a imagem digital como uma fonte para contar ao mundo atual em uma estrutura de transformação da relação existente entre imagem e sociedade. Há então, seguindo as ideias de Massimo Canevacci (2009), uma expansão semiótica nos vários territórios visuais experimentados no *hic et nunc* da vida cotidiana. O magma das imagens que deriva disso será então como um dos ativadores das cadeias cognitivas. A análise da nova ecologia da comunicação visual digital nos leva a um panorama eletrônico mutante do qual o fluxo de imagens é um dos sinais que transformam o inconsciente em uma fábrica para produzir existência. A tecnologia evolui como um dispositivo atuando no contexto da imaginação coletiva própria de uma cultura digital que, através das diversas formas de estar conectado ao outro e ao mundo, dá vida a um ambiente no qual a mente é formada, onde as emoções e sensações circulam. Como resultado da mudança técnica, da digitalização e da interconexão das redes que caracterizam nosso atual *zeitgeist*, a nova dimensão de visualização e percepção configura um envelope informativo que reúne as atividades diárias dos indivíduos. Também podemos admitir que a tecnologia, através da propulsão de imagens, influencia o mundo da mente ao operar um "copia-cola" dos sinais da publicação on-line da vida cotidiana em suas múltiplas formas. Os vídeos e fotos postados nos diversos espaços e janelas da existência digital constituem uma relação entre nós e nosso mundo; uma relação que se transforma constantemente pelas ondas tecnológicas que nos permitem criar e recriar o ambiente existencial. Este é também o significado que, seguindo Derrick de Kerckhove, podemos dar à noção de "*psyco-technology*" para definir a tecnologia que amplifica o poder de nossa mente. A conectividade tecnológica será um sintoma da construção de identidades sociais e do fluxo de imagens, um entrelaçamento dinâmico para relacionar-se com os vários territórios existenciais do mundo social e com o habitat digital da internet. Um habitat como um espaço ecossimbólico onde a galeria de produção de imagens gera um museu imaginário que evoca lugares, territórios, momentos da vida cotidiana e cria memórias e emoções. O êxtase tecnológico nos oferece conhecimento, informação e nos permite tornar visível o invisível, ir ao fundo das coisas, descobrir o subterrâneo da existência. Na navegação digital da esfera rizomática da Web colaborativa, geradora de uma proliferação desigual de imagens, temos a possibilidade de ir ao encontro dos vários mundos sociais, de descobrir as relações estéticas em toda sua banalidade existencial. Uma questão do "visual" do inconsciente coletivo que, inspirado por Gilbert Durand (1998), capta e identifica o impulso dos arquétipos e modela nosso desejo de conhecimento. Ao confiar na cultura visual na era digital, o pensamento visual desenha novas linhas de força, indica linhas de fuga, abrindo outras possibilidades de conhecimento. O conjunto de dados visuais digitais no "teatro tecnológico" reforça e alimenta a visão da complexidade do mundo social. Temos a possibilidade de visualizar a vida dos indivíduos, de compartilhar suas experiências, seus atos diários em uma espécie de voyeurismo sociológico, a fim de capturar a experiência tecnológica da pessoa através das telas. Isso não é, naturalmente, um jogo perverso de voyeurismo visual, ou um efeito fetichista de mercadoria visual. O voyeurismo é, naturalmente, um dos efeitos reforçados pela era digital da imagem, mas o voyeurismo com óculos sociológicos deve ser entendido como a fórmula de "ver para entender melhor" a realidade cotidiana. Surge uma nova sensibilidade perceptiva que nos leva a essa ação de ver para entender melhor.

O retorno das imagens, a presença das imagens, a nova civilização das imagens: diferentes modos de expressão que nos indicam, talvez obsessivamente, que nossa relação com nosso entorno é marcada por essa presença cada vez mais banal da imagem. Banal aqui deve ser entendido no sentido de um hábito, um fator recorrente e uma parte integrante da experiência na qual a presença constante de imagens formando uma espécie de "epidemia visual" (La Rocca, 2018) deve ser notada. A epidemia visual deve ser entendida como uma sensibilidade fenomenológica do conhecimento do mundo contemporâneo.

Nessa perspectiva, a importância decisiva é atribuída ao cotidiano, onde o componente simbólico, como mostra a análise sociológica de Michel Maffesoli (1979), entre outras coisas, é um dos pontos essenciais para compreendê-lo e interpretá-lo. A lógica simbólica, por outro lado, nos mostra como o indivíduo dá corpo e significado a suas atividades, construindo um tipo de narração do cotidiano através de imagens que devem ser pensadas nas diversas substâncias (fotografia, cinema, arte, jogos de vídeo...). Os vários tipos de imagens narram a experiência de vida que pode ser compartilhada através do domínio do digital e confirmam, de certa forma, aquela centralidade oculocêntrica (Rose, 2001) que agora é bem conhecida e estabelecida. Essa centralidade, do nosso ponto de vista, deve ser pensada em conexão com um poder do imaginário que no cenário cultural e social atual assume um papel preponderante e se atualiza em uma propagação e circulação de imagens. Em certo sentido, a imagem também deve ser pensada como uma presença persistente na era contemporânea nas diversas esferas existenciais. Também é necessário avaliar a tipicidade da aceleração do presente como uma constante socioantropológica da sociedade atual, como ainda está bem expresso nas conhecidas análises do filósofo Hartmut Rosa (2010), nas quais a circulação de imagens reflete essa ênfase de um tempo cada vez mais compartilhado no imediatismo e na velocidade. Nesse contexto, a imagem em seu magma digital pode ser vista como um resíduo, um fragmento de experiência vivida e de espaços urbanos também dentro de uma dinâmica estética: ou seja, compartilhar e gerar emoções. Uma estética relacional, portanto, que destaca as constelações da viagem existencial dos indivíduos em relação à aparência espacial: ou seja, um ser do ser e dos espaços vividos que se reflete nas imagens capturadas e amplificadas da circulação no que poderíamos definir como uma espiral da ubiquidade do ser e do espaço-tempo. É, a nosso ver, uma percepção da experiência onde não podemos dissociar a técnica e seus dispositivos, que permitem uma amplificação do real, como fator influenciador da presença e visibilidade. Nesse sentido, estamos entrelaçados em uma relação com interfaces que, por sua vez, geram a visualização do mundo: este é um dos princípios do estar no mundo e uma viagem do imaginário que mostra como as formas existenciais influenciam nossa esfera socioespacial. Técnica e imagem são esferas de significado que agem no cotidiano produzindo alterações que devem ser entendidas como formas de uma experiência cada vez mais impregnada pela modalidade visual e de transformar o mundo em imagem. Retornar o mundo em imagens significa, do nosso ponto de vista, destacar aquela parte do imaginário que realça nossa vida cotidiana através de uma solicitação visual de várias imagens como símbolos do tempo e da cultura contemporânea na qual o material e o imaterial se fundem e atuam juntos na produção de um conhecimento do mundo. Dessa forma, desenvolve-se um conhecimento através de imagens que enfatiza a profundidade do social.

Poderíamos falar simultaneamente de um mundo como imagem e de imagens do mundo que consideramos, em nossa reflexão, como formas de uma narrativa na lógica imersiva digital como a produção de uma poética sensível do mundo social. Nessa direção, poderíamos nos alinhar com aquela concepção do imaginário indicada por Gilbert Durand (1989), para quem o imaginário é uma visão do mundo e daquele substrato que faísca, diríamos, para emergir como uma qualidade do social e como um sentido do mundo onde os símbolos e arquétipos se destacam. E, de certa forma, a profusão de imagens é parte de uma cadeia de significados constituída pela união simbólica arquetípica onde encontramos a realidade existente de fragmentos sociais. É nessa perspectiva de fragmentos do mundo sociais que as imagens difundidas e compartilhadas criam uma morfologia sensível e desenvolvem o que chamamos de "estética atmosférica", uma parte integrante do imaginário social de uma realidade existente e compartilhada. Nessa base, uma narrativa visual se desenvolve como um arquétipo de um imaginário de atmosferas sociais que pode ser trazido à tona nas diversas formas de imagens representadas no magma digital e, em particular, nas seções do Instagram como uma reprodução da vida cotidiana e do imaginário social.

O imaginário, através dessa profusão atual de imagens compartilhadas, representa uma tipologia epistemológica e fenomenológica do conhecimento e, ao mesmo tempo, atualiza uma construção visual do mundo no qual nosso olhar se baseia. Olhares e visões são geralmente condicionados pelos dispositivos que influenciam sua recepção; dispositivos ópticos juntamente com tecnologias visuais, segundo Andrea Pinotti e Antonio Somaini, "se enraizada no corpo orgânico do homem, expandindo proteticamente suas possibilidades perceptivas" (2016, p. 108).

Uma percepção que gradualmente se torna cada vez mais imersiva na condição experiencial da imagem contemporânea na qual, através do dispositivo de tela, estamos cada vez mais dentro da imagem quase como um lembrete daquele famoso quadro de *Videodrome* (1983), a obra-prima sociocinemática de David Cronenberg. Imersão e dispersão como um ato cultural de telas e imagens que nos inundam e nos fazem penetrar na realidade das imagens, e através das imagens na realidade ampliada. A imagem é assim "encarnada" (Pinotti; Somaini, 2016, p. 137), e, a partir dessa encarnação, podemos destacar a atual condição cismática da existência.

Cristalização visual

Este tipo de experiência destaca uma centralidade do olhar e uma tipologia de uma ação de atenção/distração visual onde o olhar representa uma peculiaridade de um processo social no qual a dinâmica das imagens, reiteremos, além de ser uma modalidade perceptiva e comunicacional, é também parte da construção social da realidade que gera uma visão estética-sensível da vida cotidiana. Estamos assim imersos em uma dimensão sensível do mundo onde o sensível deve ser entendido como uma atitude e uma prerrogativa de sentimento. Um sentimento em que os sentidos e as emoções mostram os efeitos de um processo de visualização do mundo e daquele caráter visual de experiência que fabricamos através da interação com telas. As formas interativas como substância de ver e ser visto são parte da dinâmica perceptiva da experiência que não pode ser independente das estruturas digitais e dos dispositivos de visualização que alimentam a compreensão da realidade.

Se, de um ponto de vista paradigmático da cultura visual, se falava muito, nos anos 1990, sobre o surgimento de uma virada icônica – como definido por Gottfried Boehm em seu famoso *Wat ist ein Bild?* e também desenvolvido por W.J.T. Mitchell –, poderíamos agora falar de um tipo de virada de tela, ou seja, uma expansão dessa virada de imagens como um processo de conhecimento e de produção de sentido. Assim, a tela é um dispositivo que desempenha uma função epistemológica e fenomenológica em relação à imagem, cultura e vida cotidiana e deve ser ilustrada como uma superfície habitada ou, referindo-se à teoria da mídia de Marshall McLuhan (1964), como um ambiente e como uma extensão do homem contemporâneo. E nessa extensão podemos igualmente simbolizar uma extensão, através das imagens apresentadas, da vida cotidiana e da espacialidade urbana.

A tela amplifica, portanto, a já conhecida proliferação da imagem através de uma "reprodutibilidade tecnológica" (La Rocca, 2015) que permite uma dilatação da visão de um mundo no qual a imagem representa uma especificidade do contexto cultural através de várias formas de expressão que cristalizam a vida cotidiana. Uma cristalização também deve ser entendida como uma forma de visão do mundo e como um espelho de experiência onde ocorre um processo de projeção e transmissão do qual as imagens adquirem uma ação edificante de reciprocidade. O olhar na forma híbrida de nossa vida contemporânea, ou seja, aquela fusão entre a vida real e a vida digital, é cada vez mais conotado pela existência da tela. Nesse tipo de existência, podemos dizer que somos atravessados por telas e isto produz uma dimensão de visualização perceptiva a ser entendida como sinônimo de instantaneidade da experiência que alimenta um sentimento de ontofonia como qualidade de habitar o mundo e uma forma de aparição do ser. Este é também o sentido que podemos dar à imagem digital e à presença na tela: uma espécie de ontofonia que representa uma forma de narração do mundo social. A partir dessa perspectiva, precisamos pensar em telas como superfícies de projeção através das quais emerge um sentimento ontopático: isto é, uma forma de as coisas aparecerem através da tecnologia. E é assim que a vida cotidiana dos indivíduos e seus espaços também aparecem sob a forma de reprodutibilidade fotográfica que condiciona o ato de percepção. Assim, ver, perceber e estar no mundo e do mundo depende de efeitos tecnológicos que amplificam as aparências. A projeção da vida fotografada por meio de telas também deve ser entendida como uma redefinição do olhar, daquela centralidade do olho que Georg Simmel (1981) já havia identificado como um ato sociológico, como a produção do conhecimento. Se, numa visão simmeliana, ver e observar são elementos de conhecimento, podemos redefinir essa centralidade do olhar através da influência da fotografia digital no sentido de projeção para as coisas. Nessa projeção de tela, também é evidente um processo empático através do qual vivemos uma experiência expressiva em relação aos quadros difusos da vida fotografada/instagramada.

Se, da perspectiva da arqueologia mediática de Erkki Huhtamo (2004) e de sua proposta de *screenology*, a natureza da tela é uma superfície e um meio para o aparecimento de fenômenos visuais, ou seja, é uma superfície de informação (*information surface*), então a tela representa um ambiente que nos conecta com diferentes espacialidades e lugares de experiência, redefinindo igualmente nossas práticas socioespaciais. Por outro lado, é interessante nesta reflexão sublinhar o ponto de vista de Francesco Casetti (2014): ou seja, considerar a tela com a qual estamos em relação como um *display*, um ponto de trânsito das imagens que circulam e estão presentes em todos os lugares. A tela/*display* é uma nova forma que permite a presença instantânea das imagens que transitam, colocando-as em frente ao nosso olhar. Afirmando que a vida cotidiana é cada vez mais vivenciada diante, sobre e através das telas, estamos diante de um contato com a realidade que transita pelas paisagens das telas, gerando uma forma de alteridade na qual a tela representa o meio que nos coloca em contato com a realidade e torna a experiência visível em suas diversas nuances. Através da mediação da tela, o desnudamento da realidade é realizado com a posterior exibição das diferentes espacialidades existenciais. A teoria de Huhtamo nos mostra como a tela e a cultura contemporânea de imagens compartilhadas redefinem o imaginário visual do corpo social através de uma dimensão experiencial na qual somos cada vez mais projetados em imagens através de telas.

As interfaces de telas, do ponto de vista estético e sensível, permitem então a circulação de atmosferas e emoções urbanas através da reprodutibilidade de imagens. Se falamos da *screenology* da experiência, somos confrontados com uma dilatação do mundo urbano e social como uma forma comunicativa e conectiva emocional. Para nós, isso é um sintoma, um traço, de uma produção de instagramação da vida cotidiana como modo de existência e de uma *weltanschauung* sociais como manifestação do ser. Estamos bem conscientes de que cada época é marcada por suas convenções estilísticas, e o momento sociocultural atual nos permite compreender como as técnicas de visão são o resultado de uma ação perceptiva dilatada e aumentada. E também entender como uma espécie de geografia emocional é ativada em uma situação de mobilidade generalizada e fluxo permeável que modifica a maneira como habitamos o mundo e como o experimentamos através de reproduções digitais.

Conclusões

Pensar a imagem e seus efeitos na era de sua reprodutibilidade tecnológica representa um procedimento que permite uma ampliação da visão e do conhecimento sobre o mundo contemporâneo. É necessário considerar as novas tecnologias como objetos culturais inegáveis, elementos de uma transformação da relação entre o processo de visão e a produção visual (imagens). O paradigma tecnológico deve ser considerado como uma espécie de mudança progressiva das qualidades humanas para se adaptar à lógica do tempo em que estamos inseridos. Levar em consideração o espírito dos tempos nos permite compreender as características que influenciam, por um lado, o caminho existencial do indivíduo em sua vida diária e, por outro lado, o processo de conhecimento e as modalidades do olhar em uma perspectiva metodológica de compreensão. Além disso, sabemos que não há vínculo social sem comunicação e que a abertura à alteridade é concebida num jogo de tecelagem de elos, de ressonância com o outro. É disso que se trata a abertura para a alteridade, como mostra Michel de Certeau (1994). É também uma produção de oportunidades de encontro e compartilhamento; uma modalidade que pode ser melhor compreendida hoje com a evolução tecnológica que nos colocou em uma sociedade de compartilhamento imediato. Poderíamos até mesmo falar de um presente baseado nos cliques de nossos dispositivos, a consequência de um êxtase particular de compartilhar para ser considerado como uma oportunidade de entrar em sintonia com o outro. Se retomarmos a análise da comunicação de Certeau, seu caráter óbvio é que ela torna possível a vida do indivíduo, o que significa a inserção do vivo nesses sistemas de interação; isso gera a forma e a identidade do corpo social. Como resultado, a comunicação digital de compartilhar emoções e momentos de experiência através de múltiplas formas toma força como um fato significativo de construção de identidade, um conjunto cada vez mais amplo de compartilhamentos emocionais. Existem assim novos comportamentos sociais que podem ser lidos nesse movimento que visa "fluidificar e intensificar os vínculos com a informação" (Sadin, 2011), desenvolvendo-se através das múltiplas declinações da realidade no mundo sociodigital, e que encontra seu fundamento nas telas díspares que formam nossa esfera social. Claramente, a contaminação da tela também significa contaminação do real, onde, corretamente, aprendemos a ver o real através das imagens em nossas telas. Nessa atmosfera, a tela dos vários objetos conectados participa então de fazer aparecer o mundo, de estar lá e, portanto, também de mudar as categorias perceptuais. O mundo tecnológico, portanto, aumentou nosso estímulo visual ao instalar uma espécie de ampliação do horizonte visual, das formas de ver e fazer as pessoas verem. Nesse processo de mutação de visualização e percepção, há também uma mudança na condição das imagens. E isso produz, consequentemente, um questionamento do conhecimento que leva a uma nova relação com o tempo do olhar, da percepção, do movimento do olho e dos suportes para a extensão da visão. Esse conjunto condiciona nossas modalidades de construção de um conhecimento prático – fenomenológico e metodológico – baseado na imagem. A evolução tecnológica dos dispositivos, nesse contexto, é cada vez mais vista como uma extensão da observação do social e da percepção do real, ampliada pela presença de imagens. Assim, observar o mundo digital, capturando o imaginário, revela-se uma das possibilidades de apreensão da natureza humana; o imaginário digital representa uma substância de circulação entre as várias malhas do real: o que nos leva a pensar que, no final, é indispensável fazer uma conexão entre o real, o imaginário e o digital para dar conta dos fragmentos do mundo em que vivemos. E se, como Durkheim (1963) o expressou, "os métodos mudam à medida que a ciência avança", podemos notar, portanto, uma fase de avanço do pensamento na qual a imagem tecnológica toma seu lugar e sua importância no contexto de uma penetração e aprofundamento do conhecimento da vida cotidiana.

Referências

AGAMBEN, G. *Qu'est-ce qu'un dispositif?* Traduit de l'italien par Martin Rueff. Paris: Rivage poche, Petite Bibliothèque, 2007.

ARNHEIM, R. *La pensée visuelle.* Traduit de l'américain par C. Noël et M. Le Cannu. Paris: Flammarion, coll. Champs, 1976.

BENJAMIN, W. *L'œuvre d'art à l'époque de sa reproductibilité technique.* Paris: Allia, 2003.

BOEHM, G. "Ce qui se montre. De la différence iconique" in *Penser l'image*. Emmanuel Alloa (dir.). Dijon: Les Presses du réel, 2010, pp. 27-47.

CANEVACCI, M. *Antropologia da comunicação visual*. Rio de Janeiro: DP&A Editora, 2009.

DE CERTEAU, M.; GIARD, L. « L'ordinaire de la communication ». *Réseaux*, volume 1, N°3, « La communication au quotidien ». Paris: Dalloz, 1983, p. 3-26.

DURAND, G. *As estruturas antropológicas do imaginário*. Lisboa: Presença,1989.

DURAND, G. *O imaginário: ensaio acerca das ciências e da filosofia da imagem*. Rio de Janeiro: Difel, 1998.

DURKHEIM, E. *Les règles de la méthode sociologique*. Paris: PUF, 1963.

GAUTHIER, A. *Du visible au visuel. Anthropologie du regard*. Paris: PUF, 1996.

GUNTHERT, A. *L'Image partagée. La photographie numérique*. Paris: Textuel, 2015.

KHUN, T. *The Structure of Scientific Revolution*. Chigago: Chigago University Press, 1962.

LA ROCCA, F. « Introduction à la sociologie visuelle », L'image dans les sciences sociales. *Revue Sociétés*, N° 96/2. Bruxelles: DeBoeck, 2007a, pp. 33-40.

LA ROCCA, F. « L'instance monstratrice de l'image. La sociologie visuelle comme paradigme phénoménologique de la connaissance ». *Visualidade*, Revista do Programa de Mestrado em Cultura Visual, v. 5, n. 1, Goiânia, UFG, 2007b.

LA ROCCA, F. (a cura di). *Epidemia visuale. La prevalenza delle immagini e l'effetto sulla società*. Roma: Estemporanee, 2018.

LA ROCCA, F. *A cidade em todas as suas formas*. Porto Alegre: Sulina, 2018.

MAFFESOLI, M. *La conquête du présent. Pour une sociologie de la vie quotidienne*. Paris: PUF, 1979.

MAFFESOLI, M. *Éloge de la raison sensible*. Paris: Grasset, 1996.

MARRA, C. *L'immagine infedele*. Milano: Mondatori, 2006.

MC LUHAN, M. *Understanding Media: The Extensions of Man*. Boston: MIT Press, 1994.

MEYROWITZ, J. *No Sense of Place: The impact of Electronic Media on Social Behavior*. New York: Oxford University Press, Inc, 1985.

MITCHELL, W. J. T. *The Reconfigured Eye: Visual Truth in the Post-Photographic Era*. Cambridge: MIT Press, 1994.

SENFT, T. M.; BAYM, N. K. "What Does the Selfie Say? Investigating a Global Phenomenon. *International Journal of Communication*, 9, 2015.

SIMMEL, G. *Sociologie et épistémologie*. Introduction de Julien Freund, Traduction de L. Gasperini. Paris: PUF, 1981.

PARMEGGIANI, P. « Going digital : Using new technologies in visual sociology ». *Visual Studies*, vol. 24, n.1, pp.71-81, 2009.

PINOTTI, A.; SOMAINI, A. *Cultura visuale. Immagini, sguardi, media, dispositivi*. Torino: Einaudi, 2016.

RITCHIN, F. *After Photography*. New York: W.W. Norton, 2008.

ROSA, H. *Accélération. Une critique sociale du temps*. Paris: La Découverte, 2010.

ROSE, G. *Visual méthodologies*. London: Sage, 2001.

SADIN, E. La *société de l'anticipation*. Paris: Éditions Inculte, 2011.

VIAL, S. *L'être et l'écran : comment le numérique change la perception*. Paris: PUF, 2013.

Poderes e contrapoderes

Gênese da imprensa cubana: o terror dos tiranos[1]

Antonio Hohlfeldt[2]
Eduardo Comerlato[3]

A história da Capitania Geral de Cuba é relativamente diversa da de vice-reinos como México, Guatemala, Peru ou Colômbia. Cuba é uma colônia pobre e marginalizada, integrada ao Vice-Reino da Nueva España, que compreendia, entre outros territórios, naquela época, o México. Até a tomada de La Habana pelas forças inglesas, entre 12 de agosto de 1762 e 6 de julho de 1763, no âmbito da Guerra dos Sete Anos, que opõe Inglaterra e Espanha, Cuba era um território esquecido, servindo mais como depósito de mercadorias em translado de um continente para o outro, como ocorria com o Cabo Verde, no caso da colonização portuguesa, em relação ao Brasil e à África[4]. Esta é, pelo menos, a perspectiva do historiador Juan Andreo Garcia, que a desenvolve no prólogo que escreve à obra de Juan José Sánchez Baena sobre o desenvolvimento da imprensa periódica na ilha caribenha. Para ele, o processo de mudança que se segue a esse período é complexo,

> [...] relacionado con diversos acontecimientos internacionales como la entrada en el escenario mundial de los Estados Unidos de Norteamérica y la Revolución francesa con sus consecuencias

---

[1] Texto originalmente apresentado no 45º Congresso Brasileiro da INTERCOM, na Universidade Federal da Paraíba (UFPB), devidamente revisto e ampliado. O trabalho faz parte de pesquisa financiada em bolsa de produtividade do CNPq a respeito de uma história conectada do jornalismo na América Latina. A etapa do projeto atualmente em desenvolvimento está voltada para a gênese do jornalismo no continente.

[2] Pesquisador de produtividade do CNPq, professor do Programa de Pós-Graduação em Comunicação da FAMECOS-PUCRS; integrante do Instituto Histórico e Geográfico do Rio Grande do Sul (IHGRS). Participa de redes de pesquisa com os profs. drs. Ana Regina Rêgo (UFPI), Marialva Barbosa (UFRJ) e Silvino Évora (Cabo Verde).

[3] Aluno do PPGCom em Comunicação da FAMECOS-PUCRS, pesquisa sobre as formas originárias do jornalismo europeu e latino-americano.

[4] "La abandonada y olvidada colónia no era más que un *presídio*, plaza flerte para el albergue seguro de las flotas que deberían llevar desde la América a Sevilla y Cádiz el oro y la plata de México del Perú" (Gay-Calbó, 1941, p. 49-50).

directs en el Caribe; acontecimientos que favorecerán un ascenso en la producción y exportación agrícola y, más tarde y aunque sólo por corto tempo, el algodón (Garcia apud Baena, 2009, p. 9).

Esse complexo processo incluirá, ainda sob a perspectiva internacional, a revolução independentista do Haiti, em 1791, que acrescenta ao algodão produzido por Cuba dois novos produtos que se tornam logo aqueles de maior exportação, o açúcar e o tabaco. Enfim, em nível doméstico, mas com repercussões também definitivas, as reformas burbônicas que, inspiradas pelo movimento enciclopedista, entre 1750 e 1789, começando na metrópole, chegam às colônias, capitaneadas pelos administradores nomeados em Madri:

> Estamos convencidos de que fue, sobre todo, la actividad económica iniciada ya durante el siglo XVII, la que impuso la necesidad de las reformas, a todo lo largo y ancho del império colonial español, pero en el caso que nos ocupa, la isla de Cuba, incide de una forma especial entre los años 1763 y 1820 – sobre todo a partir de 1790 [...] en que el processo iniciado siglos antes, ahora encuentra nuevos mecanismos y se desarrolla de forma acelerada (Garcia apud Baena, 2009, os. 11-12).

A consequência é a formação de uma burguesia pujante, ainda que heterogênea, mesclando reinóis que haviam se estabelecido na ilha com nativos *criollos*[5]: dentre os vários mecanismos que auxiliarão e, mesmo, acelerarão o processo sociocultural, que depois redundará no movimento independentista, Garcia indica a educação e a imprensa (p. 11), resultando numa *mudança de mentalidade*.

O primeiro registro que se tem a respeito da existência pública de algum estabelecimento gráfico em Cuba é de 1761[6]: trata-se do impressor

---

[5] A historiadora Maria Dolores González-Ripoll Navarro desenvolve ilustrativo estudo em torno do sentido do termo *criollo*: primeiro, como "tomada de consciência de uma natureza distinta e própria e que depois foi tomando forma econômica, social, cultural e política até chegar ao movimento separatista das terras continentais da Espanha [...]". Para isso também muito colaboraram para as viagens e expedições que se fizeram à ilha, com vistas aos estudos sobre a natureza americana (Navarro, 2000, p. 332-333).

[6] Sem qualquer documentação comprobatória, Antonio Checa Godoy escreve: "La primera imprenta se establece en la capital cubana en 1735" (2016, p. 33). Enrique Ríos Vicente corrobora a informação,

Blas de Olivos, natural de Sevilla, que residia em Havana pelo menos desde 1734. Naquele momento, o contexto censorial metropolitano era proibitivo. Nenhum *criollo* poderia escrever, divulgar ou imprimir histórias a respeito das colônias. Não obstante, entre 1761 e 1763, publicam-se os dois volumes das "Ordenanzas de S. M. para el régimen, disciplina, subordinación, y servicio de sus Exercitos", com 218 páginas (Baena, 2009, p. 32). Muitos o consideram o primeiro livro impresso em Cuba, neste pioneiro estabelecimento sediado na Rua dos Mercaderes, a Imprenta de la Capitanía General, que, por sua denominação, sugere gozar de autorização formal das autoridades, ao menos, as locais.

Foi Blas de Olivos também encarregado de, em 1762, imprimir a ata de capitulação do governador espanhol Prado Portocarrero diante dos conquistadores ingleses que haviam invadido a ilha. A decisão de Portocarrero torná-lo-ia, historicamente, um traidor e um covarde, sobretudo diante da população nativa, cuja resistência aos estrangeiros se organiza principalmente a partir dos *criollos*, negros e pardos. Esses episódios, segundo muitos historiadores, vão provocar os primeiros sentimentos

---

com maior precisão: a data seria 4 de junho de 1735 (Ríos Vicente in Quintero, 1996, p. 518). Bertha Verdura Marino é mais pontual: citando Antonio Bachiller y Morales, ela defende que a tipografia teria sido introduzida na ilha cubana em 1723, graças ao impressor francês Carlos Habré. Segundo ela, o meticuloso pesquisador José Toríbio Medina chega a registrar uma obra impressa por Habré em 1721! Em 1735, as autoridades espanholas teriam dado licença para que Francisco de Paula instalasse uma segunda tipografia (Marino, 2001, p. 74). Juan Bautista Vilar corrobora a referência a 1723, quanto a Habré, acrescentando: "En 1735 cierto don Francisco de Paula solicitó licencia para establecer una imprenta en La Habana, que le fue autorizada. Sería ésta, si no la primera, sí la de mayor continuidad y mejor dotada entre las más antíguas de la ciudad. En efecto, andando el tempo Paula transpasó su imprenta a Matías de Mora, outro maestro impresor y este, a su vez, a don Esteban José Boloña, reputado profesional que en 1785 fue nombrado impressor de Marina" (1996, p. 338). Essa passagem de Vilar nos ajuda a fazer as ligações entre aqueles nomes que, muitas vezes, são apenas mencionados, fragmentária e desordenadamente, como em um catálogo telefônico. Sintetizando esses registros esparsos e pouco orgânicos, deve-se referir um artigo de Kenneth C. Ward, que afirma: "this article began with the modest goal of presenting transcriptions of four documents relating to Francisco José de Paula, Havana's second printer. To provide the proper frame, of course, some discussion of the first printer, Carlos Habré, was necessary" (Ward, 2016, p. 335). Ficam assim dirimidas quaisquer dúvidas a respeito do tema. Carlos Habré foi o primeiro impressor, seguido de Francisco José de Paula. Ward foi o descobridor, por volta de 2010, de um primeiro impresso denominado "Novena en devoción, y gloria de N. P., San Augustin", publicado por Habré, em 1722. Este é, portanto, ao menos até o momento, o documento impresso mais antigo de Cuba. E reformulou a consideração em torno da figura de Habré, assim como, evidentemente, acerca de Francisco de Paula. Nesse caso, Paula cresce de importância também pelo fato de ser natural de Havana (Ward, 2016, p. 341).

nacionalistas, culminando, posteriormente, no movimento independentista do século XIX.

Um ano depois da tomada de La Habana pelos ingleses, ou seja, em 1763, temos referência a uma nova impressora. Trata-se da Imprenta del Cómputo Eclesiástico, ligada, evidentemente, à Igreja Católica, através da qual os religiosos imprimiam pastorais, calendários e orações fúnebres, dentre outros papéis. Mas é esta gráfica que, naquele ano, registra e divulga a "Relación y diário de la prisión y destierro del Ilmo. Sr. Dr. D. Pedro Agustín Morell de Santa Cruz, digníssimo Sr. Obispo de esta Isla de Cuba, Xamayca, y províncias de la Florida, del Consejo de S. M., etc.". Com a reconquista de La Habana, naquele ano, o bispo, que fora um dos principais resistentes à ocupação e fora exilado para a Flórida, então território espanhol, que, ao final da guerra, seria trocado com a Inglaterra, tornando-se, com a independência das treze colônias, parte dos Estados Unidos, retorna a Cuba. Devolvida La Habana aos espanhóis, o relato do que havia ocorrido pode ser concretizado, sem qualquer censura, o que acontece, já sob a administração do Conde de Ricla, Ambrosio Funes Villalpando. Os ventos parecem ter mudado, mas nem tanto:

> El Conde de Ricla quiso fomentar la imprenta sacando a la luz algunas publicaciones que encargaría a Blas de Olivos. Principalmente su idea era poner en circulación anualmente una "Guia de Forasteros"[7] con información sobre las instituciones, autoridades, servicios públicos, etcétera, de la ciudad; y dos publicaciones periódicas, un Mercurio, con una periodicidad mensual, y una Gazeta, semanal, que daria a conocer las disposiciones del Gobierno y demás notícias (Baena, 2009, p. 41).

---

[7] Las "Guías de Forasteros", publicadas en Europa y América durante los siglos XVIII y XIX, fueron directorios con información diversa —organización política y administrativa del territorio, datos de interés productivo y comercial, a menudo acompañada de calendarios y almanaques. En particular la "Guía de Forasteros de Cuba" fue un anuario que incluía temas de interés para los hacendados criollos, dueños de centrales azucareras, sacerdotes, políticos, navegantes y muchas otras personas. Recompilaba actualizaciones de la geografía e historia de Cuba, descripción de la actividad comercial e industrial y fechas de celebraciones religiosas (Sánchez Baena, 2009, p. 54; Gutierrez Sosa, 2016, p. 237).

O impressor fez sua proposta, bastante detalhada, para as publicações, mas o Consejo de las Indias não a aceitou, sob o argumento da falta de papel para os impressos, advertindo, além do mais, de que em Havana deveria haver apenas uma gráfica, a do governo. Apesar de tudo, a *Gazeta* começou a circular em maio de 1764, graças ao mesmo Blas de Olivos[8], considerado, não o *impressor do rei*, mas *o impressor do Exmo. Sr. Conde de Ricla*, Assim, a *Gazeta de la Havana* se tornou o primeiro periódico jornalístico impresso naquele território[9]. Saía às segundas-feiras, limitando--se a anunciar compras e vendas, entradas e saídas dos poucos navios que fundeavam então no porto. Ela teria deixado de circular dois anos depois (Pezuela y Lobo, 1842, p. 356 apud Baena, 2009, p. 44). Esta primeira *Gazeta* constava de 4 páginas, com 29 linhas de texto cada uma, portanto, em formato de livro, de que se tem apenas referência, inclusive pela sua escassa tiragem.

O mesmo Jacobo Pezuela y Lobo refere uma outra publicação, *El Pensador*, que circularia às quartas-feiras, e cuja redação era atribuída a alguns advogados, Gabriel Beltrán de Santa Cruz e Ignacio José Urrutia y Montoya (1868, tomo III, p. 48). Esse periódico deve ter circulado entre maio de 1764 e meados de 1765, quando se concluiu a administração do Conde de Ricla, saindo às quartas-feiras, conforme conjectura José Antonio Benítez. No entanto, também inexiste, ao menos até o momento, qualquer exemplar dessa publicação (2000, ps. 62 e 63). Benítez imagina que o jornal teria sido a resposta mais imediata possível à preocupação do recém-nomeado governador Conde de Ricla para que se restabelecessem os valores espanhóis na ilha. J. P. Clement refere, também, que, entre 1756 e 1758, teria existido um periódico denominado *La Bandera de la Homeopatia*, do qual, mais uma vez, não se tem qualquer exemplar nem o jornal aparece citado por outros historiadores.

---

[8] Enrique Ríos Vicente, em obra aqui já referida, escreve que esta primeira *La Gaceta de la Habana* [sic] teria sido editada a partir de 17 de maio de 1764, titubeando: ela teria sido dirigida "por Diego de la Barrera, ou então pelo historiador Urritia y Montoya [sic]" (Ríos Vicente in Quintero, 1996, p. 518).

[9] Checa Godoy entende que esta primeira gazeta foi editada por José Urrutia Montoya, considerado o primeiro historiador cubano, quem igualmente teria publicado *El Pensador*, que é da mesma época (2016, p. 33), ainda que na oficina gráfica de Diego de la Barrera.

Enfim, haveria uma terceira publicação a ser considerada, um *Diário de Avisos*, que também se imprimiria na tipografia de Blas de Olivos (Vilar, 1996, p. 338).

Blas de Olivos faleceu em setembro de 1777 e sua gráfica foi passada para Francisco Seguí, seu genro, que a tornou a imprensa do Governo e da Capitania Geral, pelo menos entre 1781 e 1801 (Baena, 2009, p. 45).

Uma segunda *Gazeta de la Havana* surgiria em 8 de novembro de 1782[10], dirigida por Diego de la Barrera, o mesmo editor que, mais tarde, responderá pelo referencial *Papel Periódico*. Esta primeira experiência de Barrera, contudo, não foi muito feliz, a se julgar pelo comentário de um futuro personagem central das lutas independentistas e que, naquela época, encontrava-se em Cuba, Francisco Miranda, líder rebelde do território da Venezuela. Provavelmente respondendo ao envio do terceiro exemplar da publicação, em linguagem bastante informal, ele escreve:

> Dicen que su obra de Vm. es un envoltório de cosas, sin principio ni fin, ni método, ni orden; pero esta expressión es demasiado acre, y yo me contentaré con decir que se hizo con mucha prisa, y que por dar Vm. a luz quanto antes tan interesante documento, vació las notícias como se venian á la memoria, o segun las iban subministrando los Colectores[11], sin atender al parage que devian ocupar (Baena, 2009, p. 46).

Embora não se tenha qualquer exemplar de sua primeira edição, a Biblioteca Nacional de Cuba possui o exemplar do dia 22 de novembro de 1782, com dimensões de 20 por 30 centímetros, com quatro páginas em duas colunas. Trazia, no cabeçalho, uma citação do poeta romano Ovídio. Possui evidente conteúdo informativo[12], com preços de carne e pão, um anúncio do capitão Juan Manuel Cagigal sobre a extinção do

---

[10] O único exemplar conservado é da edição de 15 de novembro daquele mesmo ano, segundo Juan Bautista Vilar (1996, p. 338). Segundo Bertha Verdura Marino (2001, p. 74), existiriam dois exemplares desta publicação, as edições de 15 e de 22 de novembro de 1782, uma sexta-feira. Na verdade, o que se tem, relativo à edição do dia 15 de novembro, é um suplemento daquela edição.

[11] O *colector* era o antecedente do repórter, que recebia 6 pesos mensais por sua tarefa (Cuba Periodistas, 2015, p. 2).

[12] "Tenía un carácter oficial y publicaba noticias administrativas, e informaciones comerciales y otras de género legal y mercantil", registra Benitez (2000, p. 63).

sindicato dos padeiros, e um *suelto* em que se lê: "Todo aquel que guste de subscrivirse a esta Gazeta, acuda a la Imprenta de ella, en la que se dará un Abonamiento por seis meses, cuyo valor estabelecido ya es cinco pesos" (Baena, 2009, p. 47). A *Gazeta* circulava todas as sextas-feiras. Antonio Checa Godoy afirma que esta segunda *Gazeta* teria sobrevivido apenas até o ano seguinte, 1783.

Há outro impressor que deve ser referido, Matías de Mora[13]. Seu nome é pouco mencionado, no entanto, porque preferia assinar-se enquanto *Impressor da Marinha*, função que alcançara em 1779, dois anos depois de sua chegada à ilha. Publicou, contudo, apenas livros e folhetos.

Luis de las Casas y Aragorri, nomeado pelo rei Carlos III, em 1790, criaria o substrato que permitirá o grande salto de qualidade na história da ilha e, especialmente, de sua imprensa. Ele vinha formado pelas ideias da Ilustração e, por isso, logo pretendeu se tornar o defensor da imprensa, que, em seu entendimento, era o grande veículo de civilização. Aliando-se à nascente burguesia cubana, logo cria a Real Sociedad Patriótica de La Habana[14], instituição que reunirá os personagens mais ilustres daquela comunidade, como Arango y Parreño, riquíssimo produtor açucareiro; o padre José Agustín Caballero[15], Tomás Romay, Luis Peñalver, Manuel de Zequeira y Arango, considerado o primeiro poeta de Cuba[16], ou José Manuel O'Farrill.

---

[13] Veja-se nota 5 deste texto, que nos permite compreender a sucessão de propriedades destas tipografias: Móra teria adquirido a sua de Francisco de Paula, tendo, por sua vez, vendido o equipamento para Boloña, também aqui citado.

[14] Segue-se, assim, o mesmo caminho então trilhado no México e na Guatemala (Hohlfeldt, 2020; Hohlfeldt, 2020). A instituição cubana é autorizada pelo rei em 15 de dezembro de 1792. É importante registrar que, em seus estatutos, consta que um dos objetivos da Sociedade é publicar anuários com suas memórias, o que significa, as memórias daquela sociedade intelectual, quanto da própria sociedade cubana. Seus associados pagavam oito pesos para se filiar, e igual valor anual. Todo esse dinheiro era empregado em ações culturais, como a criação da primeira Biblioteca Pública de Cuba, ocorrida em 1793, justamente com fundos propiciados pela venda do jornal *El Papel Periódico de la Havana*. A biblioteca deve ter sido idealizada por José Arango y Parreño, embora alguns historiadores refiram Antonio Robredo. A biblioteca teria sido sediada, originalmente, na casa de Don Francisco Seguí. Na sua abertura, possuía 77 volumes (Baena, 2009, p. 73).

[15] Leia-se, de José Agustón Caballero, *Obras* (La Habana, Imagen Contemporanea, 1999). Em especial, destaco seu "Informe a la Sociedad Patriótica sobre el Papel Periódico desde su fundación" (p. 247 e ss.) e "Sobre el prospecto de El Criticón de la Habana", sobre o qual discutiremos adiante.

[16] José Lezama Lima, em artigo intitulado "Prologo a la poesia cubana", refere longamente o poeta e chega a escrever, a propósito de um poema datado de 15 de janeiro de 1808: "si se hiciese una selección de veinte de nuestros mejores poemas, "La ronda" tendría que ser incluído entre ellos" (Lima, 1974, p. 100).

Entre 1790 e 1796, período de sua administração, Las Casas desenhou o futuro cubano, sobretudo ao apoiar a petição do impressor Pedro Nolasco Pálmer, ao rei espanhol, para a instalação de uma nova imprensa em La Habana. Ele se insurge contra o monopólio de impressão, escrevendo: "en el dia es un monopólio intolerable, pues la población há aumentado hasta setenta mil almas, su Capitania General, Intendencia, crecido comercio, etc., necesitan más de una imprenta" (Baena, 2009, p. 61). O pedido foi atendido, mas caiu sobre o governador toda a responsabilidade do que ali se viesse a imprimir... Na verdade, além daquela oficina impressora oficial, já havia, na cidade, a imprenta de Esteban José Boloña (desde 1776), considerado o impressor da Fazenda, assim como continuava a de Matías de Mora, tanto quanto a do Cómputo Eclesiástico[17].

Concretizada a ideia da *gazeta*, o "Guia dos Forasteiros" ganhará concretude pela mão do mesmo Diego de la Barrera, mas com a participação do próprio governador Las Casas, que dedicava boa parte de seu dia à redação daquela publicação, que viria a circular em 1791, dirigida por Francisco Seguí, editando-se, anualmente, até 1884. Era uma espécie de compêndio sobre a ilha. Iniciado com cerca de 30 páginas, em 1814 chegava a 284 páginas, em papel de excelente qualidade, nas pequenas dimensões de 13 por 7,5 centímetros, praticamente um livro de bolso: nesse sentido, adiantaram-se seus editores, tanto quanto ao conteúdo, quanto ao formato, o que deveria facilitar sua portabilidade.

É ainda Las Casas quem ajuda a criar o que se deve considerar como verdadeiramente o primeiro jornal cubano, o *Papel Periódico de la Havana*, cuja primeira edição apareceu em 24 de outubro de 1790, inteiramente redatada pelo próprio governador (Baena, 2009, p. 66)[18].

Apenas em 1800, e muito como reflexo das rebeliões dos escravos negros do Haiti, de 1791, que produziram enormes correntes migratórias

---

[17] Sucessivamente, pode-se constituir uma cronologia muito objetiva: Carlos Habré, a partir de 1720; Francisco José de Paula, a partir de 1735; Blas de los Olivos, de 1754 em diante, seguindo-se Francisco Seguí, quando da morte do primeiro; Matías José de Mora, a partir de 1775; Esteban José Boloña, desde 1776, e Pedro Nolasco Palmer, em torno de 1791. No ano seguinte, mas em Santiago de Cuba, é autorizada a oficina impressora de Matías Alqueza.

[18] Na obra aqui mais especialmente consultada, de Juan José Sánchez Baena, reproduz-se por inteiro o texto, em duas passagens da obra, na época conhecido como *manifesto* do jornal, que se comenta mais adiante (Baena, 2009, ps. 66 e 86).

para Cuba, um novo centro urbano, que recebeu tais correntes e assim desenvolveu sua economia e sua vida social, instalaria uma imprensa fora da capital: Santiago de Cuba, quando ainda o governador Luis de las Casas atende à recomendação do governador da província de Santiago, para que autorize o impressor Matias Alqueza a se estabelecer na cidade, iniciando suas atividades. O documento, de 22 de fevereiro de 1792, recebe resposta do governador no dia 12 de abril do mesmo ano, negando tal solicitação, que deveria, segundo ele, ser solicitada diretamente ao rei. Na verdade, tratava-se de um subterfúgio: Las Casas repassou o pedido ao rei, o que era de sua obrigação, mas, ao mesmo tempo, nada fez para impedir qualquer iniciativa quanto à publicação, sabendo-se que naquele mesmo ano um primeiro papel, ali impresso, começava a circular. Em 20 de junho de 1793, o rei espanhol autorizava aquela casa tipográfica (Baena, 2009, p. 79 e ss.).

O *Papel Periódico de La Havana* trazia notícias variadas. Foi semanal naquele primeiro ano, circulando aos domingos, mas tornou-se bissemanal a partir de 1791, até 1805, sendo editado às quintas-feiras e aos domingos[19]. Aquela primeira fase, semanal, circulou até 31 de dezembro do mesmo ano, totalizando 10 edições.

A publicação teve vida longa, ainda que trocando seu título, no decorrer dos anos: a partir daquele ano de 1805 tornou-se *El Aviso*; entre 1809 e 1810, *El Aviso de la Habana*; em 1810 passou a ser o *Diario de la Habana*; em 1812, *Diario del Gobierno de La Habana* e, sucessivamente, *Diario Constitucional de la Habana*, em 1820; no mesmo ano, muda para *Diario del Gobierno Constitucional de La Habana* (Benítez, 2000, ps. 63 e 64). Sua metamorfose prossegue: a partir de 1823, é o *Diario del Gobierno de la Habana*; em 1º de fevereiro de 1825, torna-se o *Diario de La Havana* e, enfim, a partir de 3 de fevereiro de 1848, *Gazeta de la Habana*, certamente em homenagem àquela pioneira publicação, perdurando até 1898 (Alonso, sem data).

---

[19] Lembremos que a *Gazeta do Rio de Janeiro* teve uma primeira edição num sábado, 10 de setembro de 1808, mas já na edição seguinte tornou-se bissemanal, circulando às quartas-feiras e aos sábados. Imprimia, além do mais, edições extraordinárias, quase sempre às segundas-feiras.

Seus conteúdos foram os mais variados possível, indo do noticiário geral a artigos de fundo, registros sobre os espetáculos teatrais, livros publicados, inteligente crítica e, muitas vezes, ácida de costumes, em que se destacariam dois de seus editores, o presbítero José Agustin Caballero e o soldado poeta Manuel de Zequeira (este diretor entre 1800 e 1805)[20].

Originalmente, o jornal possuía 4 páginas, sendo entregue a domicílio. Ali escreveram os intelectuais mais lúcidos e importantes daquela época, de Cuba. Não deixou, contudo, de apresentar uma contradição permanente porque, vinculado aos interesses da burguesia nativa, defendia ideias avançadas, politicamente, sobretudo quanto à independência da ilha, ao mesmo tempo que admitia tacitamente a escravidão dos negros, inclusive publicando anúncios a respeito de compra e venda dos mesmos ou recompensas para quem delatasse algum escravo fugido. Não obstante, José Agustin Caballero, ainda que adotando discursos racionais, aceitáveis pelos proprietários de terras e produtores rurais, preocupava-se em criticar os maus tratos dados aos africanos, sugerindo que tratá-los bem tornava-os mais produtivos do que castigá-los ou mesmo bater-lhes.

Nas páginas do *El Papel Periódico* publicaram-se os primeiros artigos de crítica literária, sobre medicina ou sobre meteorologia; discutiram-se a importância do comércio internacional e a necessidade do livre comércio para a ilha, o que fora experimentado durante a breve ocupação inglesa:

> Assombra la riqueza de contenidos – filosóficos, científicos, técnicos, sociológicos, gramaticales, económicos, educacionales, literários – que podemos encontrar, siempre bajo signo crítico, reformista y civilizador [...]. Sus páginas manchadas por la costumbre brutal de las transacciones normales en una sociedade esclavista, están presididas por el fervor patriótico y el deseo de servir a la comunidad difundiendo las *luces* (Ramón, 2020, s.p.).

---

[20] É importante registrar-se que ambos estudaram tanto na Real y Pontificia Universidad de San Gerónimo de La Habana, criada em 1728, pelos dominicanos, e que, ao longo das décadas seguintes, prepararia aquelas gerações que, mais tarde, adotariam o credo independentista, quanto no Real y Conciliar Seminario de San Carlos y San Ambrosio, criado pelos jesuítas, em 1689 (Ramón, 2021, s. p.). Manuel de Zequeira assumiu a direção do jornal a partir de 14 de agosto de 1800 (Cuba Periodistas, 2015, p. 4).

Os primeiros redatores do *El Papel Periódico* foram o próprio governador De Las Casas, ao lado de Diego de la Barrera, Tomás Romay e José Agustin Caballero. Suas dimensões eram de 22 por 15,5 centímetros, impresso na tipografia do Governo, então a cargo de Francisco Seguí. Fundado em 1790, a partir de 1793 a direção do periódico passa a um colegiado, por decisão do governador Las Casas, administrado pela Sociedad Económica de Amigos del País (Godoy, 2016, p. 33)[21]. Las Casas deixa a administração da ilha em 1796 e seu sucessor é o catalão Juan Procopio Bassecourt, Conde de Santa Clara, que reformulou em parte aquela administração, na medida em que determinou que, a cada mês, um dos integrantes da Sociedade Patriótica seria o responsável pela publicação[22]. Nessa nova fase, sob o título do periódico, surgiram uns versos como epígrafe: "Prefiere el amor de nuestra Patria a nuestro reposo: Havana tú eres nuestro ático: esto te escribimos no por sobra de ócio, mas por excesso de patriotismo" (Padron, 2020, s. p.). Nem todos os artigos vinham assinados pelos nomes próprios de seus autores: a maioria, na verdade, valia-se de pseudônimos, dentre os quais melhor se conhecem aqueles de José Agustín Caballero, como "El Enemigo de los Ociosos", "El amigo de los esclavos", enquanto Tomás Romay se assinava "Nazario Mirto" ou "Rosita Nomira"[23].

Foi na quinta edição do *El Papel Periódico* que se publicou o primeiro anúncio comercial: "En el almacén nuevo Calle de la Cárcel Vieja número 100 se venden vinos, el de Málaga a real la botella; el tinto de Cataluña a media; el de San Lúcar seco a real y la de Mariposa de Castilla a médio; todo superior" (21 de novembro de 1790).

O anúncio deve ter feito sucesso porque, em seguida, pode-se ler, na edição seguinte: "En la calle de la Cárcel Vieja, accesoria 126 de la casa del Marqués del Buen Agrado cerveza superior de Santander por barrilles de cincuenta limetas a cinco y médio pesos la docena y por menor a cuatro y médio reales la botella".

---

[21] A Sociedad Patriótica de Amigos del País foi criada em 9 de janeiro de 1793 pelo próprio governador De Las Casas (Espinosa, 2007, p. 1).

[22] Este grupo de editores ficou mais conhecido como *el apostolado* (Espinosa, 2007, p. 2).

[23] Tomás Romay era médico e nos anos seguintes introduziu e fez aplicar a vacina contra a varíola, em Havana (Cuba Periodistas, 2015, p. 1).

Também lemos outros anúncios como: "Hoy representará la compañía de Cómicos la Comedia Los Aspides de Cleopatra. En el primer intermédio se ejecutará una pieza titulada: El cortejo subtenente, el marido más paciente y la dama impertinente. Y en el segundo se cantará una tonadilla a dúo titulada: El Catalán y la Buñuelera. Para el jueves: El Médico Supuesto".

Enfim, surpreendemo-nos: "Al Capitán D. Diego de la Barrera se le há extraviado el primer tomo de la obra del Marqués de Santa Cruz. Si la tuviere alguno de sus amigos, sírvase avisárselo".

Os anúncios, naquela época, não eram cobrados, pois considerados de *utilidade social*. Já nas etapas posteriores, *El Papel Periódico*, sim, cobraria pelas publicações (Cuba Periodistas, 2015, p. 4).

Por tudo isso, o periódico alcançou imediato sucesso. Em 1794, a publicação contava com 126 assinantes fixos; pagavam seis reais ao mês. E continuou ampliando sua circulação e o número de seus assinantes.

Esta foi a publicação que permitiu à sociedade cubana, especificamente a de La Habana, intervir diretamente no sistema colonial e modificá-lo em seu proveito porque, como registra um estudioso,

> [...] se inaugura así, un largo proceso de demandas y luchas que se irá transformando,, con el transcurso de los años, en una conciencia cada vez más lúcida de las contradicciones insalvables entre el régimen colonial, con los elementos que lo definen, y la necesidad de progreso e independência (Quinziano apud Saínz, 1989, p. 11).

O *Papel Periódico* não apenas deu guarida às primeiras manifestações literárias de Cuba, como se tornou uma publicação referencial do chamado *costumbrismo* espanhol (Quinziano, 1998, p. 425)[24]. Mais que isso, "sirvió para expressar las aspiraciones de los criollos ricos en collaboración con los governantes de la Ilustración, en una época de reformismo" (Padron, 2020, s. p.).

---

[24] Emilio Roig de Leuchsenring apresenta excelente estudo sobre os *costumbristas* no *Papel Periódico* (Leuchsenring, 1941, p. 71 e ss.).

O que se deve destacar, sobretudo, é a coerência e a continuidade da linha editorial deste periódico, caso efetivamente raro nas publicações pioneiras daqueles tempos. Leiamos o que se publicava no prospecto da primeira edição:

> En las ciudades populosas son de muy grande utilidad los papeles públicos en que se anuncia á los vecinos quanto há de hacerse en la semana referente á sus interesses o á sus diversiones. La Havana cuya población es ya tan considerable echa menos uno de estos papeles que dé al público noticia del precio de los efectos comerciales y de los bastimentos, de las cosas que algunas personas quieren vender ó comprar, de los espectáculos, de las obras nuevas de toda classe, de las embarcaciones que han entrado, ó han de salir, en una palavra, de todo aquello que puede contribuir á las comodidades de la vida" (Baena, 2009, p. 86).

O texto prossegue por mais três parágrafos longos, lendo-se ainda, num deles: "Todo el que deseare vender ó comprar alguna casa, estancia, esclavo, hacienda, ó qualquer otra cosa, avisele em la mencionada Liubrería dre D. Francisco Seguí, y sin que le cueste cosa ninguna participará al público en uno de estos papeles" (Baena, 2009, p. 86).

Os sucessivos editores que responderam pela publicação cumpriram fielmente aquilo que se antecipava: por exemplo, em 1794, Antonio Gutierrez Robredo[25] ali registrava as primeiras observações meteorológicas a respeito da ilha; mas todos os interessados poderiam enviar suas colaborações: "existía una espécie de caja-buzón, a manera de cepillo, de iglesia, en que se echaban los artículos, poesias, cartas, etc., estando a cargo del

---

[25] Trata-se de um tenente de navio, integrante da junta de editores do *Papel Periódico de La Havana*, de origem galega, que teria cedido uma sala de sua própria casa para a instalação inicial da biblioteca pública financiada pelo lucro obtido pelo jornal. Desse modo, tornou-se o primeiro bibliotecário de Cuba. Algumas de suas observações astronômicas foram incorporadas por Alexander von Humboldt em seus estudos sobre a América. Colaborou ainda, intensamente, com as publicações anuais do *Guia de Forasteros de Cuba* (Entre 1791 e 1813 denominou-se *Calendario Manual y guia de forasteros de la Isla de Cuba*; a partir de 1814 e até 1825, chamou-se *Guia de forasteros de la isla de Cuba y calendário manual*; a partir de 1826 tornou-se o *Guia de forasteros de la siempre fiel isla de Cuba y calendário manual*), que se editou pelo menos até 1884.

redactor del mês la selección del material publicable" (Baena, 2009, p. 68). O editor do mês de dezembro acrescia, à sua responsabilidade quanto às edições bissemanais do jornal, a organização do próximo "Guia de Forasteiros", o que não era pequena tarefa. Daí a afirmação, que não é excessiva: "Ni uno solo de los problemas de la isla, de 1790 a 1805, dejó de discutirse, de acuerdo con los critérios de la época y el máximo de libertad permitida por las autoridades" (Baena, 2009, p. 69).

Ao longo de dez anos, além do mais, a publicação manteve sempre o mesmo preço. Nem por isso deixou de alcançar resultados positivos em seus balanços. Em 1799, chegara aos 367 assinantes; por relatórios a que os historiadores tiveram acesso, em 1802 distribuíram-se 4.456 exemplares, sendo 3.412 dirigidos aos assinantes e 1.044 vendidos avulsos. Chegava-se a 324 pesos-mês de receita, o que não significava valores extraordinários, mas em comparação com outras publicações contemporâneas, era, sim, significativo: enquanto a média de assinantes do *Papel Periódico* cubano era de 500 assinantes por mês[26], o *Mercurio Peruano* não chegava a 400; o *Correo Curioso de Bogotá* alcançava apenas 17 assinantes; e o *Semanario del Reino de Nueva Granada* tinha 45... Mais significativo, o *Correo de Madrid* não possuía mais que 265 a 300 subscritores.

Um cálculo da época fazia o seguinte balanço: os entregadores do jornal ficavam com um terço do valor arrecadado pelas assinaturas: no mês de abril estudado, receberam 85,30 pesos; o chefe de distribuição ficou com 50 pesos; ao redator cabiam 68,60 pesos e à gráfica eram pagos 114,60 pesos; ainda assim, em julho de 1793, a Sociedade Patriótica, com tais fundos, adquiriu 77 volumes de livros e iniciou as atividades da primeira biblioteca pública de Cuba! (Baena, 2009, ps. 71 a 73).

---

[26] A partir de 1809, quem dirige o *Papel Periódico*, agora denominado *Aviso*, é Tomás Agustín Cervantes, que introduz notáveis reformas na publicação, especialmente na editoria literária, alcançando este elevado número de assinantes, no ano seguinte. Suprimiu a caixa de recolhimento de colaborações, "que se había convertido en un depósito de libelos difamatórios", segundo ele; aumentou o preço da assinatura e, em 1812, adquiriu novos tipos, mudando também a gráfica de sua impressão, que passou a ser a de Arazoza y Soler, a mesma em que, a esta altura, a Sociedade Patriótica imprimia anualmente seu "Guia de Forasteiros". Em 1825, a publicação chegava aos 987 assinantes; sob a denominação, que então ostentava, de *Diario de la Habana*, deixou de circular em 1848, quando era redigida pelo impressor don José de Arazoza, que alcançara licença para imprimir uma Gaceta oficial do governo ((Leuschsenring, 1941, p. 26).

No dia 2 de setembro de 1794, José Agustín Caballero escreve umas primeiras *memórias* sobre a Sociedade Patriótica. Embora se equivoque quanto à data de lançamento do *Papel Periódico*, que indica ser 31 de outubro, seu balanço é significativo. O cálculo antes apresentado, na obra de Juan José Sánchez Baena, na verdade faz parte do relato de Caballero, que menciona haver, naquele momento, um saldo de 1.188,70 pesos, "fondo suficiente para tratar de la creación de la biblioteca", o que, como se viu, foi concretizado (Caballero, 1999, p. 247 e ss). Mais, ele indica que foi contratado um bibliotecário pelo salário de 10 pesos mensais; pintaram-se as salas, adquiriram-se mesas forradas, duas estantes, jogo de tinteiros, importando tudo em 175 pesos, além daqueles 184 pesos aplicados na aquisição dos livros. Em seu relatório, propunha que a Sociedade contatasse as autoridades, a fim de que elas elaborassem novas listas de obras a serem adquiridas.

Em 1806, a biblioteca já possuía mais de mil volumes!

Luis de Las Casas fez muito mais, ao lado da Sociedade Patriótica: criou a Casa de Beneficência, eliminou impostos que prejudicavam o comércio; decretou a liberdade de comércio entre Cuba e Espanha; suprimiu o monopólio da Casa da Contratação de Sevilha[27], bem como estabeleceu a Junta de Agricultura e Comércio. Em síntese, diz um historiador, "no hay junta que él no hubiese presidido; no hay negocio en que no hubiese intervenido; no hay proyecto lo que no hubiese sido suyo o al que no hubiese concurrido con sufragio, en cuya ejucución no se hubiese arrebatado una máxima parte" (Leuchsenring, 1941, p. 19).

O *Papel Periódico*, em resumo, resultou de uma simbiose entre personagens formados fundamentalmente no Seminário de São Carlos e na Universidade de La Habana, que encontraram, no governante então recém-nomeado, compreensão, apoio e identificação. De tantas narrativas que possamos constituir a respeito da gênese da imprensa nos então vice-reinos espanhóis na América Latina, foi justamente o ocorrido em Cuba, até então pobre e marginalizada, aquela cuja coincidência de destinos

---

[27] Era uma espécie de alfândega que controlava toda a entrada e saída de mercadorias, verificando quantidades e qualidades e controlando todo o movimento comercial a ser feito com monopólio pela coroa espanhola.

particulares e sociais produziu os melhores e mais duradouros frutos, que, aliás, não se restringiram a essas iniciativas e, especialmente no caso deste estudo, a esta publicação.

Para encerrar nossa reflexão, referiremos, ainda que rapidamente, algumas outras publicações que foram contemporâneas ou circularam logo após sobretudo a primeira fase do *Papel Periódico*, porque talvez isto nos ajude a entender esta *Weltanshauung* que marcou a ilha nas últimas décadas do século XVIII e primeiros anos do século XIX.

Em 1804, o poeta Manuel de Zequeira teria redigido e impresso *El Criticón de la Havana*, dando evidente continuidade àquelas observações altamente irônicas que publicara, ao longo de anos, no *Papel Periódico*. Mas o jornal alcançou apenas seis edições. É no ano de 1810 que vai aparecer outra publicação significativa, *El Regañon*. O contexto é bem justificável: a ilha de Cuba fora invadida e ocupada pelas tropas francesas, entre março e maio de 1808. Em 10 de novembro de 1810, contudo, firma-se um Real Decreto do novo governo espanhol, após a expulsão das forças napoleônicas da Espanha, que garante a plena liberdade de pensamento e de publicação, o que abre um ciclo sem precedentes de novos jornais em Cuba. É nesse contexto que surgem jornais como *El Regañon*. *El Regañon* foi impresso por Buenaventura Pascual Ferrer, excelente polemista, segundo Checa Godoy (2016, p. 34). Era redigido ainda por Diego de la Barrera. Quando Pascual Ferrer se muda para o México, passa a ser impresso por José Antonio de la Ossa. Era um jornal essencialmente crítico, dividido em duas sessões, a primeira das quais, "Al Señor Público", mantinha o anonimato de sua autoria, enquanto a segunda, "Mesa Censoria", era assinada por Ferrer, sob o pseudônimo de Censor Mensual. Estampava crítica teatral e de espetáculos em geral, e crítica literária bastante qualificada. A primeira versão de El Regañon foi rodada nas oficinas de Estevan Boleña; circulava às terças-feiras, ao preço de dois reais o exemplar e oito reais a assinatura mensal. Trazia um dístico esclarecedor: "A crítica é um ofício literário encarregado de exercer a Polícia das Ciências e das Artes" (Baena, 2009, p. 92). Sua primeira edição circulou com um programa muito objetivo:

> Dará a luz muchos rasgos de literatura, así Nacionales como Extranjeros, que se traducirán, los más interessantes y raros, que

posee, extractados de las mejores obras, que se han publicado en Europa. Hará uma crítica judiciosa, y arreglada de los usos, costumbres, y diversiones públicas de esta ciudad, y de los monumentos de las bellas Artes, que en ella existen (https://www.ecured.cu/Regañon_de_la_Havana).

El Nuevo Regañon de La Habana circulou entre 2 de novembro de 1830 e 22 de novembro de 1831, criado por Antonio Carlos Ferrer, sendo logo substituído por Buenaventura Pascual Ferrer, seu pai, que fundara o periódico original (Vilar, 1996, p. 338). Aliás, logo em 3 de maio de 1831, o antigo título voltou a seu cabeçalho. A excessiva agressividade da crítica de costumes que marcava suas páginas fez com que Ferrer perdesse amigos, apoiadores e leitores. Acabou mudando-se para a Espanha, onde continuou atuando, porém como jornalista.

Em 1810 aparecera, ainda, em La Habana, *La Lonja Mercantil*, a primeira publicação exclusivamente comercial e econômica da América Latina (Cimorra, 1946, p. 125).

Enfim, a partir do dia 15 de junho de 1820, circularia *El Observador Habanero*, de Félix Varela, considerado pelos historiadores como o primeiro jornalista do país. Aqui começava a revolução independentista. *El Observador Habanero* circularia quinzenalmente e subsistiu até 1822, trazendo manifestações claramente políticas deste sacerdote jornalista que predicava na cátedra do Seminário de San Carlos. Dirigido por José Agustín Govantes, divulgou artigos de José Agustín Caballero, Leonardo Santos Suárez e outras lideranças nativas que se tornavam gradualmente as figuras do novo tempo da colônia, cada vez mais exaltada em busca de sua liberdade.

Qual o balanço final que se pode fazer? Eis o depoimento do historiador Jacobo de la Pezuela, já aqui citado, devidamente apropriado por Juan José Sánchez Baena, com que encerramos estas anotações:

> Apenas habria 10.000 indivíduos que pudieran leerlos [aos jornais e/ou aos livros], ni 2000 que los comprasen", ao que acrescenta o pesquisador: No es extraño, ya que a las cifras altíssimas de analfabetismo que se alcanzaban en la isla, había que sumarle la tradición, muy generalizada, de los que sabian ler, de no hacerlo de

forma habitual o pedir prestado el periódico. Esta última cuestión parece haber sido una costumbre muy arraigada durante todo el siglo XIX, ya que nos aparece referido con frecuencia por escritores y editores (Baena, 2009, p. 92).

A imprensa, apesar de tudo, sobreviveu e cumpriu função social fundamental, sobretudo a partir dos anos 1810, quando os movimentos independentistas começaram a aflorar nos diferentes territórios coloniais. Esta imprensa tornar-se-ia, cada vez mais, o terror dos tiranos, o que se evidencia, no caso cubano, sobretudo, a partir da figura do antes referido Félix Varela.

Referências

ALONSO, L. A. "Papel Periódico de la Havana: apuntes en torno a su funcación 24 de octubre de 1790", in *Letras-Uruguay*. Disponível em: http://letras-uruguay. espaciolatino.com/aaa/aruca_alonso_lohania/papel_periodico_de_la_havana. htm

BAENA, J. J . *El terror de los tiranos*. La imprenta en la centúria que cambió Cuba (1763-1868), Castelló de la Plana. Universitat Jaume 1, 2009.

BENÍTEZ, J. A. *Los orígenes del periodismo en nuestra América*. Buenos Aires: Lumen, 2000.

CABALLERO, J. A. *Obras*. La Habana: Imagen Contemporánea,1999.

CIMORRA, C. *Historia del periodismo*. Buenos Aires: Atlantida, 1946.

CUBAPERIODISTAS. "Papel Periódico de la Havana, fundado hace 225 años", La Habana, Unión de Periodistas de Cuba. 23 de octubre de 2015.

EL SESQUICENTENARIO DEL PAPEL PERIÓDICO DE LA HAVANA – 1790 – 24 de octubre – 1940, La Habana, Municipio de La Habana, Cadernos de Historia Habanera. 1941.

ESPINOSA, J. A. L. "Octubre 24 de 1790. Aparición de la primera publicación periódica cubana", ACIMED (impresa), La Habana, Centro Nacional de Información de Ciências Médicas, v. 15, n. 4. Disponível em: http://scielo.sld.

cu/scielo.php?script=sci_arttext&pid=S1024-94352007000400012&lng=es&nrm=iso&tlng=es

GARCÍA, J. A. "Prólogo – "...Han leído a Proudhom, andan en berlina, aman la libertad y tienen esclavos..." In: BAENA, J. J. *El terror de los tiranos*. La imprenta en la centúria que cambió Cuba (1763-1868), Castelló de la Plana. Universitat Jaume 1, 2009, p. 9 e ss.

GAY-CALBÓ, E. "Los redactores del Papel Periódico" in EL SESQUICENTENARIO DEL PAPEL PERIÓDICO DE LA HAVANA – 1790 – 24 de octubre – 1940, La Habana, Municipio de La Habana, Cadernos de Historia Habanera, 1941, p. 49-54.

GODOY, A. C. *La prensa en español y portugués en América*. Los orígenes, la independência y las republicas liberales (1722-1903). Sevilla: Universidad de Sevilla, 2016.

GUTIERREZ SOSA, O. L. "Las lunaciones en la 'Guia de Forasteros de Cuba'", ILUIL, Casa del Libro, Barcelona, v. 39, n. 36, 2016, ps. 237-244.

HOHLFELDT, A. "Conectando a historia de nossos jornais", trabalho apresentado ao XV Congreso de la Asociación Latinoamericana de Investigadores de la Comunicación-ALAIC, Medellin, Universidad Pontifícia Bolivariana. Junho de 2020.

HOHLFELDT, A. "A centenária Gazeta de Guatemala. Paralelismo com o primeiro jornal brasileiro", trabalho apresentado ao 43º Congresso da Sociedade Brasileira de Estudos Interdisciplinares da Comunicação – INTERCOM, Salvador, Universidade Federal da Bahia, setembro de 2020.

JARAMILLO, R. F. *La prensa en hispanoamérica*. Madrid: Magisterio Español-Prensa Española-Nacional, 1976.

LA GAZETA DE LA HAVANA (periódico de 1782). Disponível em: https://www.ecured.cu/La_Gazeta_de_la_Havana_(periodico_de_1782). Acesso em: 10 maio 2022.

LEUCHSENRING, E. R. de. "El sesquicentenario del primer periódico literário de Cuba: El Papel Periódico de la Havana", in EL SESQUICENTENARIO DEL PAPEL PERIÓDICO DE LA HAVANA – 1790 – 24 de octubre – 1940,

La Habana, Municipio de La Habana, Cadernos de Historia Habanera. 1941, p. 7 a 28.

LEUCHSENRING, E. R. de. "Los costumbristas del Papel Periódico" in EL SESQUICENTENARIO DEL PAPEL PERIÓDICO DE LA HAVANA – 1790 – 24 de octubre – 1940, La Habana, Municipio de La Habana, Cadernos de Historia Habanera. 1941.

LIMA, J. L. "Prologo a la poesia cubana". In: *La cantidad hechizada*, Madrid: Jucar, 1974. p. 83 e ss.

MARINO, B. V. "Breve histórico da imprensa em Cuba até o século XIX", I Colóquio Brasil-Transfronteiras de Ciências da Comunicação, Campo Grande. XXIV Congresso Brasileira de Ciências da Computação, setembro de 2001, ps. 73 a 86.

NAVARRO, M. D. G.-R. "Ocio, lecturas y escritura em la Ilustración cubana", *Revista de Índias*, Madrid, Consejo Superior de Investigaciones Científicas, v. LX, n. 219, 2000, ps. 331-343.

PADRON, J. N. "El nacimiento de la prensa en Cuba: Papel Periódico de la Havana". La Habana, *La Jiribilla – Revista de Cultura Cubana*, 6 de outubro de 2020, sem paginação.

QUINTERO, A. P. *História da imprensa*. Lisboa: Planeta, 1996.

QUINZIANO, F. "Fin de siglo em La Habana: lujo, aparencias y ostentación en el Papel Periódico (1790-1805), Siena, Atas do XVIIUI Congresso da Associazione Ispanisti Italiani, Bulzoni. 5 a 7 de março de 1998, ps. 421 a 432.

RAMÓN, E. Y. F. "Papel Periódico de la Havana, el rostro de una nación". *Revista Observatorio de las Ciencias Socialeds en Iberoamérica*, v. 2, n. 7, fev. 2021. Disponível em: https://www.eumed.net/uploads/articulos/e82271428a16dff-c3a6480460f0c7efa.pdf

RÍOS VICENTE, E. "O jornalismo na América Latina". In: QUINTERO, A. P. *História da imprensa*. Lisboa: Planeta, 1996, p. 515 e ss.

SILVA, L. L. G. *Breve histórico do jornalismo em Cuba*: algumas reflexões sobre o conceito de liberdade de imprensa. Rio de Janeiro: Universidade Federal do Rio de Janeiro. 2007.

VILAR, J. B. "Los orígenes de la prensa cubana. Un intento de aproximación y análisis (1764-1833)". *Revista Complutense de História de América*, Universidade Complutense de Madrid, n. 22, 1996, p. 337-345.

WARD, K. C. "Carlos Habré, Francisco José de Paula, and the 'Pre-History' of printing in Havana, Cuba". Chicago: University Chicago Press, Bibliographical Society of America, 2016.

As experiências de mediação social nas periferias dos centros: das rádios comunitárias às expressões da arte em Cabo Verde

Silvino Lopes Évora[1]

Introdução

As reflexões sobre os processos de mediação social através das ferramentas simbólicas, entre as quais a comunicação social, os processos criativos e a arte de uma forma geral, sempre nos remetem para um conjunto de problemáticas, sendo o fluxo das interações entre o centro e periferia uma delas. Se, no plano das Relações Internacionais, esse fluxo é interpretado a partir da lógica da distribuição do poder na definição das geografias de influências multilaterais, no plano sociológico, a questão é lida a partir das premissas relacionadas com as assimetrias entre o centro e a periferia, a cidade e o campo, os assentamentos urbanos e os perímetros rurais e os suburbanos. Num caso e noutro, os estilos de vida são diferentes e a própria distribuição social da informação se dá de forma diferente. Olhando para a perspetiva dos fluxos informacionais no plano internacional, deparamo-nos com uma tendência para a unidirecionalidade da informação internacional, sendo que os principais meios de comunicação social emissores se encontram sedeados nos países economicamente mais avançados. Estes estão apetrechados com aparatos mediáticos fortemente artilhados por avançados processos tecnológicos, consubstanciando-se em agências globais de informação e de comunicação e órgãos mediáticos

---

[1] Professor Auxiliar e Presidente do Conselho Científico da Universidade de Cabo Verde (UniCV), coordenador da área científica das Ciências da Comunicação, diretor do mestrado em Jornalismo Económico e Informação Financeira, membro do Conselho da UniCV, membro do Centro de Estudos de Comunicação e Sociedade (Univ. Minho), da Associação Portuguesa de Economia Política, do Museu Virtual da Lusofonia (Univ. Minho) e da Rede Lusófona para a Qualidade de Informação (Univ. Coimbra). Integra, com os Profs. Dra. Ana Regina Rêgo, Marialva Barbosa e Antonio Hohlfeldt, grupos de pesquisa sobre história do jornalismo luso-brasileiro.

internacionais, capazes de promoverem o agenciamento da informação no plano internacional, influenciando a construção das agendas comunicativas nos países recetores da informação internacional. Estes são, geralmente, menos desenvolvimentos, com um sistema mediático em processo de construção e, em várias situações, com setores mediáticos completamente debilitados, que apenas procuram cumprir as tarefas mínimas da comunicação social e da informação mediática no quadro de uma sociedade envolvida pela exponencial circulação de dados na esfera internacional.

No que diz respeito às assimetrias internas aos países, é possível perceber que, mesmo no interior de cada país, a disponibilidade dos meios de comunicação social para a cobertura mediática é diferente, se considerarmos as variáveis geográficas como o campo e a cidade, os meios urbanos e os meios rurais e os suburbanos, o mundo dos serviços e o mundo dos trabalhos que impliquem o emprego da força física. As empresas mediáticas, por regra, estabelecem as suas bases de funcionamento nos centros metropolitanos dos países onde se encontram instaladas. Isso se deve essencialmente a diferentes ordens de razão: **o fator económico**, já que a maioria das entidades com capacidade de colocar anúncios na comunicação social se estabelecem nos centros políticos, económicos ou financeiros dos diferentes países; o **fator *agenda-setting***, na medida em que as empresas de comunicação social vivem de fontes bem posicionadas e de factos e acontecimentos que têm lugar no seio da sociedade em que estão inseridas (Chaparro, 1994 e 1998; Évora, 2005, 2011 e 2018; Pinto, 2000; Santos, 1997 e 1998). Olhando para a distribuição social do poder simbólico, é no meio urbano que reside a maior parte das entidades portadoras de ações com vocação jornalística, interpretando o jornalismo a partir de premissas de noticiabilidade como a atualidade, a notoriedade, a eliticidade e o significado social (Crato, 1992; Évora, 2012 e 2018; Galtung; Ruge, 1965; Gans, 1980; Sousa, 2006; Wolf, 1999); **fator sinergia**, uma vez que, sedeando as empresas de comunicação social nos centros urbanos, os investidores dessas áreas têm, perto de si, um maior volume de *stakeholders* com os quais se relacionam nos processos quotidianos, diminuindo os custos de deslocação e o investimento no elemento condicional 'tempo' para atender a todas as necessidades de relacionamento (Dumez; Jeunemaître, 1993; Évora, 2011; Correia, 2005; 2006; Chamberlin,

1933; Demers, 2002; Helpman; Krugman, 1985; Herman; McCheesney, 1997; Hutchison, 1999). Tudo isso mexe com a própria estrutura social, acabando por originar uma situação de desnivelamento do fluxo interno da informação dentro dos países, possibilitando que haja uma intensa cobertura das capitais e dos centros metropolitanos, em detrimento das regiões mais dispersas e afastadas das artérias do poder e dos centros de decisão. É neste sentido que surge a necessidade de desenvolver canais alternativos de comunicação, de interação social e de expressão dos sentimentos, pensamentos e da aura de uma sociedade.

As experiências de comunicação nas periferias integram uma válvula de progresso social muito mais avançada do que aquilo que está consubstanciado no simples crescimento económico, da imagem e das expectativas representadas pelas capitais dos países e pelos seus centros metropolitanos de negócios, de finanças e de poder político. Elas integram o eixo do desenvolvimento humano, que se fundamenta na necessidade de promover um equilíbrio de oportunidades e de distribuição dos bens inteligíveis promotores de desenvolvimento cultural, intelectual e simbólico. Com isso, as rádios comunitárias, enquanto expressão da comunicação de proximidade, procuram alavancar um segmento do desenvolvimento ligado às comunidades periféricas, que o processo de industrialização da economia e da informação, muitas vezes, marginaliza, ignora ou não considera importante. Aliado às experiências de comunicação comunitária, também existe o eixo da arte, enquanto ferramenta de protesto, mas também de integração social das comunidades. Em Cabo Verde, o desenvolvimento da arte foi um dos maiores instrumentos aos quais a comunidade de Rabelados de Espinho Branco, no litoral leste da Ilha de Santiago, se apegou para imprimir novas ruturas no relacionamento com as outras comunidades do país e com os próprios visitantes que frequentam as suas paisagens habitacional e cultural. Trata-se de uma comunidade que, no passado, foi muito mais fechada do que hoje e que vivia um regime de valores e de princípios que, regra geral, destoavam-se da axiologia transformacional da sociedade cabo-verdiana no seu percurso diacrónico.

Desta feita, salientemos que, quando se aproxima o debate cultural à problematização sobre o campo dos *media*, resulta naquilo que Gonçalves apelida de "um 'mídiaceantrismo', ou seja, um caráter fortemente veiculativo, onde os meios e a transmissibilidade tendem a constituir o fim dos processos comunicacionais. Nesse tipo de configuração, privilegia-se a profusão da informação – na figura da disponibilidade – e sobrevaloriza-se a tecnologia, a mobilidade e a interatividade como se fossem qualidades positivas em si mesmas" (Gonçalves, 2007, p. 3). Assim sendo, deve-se levar em consideração que a formação cultural se dá de forma sincróni-ca se houver algum crescimento homogeneizado da sociedade. Porém, quando os ritmos de crescimento são diferentes, surgem hiatos em termos de significação e de axiologia. Os valores sociais das comunidades diver-gem e os próprios horizontes de esperança se tornam diferentes, criando muros entre comunidades dentro de uma mesma sociedade. No caso da comunidade de Rabelados de Espinho Branco, a arte foi usada como o principal instrumento para derrubar esses muros e promover processos de integração social mais ecléticos e mais dinâmicos.

Assim, com esta comunicação, o nosso enfoque é, sobretudo, debater a problemática da comunicação, da significação e da interação social em Cabo Verde, olhando para as dinâmicas que envolvem os centros e as peri-ferias. Neste sentido, procuraremos ler o espaço que as rádios comunitárias e as criações artísticas ocupam no sentido de corrigirem as assimetrias informativas, simbólicas e culturais no seio da sociedade cabo-verdiana, aproximando as comunidades alicerçadas no campo e na cidade e as po-pulações que habitam os núcleos urbanos e os subúrbios, promovendo a democracia nacional a partir da proliferação de eixos democráticos locais, comunitários e regionais, sincronizados com as aspirações de desenvol-vimento e de modernidade cabo-verdianas e espelhados na expressão da crítica moderna desencadeada em todas as paisagens humanas do país, através da comunicação social alterativa, da arte que frui nas periferias e da emancipação da axiologia que estabelece o sentido de pertença às comunidades locais, cristalizado em identidades locais, na cultura local e nas aspirações comunitárias de construir uma sociedade de progresso e desenvolvido.

A problemática do agendamento e a comunicação nas periferias

Uma das questões sociológicas que, ao longo dos tempos, marcou o debate sobre o jornalismo e a comunicação de massa tem a ver com a distribuição social do poder. Na verdade, reconhecendo que a informação é um elemento portador de um poder simbólico, a sua força recai, essencialmente, sobre aqueles cujo processo de agendamento das informações mediáticas promove as suas ideias, os seus pensamentos, os seus desejos e as suas ambições. Portanto, a premissa de partida é a de que, não sendo o jornalista uma testemunha de todos os acontecimentos com interesse para a construção da sua pauta informativa, deve contar com a colaboração dos outros agentes que participam na construção da noticiabilidade dentro de uma sociedade. Eles constituem aquilo que, na maioria das literaturas sobre o campo, são categorizados como fontes de informação (Chaparro, 1994; 1998; Évora, 2005; Santos, 1997; 1998). O papel social das fontes é tão importante no jornalismo que Manuel Pinto, interpretando esta profissão como "um campo fundamental na produção e reprodução da vida social", entendeu que fosse necessária uma nova abordagem à problemática, com vista a "analisar a relação com as fontes num quadro mais vasto e complexo, que fizesse emergir não apenas as dinâmicas internas ao campo, mas as convergências e as conflitualidades, decorrentes da interação no sistema social" (Pinto, 2000, p. 277). Isso mostra-nos que as fontes de informação têm um papel social muito importante na definição das pautas noticiosas e na configuração da estrutura do espaço público, sendo elas também um dos agentes que atuam sobre a força simbólica de que os *mass media* se revestem nas sociedades modernas.

O estudo sobre o agendamento jornalístico dos assuntos relacionados com a vida quotidiana aponta para a hipótese de que, efetivamente, o que faz com que as notícias sejam aquelas que chegam aos destinatários dos produtos mediáticos seja o facto de os meios de comunicação social estarem munidos de capacidade para, mais do que lhes fornecer *inputs* que lhes levam a formar os seus juízos, conferirem-lhes fórmulas pré-feitas sobre como pensar o quotidiano e os assuntos de interesse social, selecionando quais são esses assuntos classificados como de valor informativo acrescentado e estabelecendo os padrões através dos quais os pensamentos a serem desenvolvidos sobre essas temáticas devem seguir (Crato, 1992;

Hall, 1978; Sousa, 2006; Wolf, 1999). Essa questão é extremamente relevante para o debate sobre a distribuição social do poder simbólico, uma vez que contribui para a compreensão de que, imanente aos meios de comunicação social, se encontra endossada uma infraestrutura de poder, que poderá ser alocada a determinados setores da sociedade, podendo eles se encontrarem no centro ou nos subúrbios do coração metropolitano dos assentamentos urbanos formais, organizados e estruturados em função de interesses políticos, económicos, religiosos e, em certos casos, elitistas. Portanto, a agenda mediática acaba, assim, por responder a uma necessidade de controlo social do centro em relação a periferia, de forma que o centro continue a controlar os meios de produção de bens sociais e simbólicos, estabelecendo os padrões e as referências do sistema organizatório das sociedades (Adorno, 1987; Adorno; Horkheimer, 1991). Portanto, não podemos interpretar a questão do agendamento fora de um quadro interpretativo traçado pela Teoria do Poder (Brito, 2016; Luhmann, 1995) e pela própria Ciência Política (Aristóteles, 2007; Duverger, 1976; Platão, 2001; Wright, 1988), ajudando-nos a compreender a questão quando nos apresenta os substratos de como os grupos sociais desenvolvem estratégias de controlo das organizações do Estado e nelas inscrevem a sua visão sobre a sociedade e sobre o próprio modo de exercício do poder, as formas da sua aquisição, os instrumentos de transição de sistema de administração do poder e as situações em que se opera a sucessão no poder.

Antes de avançarmos na problematização do tema, importa sublinhar a perspetiva que Kowarick (1983; 2000) associa ao conceito de periferia, sublinhando que ele implica uma abordagem plural das questões sociais. Salienta, assim, que, além de categorias conceptuais como distância geográfica, precariedade, carência, marginalização face os serviços públicos e infraestruturas básicas inscritas numa política integrada no pressuposto de estado social moderno, o conceito engloba, também, a expressão do pluralismo cultural, político, social, económico, ideológico e artístico. Assim, podemos notar que a conceção de periferia, consubstanciada a partir dos fundamentos teóricos e empíricos mobilizados por Kowarick (1983; 2000), não incorpora apenas a carência de infraestruturas públicas (como, por exemplo, a informalidade dos assentamentos urbanos, a deficiente iluminação pública, a irregularidade das ruas e a ausência de uma infraestruturação condizente com as necessidades das populações e, ainda, a deficiente prestação de serviços básicos nos campos da educação, dos transportes, da saúde, do saneamento, do emprego e dos serviços do estado, etc.), mas amplia-se, também, para a irrupções de espaços de inteligibilidade simbólica e cultural, edificados nos meios rurais, nos subúrbios, nas paisagens sociais carentes, nos espaços humanos marginalizados e nas periferias dos poderes centrais, constituindo-se resistências à ordem dominante e reinvenção de uma visão de política cultural a partir das periferias, considerando a política toda a forma humana de intervenção social para disputar espaços de poder, estabelecer padrões de significação social e imprimir mudanças geradoras de melhorias de condições de vida das pessoas alicerçadas nos seus campos sociais de ação.

Uma questão importante ligada à afetação de conteúdos ao conceito de periferia é sublinhada por Valladares (2005), para quem, além da pobreza e do distanciamento em relação às centralidades, integra-se, também, nessa conceptualização da questão, uma dose considerável de violência urbana e de criminalidade. Essa relação se estabelece, por um lado, no âmbito do agendamento das notícias pelos grandes meios de comunicação social, de amplitude nacional e internacional, e, por outro lado, pelas chamadas classes média e alta das sociedades contemporâneas, que estabeleceram um regime axiológico de classes sociais dissimulado em discursos de integração social e racial, mas com uma perspetiva elitizada, cuja ordem tem como escopo um sentido prévio, originado sempre no centro e destinado à aplicação na periferia. A agenda das grandes empresas que operam no setor dos *mass media* tem-se estabelecido a partir dessa ordem social previamente definida, em que se procura, a partir do processo de *agenda-setting*, manter uma ordem discursiva e a dominação da construção do sentido e da orientação do pensamento coletivo.

Olhando para as teses desenvolvidas no âmbito da Teoria de *Agenda--Setting*, podemos ver que, nelas, se inscreve o princípio de que a valorização social dos assuntos a serem canalizados para o debate no seio da opinião pública, por parte dos cidadãos, vai depender muito da sua inscrição na pauta das empresas mediáticas. Deste modo, os *mass media* são tomados como indutores do sistema das relações sociais, influenciando a interação entre os indivíduos e inscrevendo assuntos, previamente selecionados, no debate público. Isso implica, também, que, no processo da seleção dos acontecimentos, haja um silenciamento propositado de determinadas vozes e assuntos que ocupam territórios periféricos do sistema social. Esses territórios integram os eixos mais pobres, as camadas marginalizadas e a população que reside nas periferias dos poderes económicos, social, cultural, intelectual e político. Assim, deve-se ler estas problemáticas a partir de duas matrizes de periferias: por um lado, um entendimento de periferia que opõe o campo e a cidade e, por outro lado, uma conceptualização que opõe o coração das cidades às zonas suburbanas e carenciadas que gravitam à volta dos grandes centros. Num e noutro casos, são salientes as situações de dissonâncias informativas e de hiatos de conhecimento, que, em última análise, resultam num desequilíbrio das premissas democráticas da distribuição social do poder, colocando uma parte da sociedade permanentemente sob os holofotes da comunicação social e outra parte numa espécie de penumbra mediática, ou seja, uma zona cinzenta e obscura, ocultada pela rede nacional de distribuição simbólica do poder.

A ação dos *media* no silenciamento das periferias deve-se, entre outros fatores, aos seus objetivos materiais. Sendo, na maioria das vezes, propriedades dos detentores de poder no espectro sociopolítico e no dos setores ligados à economia, às finanças e ao mercado financeiro, os meios de comunicação social acabam, então, por estar ao serviço dessa classe elitizada e, com isso, se comprometem com a estabilidade do sistema social a partir do qual se encontram alicerçados. Outrossim, estabelecem-se como uma reserva simbólica para a manutenção do *status quo* enquanto for possível. Isso, também, se prevalece enquanto, nas sociedades modernas, a capacidade dos *mass media* se sobreponha à própria capacidade das comunidades no estabelecimento da agenda das discussões, na orientação do rumo dos debates e na formação da opinião pública. As estratégias comunicativas nas periferias resultam de um reconhecimento do poder dos grandes meios de comunicação de massa na definição da orientação simbólica da sociedade e isso leva a mantra social excluída a procurar mecanismos para o estabelecimento de plataformas alternativas e concorrenciais de influenciação social. Neste caso, limitam os seus perímetros de ação e de influência, na medida em que o entendimento subjacente é o de que, em primeiro lugar, se muda a comunidade de inserção para, depois, se mudar o município, seguidamente a ilha e, subsequentemente, o país. Por isso, a comunicação alternativa é mais eficaz quando se estabelece em redes de construção simbólica de sentidos, procurando desenvolver conectividade, interação e o estabelecimento de um campo de experiência e de compreensão entre os operadores e atores que se encontram vinculados a essas iniciativas. Uma experiência interessante deste tipo de engajamento social para a transformação da sociedade, transformando as pessoas e as suas condições de vida nas suas comunidades, encontramo-la na Guiné-Bissau, onde o desenvolvimento das rádios comunitárias levou à criação de uma plataforma de *networking* entre elas, que é a Rede Nacional das Rádios Comunitárias, a Renarc. A ideia fundamental que ali subsiste se estabelece no princípio de que, a partir das mudanças que cada rádio local possa engendrar na comunidade onde se encontra inserida (se for indexada numa plataforma de campos interpretativos federados capazes de geraram mudanças locais), poder-se-á transformar o tecido social, político, económico, cultural e educacional do país. Portanto, havendo uma matriz que congrega uma certa homogeneidade (campos interpretativos e campos de experiência) nas rádios comunitárias, é possível concorrer, a partir das periferias, para o processo de definição de um quadro referencial de debate nacional. Isto traduzir-se-ia na emancipação ideológica, social e intelectual a partir das periferias, o que se mostra como fundamental para o reequilíbrio dos processos de desenvolvimento, já que, como sustenta Peter Pál Pelbart, existe um evidente paradoxo na configuração da contemporaneidade, uma vez que o contemporâneo se afirma de entre uma situação de domínio abrangente *da vida ou do biopoder*, interpretando, por um lado, a vida como um bem supremo do próprio sistema capitalista e, por outro, como o maior bem em si, implicando, desta feita, o desenvolvimento de mecanismos de resistências e a afirmação das idiosincrasias singulares das individualidades, configurado num poder da vida ou numa biopotência (Pelbart, 2003, p. 13). Esta leitura é fundamental para a compreensão da necessidade do desenvolvimento de mecanismos de reação comunicativa a partir das periferias, mas também de ações de significação, como forma de reativar a esperança do equilíbrio social e a atenuação dos hiatos de conhecimento entre os centros e as periferias e, também, entre os núcleos urbanos e os assentamentos informais suburbanos que gravitam as grandes cidades, os capitais dos países e os centros metropolitanos, que agregam, no seu seio, os poderes económico, político, tecnológico e intelectual; ou seja, nos espaços urbanos onde, como afirma Webster (1995), grosso modo, os países vinculam os processos transformacionais da sociedade que originam as várias dimensões da sociedade de informação.

A comunicação nas periferias e os processos de transformação social em Cabo Verde

As mudanças sociais, geralmente, não são processos céleres, pelo que levam muito tempo a operacionalizar. Integrando o desenvolvimento humano dentro dos processos transformacionais da sociedade, sobretudo em países carentes de recursos e em construção permanente como Cabo Verde, podemos registar que a comunicação de causas locais, de advocacia para o desenvolvimento local e de promoção das forças criativas que emergem nas periferias constitui um elemento fundamental para a sociedade. Também, ela contribui para essas mudanças sociais em ciclos estruturais, levando o tempo necessário à sua consumação e consolidação. Neste sentido, destacamos o importante papel das rádios comunitários em Cabo Verde, que, mesmo estribados em estruturas organizacionais economicamente frágeis, conseguem induzir melhorias substanciais na democracia comunitária, contribuindo para a libertação da imaginação, da criatividade e da arte a partir das periferias e das ruralidades do país. Isto acontece porque há uma preocupação nesses órgãos de comunicação social – que se posicionam num território chamado de alternativo – em promover questões enraizadas no interesse público local, lançando debates sobre temas de interesse para a comunidade. Tanto em Cabo Verde como na Guiné Bissau, temos assistido a essa vocação das rádios comunitárias em fazer uma interpenetração da comunidade local, conseguindo, em paralelo com os *mass media* nacionais, estabelecer a sua própria pauta para a agenda local, debatendo assuntos que tenham a ver diretamente com a vida das pessoas a quem a emissão é destinada. Deste modo, sobressaltam, nos processos de agendamento das rádios comunitárias em Cabo Verde, temáticas que envolvem a proteção do ambiente, do ecossistema e da fauna marinha. Ainda, são veiculados temas destinados à promoção da educação no seio comunitário e à cobertura do sistema educativo e do universo da pequena infância, ainda que os pais enfrentem dificuldades em assumirem os custos com a educação dos seus filhos. Constitui, ainda, preocupação das rádios comunitárias cabo-verdianas a promoção da cultura e a libertação das energias criativas dos jovens, a proteção das crianças, a igualdade de género, a equidade e a igualdade entre os seres humanos, independentemente da nacionalidade, origem geográfica ou cultural ou quaisquer outros considerandos circunstanciais, que não definem as pessoas e nem espelham o âmago dos seres humanos. Enquadrados na materialidade jornalística dos órgãos de comunicação social comunitários edificados em Cabo Verde, encontramos, ainda, assuntos que integram as políticas de desenvolvimento local, quer as alicerçadas no Poder Local, quer as alocadas ao Poder Central. Também fazem parte desse constructo de materialidade jornalística e de conteúdos mediáticos, questões que envolvem a economia local e o regime de sustentabilidade das famílias a partir da criação de uma base produtiva local, entre outros assuntos. Destarte, tanto nas periferias da capital de Cabo Verde (onde se encontra estabelecida a Rádio Comunitária Voz de Ponta d'Água), como nas zonas rurais onde outras rádios comunitárias estão implementadas (Rádio Comunitária para o Desenvolvimento da Mulher: ilha de Santo Antão; Rádio Comunitária Voz de Santa Kruz: situada no interior leste da Ilha de Santiago), encontra-se, nessas rádios comunitárias, uma agenda voltada para a concretização das ambições e dos desejos de realização dos membros das suas comunidades de inserção. Isto, considerando que, nas periferias onde se encontram, também é necessário travar lutas para promover o desenvolvimento local, através do apoio aos projetos de empreendedorismo local, como, também, de melhoria substancial das condições de vida das pessoas que enfrentam dificuldades económicas ou que vivem situações de vulnerabilidade social. Assim, regista-se uma certa mediatização dos processos sociais, nessas localidades periféricas da sociedade cabo-verdiana, com uma categoria de microssistemas mediáticos que se constroem a partir das comunidades mais carenciadas, como sistemas alternativos de significação social, constituindo-se aquilo que José Luiz Braga (2006) categoriza de 'terceiro sistema de processos mediáticos', consubstanciado em novos mapas interpretativos, engendrados por dispositivos sociais com diferentes níveis de institucionalização, portadores de capacidades para conferirem consistência e persistência aos processos de inteligibilidade das relações sociais de poder.

A ação de significação social através da promoção dos processos simbólicos que as rádios comunitárias desenvolvem nas suas comunidades de inserção se enquadra no escopo da Comunicação de Proximidade. Isto porque, o campo dos efeitos sociais das mensagens veiculadas por elas fica adstrito ao território da vida do indivíduo, envolvendo temáticas que se relacionam com os seus direitos, os processos da sua sustentabilidade, a sua formação, a sua educação e os elementos sociais aos quais a sua vida se encontra ancorada. A comunicação de proximidade deve ter, no seu alicerce, quase sempre, as causas de desenvolvimento da comunidade e da transformação social local. Os seus objetivos passam por promover o desenvolvimento humano a partir das comunidades periféricas, conseguindo *inputs* disruptivos que levam ao progresso social.

Assumida em Cabo Verde por uma camada jovem que tem atuado nas Rádios Comunitárias, a comunicação de proximidade tem-se traduzido numa intensa luta, marcada pela persistência e pelo trabalho voluntário. Tem havido uma combinação de dimensões profissionais e formativas das pessoas envolvidas nesses processos de engendramento de mudanças sociais. Há uma leva de atores da advocacia social que emergem nas comunidades e que entram em vários microssistemas organizativos dessas comunidades, como as associações, os grupos culturais, os grupos recreativos e desportivos, até chegarem a outras ONGs e entrarem para o microssistema das rádios comunitárias. Outras vezes, são jovens estudantes universitários em processo de conclusão das suas formações que encontram nas Rádios Comunitárias a possibilidade de desenvolvimento de experiências de mediação social, que lhes ajudam a permear o sistema de *networking* social. Isso, embora Walter Benjamin (1992) tivesse vaticinado a crise da experiência no percurso da modernidade, acentuando o desvalor social dos bens simbólicos. Analisando a substituição da narrativa genuína pelos macro-constructos simbólicos veiculados pela televisão que assumiu, num primeiro momento, o lugar do narrador, Walter Benjamin assinalou que, com o passar do tempo, deu-se o afastamento gradual da "narrativa da esfera do discurso" (Benjamin, 1993, p. 201). Esta realidade atenua o papel do conhecimento e da experiência nas novas configurações sociais, sobrevalorizando o poder da informação, que estabelece novos e mais robustos padrões de codificação da realidade e das relações sociais, precipitando uma situação de novas formas de controlo intersubjetivo e deixando o indivíduo, cada vez mais, na dependência daqueles que têm as condições para procederem com a programação, quer num espetro micro (regional e nacional), quer numa perspetiva meso (nacional e plurinacional), quer ainda numa amplitude macro (global e de informação internacional agenciada pelos grandes diários informativos, pelas televisões globais, pelas poderosas agências noticiosas transcontinentais e pelos instrumentos de codificação de sentidos no ciberespaço, que congregam um forte poder de 'agendamento segmentado' da informação suportado por algoritmos que proporcionam aos investidores, empresários e provedores das plataformas informativas no ciberespaço um conhecimento aprimorado dos nichos de públicos que habitam o espaço sideral). Isso acaba por se traduzir no estabelecimento de padrões de supremacia da cultura de massa e da informação global sobre a cultura minoritária e a informação local. Porém, esse empobrecimento (Benjamin, 1992; 1993) não chega a definhar completamente as experiências de comunicação de proximidade, ao ponto de desenraizar as rádios comunitárias dos alicerces de transformação social e de advocacia às causas da transformação social e do desenvolvimento local. Deste modo, nos promotores da advocacia para as mudanças sociais que emergem a partir das periferias, regista-se um comprometimento com as causas das populações locais e com os desafios da própria comunidade no seu todo, procurando mecanismos para a promoção das paulatinas mudanças de que as estruturas sociais locais requerem.

Se, por um lado, é importante destacar o papel das rádios comunitárias na promoção da democracia local, por outro lado, também é necessário considerar o espaço económico no âmbito do qual esse tipo de processamento simbólico intersubjetivo é desencadeado. Desde logo, olhando para o contexto económico das rádios comunitárias cabo-verdianas, deparamo-nos com uma situação de dificuldades económicas estruturantes, uma vez que elas nascem a partir de projetos sociais, sem uma vocação económica e fora de um quadro de ampla concorrência económica no mercado da publicidade. Elas, por natureza jurídica do seu enquadramento legal, não podem disputar o mercado de publicidade em igualdade de circunstância com os órgãos mediáticos de carácter mercadológico. Mesmo tendo um financiamento público e acesso aos recursos oriundos das taxas cobradas aos recetores (ouvintes e telespectadores), os órgãos de comunicação social que estão integrados na estrutura empresarial mediática do estado tem uma amplitude de comercialização dos anúncios no espaço do mercado publicitário que as rádios comunitárias desconhecem e lhes é alheia. Segundo o contexto jurídico da rádio comunitária em Cabo Verde, os proprietários deste tipo de órgãos de comunicação social devem ser organizações não governamentais, imbuídas em causas sociais de desenvolvimento nacional. Deste modo, enquanto ferramenta de intervenção no espaço público, a rádio comunitária é encarada pelo legislador cabo-verdiano como um instrumento de promoção da democracia local, do pluralismo comunitário e da democracia regional no contexto da nação. Em última análise, a rádio comunitária assume o papel de um instrumento catalisador do desenvolvimento nacional, abrindo artérias de interação social entre os diferentes atores dos processos de transformação social no plano das comunidades locais. As dificuldades para ampliarem esse papel social advém, sobretudo, dos parcos canais de que padecem para acederem aos recursos necessários para a alimentação das suas estruturas produtivas e dos seus canais de distribuição. As dificuldades económicas desses meios de promoção de comunicação de proximidade em Cabo Verde são contrastadas com a fertilidade de talentos que perduram no tecido social que suporta o setor das rádios comunitárias no país. Esta realidade encontra suporte nos axiomas de Pelbart (2003) e Deleuze (1987; 1992) que, a partir da análise da complexidade que as sociedades contemporâneas e os modos de vida nelas inscritas incorporam, sentenciam que, a partir de acumulação do conhecimento e da informação dentro de uma estrutura social e cultural, é possível promover a degeneração de heterogeneidades, precipitando uma diversidade polifónica capaz de engendrar contraditórios, dissonâncias e novas ruturas sociais. No caso de Cabo Verde, é possível ver que a disponibilidade de entrega dos comunicadores das rádios comunitárias, muitas vezes, ultrapassa a dos profissionais que trabalham em alguns órgãos de comunicação social estatais. Procuram, de certa forma, desenvolver autonomia no desencadeamento das suas responsabilidades, tentando cobrir a parte do trabalho redatorial, como, também, as dimensões do desenvolvimento técnico, entre as quais, a edição, o controlo das emissões, a operação das atividades em antena e a gestão dos canais nas plataformas digitais. Essa postura desenvolvida nos meios mais empobrecidos do sistema mediático nacional se inscreve nas novas estratégias que se precipitam na paisagem mediática cabo-verdiana, engendrando novos pluralismos e sistemas alternativos de produção de contraditórios na arena mediática, constituindo uma continuidade das resistências e contrariando os mecanismos de controlo social a partir do sistema de estabelecimento de ordens superiores inscritas nos regimes políticos, nos sistemas governamentais e judiciais, nos aparatos do poder estatal, na ordem económica global e nacional e, por último, na configuração dos sistemas de símbolos e de simioticidade, consubstanciados nos regimes mediáticos nacionais e internacionais.

A arte como instrumento de expressões identitárias nas periferias da sociedade cabo-verdiana

Ao longo da História da Humanidade, o ser humano sempre desenvolveu a dimensão artística da sua existência, contemplando nela questões da vida particular, como, também, as preocupações e o estado de alma de uma determinada sociedade. O desenvolvimento da arte antecede a própria escrita, que surge por volta de 3 mil anos a.C., na Baixa Mesopotâmia, tendo como protagonista o povo sumério. Porém, entre os 40 mil e os 38 mil anos a.C., o ser humano começou a desenvolver a Arte Rupestre, conhecida na História da Comunicação como pinturas rupestres. Isso significa que, muito antes da escrita, a componente das artes começou a acompanhar a vida do homem na sociedade.

Se, inicialmente, a função da arte era mais instrumental, procurando-se com ela passar as informações sobre as caças, os possíveis perigos que determinados locais incorporavam, os registos contáveis, entre outros, com o passar do tempo, deu-se uma reinterpretação do papel social da arte, que passou a ser uma forma de tradução do espírito de uma pessoa, de um tempo ou de uma sociedade. Portanto, a arte tornou-se numa ferramenta de condensação e de conservação da aura de uma sociedade, registando a memória dos tempos, dos espaços e das comunidades humanas na sua relação sincrónica e diacrónica. Também, ela se tornou num instrumento no qual se pode inscrever o estado de alma, a visão do mundo, a crítica ao mundo empírico, a idealização de universos possíveis, os traços inteligíveis, o moderno, o pós-moderno, o possível e o impossível. Deste modo, a arte ganha um espaço muito importante na constituição da identidade de um espaço e de um tempo, mas também a possibilidade de inscrição numa forma de expressividade da visão, do pensamento, da criatividade e dos mundos possíveis. Deste modo, ela se tornou num dos mais importantes instrumentos de configuração do espaço simbólico de interação humana. Para Gonçalves,

> [...] a arte, enquanto campo de produção simbólica, é um espaço vital para o exercício de questionamentos e de intervenções. A arte vai nos interessar especialmente pela aventura de caráter estético e subjetivo a que pode dar lugar – onde o estético diz respeito a formas de sensibilidade criadoras e o subjetivo, à produção social de estilos de vida. Como operador discursivo, a arte participa dos processos de produção de sentido, favorecendo, a um só tempo, a investigação sobre as atuais dimensões da experiência do humano e o surgimento de novas ferramentas de ação (2007, p. 4).

Em Cabo Verde, há um conjunto de expressões artísticas que emergem a partir dos espaços periféricos e que concorrem para a formação do espectro de significado social, marcando a participação dos ambientes marginalizados ou afastados dos centros decisórios na definição de um sentido social. Uma deslocação até ao interior da ilha de Santiago, mais concretamente na localidade de Espinho Branco, coloca-nos perante um estaleiro de exposição de talentos, que é a RabelArte, um palco de mostra de criatividade da comunidade de Rabelados ali estabelecida. Na verdade, para essa comunidade, a arte é mais do que uma forma de expressividade de talentos, como, também, é um instrumento de integração social. Isto porque, por longas décadas, essa comunidade se colocou à margem dos progressos que se registaram no tecido social cabo-verdiano. Trata-se de uma comunidade que, no curso da História de Cabo Verde, teve divergências e cisões com o resto da sociedade, em decorrência de fatores de ordem religiosa, política, social e outras. O longo período de divergência conceptual com o resto da sociedade cabo-verdiana engendrou hiatos de conhecimentos, de mapas interpretativos da sociedade, do poder, da religião e da própria cultura. Para o início da reintegração social da comunidade, a arte desempenhou um papel absolutamente fundamental. A partir das suas criações artísticas, a comunidade passou a comunicar, aos visitantes, a expressividade das suas emoções, das suas visões do mundo e da sensibilidade do seu olhar sobre o humano e as suas vicissitudes. Um conjunto de expressões artísticas entram nesse leque de instrumentos de expressão pública dos sentimentos, emoções, olhares e mundivisões da comunidade de Rebelados de Espinho Branco. Entre elas, destacamos, por exemplo, as artes plásticas, o artesanato, a poesia, os desenhos e outras formas de expressões criativas. Deste modo, podemos notar que o recurso aos bens artísticos e aos produtos imaginativos que nascem do espírito criativo do ser humano conduziu essa comunidade para uma ressignificação dos processos quotidianos, permitindo a implementação de uma ordem comunitária diferente da estabelecida ao longo de décadas, modelando as relações intra e extra comunidade e consubstanciando formas alternativas de mediação e de significação, com o suporte dos recursos simbólicos inscritos nas produções artísticas locais. Isso faz com que, segundo Latour (1994), não seja possível, na atualidade, olhar para a arte como um elemento isolado da sociedade, mas, antes, deve ser interpretada na sua conexão com um amplo quadro social de significação e de construção de significados sociais. Essa perspetiva corrobora a visão de Martín-Barbero (1997), segundo a qual os processos comunicacionais engendram, no tecido social, espaços culturais e paisagens humanas, não ficando pelos artefactos tecnológicos e pelas infraestruturas de transporte de sinais e de conteúdos mediáticos.

Analisando a arte desenvolvida nos meios periféricos cabo-verdianos e a sua inscrição na ordem social, podemos notar que, com o desenvolvimento das energias criativas das pessoas que ocupam esses espaços sociais cabo-verdianos, dá-se a formulação de micro-fábricas de produção de novas matizes sociológicas, identitárias e de novas sensibilidades no espectro social do país. Esta perspetiva alinha-se com os pressupostos teóricos defendidos por Caiafa, para quem, a partir da energia criativa das comunidades, engendra-se novas formas de expressividade, que criam recortes "nas subjetividades padronizadas, fazendo surgir singularidades" (2000, p. 66). Assim, as iniciativas artísticas que se estabelecem nas periferias cabo-verdianas engendram processos de singularização (Guattari, 1993), que emergem da configuração do poder da arte na operacionalização de inscrições disruptivas nos sistemas de significação que procuram estabelecer a ordem dominante nacional. Com isso, os artistas e os criadores provocam transformações nos processos sociais de estabelecimento de matizes dominantes, criando ressignificações e transformações das subjetividades, orientadas pela formação de novos campos de signos sociais suportados por novos sistemas simbólicos e de quadros de elaboração semiótica.

No interior de Santiago, encontramos ainda outras comunidades que se especializaram no desenvolvimento e maturação das expressões artísticas para, desta feita, inscreverem as suas preocupações, a forma como olham para o mundo e as suas sensibilidades na agenda de configuração simbólica do tecido cultural e idiossincrático cabo-verdiano. Neste caso, podemos destacar duas comunidades, com uma vocação semelhante: as mulheres de Trás-os-Montes, no Município do Tarrafal de Santiago, e as mulheres de Fonte Lima, no Concelho de Santa Catarina, também na ilha de Santiago. Essas duas comunidades, marcadas essencialmente pelo setor social feminino, se especializaram nas tarefas de moldagem de barros, de modo a construírem as formas com que configuram os seus universos e as suas mundivisões. As duas comunidades procuram imprimir a sua especialidade nos trabalhos artísticos que desenvolvem, como mecanismo de formulação de uma identidade local a partir da periferia, fazendo-a inscrever no tecido do constructo que traduz a súmula da identidade do cabo-verdiano enquanto povo. No caso das mulheres de Trás-os-Montes, no Município do Tarrafal, o trabalho de moldagem do barro segue em paralelo com as atividades de tecelagem, gastronomia típica local e outras expressividades criativas, motivando visitas de cidadãos nacionais e até de turistas, que acabam por adquirir essas molduras e produtos artísticos, fazendo com que essas mundivisões se interajam com outras visões do mundo, enformando um constructo cultural cada vez mais robusto, resultado de um pluralismo de expressividade entre os centros e as periferias. Esse trabalho desenvolvido, no interior de Santiago e em outras ilhas do país, não integra um conceito de arte divorciada da produção simbólica nacional, mas se inscreve no campo da significação comunicativa. A arte integra um campo de significados que alcança a comunicação num sentido macro-conceptual, tornando-a num dos elementos singulares das experiências comunicativas. A dimensão comunicativa da arte funda-se na possibilidade de originar novo quadro de referência simbólica na produção social do sentido. Neste caso, Guattari (1993) aponta que o recurso diferenciado das plataformas de comunicação de massa e das tecnologias da informação (Barros; Santaella, 2002; Méredieu, 2003; Rush, 2000; Santaella, 2003) estabelecem quadros simbólicos de significação que podem conduzir a uma etapa passível de ser considerada de 'pós-*medium*' (Guattari, 1993).

Outrossim, é importante salientar, também, que o teatro é um tipo de arte bastante vivo em Cabo Verde, conseguindo projetar algumas comunidades que têm menos promoção mediática. Se a ilha de São Vicente, embora a segunda com maior vinculação mediática no país, reclama da verticalização do fluxo da informação nacional, inclusive tendo apelidado, em tempos, a 'Televisão de Cabo Verde' de 'Televisão da Praia' (capital do país), é certo que, com o passar dos tempos, a população local consolidou as expressões artísticas e culturais locais, que lhe deram protagonismo no plano da definição simbólica nacional. Várias áreas do domínio das artes concorreram para essa afirmação da comunidade são-vicentina na enformação do constructo simbólico que a cabo-verdianidade reivindica: no plano musical, a Morna, com a voz mansa de Cesária Évora, se tornou numa expressão idiomática da cultura daquela ilha, num diálogo permanente com as outras produções daquele género musical em diferentes ilhas do país; o cineteatro Eden Park, ao longo de várias décadas, transformou São Vicente num palco de projeção de sonhos, passando por ali produtos cinematográficos engendrados em todo o mundo; no domínio das expressões da cultura urbana, o carnaval de São Vicente ganhou uma dimensão notável, tornando a ilha no maior campo de expressão carnavalesco do país; no território da encenação em palco, a criação do festival Mindelact acabou por promover uma federação dos grupos teatrais de São Vicente e de formações teatrais de outros espaços geográficos nacionais e internacionais. Também, pode-se destacar, ainda, em São Vicente, trabalhos com grande projeção artística no plano nacional, desenvolvidos no campo da escultura, das artes plásticas, do artesanato, da literatura, da poesia e de outros géneros de expressão das energias criativas cabo-verdianas. Tudo isso contribuiu para um renivelamento dos pressupostos da construção da agenda simbólica, levando a arte e a cultura a partilharem, com os conteúdos dos meios de comunicação social, o campo da definição simbólica dos sentidos sociais, uma vez que, como observa Celso Kelly, as criações artísticas não devem ser entendidas como uma instância de comunicação fechada em si, mas, antes, como um segmento social dialógico, em que a arte adquire a sua autonomia no processo de mediação social e passa, sozinha, a dialogar com o espectador, num processo de construção infinita de sentidos, "se a obra for verdadeira, real e aberta" (Kelly, 1978, p. 244). Essa relação é infinita porque as criações artísticas e culturais são, de si, obras abertas e há um amplo campo de interpretação e de engendramento de sentidos a partir das semióticas criativas dos artistas (Eco, 2010; 2016), pelo que, nunca, ao espectador, chega todo o conteúdo de uma obra de arte porque o sentido é fragmentado pelo quadro interpretativo individual e, como afirma René Berger (1977), aquilo que chega, da arte, ao recetor não passa de um fragmento da mensagem contida na obra.

Olhando para o campo da literatura, podemos verificar que, desde a geração da Claridade, passando pelos autores que gravitaram as revistas *Certeza, Seló, Ponto & Vírgula* e mais recentemente o jornal *Artiletra*, tem havido uma interpretação da criação literária como uma forma de ampliação dos campos de sentidos e de significados sociais em Cabo Verde. Isso não é algo característico de apenas uma ou outra região do país, mas tem havido, um pouco por todos os cantos das ilhas, uma profusão do espírito criativo no campo da prosa e da poesia, projetando as visões de todas as comunidades, incluindo as periféricas, para fora das suas fronteiras sociais e de significação local. Isso faz com que muitas produções culturais que enformam o parque da literatura cabo-verdiana sejam oriundas de pessoas que militam nas zonas periféricas, embora nem sempre tenham oportunidade de proceder com a publicação em livros ou em antologias. Porém, esta situação tem sido, cada vez mais, ultrapassada com o incremento das novas tecnologias, que permitem criar canais alternativos para a veiculação dos conteúdos produzidos nas localidades periféricas no circuito da informação nacional e internacional de processamento das matizes simbólicas identitárias e das vozes, visões e mundivisões sobre a realidade e o universo dos mundos possíveis.

A ilha de Santo Antão, sem grande expressão no agendamento mediático da informação nacional, conta com as festividades de romarias de junho, particularmente as festas de São João, que projetam as suas expressões artísticas para fora das suas fronteiras. O mesmo acontece com a ilha do Fogo com as festas da Bandeira e as de São Filipe, que se estendem, na maioria das vezes, por mais do que uma semana, sendo atrativos nacionais e internacionais, contribuindo para a movimentação de muitos cabo-verdianos estabelecidos na diáspora. Portanto, há um conjunto de outros exemplos que aqui poderíamos mencionar e que contribuem para espelhar a forma como as comunidades procuram inscrever as suas estruturas de pensamento e de sentimento no quadro da significação, da construção de sentidos e da ressignificação das referências sociais e culturais em Cabo Verde.

Conclusão

A comunicação está presente em quase todas as formas de expressão e de manifestação do ser humano. Estando onde estiverem, as pessoas acabam, sempre, por comunicar, fundamentando assim os pressupostos de que, sem a comunicação, não há uma subsistência prolongada do homem sobre a face da Terra (Bertrand, 1997). As pessoas acabam por expressar as suas mundivisões nos seus bairros, nas ruas, nas cidades e nos aparatos tecnológicos desenvolvidos ou adquiridos para a mediação social. A própria forma como se procede com a organização de uma cidade resulta de um processo de comunicação do Poder Público ou de outras entidades aos cidadãos, transeuntes e automobilistas, fornecendo um conjunto de elementos semiológicos que ajudam na interpretação dos sentidos que a cidade incorpora. O sinal de trânsito colocado à beira da estrada é, em si, um instrumento de comunicação fundamental, na medida em que fornece as regras e a orientação sobre os modos de circulação na via pública. Com esses exemplos, queremos ampliar o sentido do conceito de comunicação, espelhando um processo significativo estabelecido no seu *lato sensu*. Assim, salientamos que o ato comunicativo se procede em diferentes suportes de transmissão de mensagens que, ao longo do percurso histórico, a humanidade desenvolveu. É nos meios de comunicação de massa que mais os estudos comunicacionais se centraram ao longo do século XX. Porém, em paralelo com os *mass media*, também o ser humano desenvolveu uma ampla gama de suportes de difusão de mensagens, que se traduzem em importantes processos de significação social. Nesta questão, a dimensão cultural das sociedades adquire um papel fundamental, uma vez que a cultura é portadora de elementos que edificam os processos de significação, permitem a troca e a cooperação nos processos comunicativos (Grice, 1989; 1991; 2001; Chapman, 2008) e no tráfego dos sentidos sociais.

Da problematização que fizemos ao longo desta comunicação, podemos verificar que, no campo das mediações comunicativas, temos diferentes níveis de discussão do problema. De um lado, temos o plano da informação internacional, cujo fluxo tem sido tendencialmente definido no sentido da influência se proceder do centro para a periferia, num contexto em que, segundo Gilles Deleuze, o problema não é propriamente a "falta de comunicação, mas de seu excesso" (1992, p. 172); temos, outrossim, o plano interno, em que as assimetrias no acesso e na materialidade informativa criam hiatos de informação e de conhecimento entre os centros urbanos e as zonas rurais, mas também entre os núcleos centrais das cidades e as periferias urbanas que as gravitam; ainda, podemos estabelecer um terceiro nível, que abrange a comunicação local e a regional (regional interna ao país, não derivado da interpretação do conceito de região como um bloco de países). É neste terceiro nível que as nossas preocupações se centraram, uma vez que, havendo uma situação de assimetria na distribuição social do poder comunicativo, as localidades periféricas tiveram de desenvolver os seus próprios instrumentos de veiculação de processos de significação. Isso deu origem ao chamado processo comunicativo de proximidade, em que as rádios comunitárias desempenham, no contexto de Cabo Verde, um papel de grande relevo, abrindo canais de contacto entre pessoas de determinadas localidades, com vista a poderem expressar, com mais amplitude, as energias criativas que nascem nessas localidades. Por isso, os projetos de empreendedorismo, as campanhas de sensibilização para as questões de interesse público local, os programas educativos, os instrumentos de prevenção de criminalidade e da discriminação das pessoas em função de género, religião, cor ou raça, integram a dimensão material dos conteúdos processados nas antenas das rádios comunitárias, fazendo delas veículos de impulsionamento dos processos de transformação social e de mudanças de comportamentos nos perímetros sociais dos locais da sua abrangência.

No caso de Cabo Verde, os processos semióticos localizados nas regiões periféricas não se circunscrevem às ações desenvolvidas pelas rádios comunitárias, mas as próprias pessoas que ocupam essas paisagens da sociedade cabo-verdiana assumem os desafios de transformação social local, ampliando as dimensões codificadoras do simbólico e do intangível cultural, com vista a fazerem com que as mensagens, os pensamentos, as ideias e as criatividades se propaguem pelo espaço local e, quando possível, expandindo-se para fora da localidade, com vista a transportarem a aura positiva dos espaços periféricos e melhorarem a imagem percebida dessas localidades em outros setores da sociedade cabo-verdiana e do mundo. As expressões culturais e, particularmente, as artísticas desempenham um papel relevante neste processo de ampliação axiológica da cultura dos espaços periféricos, contribuindo para uma harmonização da sociedade e uma horizontalização das posições no exercício do poder simbólico entre o campo e a cidade, os núcleos urbanos e os subúrbios, o mundo dos serviços e o interior empobrecido.

Referências

ADORNO, T. A indústria cultural. In: COHN, G. (org.). *Comunicação e indústria cultural*. São Paulo: T.A. Queiroz Editor, 1987.

ADORNO, T.; HORKHEIMER, M. *Dialética do esclarecimento*. Rio de Janeiro: Jorge Zahar Editor, 1991.

ARISTÓTELES. *Política*. São Paulo: Martin Claret, 2007.

BARROS, A.; SANTAELLA, L. (orgs.). *Mídias e artes*: os desafios da arte no século XXI. São Paulo: Editora Unimarco, 2002.

BENJAMIN, W. *Sobre a arte, técnica, linguagem e política*. Lisboa: Relógio d'Água, 1992.

BENJAMIN, W. *Magia e técnica, arte e política*. São Paulo: Brasiliense, 1993.

BERGER, R. *Arte e comunicação*. São Paulo: Edições Paulinas, 1977.

BERTRAND, J.-C. *La Déontologie des Médias*. Paris: Presses Universitaires de France, 1997.

BRAGA, J. L. *A sociedade enfrenta sua mídia*: dispositivos sociais de crítica midiática. São Paulo: Paulus, 2006.

BRITO, W. Sobre o conceito do poder, da política e do regime político. *Scientia Iuridica*, Tomo LXV, n. 342, 2016.

CAIAFA, J. *Nosso século XXI*: *notas sobre arte, técnica e poderes*. Rio de Janeiro: Relume-Dumará, 2000.

CHAMBERLIN, E. *The Theory of Monopolistic Competition*. Cambridge: Harvard University Press, 1933.

CHAPARRO, C. M. *Pragmáticas do jornalismo*; São Paulo: Summus Editorial, 1994.

CHAPARRO, C. M. *Sotaques d'áquém e d'além mar*: percursos e géneros do jornalismo português e brasileiro. Santarém: Edições Jortejo, 1998.

CHAPMAN, S. *Paul Grice: Philosopher and Linguist*. Basingstoke: Palgrave Macmillan, 2008.

COHN, G. (org.). *Comunicação e indústria cultural*. São Paulo: T.A. Queiroz Editor, 1987.

CORREIA, F. Concentração dos *Media* – Negócio Contra o Jornalismo. *Revista Jornalismo e Jornalistas*, Lisboa, Clube dos Jornalistas, n. 23, 2005.

CORREIA, F. *Jornalismo, grupos económicos e democracia*. Lisboa: Editorial Caminho, 2006.

CRATO, N. *Comunicação social – a imprensa*. Lisboa Editorial: Presença, 1992.

DELEUZE, G. *Conversações*. Rio de Janeiro: Editora 34, 1992.

DELEUZE, G. *Foucault*. Lisboa: Veja, 1987.

DEMERS, D. *Global Media – Menace or Messiah*. New Jersey: Hampton Press, 2002.

DUMEZ, H.; JEUNEMAÎTRE, A. *A concorrência na Europa*: novas regras para as empresas. Porto: Asa, 1993.

DUVERGER, M. *Introdução à política*. Lisboa: Estúdios Cor, 1976.

ECO, U. *Os limites da interpretação*. São Paulo: Perspectiva, 2010.

ECO, U. *A obra aberta*. Lisboa: Relógio d'Água, 2016.

ÉVORA, S. L. As fontes jornalísticas na televisão cabo-verdiana: os 'definidores primários' das discussões. Covilhã: Biblioteca On-line de Ciências da Comunicação/Universidade da Beira Interior, 2005. Disponível em: http://www.bocc.ubi.pt/pag/evora-silvino-fontes-jornalisticas.pdf.

ÉVORA, S. L. *Concentração dos media e liberdade de imprensa*. Coimbra: Minerva, 2011.

ÉVORA, S. L. *Políticas de comunicação e liberdade de imprensa*: para compreender o jornalismo e a democracia em Cabo Verde. Cidade da Praia: Editura/Biblioteca Nacional de Cabo Verde, 2012.

ÉVORA, S. L. *Comunicação social e cidadania*. Cidade da Praia: ISE Editorial, 2018.

GANS, H. J. *Deciding What's News – A Study of CBS Evening News, NBC Nightly News, Newsweek and Time*. New York: Vintage Books, 1980.

GALTUNG, J.; *RUGE,* M. H. The structure of foreign news. Journal of International Peace Research, n. 1, p. 64-90, 1965.

GONÇALVES, F. do N. Comunicação, Cultura e Arte Contemporânea. Revista Contemporânea, n. 8, 2007.

GRICE, P. *Studies in the Way of Words*. Cambridge: Harvard University Press, 1989.

GRICE, P. *The Conception of Value*. Oxford: Oxford University Press, 1991.

GRICE, P. *Aspects of Reason*. Oxford: Oxford University Press, 2001.

GUATTARI, F. *Caosmose*. Rio de Janeiro: Editora 34, 1992.

HALL, S. *et al. Policing the Crisis*. London: Macmillan, 1978.

HELPMAN, E.; KRUGMAN, P. *Market Structure and Foreign Trade: Increasing Returns, Imperfect Competition and the International Economy*. London: MIT Press, 1985.

HERMAN, E. S.; MCCHESNEY, R. W. *The Global Media – The New Missio-*

naries of Corporate Capitalism. Londres: Cassel, 1997.

HUTCHISON, D. *Media Policy: An Introduction*. Massachusetts: Blackwell Publishers, 1999.

KELLY, C. *Arte e comunicação*. Rio de Janeiro: Agir, 1978.

KOWARICK, L. *A espoliação urbana*. Rio de Janeiro: Paz e Terra, 1983.

KOWARICK, L. *Escritos urbanos*. São Paulo: Ed. 34, 2000.

LATOUR, B. *Jamais fomos modernos*. Rio de Janeiro: Ed. 34, 1994.

LUHMANN, N. *Poder*. Barcelona: Anthropos, 1995.

MARTÍN-BARBERO, J. Comunicação Plural: Alteridade e Sociabilidade. *Comunicação & Educação*, São Paulo, n. 9, ano III, p. 39-48, maio/ago. 1997.

MÉREDIEU, F. de *Art et Nouvelles Technologies*. Montréal: Larousse, 2003.

PELBART, P. P. *Vida capital: ensaios de biopolítica*. São Paulo: Iluminuras, 2003.

PINTO, M. Fontes jornalísticas: contributo para o mapeamento do campo. *Cadernos do Noroeste*, Série Comunicação, v. 14 (1-2), p. 277-294, 2000.

PLATÃO. *República*. Lisboa: Fundação Calouste Gulbenkian, 2001.

RUSH, M. *Les Nouveaux Médias dans l'Art*. Paris: Éditions Thames and Hudson, 2000.

SANTAELLA, L. *Cultura e artes do pós-humano*. São Paulo: Paulus, 2003.

SANTOS, R. *A negociação entre jornalistas e fontes*. Coimbra: Minerva, 1997.

SANTOS, R. *Os novos media e o espaço público*. Lisboa: Gradiva, 1998.

SOUSA, J. P. *Elementos de teoria e pesquisa da comunicação e dos media*. Porto: Universidade Fernando Pessoa, 2006.

WEBSTER, F. *Theories of the Information Society*. New York: Routledge, 1995.

WOLF, M. *Teorias da comunicação*. Lisboa: Editorial Presença, 1999.

WRIGHT, M. W. Policy Community, Policy Networks and Comparative Industrial Policies. *Political Studies*, v. 35, n. 4, p. 593-612, 1988.

VALLADARES, L. do P. *A invenção da favela*: do mito de origem à favela. Rio de Janeiro: Editora FGV, 2005.

Misoginia e desinformação: ataques do Presidente Jair Bolsonaro a mulheres jornalistas[1]

Thalita Albano Duarte Moura[2]
Ana Regina Rêgo[3]

Introdução

"Você é uma ignorante"; "Mas você é uma idiota, você aprendeu onde isso daí?"; "Você é uma analfabeta"; "Ela queria dar um furo. Ela queria dar um furo... a qualquer preço, contra mim"; "Isso é uma patifaria, uma patifaria. Cala a boca, eu não te perguntei nada", "Você está empregada onde? Pelo amor de Deus"; "De novo? Mas tem que voltar pro primário. Volte para o jardim de infância, você, favor"; "É uma... é uma... é uma quadrúpede"; "Você, eu acho que você dorme pensando em mim. Você tem alguma paixão por mim"; "Você é uma vergonha pro jornalismo brasileiro. E não estou atacando as mulheres, não! Não vem com essa história de atacar mulher... de se vitimizar"[4].

Essas frases podem causar sentimentos como espanto ou revolta pelo teor das palavras que foram empregadas. Algumas inferiorizam, subestimam a capacidade, assemelham-se a xingamentos e apresentam um contexto claro de sexualidade por trás. Mas não se assuste caso alguém que as tenha escutado não demonstre sentimento algum. São casos mais frequentes do que se possa imaginar, onde fica claro o consentimento com as ofensas existentes por trás de cada uma delas.

---

[1] Pesquisa desenvolvida no âmbito do Mestrado em Comunicação da Universidade Federal do Piauí (UFPI). Excerto da dissertação de mestrado em construção da discente Thalita Albano Duarte Moura.

[2] Mestranda do Programa de Pós-Graduação em Comunicação (PPGCOM) da UFPI, e-mail: thalita.albano@hotmail.com.

[3] Doutora em Processos Comunicacionais, professora do PPGCOM da UFPI, Pesquisadora CNPq, e-mail: anareginarego@gmail.com. Ana Regina Rêgo participa, com Antonio Hohlfeldt, de redes de pesquisa sobre história do jornalismo, na Rede ALCAR e na Red de Historia de la Midia, com sede na Espanha.

[4] Frases ditas por Jair Bolsonaro, presidente da República, contra mulheres jornalistas durante entrevistas. Recorte do vídeo da agência Brasil de Fato, da série: Sete vezes em que Bolsonaro atacou jornalistas mulheres, disponível em: https://www.youtube.com/watch?v=Y7H1UqWoTGM.

Mas o mais curioso nisso tudo é que, apesar de parecer terem sido ditas em uma realidade bem distante, tais frases são recentes e todas elas foram proferidas contra mulheres, especialmente contra mulheres jornalistas que, no exercício da profissão, foram atacadas, ofendidas, xingadas e tiveram sua honra, inteligência e profissionalismo questionados. Mas não atacadas por uma pessoa qualquer. Ao contrário, atacadas pelo chefe maior do Estado, o presidente da República, Jair Bolsonaro, que, em diversas entrevistas em que concedeu a inúmeros veículos de comunicação que tinham mulheres como repórteres, fez questão de proferi-las.

Os ataques de Bolsonaro evidenciam não apenas a relação conflituosa com a imprensa de modo geral – apesar de ele se utilizar a todo instante dela para se promover, mesmo que com discursos polêmicos e em sua grande maioria falsos, que ganham as redes sociais e conquistam centenas de apoiadores – através dos inúmeros ataques realizados no decorrer dos quatro anos de mandato e anteriormente também, ainda durante a campanha eleitoral, mas também deixam ainda mais claro o alvo preferencial do "mito" (como o presidente é conhecido entre seus seguidores): mulheres jornalistas que se destacaram por investigar e revelar aspectos nebulosos sobre a vida política do clã Bolsonaro (Bolsonaro e família), ou por apontar pontos negativos do governo. E, justamente por questioná-lo sobre o que foi descoberto, são diariamente atacadas por ele, demais familiares, ministros e apoiadores em geral, sobretudo com um discurso misógino, marcado por atitudes também misóginas.

A maioria desses ataques são consequência da desinformação propagada dia a dia pelo presidente. Quando questionado sobre a veiculação de informações falsas, mentirosas, distorcidas ou fora de contexto, Bolsonaro ofende e agride verbalmente as profissionais. Em outras situações, quando questionado sobre assuntos polêmicos, o presidente distorce a história ou inventa alguma a seu favor, com o mero intuito de atacar e descredibilizar as jornalistas.

Diante disso, neste capítulo procuramos analisar os ataques às mulheres jornalistas, realizados pelo presidente da República, Jair Bolsonaro, como consequência da desinformação veiculada por ele e questionada pelas profissionais, e a misoginia praticada pelo presidente. O recorte temporal deste trabalho compreende os anos de 2019, 2020, 2021 e 2022, anos de gestão de Bolsonaro à frente da presidência, e analisa os casos das jornalistas Constança Rezende, Patrícia Campos Mello e Vera Magalhães, vítimas da desinformação de Bolsonaro, escolhidos de forma a levar em consideração critérios como proporção, alcance, consequência, entre outros.

O trabalho se justifica na necessidade de existirem recorrentes estudos sobre o fenômeno da desinformação, ao passo que é fundamental também estudos sobre misoginia e violência de gênero, sobretudo ataques e agressões a mulheres no exercício de sua profissão, especialmente mulheres jornalistas, objeto deste estudo. Dessa forma, investigações com tais recortes precisam ser fortalecidas.

A análise dos casos propostos será feita de modo interpretativo, ancorada na Hermenêutica da Consciência Histórica, proposta por Paul Ricoeur (2010) em sua obra *Tempo e narrativa,* que nos permite autonomia para que possamos agir diante do texto.

Desinformação e violência simbólica

A edição 2021 do Relatório[5] da Violência contra Jornalistas e Liberdade de Imprensa, publicado anualmente pela Federação Nacional dos Jornalistas (Fenaj), aponta, a partir de dados coletados pela própria entidade e pelos sindicatos da categoria em todos os estados do Brasil, que casos de violência contra jornalistas seguem elevados no país, repetindo praticamente os mesmos números de 2020, quando a violência bateu recorde.

No ano que passou, foram registrados 430 casos de agressões a jornalistas, tendo Jair Messias Bolsonaro (do Partido Liberal – PL), presidente da República, como o principal agressor, juntamente com outros políticos, a exemplo dos seus filhos e assessores. Essas agressões caracterizam-se como consequências das violações à liberdade de imprensa no Brasil.

Desde que assumiu a presidência, Bolsonaro tem realizado constantes ataques e agressões a profissionais da imprensa em geral. Em 2021, foi responsável sozinho por 147 casos (34,19% do total), sendo 129 episódios

---

[5] Relatório da Fenaj sobre ataques a jornalistas e ao jornalismo em 2021. Disponível em: https://fenaj. org.br/ataques-a-jornalistas-e-ao-jornalismo-mantem-patamar-elevado-e-somam-430-casos-em-2021/.

de descredibilização da imprensa (98,47% da categoria) e 18 agressões verbais. Sem medir palavras ou atitudes, é nítida a sua predileção por agredir profissionais mulheres, sobretudo as responsáveis por apurar e revelar fatos a seu respeito ou a respeito de sua família, ou as que o questionem sobre algo comprometedor.

Os ataques se apresentam de diferentes maneiras e vão desde ofensas de cunho machista e misógino, com o claro intuito de atacar a reputação e intimidar as jornalistas, até xingamentos como "vadia", "prostituta", "quadrúpede", entre outros. O desmerecimento do trabalho das profissionais e o questionamento acerca do seu conhecimento são evidenciados em frases como: "você é uma vergonha para o Brasil, para o jornalismo" e "você tem que voltar para o primário".

O tratamento dirigido a essas profissionais por Bolsonaro reforça a misoginia praticada por ele ao demonstrar claramente a aversão, o desprezo e o desrespeito do presidente às mulheres e se imbrica numa representação social apresentada pelo psicólogo social Serge Moscovici (1978) como uma "realidade coletiva" que se configura na forma de pensamento de uma sociedade, fazendo parecer problemas como esse menos sérios ou graves do que realmente são.

Bourdieu (1989), por sua vez, destaca que as legitimações de sistemas de dominação, poder e violência simbólica se consolidam

> [...] enquanto instrumentos estruturados e estruturantes de comunicação e de conhecimento que os sistemas simbólicos cumprem a sua função política de instrumentos de imposição ou de legitimação da dominação, que contribuem para assegurar a dominação de uma classe sobre outra (violência simbólica) dando o reforço da sua própria força às relações de força que as fundamentam e contribuindo assim, segundo a expressão de Weber, para a 'domesticação dos dominados' (Bourdieu, 1989, p. 11).

Essa simbologia descrita por Bourdieu está impregnada nos discursos e conteúdos produzidos pelo presidente, seus filhos, ministros e apoiadores e reproduzidos pelos meios de comunicação e pelas redes sociais, onde, sem punição na maioria dos casos, reforçam a superioridade de um grupo sobre outro. Neste caso, a superioridade do patriarcado arcaico sintetizado na figura do presidente e de como este se projeta sobre as mulheres jornalistas.

Não bastasse isso, Bolsonaro ainda fere a honra das profissionais ao insinuar em suas falas corriqueiras que as jornalistas vendem seus próprios corpos por notícia. As incitações do presidente da República, de cunho extremamente sexual, reforçam a ideia arcaica e enraizada de que, para conseguir progredir na vida profissional, as mulheres fazem de seus corpos objetos de satisfação do desejo masculino, tornando-se, dessa forma, subordinadas aos homens. Além disso, fazem ecoar as vozes de um machismo estrutural dominante que passeia pela sociedade isento de punição.

Essa estereotipação da mulher como subordinada ao homem e objeto de dominação dele a coloca em um "lugar inferior", cuja ressignificação de tais preconceitos culmina em atos misóginos (Piscitelli, 2009, p. 131-132).

Saffioti (2015, p. 15) destaca que "[...] o sexismo não é somente uma ideologia, mas reflete também uma estrutura de poder, cuja distribuição é muito desigual, em detrimento das mulheres". Dessa forma, as ideologias patriarcais e conservadoras de inferioridade e objetificação da mulher evidenciadas por Jair Bolsonaro resultam em uma forma de opressão sistemática, enraizada nas estruturas constituintes da sociedade (Paula; Santana, 2022, p.7557).

Situações de ataques às mulheres jornalistas se acumulam desde o início do governo Bolsonaro e, diante da repetição e da gravidade dos casos, o presidente da República chegou a ser denunciado ao Conselho de Direitos Humanos da Organização das Nações Unidas (ONU). Em um informe apresentado detalhadamente à Comissão, a relatora especial das Nações Unidas sobre Violência contra a Mulher, suas Causas e Consequências, Dubravka Simonovic, revela como governos têm usado instrumentos para desonrar, desacreditar e humilhar as jornalistas, sobretudo o governo Bolsonaro.

No Brasil, os ataques às profissionais de imprensa, na maioria das vezes, estão associados a contextos onde a desinformação prevalece. Isto é, mulheres jornalistas que são atacadas, agredidas, humilhadas e constrangidas após terem seus nomes associados à apuração de fatos e produção de alguma matéria ou reportagem exibida, em muitos casos, falando sobre o presidente Jair Bolsonaro ou sobre sua família. Ao se sentir acuado, ameaçado ou constrangido, Bolsonaro e sua equipe entram em cena tratando de modificar, distorcer ou reinventar o que foi dito, produzindo informações falsas, inverídicas, mentirosas que levam aos ataques contra as profissionais de imprensa não apenas por parte do presidente, como também por parte da família, ministros e apoiadores. Uma clara demonstração de legitimação, superioridade e violência simbólica, como cita Bourdieu (1989).

Wardle (2017) define a desinformação como um conteúdo intencionalmente falso, cujo intuito é prejudicar pessoas, grupos ou organizações como nos casos descritos mais à frente, onde é evidente a intenção de prejudicar com informações falsas e deturpadas as profissionais. Na era das tecnologias, esses conteúdos têm circulado livremente pela internet, levando mentiras através de notícias aos cidadãos que, muitas vezes por falta de atenção ou senso crítico para discernir o falso do verdadeiro, acabam fazendo com que esses conteúdos passem por verdade e convençam leitores, que os replicam para mais e mais pessoas.

A desinformação descontrolada e sem precedentes neste início de século tem se alastrado pelo globo rapidamente e ganhado espaço nas pautas jornalísticas e pesquisas acadêmicas em virtude de sua propagação amplificada, proporcionada pelo largo acesso dos indivíduos às redes sociais virtuais.

A atenção e a análise dadas a esse fenômeno justificam-se por meio de suas causas e efeitos que têm se mostrado irredutíveis, incontroláveis e ameaçadores, levando a situações drásticas e, muitas vezes, irreversíveis, como os ataques ao jornalismo enquanto instituição social, aos profissionais jornalistas e à democracia, por exemplo.

Rêgo (2021) destaca que a desinformação não se apresenta apenas como conceito, mas como um fenômeno social que existe porque, em contrapartida, existe a informação. Dessa forma, a desinformação se coloca como o outro lado da informação, "como algo que se 'vende' como informação e por isso é aceita, visto que é necessária à atual vida em sociedade" (Rêgo, 2021, p. 223).

A desinformação tem encontrado como terreno fértil e propício à sua divulgação as redes sociais virtuais, sobretudo neste começo de século. Com dinâmicas próprias, essas redes conectam usuário de diferentes lugares do globo, portadores de opiniões semelhantes ou não, e os abastecem com notícias personalizadas, que acabam por reforçar suas crenças e ideias preconcebidas.

Kakutani (2018) destaca que a conexão entre usuários com opiniões semelhantes e a divulgação dessas notícias personalizadas facilita a inserção deles em ambientes virtuais denominados bolhas, onde conviverão prioritariamente com aqueles que pensam do mesmo modo, em ambientes cada vez mais fechados e sem comunicação com o exterior. Através dessas redes, a desinformação tem se difundido rápida e exponencialmente pela sociedade, em um processo acelerado pela velocidade frenética de compartilhamento de conteúdo.

Na campanha eleitoral de 2018, Bolsonaro "inovou" enquanto político ao usar as redes sociais para fazer campanha. Uma de suas justificativas foi a de que, através delas, poderia estar mais próximo de seu eleitorado. No entanto, muito mais do que para fazer campanha, Bolsonaro se utilizou dessa ferramenta com o intuito de divulgar, sem qualquer impasse ou fiscalização, desinformações grosseiras sobre seu oponente numa mera tentativa de atacar, descredibilizar e buscar o voto para si.

Consagrado presidente, ele mantém a prática até os dias atuais e fez de suas redes sociais um verdadeiro gabinete do ódio, repleto de desinformação, mentiras, insultos, ataques e discurso de ódio, sobretudo contra minorias – como no caso das jornalistas mulheres – ou contra aqueles que não estiverem ao seu lado. Além das redes sociais, os discursos e as entrevistas do presidente durante coletivas de imprensa realizadas em frente ao Palácio da Alvorada trazem a desinformação como pano de fundo, numa clara tentativa de redução da credibilidade da imprensa e desqualificação e desrespeito aos profissionais que nela atuam.

Quanto a essa descredibilidade incentivada principalmente pelo chefe de Estado, Emmanuel Colombié, diretor-geral para a América Latina da organização internacional Repórteres sem Fronteiras (RSF), destaca que algumas novas tendências diretamente relacionadas com o contexto atual influenciaram na deterioração das condições para o livre exercício do jornalismo.

> A proliferação de estratégias de desinformação e um discurso público cada vez mais orientado pela crítica à imprensa alavancaram a desconfiança para com o jornalismo e os jornalistas. Em 2019, essa desconfiança se materializou sistematicamente em discurso de ódio, campanhas de difamação ou processos judiciais abusivos que têm por efeito, estimular a autocensura (Abert, 2019).

Isso faz com que jornalismo e jornalistas vivam hoje um cenário sombrio, especialmente no Brasil, em que o papel da comunicação tem sido de grande relevância para o sucesso de narrativas políticas conservadoras e, em alguns casos, devastadoras (Rêgo; Barbosa, 2020, p.74).

O jornalismo como um lugar de fala credível e respeitável está sendo contestado, especialmente pela política que se apropria dos discursos sobre moral, tradição, religião e crenças, e os vende como quer; mas também pelo mercado da desinformação que produz todo tipo de conteúdo sem se preocupar com a sua veracidade.

Dessa forma, os profissionais que trabalham com o factual precisam adotar novas posturas com o intuito de reforçar seus lugares de produção de narrativas credíveis, especialmente em uma sociedade baseada em crenças e valores pessoais, e impulsionada por narrativas conservadoras, de grande alcance e repercussão.

Atingidas pela desinformação: três casos diferentes e um mesmo ataque

A relação de Jair Messias Bolsonaro com a imprensa é conflituosa (Farias, 2020) e ficou ainda mais evidente quando, em 2018, ano de campanha eleitoral, o então candidato à presidência da República estimulou a desconfiança sobre o jornalismo e se utilizou das redes sociais virtuais para fazer campanha com o discurso de que, através delas, ficaria mais próximo do eleitorado.

A atitude de Bolsonaro foi vista como algo inovador perante a sociedade, pois trazia consigo uma proposta que ampliava o contato direto com o eleitorado brasileiro, sem passar pelos filtros das grandes empresas de comunicação (Tuzzo; Temer, 2021, p. 61). O que ninguém esperava era que esse contato, que deveria ser feito através da divulgação de informações, conteúdos e ações do então presidente, ao contrário, viesse carregado de desinformação com mentiras, boatos, histórias falsas, inventadas e com contexto distorcido.

A prática de Bolsonaro não se limitou apenas à campanha eleitoral, mas estendeu-se e estende-se até hoje durante sua gestão à frente da presidência. Não bastasse a propagação desenfreada de desinformação, levando à descredibilização do jornalismo e dos profissionais dedicados a informar, Bolsonaro utiliza suas mentiras para atacar, ofender, ferir e desqualificar jornalistas com o apoio e a participação direta de seus filhos, ministros e apoiadores.

Na mira, o alvo preferido do presidente são as mulheres jornalistas que se destacam por investigar e revelar aspectos nebulosos sobre a vida política do clã Bolsonaro, ou apontar aspectos negativos do governo, como no caso das três jornalistas escolhidas para esta pesquisa: Constança Rezende, Patrícia Campos Mello e Vera Magalhães. Entre os ataques principais, ofensas de cunho machista e misógino, com o claro intuito de questionar a credibilidade, ferir a honra e intimidar as jornalistas, como mostrado logo a seguir, em análise realizada.

a) Caso 1 – Constança Rezende

"Constança Rezende, do O Estado de SP diz querer arruinar a vida de Flávio Bolsonaro e buscar o Impeachment do Presidente Jair Bolsonaro. Ela é filha de Chico Otavio, profissional do "O Globo". Querem derrubar o Governo, com chantagens, desinformações e vazamentos". Brasil, 10 de março de 2019, 20h e 51min.

Figura 1 – Imagem do *tweet* postado por Jair Bolsonaro sobre Constança Rezende

Fonte: Reprodução.

A mensagem acima, que aparece entre aspas, foi postada pelo presidente Jair Bolsonaro em sua conta pessoal no Twitter. Nela, ele acusa a jornalista Constança Rezende, do jornal *O Estado de São Paulo*, de querer arruinar a vida de seu filho Flávio Bolsonaro, senador do Rio de Janeiro, filiado à época ao Partido Social Liberal (PSL); e de querer o seu *impeachment*. No *tweet* de Bolsonaro, além de trechos distorcidos da conversa envolvendo a repórter e uma pessoa não identificada, também aparece um áudio com trechos do diálogo.

O *tweet* do presidente partiu de uma publicação feita pelo site *Terça Livre*[6], canal do blogueiro Allan dos Santos, hoje foragido da Justiça brasileira. O canal reunia ativistas conservadores e simpatizantes do presidente. Segundo o próprio site, a declaração foi dada por Constança Rezende em entrevista para um jornalista francês, na qual ela fala sobre sua atuação na cobertura jornalística das movimentações financeiras atípicas de Fabrício de Queiroz, ex-motorista e ex-assessor de Flávio Bolsonaro, filho de Jair Bolsonaro, na Assembleia Legislativa do Rio de Janeiro. A publicação, comprovadamente falsa, atribui à repórter do jornal *O Estado de São Paulo* a intenção de arruinar Flávio e o governo ao tratar da cobertura sobre as movimentações suspeitas de Queiroz.

Baseados nas informações falsas publicadas pelo *Terça Livre*, grupos governistas e apoiadores do presidente promoveram uma série de postagens nas quais acusam o *Estadão* de "mentir" na cobertura do caso Flávio Bolsonaro.

Ainda segundo o site, a suposta declaração da repórter teria sido dada, de acordo com "denúncia" de um jornalista francês, em uma conversa gravada. A conversa, no entanto, não se deu com o jornalista francês citado pelo *Terça Livre*. Segundo informações do *Estadão*, Constança não deu entrevista ao tal jornalista, nem sequer dialogou com ele. Suas frases distorcidas com o claro objetivo de prejudicá-la, associando-a a um possível *impeachment* e a ruína de Flávio Bolsonaro, foram retiradas de uma conversa que ela teve em 23 de janeiro de 2019 com uma pessoa

---

[6] Canal que ganhou destaque nas eleições de 2018 devido à proximidade com a família Bolsonaro, mantendo-se como uma das plataformas mais populares em sua defesa, produzindo conteúdos alinhados com o conservadorismo e com as ideias da extrema direita brasileira. Foi derrubado por decisão judicial em 2021.

que se apresentou como Alex MacAllister, suposto estudante interessado em fazer um estudo comparativo entre os presidentes Donald Trump e Jair Bolsonaro.

Na gravação do diálogo fica comprovado que Constança não fala em "intenção de arruinar governo ou presidente". A conversa em inglês tem frases truncadas e com pausas, e apenas trechos selecionados foram divulgados com o mero intuito de propagar desinformação e descredibilizar a profissional. Ao contrário do que foi propagado pelo *Terça Livre* e reproduzido pelo próprio Bolsonaro, a repórter avaliava na conversa que "o caso pode comprometer" e "está arruinando Bolsonaro", e em momento algum relaciona seu trabalho a nenhuma intenção nesse sentido.

O site francês *Mediapart*, onde foram publicadas inicialmente as declarações distorcidas da jornalista, desmentiu logo em seguida, no dia 11 de março, as acusações feitas pelo *Terça Livre* e pelo presidente Jair Bolsonaro. Em publicação realizada, o *Mediapart* fala que "as informações publicadas no 'club de *Mediapart*', que serviram de base para o *tweet* de Jair Bolsonaro, são falsas. O artigo é de responsabilidade do autor e o blog é independente da redação do jornal", diz a publicação em português e francês, em sua conta no Twitter. O texto que originou a difamação foi publicado em uma seção do site francês chamada "Le Club", na qual leitores mantêm seus próprios blogs. O autor do texto se apresenta como Jawad Rhalib.

Figura 2 – *Tweet* do site francês *Mediapart* desmentindo as informações publicadas por Bolsonaro e se solidarizando com a jornalista Constança Rezende

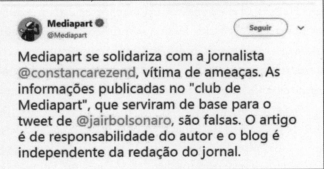

Fonte: Reprodução.

A publicação de Bolsonaro gerou fortes reações, tanto de entidades brasileiras como de políticos também, que acusaram o presidente de divulgar desinformação e difamar a repórter com o objetivo de desqualificar as suspeitas existentes contra seu filho. Como de costume em casos como esse, Constança foi fortemente atacada nas redes sociais por seguidores do presidente, que, além de acreditar veementemente no que diz Bolsonaro e seus filhos, também divulgam desinformação como maneira de apoiar o presidente. Além dela, sua família também virou alvo de ataques.

A comprovação de que o diálogo entre Constança e o jornalista francês não aconteceu, e que os trechos retirados da conversa entre ela e Alex foram modificados, evidencia que a jornalista brasileira foi vítima de desinformação ao ter seu nome associado a Flavio Bolsonaro e a um possível *impeachment,* propagada não só pelo site *Terça Livre*, como pelo presidente Jair Bolsonaro, chefe de Estado, que deveria prezar pela veracidade das informações que repassa à sociedade.

A propagação de desinformação por parte de Bolsonaro não é uma prática recente ou isolada. A campanha de 2018 é prova viva disso quando teve o presidente da República como um dos maiores propagadores de desinformação do século, ao se apropriar das redes sociais para fazer campanha. Jair Messias Bolsonaro fez das redes sociais uma máquina de divulgação ininterrupta de *fake news* com o claro objetivo de propagar informações falsas, disseminar mensagens conspiratórias, minar seu oponente através de notícias mentirosas divulgadas sobre ele e sobre os seus, confundir o leitor quanto às informações que chegavam até ele, desqualificar a mídia e a academia, além de conduzir a opinião pública a rejeitar a concorrência e optar por ele.

As declarações distorcidas contra a repórter atuam também nesse sentido e demonstram possuir apenas um único objetivo: a alimentação das narrativas governistas de que a imprensa mente quando se refere às investigações sobre a família Bolsonaro como um todo, criando mentiras e distorcendo a verdade (que na maioria das vezes não existe), gerando, com isso, a descredibilização do jornalismo e dos profissionais que se empenham na busca por informação e por levá-la à sociedade; e o reforço constante do apoio daqueles que idolatram o presidente e se negam a enxergar a verdade por detrás dos fatos, a não ser aquela que lhe convém.

O caso Constança Rezende demonstra o poder que a desinformação possui: se alastra rapidamente pela sociedade; é comprada facilmente por pessoas que se negam a acreditar na verdade e possuem ideias, opiniões e crenças próprias, negando tudo aquilo que seja passível de comprovação; e causa estragos inimagináveis. Constança é apenas uma das tantas vítimas de Bolsonaro. Apesar de ter a história esclarecida, foi atacada, injustiçada, descredibilizada e desmoralizada perante uma sociedade que rejeita a verdade, acredita em achismos e encontra na desinformação o caminho mais fácil para ecoar o machismo, a misoginia e o preconceito existente, além de despertar o ódio.

b) Caso 2 – Patrícia Campos Mello
Os ataques de Jair Bolsonaro à imprensa são mais corriqueiros do que se imagina. Ao longo de seu mandato, inúmeras mulheres jornalistas foram alvos dos ataques e agressões do chefe de Estado, que descredibiliza o jornalismo, desmoraliza profissionais e ataca a honra de qualquer um que se coloque à disposição para investigar e revelar qualquer fato que possa comprometê-lo ou comprometer sua família.

Em fevereiro de 2020, o presidente da República atacou mais uma vez uma jornalista no exercício da profissão. A vítima foi a jornalista da *Folha de São Paulo* Patrícia Campos Mello, que, durante entrevista em frente ao Palácio da Alvorada, foi alvo de insulto com insinuação sexual ao ser acusada por Bolsonaro de "querer dar o furo a qualquer preço".

A ofensa de cunho machista e misógino foi motivada após Patrícia publicar em 2018 uma reportagem sobre um esquema irregular de disparo de mensagem via WhatsApp nas eleições daquele ano, beneficiando o então candidato à presidência pelo PSL, Jair Bolsonaro, que optou por usar as redes sociais para fazer campanha, sobretudo em virtude da relação conflituosa que mantinha com a imprensa. Durante coletiva de imprensa em 2020, Bolsonaro atacou diretamente a profissional.

É válido ressaltar aqui que, nas semanas que precederam a fala misógina de Bolsonaro, a jornalista já vinha sendo alvo de ataques nas redes sociais após desagradar a base de extrema direita bolsonarista justamente com suas reportagens que apontavam a existência de esquemas fraudulentos de divulgação de *fake news* em benefício de Bolsonaro.

A apuração da *Folha de São Paulo* e a publicação da matéria pela repórter em 2018 evidenciavam um esquema que funcionava a partir do uso fraudulento de nomes e CPFs de idosos registrados em chips de celulares. A apuração do caso teve como base documentos e relatos obtidos com Hans River do Nascimento, ex-funcionário da Yacows, empresa especializada em marketing digital e acusada de envolvimento no esquema.

Em depoimento à Comissão Parlamentar de Inquérito das *Fake News*, River, sem apresentar qualquer prova, disse que a jornalista, em busca de mais informações sobre o caso, teria tentado "se insinuar sexualmente para ele". A declaração dele foi endossada na ocasião pelo deputado Eduardo Bolsonaro, filho do presidente, à época também filiado ao PSL de São Paulo; e reproduzida nas redes sociais por apoiadores de Bolsonaro. As declarações de Hans River foram desmentidas pelo jornal *Folha de São Paulo* com base em mensagens de texto e áudios que mostravam o teor das conversas entre a repórter e o ex-funcionário da Yacows.

Mas isso não foi suficiente, visto que, depois de contada a mentira por River, Eduardo Bolsonaro divulgou um trecho do vídeo com o depoimento de Hans River no Facebook e a *fake news* sobre a jornalista começou a circular pela internet, levando centenas de apoiadores da família Bolsonaro a atacar Patrícia e a também divulgarem a mentira, propagando ódio e misoginia.

Os episódios pelos quais Patrícia Campos Mello passou deixam claro o ataque extremamente machista e misógino com nítida insinuação de cunho sexual por parte de Bolsonaro; e a produção e divulgação sem precedentes de *fake news* por parte de Hans River (produtor) e Eduardo Bolsonaro (divulgador), com o intuito de desmoralizar e descredibilizar profissional e pessoalmente a jornalista.

Os ataques misóginos contra Campos Mello provocaram a indignação de vários setores da sociedade brasileira e evidenciaram ainda mais o funcionamento da máquina "bolsonarista" (termo utilizado para intitular os apoiadores de Bolsonaro), que ataca profissionais, fere a honra e assassina reputações nas redes sociais, mirando com especial malignidade jornalistas mulheres que desagradem a Bolsonaro, seus filhos e apoiadores.

Esse tipo de ataque de gênero e a desinformação produzida contra a jornalista reforça o mito machista de que mulheres jornalistas trocam sexo por dinheiro ou se utilizam do mesmo para conseguir progredir na profissão, e está impregnado na cultura da sociedade (machista e patriarcal) há tempos como uma maneira de desacreditar e desmerecer o trabalho realizado por profissionais mulheres.

Ataques como esse não apenas colocam em risco a segurança e a integridade de jornalistas – como no caso de Patrícia, que, além de atacada moralmente, foi vítima de *fake news* – mas também tentam silenciar as vozes e diminuir o trabalho feito pelas mulheres que diariamente levam informação a milhares de brasileiros, prejudicando, dessa forma, a liberdade de imprensa.

c) Caso 3 – Vera Magalhães

Vera Regina Magalhães é jornalista, radialista, comentarista política e apresentadora. Após passar por diversos veículos de comunicação foi convidada em 2020 para comandar o programa Roda Viva, na TV Cultura, considerado o mais antigo programa de entrevistas da televisão brasileira, e em 2021 tornou-se colunista do programa *Diário Ponto Final*, da rádio CBN, além de colunista do jornal *O Globo*.

Em fevereiro de 2020, Vera foi mais uma profissional de imprensa vítima dos ataques do presidente da República, Jair Bolsonaro, após divulgar em suas redes sociais que o então presidente compartilhou dois vídeos para seus contatos no WhatsApp, convocando a população para as manifestações a favor do governo e contra o Congresso Nacional e o Poder Judiciário, que ocorreriam em 14 de março do mesmo ano.

Em entrevista na entrada do Palácio da Alvorada, Bolsonaro ofendeu Vera e, em transmissão ao vivo no Facebook, o presidente acusou a jornalista de publicar *fake news*.

Além de ser acusada do crime, Vera Magalhães teve seu nome e sua foto usados em uma conta falsa no aplicativo de mensagens WhatsApp, criada por apoiadores de Bolsonaro com o objetivo de enviar mensagens falsas. Não bastava se passarem por Vera para divulgar informações falsas, os "bolsonaristas" ainda expuseram a sua vida pessoal com fotos de uma cobrança de débito de 2015, por parte da escola onde os filhos da jornalista estudavam.

Além de passar pela situação em questão, tendo seu nome associado à divulgação de *fake news* e sua vida pessoal exposta de maneira fria e calculista, Vera Magalhães também foi vítima de comentários machistas e misóginos, como o da deputada federal de Minas Gerais Alê Silva (filiada à época ao PSL), que postou uma mensagem afirmando que Vera também "está louca para dar o... furo", reproduzindo o insulto de cunho sexual feito pelo presidente Jair Bolsonaro à jornalista Patrícia Campos Mello, naquele mesmo ano.

Em março de 2020, Bolsonaro voltou a atacar a jornalista, acusando-a falsamente de ter mentido em suas reportagens. Durante coletiva de imprensa que tratava de medidas de combate à pandemia do novo coronavírus, além de chamar Vera de "mentirosa sem qualquer compromisso com a verdade", o presidente disse ainda que a jornalista estava divulgando que ele faria um movimento dia 31 de março na frente dos quartéis. Bolsonaro disse ainda que "esse tipo de profissional não merece respeito no Brasil".

Vera Magalhães, assim como tantas outras profissionais, também foi vítima da desinformação propagada por Bolsonaro, seus filhos e apoiadores. A afirmação de que ela teria noticiado que o presidente estaria fazendo convocações para o dia 31 não era verídica. Ao contrário, Vera noticiou no site *BR Político* que atos estavam sendo convocados para o dia 31, mas em momento algum atribuiu a iniciativa ao presidente.

Em 2022, dois anos mais tarde, Vera é novamente atacada pelo presidente Bolsonaro. Dessa vez, durante um debate eleitoral realizado pela TV Band entre presidenciáveis, em agosto, Bolsonaro teceu falas machistas atacando a jornalista e apresentadora do programa *Roda Viva*, da TV Cultura, que questionou Ciro Gomes, candidato pelo PDT, a respeito das vacinas contra a pandemia da Covid-19. Vera criticou a gestão de Bolsonaro e afirmou que a cobertura vacinal no Brasil vem despencando nos últimos anos. Sobre isso, ela questionou em que medida Ciro Gomes achava que a desinformação sobre vacinas, difundida inclusive pelo presidente da República, poderia ter contribuído para isso.

Após a resposta de Ciro, Bolsonaro rebateu as acusações da jornalista e não respondeu sobre a vacinação no Brasil, mas, em fala em rede nacional, o presidente da República disse que achava que Vera dormia pensando nele e que ela tinha alguma paixão por ele. Bolsonaro disse ainda que, em um debate como aquele, a jornalista não poderia tomar partido e fazer acusações mentirosas a seu respeito.

Além da fala machista e misógina, e da insinuação de cunho sexual contra a jornalista, Jair Bolsonaro atacou Vera afirmando que ela era uma vergonha e se defendeu dizendo que não estava atacando mulheres.

Figura 3 – Imagem retirada do vídeo onde Bolsonaro ataca Vera Magalhães em debate na TV Band

Fonte: Reprodução.

Os insultos e as ofensas de Bolsonaro a Vera Magalhães assemelham-se aos ataques realizados contra a jornalista Patrícia Campos Mello. Assim como ela, Vera foi vítima de falas machistas, misóginas e de cunho sexual por parte de Bolsonaro, bem como foi vítima também de desinformação, ao ter uma notícia sua distorcida por Bolsonaro com o mero objetivo de propagar *fake news* em benefício próprio.

O discurso de Bolsonaro contra Vera, Patrícia e outras mulheres não só evidencia a pessoa machista, misógina e preconceituosa que ele é, como reitera a prática de ataques contra mulheres jornalistas que, de uns anos para cá, enfrentam um cenário de medo e hostilidade para o exercício da profissão.

Os amplos, recorrentes e facilmente listáveis ataques de Bolsonaro às mulheres, sobretudo jornalistas, seguem, na maioria das vezes, sem punição, o que abre espaço para que novos ataques continuem acontecendo dia após dia e dá a liberdade necessária para que filhos, ministros e apoiadores o façam sem medo.

Considerações finais

Os ataques e as agressões aos jornalistas e aos meios de comunicação têm gerado um efeito devastador na sociedade brasileira, sobretudo quando esses partem do presidente da República, chefe de Estado que deveria resguardar a segurança e a integridade física e moral desses profissionais, além de assegurar o livre exercício da profissão.

No rol dos ataques, a predileção por profissionais mulheres evidencia o machismo e a misoginia presentes no presidente Jair Bolsonaro e o pleno sistema de dominação e poder exercidos por ele contra essas mulheres, numa tentativa clara e cruel de desmerecer, ofender e ferir o conhecimento, a capacidade e a honra daquelas que se propõem a investigar e revelar qualquer ação ou atitude suspeita da família Bolsonaro.

Os ataques realizados através de adjetivos pejorativos, xingamentos e insinuações de cunho sexual, na maioria dos casos sem punição e tendo como pano de fundo a desinformação, intentam reforçar a superioridade do presidente através da violência simbólica praticada por ele, seus filhos, ministros e apoiadores, em uma tentativa explícita de descredibilizar o jornalismo, que hoje tem seu lugar de fala questionado em virtude da propagação vertiginosa de desinformação, usando como alvo, principalmente, jornalistas mulheres.

Ancorados em falas misóginas e em um machismo estrutural enraizado, esses ataques colocam em risco não apenas a segurança ou a integridade física dessas mulheres, mas atuam profundamente no psicológico justamente com o intuito de intimidar e ameaçar, provocando medo, repulsa e fazendo com que muitas dessas mulheres cheguem a abandonar a profissão em função da pressão sofrida.

Os casos das jornalistas Constança Rezende, Patrícia Campos Mello e Vera Magalhães, descritos e analisados neste trabalho, são frutos da desinformação propagada constantemente por Jair Bolsonaro e seu governo. Aliada a ela, esses ataques expõem um presidente machista e misógino que não respeita mulheres, direitos e se utiliza do cargo para persegui-las, atacá-las e feri-las, com o mero intuito de mostrar masculinidade, poder e superioridade diante da sociedade.

A ausência de punição em grande parte dos casos contribui para que mais e mais ataques aconteçam vitimizando mulheres jornalistas e a imprensa como um todo, e fortalece a propagação em grande escala de desinformação, pondo em xeque a credibilidade do jornalismo e seu lugar de fala e referência na sociedade.

Referências

ABERT (Associação Brasileira de Emissoras de Rádio e Televisão). *Violações à liberdade de expressão*. Relatório Anual. Brasília: Abert, 2020.

BOURDIEU, P. *O poder simbólico*. Rio de Janeiro: Bertrand, 1989.

FARIAS, V. Jornalistas são agredidos em manifestação a favor de Bolsonaro em Brasília. *O Globo*, Rio de Janeiro, 3 maio 2020 [atualizado em 4 maio 2020]. Disponível em: https://oglobo.com/brasil/jornalistas-sao-agredidos-em-manifestacao-favor-debolsonaro-em-brasilia-24408203. Acesso em: 15 maio 2022.

FENAJ (Federação Nacional dos Jornalistas). *Ataques a jornalistas e ao jornalismo mantêm patamar elevado e somam 430 casos em 2021*. Relatório Anual. Brasília: Fenaj, 2022.

KAKUTANI, M. *A morte da verdade*: notas sobre a mentira na era Trump. Rio de Janeiro: Intrínseca, 2018.

MOSCOVICI, S. *A representação social da psicanálise*. Rio de Janeiro: Zahar, 1978.

PAULA, L. de; SANT'ANA, C. G. A violência contra a mulher no Brasil: repercussão pública do machismo estrutural. *Forum Linguistic*, Florianópolis, v. 19, n. 1, p. 7555-7574, jan./mar. 2022.

PISCITELLI, A. Gênero, a história de um conceito. In: ALMEIDA, H. B.; SZWAKO, J. E. (org.). *Diferenças, igualdade*. São Paulo: Berlendis e Vertecchia, 2009.

RÊGO, A. R.; BARBOSA, M. *A construção intencional da ignorância*: o mercado das informações falsas. Rio de Janeiro: Mauad X, 2020.

RÊGO, A. R. A construção intencional da ignorância na contemporaneidade e o trabalho em rede para combater a desinformação. *Reciis – Revista Eletrônica de Comunicação, Informação & Inovação em Saúde*, Rio de Janeiro, v. 15, n. 1 p. 221-232, jan./mar. 2021.

RICOEUR, P. *Tempo e narrativa*. São Paulo: WMF Martins Fontes, 2010.

SAFFIOTI, H. I. B. *Gênero, patriarcado, violência*. São Paulo: Expressão Popular: Fundação Perseu Abramo, 2015.

TUZZO, A. S.; TEMER, A. C. R. P. As jornalistas sob ataque: um estudo sobre agressões às profissionais de imprensa em uma sociedade polarizada. *Lumina*, Juiz de Fora, PPGCOM – UFJF, v. 15, n. 3, p. 58-74, set./dez.2021.

WARDLE, C. *Fake news. It's complicated. First Draft. Shorenstein Center on Media, Politics and Public Policy*. 16 nov. 2017. Harvard University. Disponível em: https://firstdraftnews.com/fake-newscomplicated/.

Comunicação e historicidade do presente

Marialva Barbosa[1]

Refletir sobre processos de comunicação no mundo exponencialmente comunicacional do século XXI, a partir da dimensão histórica, parece ser desejável e necessário quando se percebe a comunicação como lugar teórico fundamental para pensar a historicidade do presente. Mas falar em historicidade não significa tão somente utilizar conceitos centrais da história nos estudos de comunicação, que tem como tempo privilegiado das suas reflexões o presente absoluto. Falar em historicidade é, antes de tudo, se referir à condição histórica intransponível do ser, ao modo histórico da existência, possibilidade intrínseca à condição humana.

Assim, desenvolvo o texto numa dupla direção: no primeiro momento produzo uma crítica ao uso extensivo que vem sendo feito na comunicação do termo "historicidade", confundindo-o com opção pela utilização dos conceitos da história em fenômenos atrelados ao tempo presente; e, no segundo, procuro perceber as possibilidades da história no tempo em que nos movemos (o presente) a partir da compreensão da noção de historicidade.

Usar articulações conceituais e maneiras de pensar temáticas a partir de uma visão preponderantemente histórica, não produz, de maneira automática, reflexões sobre a complexa questão da historicidade. Quando muito introduz a dimensão historicizante nas pesquisas.

Entretanto, observa-se, nos últimos anos, a eclosão do tema da historicidade nos estudos de comunicação, seja a partir da formação de redes de pesquisadores, seja como temática de congressos, seja em dossiês de revistas científicas e livros publicados, resultantes a maioria das vezes desses encontros[2]. A primeira inquietação que pode acometer a quem trabalha

---

[1] Professora titular de Escola de Comunicação e do Programa de Pós-Graduação em Comunicação da Universidade Federal do Rio de Janeiro (UFRJ); pesquisadora do CNPq; doutora em História, já publicou inúmeros livros sobre a relação Comunicação e História, tema de suas pesquisas há mais de três décadas.
[2] Em 2015, foi criada a Rede Historicidades dos Processos Comunicacionais, composta por grupos de pesquisadores brasileiros, inicialmente de nove instituições de ensino, conectando diversos programas de

há décadas a partir da articulação comunicação e história é por que isso se dá. Qual a razão de o histórico, ainda que revestido erroneamente sob o nome "historicidade", passar a se fazer tão constante nas reflexões?

A primeira delas e mais evidente, por mais paradoxal que possa parecer, resulta do afastamento cada vez maior do passado como articulador temporal das pesquisas em comunicação. O passado passou a ser obliterado, e não poderia ser diferente, já que sendo comunicação uma espécie de filosofia pública (Sodré, 2002; 2014) do tempo de nossa movência, torna-se indispensável refletir sobre os complexos processos nos quais estamos imersos. Portanto, seu lugar temporal é o presente absoluto e suas reflexões dizem respeito ao histórico do tempo presente. É aqui, exatamente, na percepção do tempo da vida como o lugar onde os homens se movem, vivem e produzem sentidos e significados das suas existências que emerge a questão da historicidade, e que deve, de fato, estar incluída como traço reflexivo essencial dos estudos de comunicação.

Mas nem sempre há esse entendimento. O que se observa, de maneira recorrente, é o encobrimento do histórico com um nome que se julga mais propício às reflexões contemporâneas, e historicidade, neste caso, torna-se palavra vazia de sentido e utilizada muitas vezes de maneira meramente operacional. Emergem textos que, a partir da negativa da dimensão histórica, afirmam fazer reflexões em torno do que denominam, não raro de maneira atabalhoada, "estudos de historicidade". "Historicidade" surge como um nome capaz de negar o passado como possibilidade de ser também tempo das pesquisas em comunicação. Mas historicidade é muito mais do que isso, como mostraremos na segunda parte do texto.

A segunda razão que salta aos olhos de quem procura encontrar nexo nas reflexões encobertas sob o jargão "historicidade" é a suposição de que utilizando conceitos fundamentais da história se estaria, quase de

---

pós-graduação. A Rede vem realizando, sistematicamente, dois encontros por ano e publicando o resultado dessas discussões em dossiês editados por revistas científicas e sob a forma de livro. Ver, por exemplo, os dossiês das revistas *Famecos* (v. 24, n. 3, 2017), *Contracampo* (v. 37, n. 3, 2018) e *Galáxia* (Especial 1, Dossiê Historicidades, 2019). Cabe o registro também de os Congressos Regionais da Associação Brasileira de Pesquisadores de História da Mídia (Alcar), em 2020, terem como tema "Comunicação e a Historicidade das Crises". Em ambas as redes, Marialva Barbosa desenvolve trabalhos de pesquisa em conjunto com os profs. drs. Ana Regina Rêgo e Antonio Hohlfeldt.

maneira automática, refletindo sobre o que recorrentemente denominam "figuras da historicidade". Definidas como imagens conceituais capazes de "fazer ver diferentes problemas temporais nos fenômenos midiáticos (uma dimensão reflexiva) e sugerir caminhos e operadores para sua apreensão (uma dimensão operacional)", tais figuras são percebidas como conceitos, dos quais derivam possibilidades metodológicas (Ribeiro; Leal; Gomes, 2017, p. 46).

Claro que a relação teoria e metodologia que emerge da proposição está correta, já que todo operador conceitual pressupõe uma articulação metodológica. A dúvida que surge é: até que ponto o conceito de historicidade permite o seu deslocamento como mero operador conceitual? Pode-se substantivar a historicidade como "figuras"?

Qual a razão de os pesquisadores terem começado este movimento de enfatizar a inclusão do histórico, ainda que o recusando e o encobrindo sob o nome de historicidades? Havia a percepção de uma ausência teórica/metodológica que provocava críticas: a primeira e mais importante o fato de a comunicação abandonar a perspectiva processual. Como consequência, as pesquisas consideravam, a maioria das vezes, o presente como tempo absoluto (e, portanto, inscrito como naturalmente superior em relação ao passado), sem que se pensasse nas relações fundantes entre passado, presente e futuro. Isso fazia com que os estudos não considerassem processos realizados numa trajetória temporal, as continuidades históricas, que são capazes de produzir nuances em relação às rupturas abruptas. Ou seja, as continuidades e as descontinuidades, de forma a que se perceba as transformações não apenas como rupturas, mas inscritas em processos.

Se a crítica é oportuna, por que então não se valer das proposições teóricas da história, da historiografia como *episthémé* e seus valores, suas normas de pesquisa, suas teorias e métodos, seus princípios organizadores e explicativos? Por que recusar a teoria da história e produzir o apagamento do nome "história", mesmo que incorpore seus conceitos fundamentais?

A percepção enganosa de que se referir à história significa lembrar processos localizados nos tempos idos parece ser o motivo determinante. Sendo a comunicação uma ciência dos processos contemporâneos encravados num presente absoluto que se dirige inexoravelmente para uma prospecção de futuro, não há argumentos para compreender/explicar processualidades localizadas, aparentemente, nos tempos de outrora. Mas por que essa percepção é enganosa?

Porque a história não é a ciência do passado, mas a "ciência dos homens no tempo", como afirmam os historiadores desde a máxima construída por Marc Bloch (2001), no seu clássico texto publicado, pela primeira vez, em 1949[3]. A história faz do passado possibilidade que emerge, sempre a partir de reflexões localizadas no presente do historiador, para a compreensão de um mundo em permanente fluxo temporal.

É essa premissa que transforma o tempo no principal operador conceitual da história, logo adotado como a primeira grande (e dominante) "figura da historicidade" em muitas das reflexões que querem estabelecer vínculos da comunicação com a história, mas com uma espécie de "vergonha" de se dizer história, como estamos enfatizando em relação aos que preferem o nome "historicidade" ao de história[4].

Assim, os temas de comunicação – governados por reflexões do presente – deveriam então considerar (quase como obrigação) a visão processual e a inflexão das temporalidades contemporâneas. Busca-se, enfim, encontrar caminhos para analisar questões do campo comunicacional numa perspectiva histórica. E, sobretudo, ver como os "objetos comunicacionais estão atravessados e convocam distintas temporalidades". Não é o caso de "situar os objetos da comunicação num dado contexto histórico, em certo tempo histórico ou em determinada cronologia", dizem alguns autores, mas de pensar os fenômenos comunicacionais no "seu tempo", ou seja, o "nosso tempo" (Ribeiro; Martins; Antunes, 2017).

---

[3] Dizia Bloch, no seu texto originalmente publicado pela Armand Colin de Paris, sob o título *Apologie pour l'histoire ou Métier d'historien*: "Por trás dos grandes vestígios sensíveis da paisagem, por trás dos escritos aparentemente mais insípidos e as instituições aparentemente mais desligadas daqueles que a criaram, são os homens que a história quer capturar. Quem não conseguir isso será apenas, no máximo, um serviçal da erudição. Já o bom historiador se parece com o ogro da lenda. Onde fareja carne humana, sabe que ali está a sua caça. [...] 'Ciência dos homens', dissemos. É ainda vago demais. É preciso acrescentar: 'dos homens, no tempo'" (Bloch, 2001, p. 54-55).

[4] Para a discussão das chamadas "figuras de historicidade", ver Ribeiro, Leal, Gomes, 2017 e Leal, Antunes, 2015. Para a compreensão dos temas priorizados nas discussões do grupo Rede de Historicidades dos Processos Comunicacionais, ver *Revista Famecos*, v. 24, n. 3, 2017; *Revista Contracampo*, v. 37, n. 3, 2018 e *Revista Galáxia*, especial 1, 2019, além do livro organizado em 2020 (Maia et al., 2020). Nessas publicações se pode ter também a visão do caráter multifacetado dos estudos realizados, agrupando-se um caleidoscópio de temas que têm a intenção de considerar o histórico (ou "figuras de historicidade", como preferem seus autores).

Embora, acertadamente, convoquem o que denominam o "nosso tempo", ou seja, um presente atravessado por múltiplas inflexões temporais, em que o passado acionado, por exemplo, efetua-se de maneira a ser reconhecido por todos que vivem uma mesma época em que se percebem juntos, há alguns problemas ao conectarem o presente à questão da historicidade.

Claro que procuram, ao darem ênfase ao contemporâneo como o "nosso tempo", estabelecer duas reflexões centrais: primeiro, que o presente pode ser percebido numa perspectiva histórica (o que enseja também um enorme debate presente na história e, não raro, ignorado na comunicação, sobre questões que são acionadas, por exemplo, por uma história do tempo presente); segundo, que pensar o "nosso tempo" leva a reconhecer como pertencente ao tempo da vida vivida tudo aquilo que partilhamos num dado momento (incluído o passado e o futuro como possibilidades). O nosso tempo é o tempo de reconhecimento das tramas narrativas comuns a quem vive um determinado momento da vida, não apenas em conjunto, mas em conjuntividade (Heller, 1993).

Na reflexão, observa-se, também, certo abandono da história (o contexto e o tempo histórico em relação), ainda que permaneça existindo uma visão utilitária na escolha das possibilidades teóricas dos movimentos da história. A base conceitual poderia ser usada, desde que fosse para adensar apenas uma fatia temporal, "o nosso tempo". O presente, continua, dessa forma, absoluto, mesmo que à procura de uma temporalidade histórica.

Ou seja, ao propor pensar os fenômenos comunicacionais como inscritos no presente – compreendendo-o como "o nosso tempo" –, não se estaria produzindo uma ruptura com a premissa que a história lega como possibilidade interpretativa – a relação passado, presente e futuro – e, assim, desprezando a mais central questão de historicidade?

Leal e Antunes (2015, p. 219) procuram explicar mais detalhadamente o termo "figura" em relação à historicidade. Segundo os autores, torna-se necessário "superar a redução de abordagens históricas que se resumem à produção ou mobilização de 'informações históricas', inflexionando nas análises o presente absoluto, o que resulta não raras vezes 'num contexto externo ao evento', e cuja caracterização não necessariamente esclarece ou informa o fenômeno analisado". Assim, é preciso pensar "a historicidade dos processos e/ou produtos comunicacionais" num "gesto propositivo", de forma a ampliar "visadas analíticas centradas numa dada situação de comunicação".

Ainda que o diagnóstico esteja correto, ou seja, há muitas vezes nos estudos de comunicação um olhar enviesado sobre o histórico, o fato de considerar a historicidade como possibilidade de figurar as "relações que constituem [o texto ou o processo analisado] e o fazem emergir no horizonte social" (Leal; Antunes, 2015, p. 219) não resolve, nem teoricamente, nem metodologicamente, a questão.

Tomam emprestado de Norbert Elias a noção de "figura" a partir da percepção das diferenças entre os que constituem um conjunto (exemplificado pelos jogadores) que pelas relações promove a sustentação de uns com os outros. Assim, a figuração "forma um entrelaçado flexível de tensões", na qual "a interdependência dos jogadores, que é uma condição prévia para que formem uma configuração, pode ser uma interdependência de aliados ou adversários" (Elias, 2008, p. 142 apud Leal; Antunes, 2015, p. 2019).

Na sequência, Leal e Antunes oferecem a chave analítica da compreensão do histórico a partir das "figuras de historicidade": a discussão seria não fazer da história mero pano de fundo, num contexto sempre artificial, mas "observar e refletir como as relações temporais figuram nos fenômenos, a partir e para cada um desses processos, num amálgama heterogêneo de tensões, em que diferentes atores que os integram agem e interagem entre si". Implica, continuam, "considerar a forma que as relações temporais adquirem, na sua relação complexa, em relação ao evento narrado, aos agentes produtores, à lógica midiática, à configuração narrativa, à expectativa de recepção e os modos como os indivíduos e grupos se apropriam desses textos e referências" (Leal; Antunes, 2015, p. 219-220).

Mas isso não é o que a história faz desde há muito? Essa proposição, por exemplo, não estaria contida na proposta de Robert Darnton (1990) para a construção de uma história social e cultural da comunicação impressa, incontáveis vezes citada, desde o final do século XX, por pesquisadores que, para produzir uma história dos meios, destacam a noção "circuito da comunicação[5]?

---

[5] Diz Darnton: "Os livros impressos passam aproximadamente pelo mesmo ciclo de vida. Este pode ser

O histórico como proposta envergonhada

Portanto, ao fazerem a opção pelas "figuras de historicidade" nos estudos de comunicação, os autores estão, a rigor, adotando proposições historiográficas e históricas. A problemática dos processos (ou processualidades históricas) tão recorrentemente lembrada e que considera o trânsito indispensável entre rupturas e continuidades, nada mais é do que uma proposição histórica e, portanto, historiográfica, e não de historicidades. Aqui, a dimensão processual abre possibilidades para a produção de trânsitos interpretativos do presente em direção ao passado e vice-versa. Nessa visão busca-se incessantemente pelos contextos.

Não, por acaso, no primeiro dossiê que organizam a partir das "figuras de historicidades", a temática que constrói a articulação entre os textos é, exatamente, a noção de contexto[6].

Ainda que, na apresentação do dossiê, os organizadores façam referência, acertadamente, à história dos conceitos de Reinhart Koselleck, como forma de "desnaturalizar significados e relações sociais" que envolvem os sentidos, os usos dos termos e seus significados, a crítica central é o fato de se tomar contexto como uma espécie de pano de fundo dos objetos empíricos escolhidos. A pluralidade de temas, objetos, abordagens presentes nos artigos do próprio dossiê fornece argumentos muito mais para descontextualizar as análises do que para construir uma sólida reflexão sobre o contexto.

---

descrito como um circuito de comunicação que vai do autor ao editor, ao impressor, ao distribuidor, ao vendedor e chega ao leitor. O leitor encerra o circuito porque ele influencia o autor tanto antes quanto depois do ato de composição. Os próprios autores são leitores". E continua: "a história do livro se interessa por cada fase desse processo e pelo processo como um todo, em todas as suas variações no tempo e no espaço" (1990, p. 112). Ao chegar à última fase do seu circuito, Darnton dá especial atenção aos leitores: "Como os leitores entendem os sinais na página impressa? Quais os efeitos sociais dessa experiência?", pergunta-se, para na sequência aconselhar: "O historiador do livro pode empregar suas noções de públicos fictícios, leitores implícitos e comunidades interpretativas" (1990, p. 127), mas também considerar que a leitura se transforma ao longo do tempo, nas práticas, materialidades, modos de apropriação e leitura. As mesmas questões estão presentes também nas inúmeras obras de Roger Chartier sob o tema. A noção de "circuito da comunicação" foi, por exemplo, a chave teórica e metodológica adotada por mim já no longínquo ano de 1996, quando produzi a tese de doutorado em história, defendida na Universidade Federal Fluminense, denominada *Imprensa, Poder e Público. Os diários do Rio de Janeiro (1880-1920)*.

[6] Cf. *Revista Famecos*, v. 24, n. 3 (2017). Dossiê "Do contexto à contextualização: dinâmicas das historicidades dos processos comunicacionais".

Contexto é um conceito intrínseco ao campo da história e aos objetos empíricos escolhidos, já que deve ser considerado como "o lugar em que existências passadas, acontecimentos, em movimentos específicos inscrevem e conquistam através da historicidade manifesta da essência, seu lugar na história" (Barbosa; Rego, 2017, p. 12). Portanto, procurar pelas permanências e rupturas significa buscar as articulações de forças que eclodem. Essas forças se localizam no contexto, mas é a narrativa que se faz delas que instaura a cena histórica. São os artifícios da compreensão, mobilizados e transformados pela narrativa, que permitem a desejável articulação do fenômeno analisado com o contexto, ambos históricos.

Ainda que a discussão do contexto tenha figurado no primeiro grande conjunto de textos abordados pelos pesquisadores que formam a Rede Historicidades dos Processos Comunicacionais, sem dúvida a categoria "tempo" é a mais recorrentemente lembrada. O segundo dossiê com textos decorrentes da discussão realizada, no ano seguinte, pelos integrantes da rede, é destinado ao que irão denominar "Movimentos do tempo: política, cultura e mídia".[7]

O tempo articulado à dimensão narrativa, transforma-o em demarcação essencial para a definição do início da história a ser contada, acoplada à problemática da narrativa como trânsito essencial da história. Claramente herdeira das reflexões de Paul Ricoeur (1994), esta dimensão historiográfica considera como fundamental o caráter eminentemente temporal da experiência humana, transformando a obra histórica numa narrativa que apresenta um mundo sempre temporal. "O tempo torna-se tempo humano na medida em que está articulado de modo narrativo; em compensação, a narrativa é significativa na medida em que esboça os traços da experiência temporal" (Ricoeur, 1994, p. 15). A afirmação de Ricoeur, repetida e explicada à exaustão em *Tempo e Narrativa*, enfatiza não apenas o vínculo entre temporalidade e narratividade, como também instaura no mundo das coisas contadas o tempo da experiência sempre figurado e reconfigurado de modo narrativo.

E, por último, remarcamos a questão da subjetividade interpretativa do passado. Assim, o passado é visto não como lugar possível de ser

---

[7] Cf. *Contracampo*, v. 37, n. 3 (2018). Dossiê "Movimentos do tempo, política, cultura e mídia".

acessado e sobre o qual se pode produzir uma totalidade interpretativa verdadeira. O passado, ao contrário, é visto como "tempos idos" (Heller, 1993), um lugar que é completado pela imaginação historiadora e produto da interpretação de um pesquisador que conta uma história, imerso nas possibilidades do grau de consciência histórica do tempo de sua vivência.

Dessas posições historiográficas (e não de historicidades) emergem escolhas, fazendo com que determinados conceitos sejam dominantes, tomando como base proposições de natureza histórica: circuitos e travessias comunicacionais; semantização do tempo e camadas temporais; retórica e vozes do passado; entre outros. Todos esses conceitos estão presentes em diversas teses de comunicação.

Não estamos, portanto, negando que haja pesquisas que, ao adotarem os princípios teóricos da história, inovam metodologicamente, constituindo um campo historiográfico dos processos comunicacionais em toda sua complexidade. Mas infelizmente esse não é o movimento dominante. Há outros estudos que, ao se desejarem como sínteses da perspectiva da historicidade, nada têm de históricos, confundindo historiografia com historicidade. Além disso, a maioria das vezes, por desconhecimento teórico, não conseguem operacionalizar em sua complexidade os conceitos da história. O que é profundamente lamentável.

Portanto, não estou demonizando o uso da perspectiva histórica nas pesquisas que fazem do contemporâneo o lugar reflexivo dominante. Muito pelo contrário. A adoção desse olhar tem produzido trabalhos importantes e que adensam a forma de estudar os processos contemporâneos na comunicação[8]. Apenas estou afirmando que essa ação é escolha da dimensão historiográfica e historiadora e que não pode ser confundida com historicidade.

Mas afinal o que é historicidade?

Quando a questão e a definição de historicidade se impõem, alguns autores contemporâneos são mais recorrentemente convocados na comunicação, para explicitar conceitualmente o termo. François Hartog e

---

[8] Ver, por exemplo, a excelente tese de Melo (2020).

Paul Ricoeur são, sem dúvida, os mais citados. O primeiro em função, sobretudo, do livro que possui a palavra em seu título: *Regimes de historicidade: presentismo e experiências do tempo* (2014). O segundo pela densa reflexão que produz sobre a questão temporal, tanto nos três volumes de *Tempo e narrativa* (1994, 1995, 1997) quanto no livro que complementa a análise inicial, *A memória, a história, o esquecimento* (2007).

Causa estranhamento o fato de quase ninguém se referir à importante reflexão de Agnes Heller contida no seu *Uma teoria da história* (1993), cuja primeira parte em sua integralidade é destinada a discutir historicidade. Dividida em três capítulos – "Estágios da consciência histórica"; "Presente, passado e futuro" e "A consciência histórica cotidiana como fundamento da historiografia e da filosofia da história" –, essa primeira parte é seguida por uma segunda que, não por acaso, discute a historiografia, sob o título "Historiografia como *episthémé*". Há ainda no livro mais duas partes, para as quais não dedicarei, neste texto, maior atenção, em função do argumento que estou utilizando para aclarar a compreensão de historicidade.

Na proposta do livro, Agnes Heller já demarca, ao colocar na sequência de seus argumentos, em primeiro lugar, historicidade e, em segundo, historiografia, que são dois universos profundamente diversos na proposição histórica. Enquanto historicidade diz respeito à condição histórica humana (e nisso há consenso entre os vários teóricos, já que tanto Ricoeur quanto Hartog também assim a percebem), historiografia é a organização sistemática do conhecimento produzido na história como teoria e método. Historicidade é a condição intransponível do homem de ser humano e ser histórico.

Ao chegar no mundo, já somos "lançados" na história: a história de uma família, a história de um território herdada de um passado já realizado quando ali chegamos. A memória histórica e os laços memoráveis desse passado familiar/espacial, suas tradições e tradicionalidades envelopam a existência humana, numa condição irremediavelmente histórica. Lançados que somos num tempo em que habitamos, um passado que não escolhemos e um futuro como expectativa a partir de um presente também construído por nós, faz do gesto humano de existir sua condição histórica, sua historicidade.

E essa dimensão da existência humana que se modifica, se adensa, se expande e se retrai em função dos turbilhões da história, das tradições que herdamos, mas que podemos transpor, ao transformar o mundo, é que faz Heller amalgamar historicidade e estágios da consciência histórica, como primeiro capítulo do seu belo livro.

"Naquele tempo havia um homem lá. Ele existiu naquele tempo. Se existiu, já não existe. Existiu, logo existe porque sabemos que naquele tempo havia um homem e existirá, enquanto alguém contar sua história" (Heller, 1993, p. 13). É dessa forma que Heller abre o seu livro, com frases encadeadas sobre o tempo humano como vetor constituinte da historicidade, da relação entre tempos, da narrativa que configura a existência, trazendo de volta o passado e fazendo novamente a condição humana ser visível. Historicidade, portanto, é o homem que existia/existe/existirá; é o tempo que existia naquele tempo, mas não existe mais, ainda que o homem continue existindo e carregando dentre dele este tempo que não mais existe. Mas narrar a vida, a condição humana, a historicidade, significa restaurar tempos, restaurar vidas, reconfigurar existências, para permitir transformações.

"A historicidade não é apenas alguma coisa que acontece conosco, uma mera propensão, na qual nos 'metemos' como quem veste uma roupa. Nós somos historicidades; somos tempo e espaço", diz Heller (1993, p. 14). Portanto, historicidade não merece as "figuras" que atabalhoadamente são a ela atribuídas como uma roupa que lhe é metida. Historicidade é a consciência da condição histórica do Ser, ou seja, do grau de consciência histórica que no tempo e nos espaços de suas existências desenvolve, nos limites da consciência possível a cada tempo e lugar. "De onde viemos, o que somos e para onde vamos?" As respostas a essas questões de consciência é que revelam, para ela, os diversos estágios da consciência histórica humana.

A historicidade, para Heller, é entendida através de três categorias: tempo, espaço e mortalidade. O tempo permite que se narre e conte histórias situadas "naquele tempo", sendo privilégio humano; já o espaço é a possibilidade de somente o homem poder situar-se em relação ao seu passado, projetando também do presente um futuro possível; enquanto mortalidade é a capacidade de entender-se enquanto ser mortal, percebendo a passagem do tempo. Portanto, consciência histórica é inerente ao pensamento e às ações humanas, ainda que varie em sua forma e conteúdo.

O segundo capítulo do livro coloca em relação presente, passado e futuro. Para Heller, o presente da historicidade apresenta-se numa possibilidade tríplice: "agora mesmo", "agora" e "estando agora". Dessa forma, o presente seria um tempo privilegiado pelas possibilidades de estar em relação com o passado, como "tempos idos", e com o futuro, como expectativa, ou "tempos por vir". Mas o presente pressupõe um tempo demarcado por um começo e por um fim não como possibilidade, mas como experiência de vida. O presente contém o presente primário (o "agora mesmo" da ação), e também o "agora", "uma linha de demarcação entre aquilo que já aconteceu e aquilo que ainda não aconteceu". Entre o que se relembra e aquilo que é meramente uma possibilidade, um propósito; entre o que é conhecido e aquilo que é ignorado. Nesse sentido, para a autora, o presente do agora é sempre transcendido, já que podemos transformar o presente em passado, em objeto de memória. Mas também podemos transformar o futuro em presente, na medida em que posso planejá-lo como se já houvesse um futuro no território do meu presente (Heller, 1993, p. 51-52).

É a percepção dos tempos, sempre em relação, encravados nas condições de historicidade que faz eclodir a inquietação que se apresenta em relação às possibilidades interpretativas do passado, assim como as projeções quanto aos futuros possíveis. Ao recordar o que passou, produz-se, sempre, uma reconstrução do passado através dos caminhos possibilitados pelas interpretações. Da mesma forma, podemos projetar futuros possíveis que também se constituem a partir da percepção da condição humana, ou seja, da historicidade.

A proposição de Agnes Heller (1993, p. 55) marcando na existência humana a complexidade, a relação entre tempos, intrínseca como condição primeira da historicidade, destaca igualmente a narrativa como liga essencial da transformação da historicidade em história.

> Naquele tempo havia um homem lá. Existiu, quando não existíamos. Assim, já não seremos, quando outros narrarem a nossa história, como tendo ocorrido 'naquele tempo'. Nosso início e fim, como nossos tempos 'idos' e os 'por vir', o passado e o futuro nossos, estão relacionados com os outros. Nosso passado é o futuro de outros, assim como o nosso presente é o passado de outros. Somos os outros. Historicidade é história (Heller, 1993, p. 55).

Para que serve a comunicação?

Na história, área em que dedico minha reflexão acadêmica há mais de três décadas, sempre na confluência com a comunicação, há duas perguntas que sintetizam as suas preocupações teóricas e metodológicas: o que é a história? E para que serve a história?

Tomando emprestada essa preocupação e aplicando-a ao campo da comunicação pergunto: para que serve a comunicação? Abandono, assim, deliberadamente a primeira interrogação, em função dos incontáveis debates produzidos na área durante décadas, e proponho uma breve reflexão a partir da segunda pergunta.

A comunicação, percebida como uma ciência que reflete sobre os processos complexos nos quais estamos imersos, em práticas atravessadas pelo comunicacional, faz como que possamos afirmar que pensar a comunicação é refletir sobre as historicidades do tempo presente. É aqui, exatamente, na percepção do tempo da vida como o lugar onde os homens se movem, vivem e produzem sentidos e significados de suas existências que emerge a questão da historicidade, que deve estar incluída como traço essencial nos estudos de comunicação.

Compreendemos as reflexões em torno do comunicacional como o estudo das produções vinculativas da vida no tempo dos "agoras", caracterizados também pela virtualização da vida, o que faz com que possamos afirmar que vivemos não apenas a mídia, mas na mídia (Sodré, 2014). Portanto, viver na mídia é a condição de historicidade do presente como "agora", "estando agora" e "agora mesmo", tal como remarca Heller (1993). Os modos de estar no mundo são comunicacionais e só podemos compreendê-los refletindo sobre questões do ser histórico, ou seja, da historicidade.

Mas para que serve a comunicação? Ao fazer essa pergunta, de imediato emerge a frase de Paulo Freire, em que indagava "a quem sirvo com a minha ciência?" (1981, p. 36), ao destacar o aspecto político existente em qualquer pesquisa.

A ideia de servir possui, portanto, dois sentidos diametralmente opostos: o de servidão, ou seja, de estar submetido; e, do lado oposto, o de doação. Assim, servir contém no seu âmago a problemática de que realizamos pesquisas para compreender o mundo que nos cerca e, a partir dessa compreensão, produzir ações que sirvam à transformação, à criação de um mundo mais fraterno, mais justo, mais humano. Servir, nesse sentido, induz prioritariamente à ação, ao presente como "estando agora". Mas também inclui o "agora", ou seja, a possibilidade transformadora existente na interpretação do que, a partir do presente, se instaura como passado e projeta-se como futuro; assim, como o presente "agora mesmo", decorrente do istmo do instante, no intempestivo presente primário.

No mesmo texto, Paulo Freire aborda como achava que a chamada "realidade concreta", sobre a qual nos debruçamos ao fazer pesquisas, deveria ser percebida, não apenas como "um conjunto de dados materiais ou fatos cuja existência ou não, do nosso ponto de vista, importa constatar". Para ele, a tal realidade concreta era mais do que fatos ou dados: ela era "todos esses fatos e todos esses dados e mais a percepção que deles esteja tendo a população neles envolvida" (Freire, 1981, p. 35).

Quando temos uma ciência que reflete sobre processos contemporâneos, que estão ainda se desenrolando, e que trazem consequências sobre a forma como vivemos o presente (e, em consequência, reinterpretamos o passado e projetamos o futuro) e cujo envolvimento impede, muitas vezes, o afastamento necessário à reflexão, estamos diante de um modo peculiar de compreensão e explicação da experiência humana. A comunicação, portanto, serve, em primeiro lugar, para refletirmos/compreendermos e empreender ações no sentido de transformar o vivido.

A compreensão do contemporâneo se faz pelo entendimento dos fenômenos comunicacionais. Portanto, a comunicação serve à compreensão deste tempo no qual nos situamos, com suas apropriações e relações temporais realizadas por homens e mulheres que instauram a vida em toda a sua complexidade. Em múltiplas dimensões: objetivas, subjetivas, interpretativas, figurativas, etc.

E, por último, a comunicação serve para a percepção dos processos comunicativos atravessados por aparatos tecnológicos, sempre numa crescente mutação, e que promovem também a transformação humana. Entender esses processos é, em última instância, compreender ações humanas.

Mas a compreensão envolve não apenas a constatação, mas, obrigatoriamente, a explicação e a interpretação. Avançar na interpretação crítica significa produzir possibilidades de respostas, ir na direção das razões de possibilidades do fenômeno: dizer por que aquilo se dá daquela maneira. Ir na direção das razões, significa refletir. Refletir para agir. Refletir para transformar.

A compreensão de que não há possibilidade de viver que não seja na história, ou seja, a vida se desenvolve como processo histórico, e, ao chegarmos no mundo, já encontramos um tempo que passou, herdando o passado familiar, o passado do país, o passado do mundo, com suas glórias e misérias. A memória comunicacional, a memória histórica fazem parte de um passado que não produzimos, mas que de maneira inconteste é o nosso passado. As tramas da história familiar atreladas à memória coletiva de lugares comuns nos quais nos inserimos nos constituem como ser. Não há possibilidade de vida que não esteja encravada nos processos de historicidade.

Grosso modo, podemos dizer, então, que pensar filosoficamente a história como forma de conhecimento produzido pelos historiadores, ou seja, teorizar sobre a história, é fazer filosofia da história, enquanto refletir criticamente sobre a história é pensar a disciplina histórica, produzindo-se teorias. O processo vivo e vivido pelos homens em geral é objeto da reflexão crítica dos filósofos da história, enquanto os teóricos pensam-na como forma específica de conhecimento produzido pelos historiadores.

Claro que ao se refletir sobre a produção do conhecimento histórico, o pensamento do historiador é tomado por questões que dizem respeito aos processos humanos, de tal forma que é quase impossível separar a dimensão filosófica contida nas construções teóricas da história.

A historiografia pode ser pensada como uma maneira específica de manifestar a consciência histórica, sendo que a fase da escrita introduz o "tal como" da narrativa, isto é, a possibilidade de o historiador representar o passado tal como poderia ter sido, e não como o passado, mesmo que na expressão esteja manifesta a intenção de reconstrução verdadeira do passado (Ricoeur, 2007).

Já historicidade, falar em historicidade é incluir, como central nas reflexões, as dimensões filosóficas da compreensão humana. Ou seja, historicidade é a compreensão da dimensão humana de ser histórico, é a consciência da nossa humanidade.

"Somos historicidade", afirma Agnes Heller (1993) e assim demarca a maneira de sermos históricos, ou seja, a consciência do homem como sujeito, que muda ao longo do tempo. Historicidade é o fato de sermos históricos, é a própria consciência do nosso ser; é o nosso próprio ser. Somos historicidade; "somos tempo e espaço" (Heller, 1993, p. 14.).

Historicidade, portanto, é a consciência de nossa humanidade: de que somos humanos e somos, ao mesmo tempo, mortais; de que carregamos milhões de anos, é claro, por diversos sistemas de objetivações, já que nos apropriamos da nossa humanidade por esses sistemas: é pela linguagem, pelas regras de usos dos objetos, por aquilo que denominamos costumes, tradições, hábitos, ciência, etc. que percebemos e sabemos (será que sabemos?) nos comportar como humanos.

Quem somos, de onde viemos, para onde vamos? São perguntas, como já remarcamos, que acompanham o ser humano na sua historicidade e que constituem as teorias do conhecimento e, ao mesmo tempo, descortinam os estágios de consciência histórica nos quais estamos imersos.

Historicidade é a forma como nos compreendemos humanos na dimensão tempo/espaço e que também se transforma na história. Essas transformações, para as quais damos múltiplas explicações e demarcamos épocas, períodos, estão diretamente ligadas ao grau de consciência histórica do homem (Heller, 1993). Historicidade, enfim, é o sentimento de tempo do ser humano sempre em relação a outros. Nunca estamos sós. Historicidade é história. Viver significa se apropriar da condição humana. E só se vive na história.

Considerações finais

Ao relacionar processos comunicacionais contemporâneos e historicidade, poderia falar de várias questões: das distorções e dos imediatismos que a tecnologia permite, numa sociedade que muitas vezes faz do discurso de ódio o cerne de sua exposição para o mundo; das transformações e fluidez do comunicacional diante de aparatos e tecnologias complexas à disposição, entre inúmeras variáveis.

Ao perceber os processos historiográficos do mundo comunicacional lançando nossos olhares para o passado, especificamente o século XIX, a título do pretexto de estarmos comemorando 200 anos de independência, poderia falar igualmente de muitos outros aspectos: a centralidade da imprensa nos processos políticos brasileiros, sob várias nuances; a importância da imprensa na formação de um espaço público no território, ao construir redes de comunicação em circuitos complexos para aqueles tempos; a importância da imprensa como palco político e de discussão da vida pública e dos debates efervescentes daquele momento inicial da imprensa brasileira, entre diversas outras questões.

Mas como o que está em foco, no texto, são os processos de historicidades, proponho como reflexão final uma questão que liga de maneira inconteste o presente ao passado histórico do Brasil: o racismo. Como compreender as permanências da exclusão do outro, do corpo negro, em atos gritantes ou sub-reptícios e que permanecem ainda hoje de maneira cruel nos assombrando sem pensar a dimensão de uma longa temporalidade de exclusão que marca este outro na sociedade brasileira? E, sobretudo, porque na dimensão da historicidade do presente temos que aprofundar, refletir, produzir interpretações, nos debruçar sobre os silêncios desses processos tão cruéis de nossa história, ainda presentes dia e noite diante de nossos olhos?

Sempre olhamos o passado a partir do presente. O passado só existe a partir da atualidade do presente e são as questões de nosso tempo que nos levam a mergulhar no passado, não em busca de encontros de verdades, mas de encontros com os nossos semelhantes.

Na busca da reconstrução dos atos comunicacionais dos escravizados brasileiros do século XIX, encontram-se numerosas ausências e, ao mesmo tempo, presenças significativas. A primeira grande ausência diz respeito às biografias dos escravizados brasileiros, enquanto nas Américas elas existem em profusão. Seria então impossível reconstruir vidas – atos de historicidades – desses homens do passado, não os que pela distinção perduraram de alguma forma, mas os homens comuns, ordinários, *a priori* sem história? Claro que não. Mas, na busca de restos e rastros, podemos nos ver diante de presenças desconcertantes: as fichas numeradas de crianças presidiárias que tinham sido "detidas" por estarem no colo de suas mães quando foram aprisionadas é um desses exemplos. Eram meninos e meninas de um, dois, seis meses, um ano. Na descrição das camisolas de chita estampadas ou brancas que vestiam, vestígios de um tempo de barbárie que na nossa história não passa nunca. Mas precisa passar.

A longa história de desigualdade, das exclusões, das incompreensões humanas tem que se transformar, sob pena de não ser possível enxergar futuros possíveis. Por isso, é que este acontecimento inominável, escravidão brasileira durante quatro séculos, precisa ser olhado a partir das lentes do presente, com intensidade, observando-se as continuidades do gesto original que perduram, como gestos comunicacionais, na sociedade contemporânea. É preciso transformar essa realidade. E a transformação começa no gesto reflexivo. Ou seja, na condição da historicidade humana.

Olhar o passado de uma perspectiva histórica não significa a presunção do encontro com uma possível verdade do passado, já que articulá-lo historicamente não instaura a possibilidade de sua recuperação, mas sempre o poderia ter sido. Uma recuperação, uma interpretação que emerge a partir de questões do presente, e, portanto, da historicidade do presente. Como remarca Walter Benjamin (1985, p. 156), "articular historicamente algo passado não significa reconhecê-lo como efetivamente ele foi. Significa captar uma lembrança como ela fulgura num instante de perigo".

O instante de perigo a que se refere Benjamin (1985) diz respeito sempre ao presente. É do presente que o historiador, mantendo relação específica com o passado, para o qual lança seu olhar e para ele se volta, identifica a produção do esquecimento e da denegação, que pode impedir até mesmo a eclosão de um nome. É preciso voltar-se contra o esquecimento dos mortos, ou antes, o esquecimento dos nomes, dos rostos daqueles que estavam vivos e se transformaram em mortos sem deixar rastros encadeados, como narrativa de uma existência. Há que se acrescentar, no caso dos escravizados, a política duradoura de negação presente no racismo da sociedade brasileira, que permite, ainda hoje, assassinatos em massa de um grupo que no passado (e no presente) viveu (vive) toda a sorte de extermínio, incluindo ver apagados os seus nomes. A tarefa do pesquisador consiste então em transmitir o inenarrável, mesmo quando não conhecemos seus nomes.

Devemos acrescentar o fato de podermos considerar, na esteira de Walter Benjamin (1985, p. 51), que o historiador é uma espécie de "sucateiro", ou seja, aquele que deve apanhar tudo o que foi deixado de lado, aquilo de que a história oficial não quer se ocupar, elementos de sobras do discurso histórico. Cabe, por fim, refletir sobre o sofrimento, um sofrimento tão duradouro que repete, com inflexões exponenciais, um passado indizível: o da escravidão de homens e mulheres por séculos, num processo que precisa de reparação. Não por alguns, mas por todos, inclusive os historiadores sucateiros.

Na introdução do seu livro *Os fios e os rastros*, Carlo Ginzburg (2007, p. 7) afirma que, "escavando os meandros dos textos, contra as intenções de quem os produziu, podemos fazer emergir vozes incontroladas". As vozes incontroladas a que ele se refere estão quase sempre adormecidas em papéis que ficaram em arquivos como documentos-testemunho de uma época. Deles, podem igualmente emergir as vozes dos sem vozes, já que, pelas brechas, elas se insinuavam, rastros de um passado que constroem outros fios para a história. Fios interpretativos que promovem mudanças no passado realizadas pela condição humana (historicidade) existente no presente, com outros graus de consciências possíveis.

Para que desses documentos possam emergir rostos, vozes, vidas presumidas, há que os perceber como "testemunhos históricos", deles fazendo uma leitura a "contrapelo", tal como sugeriu Walter Benjamin (1985). O passado é sempre um "fato de memória" (Benjamin, 1985, p. 194-195), em permanente movimento, tanto psíquico como material, e, como tal, transforma-se em fato da história que só existe a partir da atualidade do presente.

É preciso fazer da escravidão, ao produzir ações e reações diante dos quatro séculos de extermínio no Brasil, um "acontecimento histórico incontornável" (Didi-Huberman, 2017), tal como ocorreu com o holocausto, na Europa. Mas a escravidão ainda não foi submetida a infinitas reelaborações memoráveis. E a visibilidade da falta dessa reelaboração necessária, nos atos de memória, aparece com tintas dramáticas no nosso cotidiano, e a morte de incontáveis corpos negros quase todos os dias pela ação violenta do Estado ou pela falta de ação deste é apenas um dos muitos exemplos que poderíamos dar.

Nesses tempos de hoje, porém, parece ser cada vez mais visível que estão em curso processos decisivos de "reelaboração" desse acontecimento histórico, para que seja elevado à categoria de "incontornável". O movimento de acirramento, que por vezes chega às raias do extremismo (necessário), em torno de reflexões "justas", empregadas aqui no sentido da "justa memória" (Ricoeur, 2007), empreendidas pelos movimentos e coletivos negros, deixa isso visível. Essas ações mostram, todos os dias, a emergência do que pode ser qualificado como um "lembrar ativo". Um trabalho de elaboração e de luto em relação ao passado que se dá pela compreensão e pelo esclarecimento do passado no presente (Gagnebin, 2006, p. 105), ou seja, sempre da historicidade do presente em direção ao passado. Reconhecer as permanências dolorosas da nossa longa história é fazer um gesto compreensivo em relação ao passado. E esse gesto é sempre feito a partir da historicidade do nosso presente.

Referências

BARBOSA, M.; REGO, A. R. Historicidade e contexto em perspectiva histórica e comunicacional. *Revista Famecos*, v. 24, n. 3, 2017. Dossiê "Do contexto à contextualização: dinâmicas das historicidades dos processos comunicacionais". DOI: https://doi.org/10.15448/1980-3729.2017.3.

BENJAMIN, W. Teses sobre filosofia da história. *In*: KOTHE, F. (org.). *Walter Benjamin*. São Paulo: Ática, 1985. p. 153-164.

BLOCH, M. *Apologia da história ou o ofício do historiador*. Rio de Janeiro: Jorge Zahar Editor, 2001.

DARNTON, R. *O beijo de Lamourette*: mídia, cultura e revolução. São Paulo: Companhia das Letras, 1990.

DIDI-HUBERMAN, G. *Diante do tempo*. Lisboa: Orfeu Negro, 2017.

ELIAS, N. *Introdução à Sociologia*. Lisboa: Difel, 2008.

FREIRE, P. Criando métodos de pesquisa alternativa: aprendendo a fazê-la melhor através da ação. In: BRANDÃO, C. R. (org.). *Pesquisa participante*. São Paulo: Brasiliense, 1981. p. 34-41.

GAGNEBIN, J. M. *Lembrar, escrever, esquecer*. São Paulo: 34, 2006.

GINZBURG, C. *Os fios e os rastros*: verdadeiro, falso, fictício. São Paulo: Companhia das Letras, 2007.

HARTOG, F. *Regimes de historicidade*. Presentismo e experiências do tempo. Belo Horizonte: Autêntica Editora, 2014.

HELLER, A. *Uma teoria da história*. Rio de Janeiro: Brasiliense, 1993.

MAIA, J.; BERTOL, R.; VALLE, F.; MANNA, N. (org.). *Catástrofes e crises do tempo*: historicidades dos processos comunicacionais. Belo Horizonte: Fafich/ Selo PPGCOM/UFMG, 2020.

MELO, A. *Espiral de lembranças*: a "tragédia de Mariana" em imagens e memórias. Tese (doutorado em Comunicação e Cultura) – Universidade Federal do Rio de Janeiro, Rio de Janeiro, 2020.

REVISTA CONTRACAMPO, v. 37, n. 3, 2018. Dossiê "Movimentos do tempo, política, cultura e mídia". DOI: https://doi.org/10.22409/contracampo. v37i3.

REVISTA FAMECOS, v. 24, n. 3, 2017. Dossiê "Do contexto à contextualização: dinâmicas das historicidades dos processos comunicacionais". DOI: https:// doi.org/10.15448/1980-3729.2017.3.

REVISTA GALÁXIA. Especial 1, Dossiê "Comunicação e Historicidade". Revista do Programa de Pós-Graduação em Comunicação e Semiótica, 2019. Disponível em: https://revistas.pucsp.br/index.php/galaxia/issue/view/2246.

RIBEIRO, A. P. G.; LEAL, B.; GOMES, I. A historicidade dos processos comunicacionais: elementos para uma abordagem. In: MUSSE, C. F.; VARGAS, H.; NICOLAU, M. (org.). *Comunicação, mídias e temporalidades*. Salvador: EDUFBA, 2017.

RICOEUR, P. *Memória, história e esquecimento*. Campinas: UNICAMP, 2007.

RICOEUR, P. *Tempo e narrativa*. V. 1. Campinas: Papirus, 1994.

RICOUER, P. *Tempo e narrativa*. V. 2. Campinas: Papirus, 1995.

RICOUER, P. *Tempo e narrativa*. V. 3. Campinas: Papirus, 1997.

SODRÉ, M. *A ciência do comum*. Petrópolis: Vozes, 2014.

SODRÉ, M. *Antropológica do espelho*. Petrópolis: Vozes, 2002.

SOUZA LEAL, B.; ANTUNES, E. O testemunho midiático como figura de historicidade: implicações teórico-metodológicas. *Chasqui* – Revista Latinoamericana de Comunicación, núm. 129, agosto-noviembre, 2015, pp. 213-228.

Exortação e pobreza

Jacques A. Wainberg

Fonte: https://mymodernmet.com/photographs-invisibility-of-poverty/.

Para viver em paz, o abastado busca a invisibilidade. É o que acontece com a maioria dos 160 bilionários brasileiros.[1] Os muito ricos desfrutam do conforto do anonimato. O contrário ocorre com os muito pobres. É o que se vê nas esquinas das cidades. Nelas, eles desfilam com pedidos de socorro. São estimados em 101.854 os pedintes que vivem nas ruas das metrópoles brasileiras.[2] O marketing da pobreza utilizado por essa gente é recurso que expõe um drama social e suplica a empatia da comunidade. Para isso, o necessitado exorta o transeunte a levá-lo em conta. Ao expor sua miséria, o solicitante deseja superar a transparência do seu corpo. Deixar

---

[1] Lurdete Ertel. *Revista Forbes.* https://www.youtube.com/watch?v=baodm_ffT3A
[2] https://www.ipea.gov.br/portal/images/stories/PDFs/TDs/26102016td_2246.pdf

de ser ignorado é um desafio cênico que obriga o desconsiderado a atuar à vista de todos.[3] O que vale é a potência do seu gesto capturado num relance pelos olhos das pessoas. Com o cartaz empunhado, ele acrescenta à sua aparência um efeito que enquadra a interpretação da cena.

Sua retórica evita a polêmica e a política. Prefere referir Deus e apelar ao coração da gente. Não transgride, não acusa e não ofende. É um *ato que fala* da experiência do cotidiano (Wainberg, 2017). É um gesto de resistência do muito pobre que luta para sobreviver dessa maneira. Explica numa frase o que aconteceu com sua vida. Apela de forma direta para comover e persuadir os outros ao estilo dos anúncios publicitários. Ouvir e não escutar este clamor do desafortunado, olhar e não enxergar sua figura é chamado agora de *hipocognição* (Levy, 1975). A atuação do desvalido tem a intenção de fazer quem observa inferir do dito na exortação algo que ele não sente (Margalit, 1996). Esse tipo de esforço é descrito na *teoria da simulação da empatia* (Castro, 2002). É um sentimento nobre que ajuda o indivíduo a se colocar no lugar do outro. Isso é possível porque o disparo neuronal reproduz no cérebro de quem olha o que ocorre no do observado (Preston; De Wall, 2002; Iacononi et al., 1999).

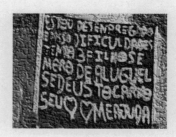 

A *teoria-teoria* (Morton, 1980) é referência adicional que explica a inferência[4]. Nesse cálculo cognitivo, o esforço de *ler a mente alheia* considera o seu contexto e a sua circunstância (Michlmayr, 2002). A *realidade que salta aos olhos* se impõe ao assistente como verdade. A imagem por ser sensorial não admite a vaguidade.

---

[3] https://invisiblepeople.tv/
[4] https://iep.utm.edu/theory-theory-of-concepts/#:~:text=The%20term%20E2%80%9CTheory%2D Theory%E2%80%9D,of%20character%2C%20and%20so%20on

O tema do reconhecimento social dos marginalizados através de seus gestos expressivos tem ocupado os pensadores (Brighenti, 2010; Margalit, 2001; Honneth, 2005). Eles destacam a relação de poder entre as partes, a da pessoa que pode ver e não enxerga e a do invisível que almeja ser considerado por todos. Quando o reconhecimento social não acontece, resulta *o abandono de si*, uma cena que se observa entre os que permanecem como perdidos nas calçadas, nas praças e noutros lugares. É o desmoronar da identidade humana (Honneth, 2011, p. 179).

Fonte: https://unsplash.com/s/photos/poverty.

Programas de televisão aprenderam a enquadrar e apresentar o carente na programação. Entre 1984 e 1996, Sílvio Santos foi o pioneiro com o seu quadro *A Porta da Esperança*. O formato serviu de inspiração a programas similares. São os casos de *Voltando para Casa, Um Dia de Princesa, De Volta para Minha Terra, Construindo um Sonho, Sonhar mais um Sonho, De Volta pro Meu Aconchego, Lar Doce Lar, Lata Velha, Hora da Virada, Confesso que Vivi* e *Teleton*. Eles tornaram o drama do despossuído uma atração, oferecendo ao fim e ao cabo um *happy end* como desenlace. Ocorre que isso não é possível nas vias públicas onde o sofrimento do desafortunado é apresentado aos transeuntes ao vivo e em cores.

No tratamento desta temática se observa na bibliografia frequente referência à passagem da obra *Doctor Glas*, a novela escrita em 1905 pelo sueco Hjalmar Söderberg. Seu principal personagem diz: *"Queremos ser amados; caso isso falhe, admirados; se isso também falhar, temidos; na falta disso, odiados e desprezados. A todo custo queremos despertar algum tipo de sentimento nos outros. Nossa alma abomina o vácuo. A todo custo anseia por contato."*

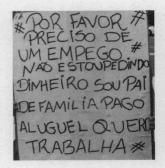  

Este tema assumiu relevância não só em decorrência dos apelos de socorro dos muito pobres, mas também porque a *solicitação* serve a outros fins ainda. Entre eles estão o missionarismo, a política, a educação, o *crowdfunding* e a religião. Cartas, eventos e campanhas de *fundraising* são um fenômeno de comunicação vasto, que inclui na atualidade apelo a doadores feitos através da internet. Em alguns casos a contribuição é interpretada como caridade, um dever moral devido pelos crentes aos pobres e às ordens religiosas mendicantes a despeito da controvérsia que essa atitude gerou no seio da Igreja católica.[5] Em Myanmar (ou Birmânia), assim como noutras sociedades budistas, é comum essa prática por parte dos monges.

Há também os casos de desvio nos quais o pedido de ajuda serve ao propósito do crime e da fraude (Henderson, 2003). Este tema, o das súplicas falsas, foi tratado no artigo "Begging-Letter Writer", escrito pelo novelista Charles Dickens em 1850 e publicado em *Household Words*, uma revista editada pelo autor e que circulou até 1859.[6] Seu texto dá exemplos e descreve as narrativas dramáticas utilizadas pelos falsos solicitantes para comover os doadores. Dickens alerta que os verdadeiros pobres nunca escrevem cartas. "Os autores são ladrões públicos; e nós somos as partes que sustentam sua depredação." Diz que essas pessoas pervertem os valores da vida. "Eles transformam o que deveria ser nossa força e virtude em fraqueza e incentivo ao vício." Conclui que "devemos ser surdos a tais apelos e esmagar este comércio".

---

[5] https://www.chausa.org/publications/health-progress/article/march-april-2017/'begging-without-shame'--medieval-mendicant-orders-relied-on-contributions

[6] http://www.readprint.com/chapter-22830/Reprinted-Pieces-Charles-Dickens

Um texto publicado na Revista *O Cruzeiro* classificou esta súplica de *tara social* e chamou o pedinte de *vagabundo recalcitrante*.[7] Ainda em 1798 os moradores de Salvador na Bahia apelavam à autoridade para encontrar uma solução aos mendigos que vagueavam pela cidade. O governo de Floriano Peixoto acabaria criando a Colônia Correcional Dois Rios, instalada na Ilha Grande. Ela passou a receber "os vadios, os menores abandonados, bêbados, jogadores, desordeiros, ratoneiros, vadios, vagabundos, mendigos e capoeiras". Entre os vigiados e encarcerados, estavam também imigrantes e negros alforriados que perambulavam nas ruas dos centros urbanos (Santos, 2004; Fraga Filho, 1994).

A contravenção da vadiagem foi revogada no Brasil pela Lei 11.983/09. Desde então, o ato de mendigar deixou de ser um ilícito penal, não sendo mais permitida sua punição. O artigo <u>59</u> do Decreto-Lei nº <u>3.688,</u> de 1941, o classificava como "entregar-se alguém habitualmente à ociosidade, sendo válido para o trabalho, sem ter renda que lhe assegure meios bastantes de subsistência, ou prover à própria subsistência mediante ocupação ilícita". A norma foi antecedida pelo Código Criminal do Império, que enquadrou a vadiagem (art. 295) e a mendicância (art. 296).[8]

Na Europa os pedintes se multiplicaram depois da Peste Negra, em especial na Inglaterra. Várias leis foram promulgadas a partir do século XIV, ora para limitar a mobilidade dessa população ora para proibir seus pedidos públicos. Essas restrições foram copiadas pelos colonos que imigraram aos Estados Unidos, em especial após a guerra civil que desmobilizou soldados que se tornaram solicitantes nas ruas das cidades. Hoje essa atuação é protegida nos Estados Unidos como direito de expressão (Smith, 2005). Ela é proibida em países da Europa. No Brasil esse tipo de coleta está sendo feito em farmácias e noutros lugares onde o troco é entregue pelo consumidor a hospitais e outras entidades. O pedido é feito em nome dos pobres pelos atendentes. Cabe lembrar, a propósito, que a frase *Me dá um Dinheiro Aí*, usual entre os mendigos, chegou aos ouvidos

---

[7] Edição de 10 de agosto de 1935

[8] https://www.migalhas.com.br/quentes/297910/mendigar-deixou-de-ser-contravencao-penal-ha-apenas-
-dez-anos

do compositor Glauco Ferreira que a transformou em música. *Ei Você ai, Me dá um Dinheiro ai* logo se tornou um sucesso popular.

Com o passar do tempo, as *cartas suplicantes* tornaram-se um meio utilizado por uma variedade de atores que pedem socorro às empresas, aos bancos[9], aos ricos, aos benfeitores, às autoridades, às ONGs caridosas e aos transeuntes. Todo novo rico passa a receber esse tipo de correspondência, que lhe chega às mãos de todas as partes.[10]

No passado remoto, petições oficiais escritas em nome dos vulneráveis faziam esse papel ao solicitar ao senhoril europeu e às paróquias caridosas apoio aos vassalos e aos cidadãos pobres das redondezas. A estrutura da missiva era formal e polida, redigida em terceira pessoa. Como acontece no cartaz de hoje, a petição descrevia em algumas linhas o ocorrido, a necessidade do pobre e a solução esperada (Hitchcock, 2005).

Em 1924, Henry Ford recebia 1.500 dessas cartas todo dia. Uma equipe de funcionários se dedicava a receber, a ler e a responder a correspondência.[11] As tribulações incluíam débitos não pagos, a morte de um pai querido, um irmão na prisão e uma viúva roubada por um advogado. O mesmo aconteceu com Bismarck[12] (1815-1898), o líder da Prússia. Em 1º de setembro de 1878, o jornal *The New York Times* noticiou que ele recebia milhares de cartas com todo tipo de pedido. O valor total chegava a milhões de dólares. A prática se tornou tão comum que fontes disponíveis na web ensinam agora como escrever cartas emotivas para mobilizar ajuda.[13]

O cartaz do pedinte é meio visual que sobrecarrega o olhar do observador. O tema é grave porque revela a crise social e também porque é percebida pelo público com desconforto moral. Ele cresce à medida que as esquinas se tornam mais e mais o palco da lamúria social.

---

[9] https://transcripts.sl.nsw.gov.au/section/series-76-begging-letters-received-banks-various-persons-1786-1808-1884-undated

[10] https://www.wiltsglosstandard.co.uk/news/5024141.euromillions-couple-nigel-page-and-justine--laycock-inundated-with-begging-letters/

[11] Revista *Maclean's*. 15/3/1924

[12] Otto Eduard Leopold von Bismarck-Schön

[13] https://www.wildapricot.com/blog/how-to-write-a-donation-letter
https://www.ehow.com.br/escrever-carta-pedindo-ajuda-outra-como_12814/

A teoria da argumentação diz que exortações deste tipo aparecem em momentos de crise. Este tipo de manifestação almeja produzir algum comprometimento por parte do interlocutor, oferecendo-lhe razões para isso. A pragmática ensina que isso acontece num contexto compartilhado, fato esse que facilita a interação entre quem fala e quem lê ou ouve. O contexto ajuda a decifrar o que permanece subentendido (Campos, 2009). Grice (1975) afirma que a implicatura deve ser reconhecida pelo cálculo lógico e imediato do interlocutor. Só assim o que não é dito, mas é comunicado integra a conversação.

Esse autor desenvolveu essa formulação em sua influente teoria sobre os *princípios da cooperação*. Entre eles está seu ensinamento de que o falante deve afirmar coisas verdadeiras. Ele não deve dizer o que acredita ser falso e do que ele não possa fornecer evidência adequada. Como não há provas do que o que está sendo dito no cartaz seja autêntico, algo que é presumido pelo observador, permanece a dúvida, fato que prejudica o efeito persuasivo pretendido pelo pedinte. Para superar esse obstáculo, a carga emotiva da encenação cresce. Isso é alcançado com elementos dramáticos adicionados ao discurso. O pobre mostra então seu corpo decaído, seus filhos no colo e sua família esparramada na calçada à vista de todos.

Outra máxima de Grice ensina que o que se diz na interação deve ser relevante e claro. Para tanto é necessário evitar a obscuridade e a ambiguidade. A fala deve ser breve e exposta de forma ordenada (Grice, 1957). No caso da mensagem do cartaz, não há violação nem por excesso de informação, nem por falta. A máxima de qualidade quando violada produz a ironia e a metáfora, efeitos que não ocorrem no caso.

A exortação é, portanto, uma forma de discurso que visa clarificar o drama. Ela almeja fazer as pessoas a se comprometerem a resolver um problema. O pronunciamento ocorre em várias situações, além desta, a da pobreza, que é bem brasileira. São os casos das cerimônias públicas, das inaugurações, das homenagens, das recomendações paternais e dos sermões políticos e religiosos (Wainberg, 2020). Na Grécia antiga os discursos fúnebres feitos em homenagem aos soldados mortos nas batalhas de Atenas tornaram-se célebres e memoráveis também por isso. Péricles, por exemplo, exortou os ouvintes a seguir o exemplo dos heróis que lutaram em defesa da democracia.[14] J. L. Austin chamou essas falas exortativas de *ato ilocutório assertivo*. Ele também é *diretivo* já que pede algo e é *expressivo*, pois manifesta sentimentos (Kauffled; Innocenti, 2016).

Estudo e considerações finais

Usualmente as propriedades psicolinguísticas das palavras têm sido avaliadas em estudos de processamento da linguagem natural. Esta análise de discurso se enquadra nessa tradição utilizando para tanto o software Linguistic Inquiry and Word Count (LIWC). A análise do texto é realizada de forma computadorizada e, segundo seus criadores, ele é mais preciso que outras formas de interpretação. Segundo sua descrição operacional, o LIWC funciona lendo e contando o percentual das palavras que refletem diferentes emoções, estilos de pensamento e preocupações sociais (Tausczik, 2010). As variáveis foram convertidas para uma escala de 100 pontos, onde zero significa *muito baixo* e o número 100 significa *muito alto*.

O texto abaixo submetido ao LIWC resultou de uma amostra de dizeres de nove cartazes de pedintes. Eles estão disponíveis no Google Imagens. Os dizeres são estes:

- Vem me ajudar a comprar alimento.
- Por favor, eu e minha mulher precisamos de ajuda. Deus abençoe. Obrigado. Deus te ama.
- Professor sem salário. Por favor, ajudem.
- Obrigado por sua ajuda, sua amizade e seu carinho. Deus abençoe.
- Estou desemprego e passo dificuldade. Temos três filhos e moro de aluguel. Se Deus tocar no seu coração me ajude.
- Preciso de alimento para meus filhos.
- Preciso uma ajuda de vocês para comer.
- Por favor, ajude-me a levar alimento para casa.
- Bom dia filho de Deus. Sou morador de rua. Estou com fome e preciso de sua ajuda. Tenho filhos. Deus abençoe.

---

[14] https://sourcebooks.fordham.edu/ancient/pericles-funeralspeech.asp

Tabela 1 – Análise de discurso da exortação dos pedintes de rua

		9. Resultados da amostra	10. Padrão da fala pessoal	11. Padrão de e-mail	12. Padrão de escrita formal	13. Padrão das redes sociais	14. Padrão dos livros
1	I-words	14.61	10.75	1.85	0.67	5.44	3.22
2	Tom negativo	2.25	1.93	0.50	1.38	2.34	1.75
3	Palavras sociais	16.85	5.47	6.07	6.54	6.74	10.50
4	Processo cognitivo	6.74	14.89	11.40	7.95	8.86	8.70
5	Sedução	11.24	9.26	4.83	3.58	8.62	5.48
6	Moralização	0.00	0.19	0.07	0.30	0.27	0.21
7	Analítico	11.24	14.05	12.93	87.63	47.06	60.28
8	Mobilização	83.98	87.66	83.98	28.90	62.38	39.78

Fica claro no resultado geral da análise de discurso realizada pelo LIWC de uma amostra de nove exortações de pedintes apresentados em cartazes em vias públicas de cidades brasileiras o *tom pessoal das solicitações* (variável 1). Esse estilo de discurso supera com larga margem todos os demais padrões de manifestação (variáveis 9 a 14). Seu *tom negativo* (2) *é o maior*, perdendo somente para o padrão dos textos das redes sociais (13). Isso acontece porque esse ambiente virtual é propício à ruminação dos membros de grupos de afinidade. Fica claro também a intenção persuasiva (3 e 5) da exortação. O indicador supera também neste marcador todos os demais padrões discursivos. O falante não faz julgamentos morais (6). Já os resultados das variáveis 4 e 7 indicam que o falante tende a escrever e a pensar usando uma linguagem mais intuitiva e pessoal. Suas palavras sugerem um padrão de pensamento formal e lógico menos desenvolvido que os demais padrões de discurso. Seu estilo é menos frio e rígido e mais amigável e pessoal. Por fim seu efeito de mobilização (8) é alto, sendo superado somente pelo padrão da fala pessoal (10).

Cabe por fim acrescentar o fato de que noutros lugares os invisíveis são outros. Entre os opacos estão os idosos, os imigrantes, os empregados domésticos, os 160 milhões de *intocáveis* da Índia, as minorias étnicas, os refugiados, os índios e os deficientes físicos, por exemplo. Este tema diz respeito, portanto, à visibilidade dos subalternos e a dos vencidos

(Portilla, 1987). O reconhecimento desses grupos tem sido reivindicado através de outros meios ainda. Entre eles estão as paradas e os desfiles, os movimentos sociais e os dias de orgulho e de protesto contra a falta de amor, de respeito, de estima e a *coisificação* do desafortunado (Honneth, 2005; 2011; 2019). No caso examinado, o que é dito na exortação tem o objetivo de vencer a usual apatia das pessoas. O solicitante apela então à emoção discursiva que funciona como seu recurso persuasivo capital.

Referências

BRIGHENTI, A. M. *Visibility in Social Theory and Social Research*. London: Palgrave McMillan, 2010

CASTRO, G. J. M. de. Empatia fenomenológica: cenários e possibilidades. *Veritas*, n. 67, n.1, p. 1-15. jan./dez. 2022.

CAMPOS, J. A teoria inferencial das implicaturas: descrição do modelo clássico de Grice. *Letras de hoje*, PUCRS, v. 44, n. 3, p. 12-17, jul./set. 2009.

FRAGA FILHO, W. *Mendigos e vadios na Bahia do século XIX*. Dissertação (Mestrado em História) – Universidade Federal da Bahia, Salvador, 1994.

GRICE, H.P. Logic and conversation. In: COLE, P.; MORGAN, J. L. (eds.). *Sintax and semantics.* New York: Academic Press, 1975. v. 3. p. 43.

HENDERSON, L. Crimes of Persuasion: Schemes, Scams, Frauds: How con artists will steal your savings and inheritance through telemarketing fraud, investment schemes and consumer scams. Broomfield: Coyote Ridge Publishing, 2003.

HITCHCOCK, T. 'Begging on the streets of eighteenth-century London'. *Journal of British Studies*, n. 44, pp. 478-498, 2005.

HONNETH, A. Luta por reconhecimento: a gramática moral dos conflitos sociais. Lisboa: Editorial 70, 2011.

HONNETH, A. *Reification: A Recognition-Theoretical View Axel Honneth*. The Tanner Lectures on Human Values. University of California, Berkeley, 14–16 de março de 2005.

HONNETH, A. *Reificação*. São Paulo: Unesp, 2019.

IACOBONI, M.; WOODS, R. P.; BRASS, M.; BEKKERING, H.; MAZZIOT-TA, J. C. & RIZZOLATTI, G. *Cortical mechanisms of human imitation. Science, 286 (5449): 2526–2528, 1999.*

KAUFFELD, F. J.; INNOCENTI, B. Inducing a Sympathetic (Empathic) Reception for Exhortation. OSSA Conference Archive, 127, 2016

LEVY, R. I. *Tahitians*. Mind and Experience in the Society Islands. Chicago: University of Chicago Press, 1975.

MARGALIT, A. Recognizing the brother and the other. In Axel Honnet & Avishai Margalit. *Recognition*. Proceeding of the Aristotelian Society. Supplementary v. 75, pp. 111-139. Oxford: Oxford University Press, 2001.

MARGALIT, A. *The Decent Society*. Cambridge: Harvard University Press. 1996

MICHLMAYR, M. *Simulation Theory versus Theory-Theory. Theories Concerning the Ability to Read Minds*. Dissertação de Mestrado. Leopold-Franzens-University Innbruck, mar. 2002.

MORTON, A. *Frames of Mind*. Oxford: Oxford University Press, 1980.

PENNEBAKER, J.W. *The Secret Life of Pronouns: What Our Words Say About Us*. NY: Bloomsbury, 2011.

PORTILLA, M. L. *A visão dos vencidos. Porto Alegre: L&PM, 1998.*

PRESTON, S.D.; WALL, F.B.M. Empathy: its ultimate and proximate bases. *Behavioral and Brain Sciences,* 25 (1): 1-20, discussion 20-71, 2002.

SANTOS, M. S. dos. A prisão dos ébrios, capoeiras e vagabundos no início da Era Republicana. *Topoi*, v. 5, n. 8, p. 138-169. jan./jun. 2004.

TAUSCZIK, Y.R.; PENNEBAKER, J.W. The psychological meaning of words: LIWC and computerized text analysis methods. *Journal of Language and Social Psychology, 29*, 24-54, 2010.

WAINBERG, J. A. A comunicação dissidente e os atos que falam. *Revista Famecos*, v. 24, n. 1, 2017.

WAINBERG, J. A. O fracasso do multiculturalismo e a crise das identidades. *Contemporânea* (UFBA, on-line), v. 18, p. 47-62, 2020.

O protagonismo feminino na gênese do jornalismo operário brasileiro: um campo de pesquisa em aberto[1,2]

Álvaro Nunes Larangeira[3]

Introdução

Exaurido o protagonismo metalista dos séculos XVII e XVIII, quando abasteceu Portugal, e por extensão pecuniária a Inglaterra – havendo no apogeu da extração mineral o fluxo de 50 mil libras por semana para Londres dos 2,5 milhões de libras das toneladas de ouro retiradas do território brasileiro –, assegurando as 1.042 toneladas até 1822 a pujança da corte e igreja portuguesas e o lastro econômico do império britânico em beligerâncias colonialistas (Furtado, 2007, p. 124 e 131), o Brasil desponta no final do século XIX na coadjuvante situação de despensa agropastoril da Europa, subserviência completa na produção tecnológica e celeiro de empresas estrangeiras representantes do expansivo capitalismo monopolista. O Brasil importa, entre 1840 e 1875, 80% dos bens de consumo do vestuário e calçados (50%), produtos alimentícios (20%) e utensílios (10%). No mesmo período, a produção de máquinas passa de 0,2% para 2,9%. Entre 1821 e 1910 as exportações de café, açúcar, algodão, borracha, couro e peles oscilarão de 84,64% a 87,12% do comércio exterior, com o pico de 90,29% na década 1890/1900 (Brasil, 2008).

---

[1] Pesquisa financiada pelo Conselho Nacional de Desenvolvimento Científico e Tecnológico (CNPq), com recursos da Chamada MCTIC/CNPq Nº 28/2018 – Universal.

[2] Texto revisto e ampliado do trabalho apresentado no 14º Encontro Nacional de Pesquisadores em Jornalismo, na Universidade do Sul de Santa Catarina (Unisul), Palhoça/SC, 2016.

[3] Professor visitante do Programa de Pós-Graduação em Saúde Coletiva da Universidade Federal do Espírito Santo (PPGSC/UFES). Doutor em Comunicação pela Pontifícia Universidade Católica do Rio Grande do Sul (PUCRS). Possui pós-doutorado em Jornalismo pela Universidade de Coimbra. Vice-coordenador da Rede de Pesquisa Jornalismo, Imaginário e Memória – REDE JIM. Pesquisador do Grupo de Pesquisa Tecnologias do Imaginário (GTI/PPGCOM/PUCRS) e, no PPGSC/UFES, do Observatório de Saúde na Mídia – Regional ES e do Laboratório de Projetos em Saúde Coletiva (Laprosc). E-mail: larangeira@terra.com.br.

Nenhuma universidade ou centro de pesquisa importante haverá no país até os anos 1930, e no início do século XX constata-se a evasão para o exterior de 85% dos lucros nas atividades comerciais. As inglesas Great Western of Brazil Railway, no Nordeste, e Leopoldina Railway, no Sudeste, e a norte-americana Brazil Railway Co., no Sul, monopolizam a construção das estradas de ferro e fluxo de mercadorias da malha ferroviária brasileira. Empresas brasileiras entravam no negócio caso recebessem a concessão das estrangeiras. O abastecimento de gás fica a cargo, em cidades como Rio de Janeiro, Niterói, São Paulo, Salvador e Belém, das inglesas The Rio de Janeiro Gaz Co., The Nichteroy Gaz Co., São Paulo Gaz Co., Cia. de Gaz da Bahia e The Pará Gaz Co. A iluminação pública, abastecimento de energia elétrica e transporte urbano na capital federal e São Paulo concentram-se nas mãos do complexo canadense Brazilian Traction, Light and Power. Gerencia o sistema de saneamento e linhas de bonde do Distrito Federal, Santos e São Paulo a britânica City Improvement Company Ltd. (Castro, 1979).

A sociedade industrial, efetivada na Europa e em expansão nos Estados Unidos, demandava mercados produtores em larga escala das matérias-primas agropastoris vitais à sobrevivência da correia laborial representada pela mão de obra fabril e do expansionismo da economia capitalista global, e o Brasil encaixava-se perfeitamente nessa sina subalterna, em razão de seu passado – açúcar e ouro – e presente – carne, algodão, cacau e café – monocultores. No item dos rendimentos da Receita no relatório ministerial da Fazenda Pública relativo a 1823, o dízimo do café é a terceira maior fonte, suplantada pelos ditos alfandegários de 24% e 15% aplicados na exportação e importação. Na década 1831/41 a cultura do café passa na frente do açúcar na exportação, correspondendo a 43,78% e superando os 32,21% do cultivo açucareiro da década anterior. O café será o propulsor da industrialização e urbanização na região Sudeste, centro econômico do país desde o final do ciclo da cana-de-açúcar no Nordeste e das transferências da capital federal de Salvador para o Rio de Janeiro em 1763 e da corte portuguesa para o Brasil em 1807.

O superávit da comercialização internacional do café afluirá das fazendas para a criação da malha ferroviária para o escoamento da produção, em recursos financeiros necessários à infraestrutura do sistema cafeeiro, no replanejamento urbano para acomodar o *staff* familiar do fazendeiro na cidade e abrigar a leva de trabalhadores migrada dos cafezais e em capitais financeiros para a formação do complexo industrial compatível à estrutura capitalista. O Boletim da Alfândega do Rio de Janeiro, do dia 14 de fevereiro de 1883, constata em janeiro a remessa de 6.151.418 quilos de café para Nova York e 1.748.875 quilos para Hamburgo, do total de 14.630.534 quilos enviados a centros europeus e sul-americanos; em 1888 seriam despachados 189.836.247 quilos, registrados no boletim de 11 de janeiro de 1889. Em 1896, o maior empregador da capital paulista era a Companhia Paulista de Estradas de Ferro, com 703 funcionários. A empresa fora concebida por cafeicultores para ligar Campinas ao porto de Santos.

A respeito da produção industrial, no primeiro relatório do recém-fundado Ministério da Agricultura, em 1860, no item Indústria, o ministro Manoel Felizardo de Souza e Melo é categórico: "[...] das informações pedidas sobre o estado das fábricas mais importantes, que actualmente existem, não me é permitido dizer-vos com exatidão cousa alguma sobre este objecto" (Brasil, 1861, p. 28). Passados 48 anos, o Censo Industrial de 1907 acusaria 168 estabelecimentos da indústria de transformação na grande São Paulo e 159 no interior, com 24.686 empregados, e 652 no Distrito Federal, empregando 35.114 pessoas. Havia, naquela época, 2.988 estabelecimentos industriais no Brasil e respectivos 136.420 operários. Doze anos depois, o total no território nacional seria de 13.336 indústrias acolhendo 275.512 trabalhadores, dos quais 80.782 em 4.145 estabelecimentos paulistas e 56.229 nos 1.541 estabelecimentos cariocas.

Migração e jornalismo

Na planificação do mercado internacional para a absorção da produção industrial, o escravagismo é, em tese, entrave, porque um escravo como mercadoria faz concorrência à mercadoria-objeto, sem contar o afunilamento do potencial de consumo. A Inglaterra, embasada na apologia da liberdade individual, direito à propriedade e livre iniciativa, princípios basilares do emergente sistema capitalista, como potência da época, pressiona o mundo para o abolicionismo, forma indireta para ampliar o mercado consumidor externo. Em 1861, no Reino Unido, 60.807 pessoas trabalhavam exclusivamente na produção de máquinas e, em 1864, os 400 mil teares das 2.887 fábricas da indústria têxtil algodoeira produziriam para exportação 2 bilhões de metros em tecidos de algodão, 306 milhões em lã, 270 milhões em linho e cânhamo e 3.150.205 metros de tecido de seda (Marx, 2008, p. 477 e p. 505).

O setor cafeeiro paulista antecipa-se à inevitável readequação da mão de obra do vindouro sistema produtivo e, concomitante à política imperial de incentivo à emigração para o povoamento do interior brasileiro, promove a acolhida de agricultores estrangeiros. O primeiro anuário estatístico elaborado pela direção de estatística do Ministério da Agricultura, Indústria e Comércio, publicado em 1912, registra o fluxo de 2.561.482 imigrantes entre 1820 e 1907 e 584.818 entre 1908 e 1912. Do meio milhão ingressante no Brasil nessa leva o governo contabiliza 223 mil portugueses, 114 mil espanhóis, 96 mil italianos e 37 mil russos como os 4 maiores grupos migratórios no período. Específico do desembarque italiano, um milhão de italianos aportariam no Brasil entre 1887 e 1912. Em estrato de tempo semelhante, a população da capital do país quase triplicaria entre 1872 e 1906 (passando de 274.972 para 811.443 habitantes) e São Paulo octuplicaria entre 1872 e 1900 (31.385 moradores para 239.820 em 1900) e dobraria em 12 anos, registrando 400 mil habitantes em 1912.

As efervescências da classe trabalhadora em âmbito mundial, desde a aglutinação dos teóricos e militantes operários na Associação Internacional dos Trabalhadores, fundada em 1864 em Londres, por socialistas e anarquistas representados no plano teórico por Karl Marx e Friedrich Engels, dos primeiros, e Max Stirner, Joseph Proudhon e Mikhail Bakunin, pelos segundos, acompanharam o translado dos imigrantes para o Brasil, onde se estruturavam desde os anos 1840 organizações políticas norteadas principalmente pelos ideários socialistas dos franceses Charles Fourier e Louis Blanc e do inglês Robert Owen, porém desprovidas de proposições revolucionárias fomentadoras do confronto classista. A experiência na organização das classes operária e camponesa alemãs, espanholas, italianas, portuguesas e russas respaldará os movimentos paredistas na primeira década dos anos 1910 e as paradigmáticas greves gerais de 1917, 1918 e 1919, reconfiguradoras da correlação de forças entre trabalhadores e empresariado e na tipificação de gêneros do jornalismo brasileiro.

A imprensa, para os anarquistas e marxistas, afora o princípio pedagógico, contém o caráter revolucionário. Marx, no arrazoado apresentado em defesa própria ao Tribunal de Colônia, em 1849, sintetizava o entendimento da prerrogativa jornalística: "O primeiro dever da imprensa, portanto, é minar todas as bases do sistema político existente" (2001, p. 118). Seu sucessor na antologia marxista, Vladimir Lenin, considerava o periódico o fio de prumo da vanguarda à aldeia, passando, logicamente, pelas fábricas, e propunha para toda a Rússia um único jornal, "a única empresa regular a fazer o balanço de toda a atividade em seus mais variados aspectos, incitando assim as pessoas a avançarem incansavelmente, por todos aqueles numerosos caminhos que levam à revolução" (2009, p. 298). Na esfera libertária, no primeiro número, lançado em 28 de outubro de 1916, o redator de *O Cosmopolita*, "Orgam dos Empregados em Hoteis, Restaurants, Cafés, Bars e classes conjeneres" no Rio de Janeiro, anunciava na capa: "Os argonautas do pensamento, de temperamento impulsivo e revolucionário [...] aqui estão de novo, na vanguarda do movimento emancipador, ocupando o seu posto de combate".

O retorno é característica corriqueira nessa nova imprensa originária da inserção do imigrante na sociedade brasileira, porque, por princípios ideológicos, o sustento publicitário é frágil, com sucessivos boicotes às raras grandes empresas e aos numeráveis estabelecimentos médios, e por isso editores recorrem à alternância das publicações. Entretanto, em nada arrefece a difusão da imprensa operária. Em um apanhado dos periódicos operários, entre 1880 e 1920, registradas a dificuldade e lacuna do levantamento em relação ao interior do país, são listadas 343 publicações pelo Brasil e confirmadas as concentrações em São Paulo e capital federal. O estado paulista acolhia 149 títulos, 42% do total, dos quais 129 na capital, incluindo 52 em italiano e 2 em espanhol, e no Rio havia 93 jornais, 30%, tendo 3 italianos e 2 espanhóis. Restariam 94 jornais fora do eixo Rio-São Paulo (Ferreira, 1978, p. 89-102).

Na estatística oficial esse pulsante e significativo jornalismo, num campo acostumado até aquele momento a reiteradas bajulações áulicas, tanto no período imperial quanto republicano, contendas políticas intraclasses, dicotômicos alinhamento e repulsa ao sistema escravista e adequações empresariais, é ideologicamente ignorado. Na classificação da imprensa segundo a natureza, no terceiro volume do anuário estatístico correspondente a 1908-1912, estão mensurados jornais destinados ou representativos dos segmentos industrial, comercial, agrário e funcionalismo público; da classe trabalhadora, sindical, nada. Em âmbito acadêmico o processo repete-se. Referenciais canônicos do ensino do jornalismo, aqueles presentes em quase todas as ementas das disciplinas relacionadas à história da imprensa no Brasil, passam pelo espaço aéreo dos anos 1880 e 1920 em velocidade impeditiva da visualização da imprensa operária. Quando muito indicam um ponto. Porém, os periódicos combativos dos socialistas, anarquistas e comunistas fincam no campo jornalístico uma irrevogável presença, assim sintetizada pelo historiador marxista Nelson Werneck Sodré: "O que existe, agora, é uma imprensa de classe: ou a da classe dominante, ou a da classe dominada, com todos os reflexos que essa divisão proporciona à atividade dos periódicos e do periodismo" (1999, p. 323).

A memória no desvelamento da historiografia jornalística

Convém, para ampliar o horizonte de uma historiografia jornalística condicionada por normatizações *mainstream* e limitada por recapitulações batofóbicas, o exercício mnêmico. A Memória, filha do deus do Céu, Urano, e da deusa da Terra, Gaia, tendo por meio-irmão Cronos, tem o poder do desvelamento dos mundos obscurizados e da presentificação da realidade. A consciência histórica e a representação do mundo são externadas pelo princípio inaugural da poética por inspiração das musas, rebentos da união da Memória com Zeus, e expressões da vocação materna. Hesíodo, em sua teogonia, enumera 9 – Alegra-coro, Alegria, Amorosa, Bela-voz, Celeste, Dançarina, Festa, Glória e Hinária – e a elas cabe, na explicação de Junito Brandão, "presidir ao pensamento sob todas as suas formas: sabedoria, eloquência, persuasão, história, matemática, astronomia" (1997, p. 203). Intervenções numinosas provêm da Memória, cristalizadas em ensinamentos, profecias e racionalizações.

As musas, e a Memória, constituem o fundamento da legitimidade do conhecimento, e por tal motivo são evocadas por Homero, ainda na primeira rapsódia de *Odisseia* – "Canta para mim, ó Musa, o varão industrioso que, depois de haver saqueado a cidadela sagrada de Tróade, vagueou errante por inúmeras regiões, visitou cidades e conheceu o espírito de tantos homens " (2003, p. 15) –, e por Hesíodo, para discorrer sobre a gênese dos deuses e do mundo: "Pelas musas heliconíades comecemos a cantar" (2012, p. 103). O canto encarna o fluxo contínuo revelador da vida e intermedeia a aproximação entre o profano e os mundos cosmogônico e sagrado, humanizando os deuses e divinizando o humano. A palavra cantada parida pela Memória dá ao relato a veracidade, razão pela qual ser rapsódico o relato de Homero acerca das viagens epopeicas de Ulisses e do filho Telêmaco. A Memória é o portal do universo epistêmico e Sócrates, em diálogos com Teeteto para conceituar o saber, considera a memória a operação cognitiva central na elaboração do conhecimento e a associa a um bloco de cera agregador das impressões existenciais: "Digamos que é [o bloco] uma prenda da Memória, a mãe das Musas, e que, se quisermos recordar algo – entre o que vimos, ouvimos ou pensamos nós próprios –, tomamos impressões nesse mesmo bloco de cera [...]" (Platão, 2010, p. 282).

Em atualizações conceituais contemporâneas a memória é compreendida nos sentidos mítico, individual, histórico e social, mundos paralelos congruentes à imanente obliquidade memorialística. Maurice Halbwachs enfatiza o caráter associativo em duas ramificações da memória: a social e a coletiva, contidas na conceituação da memória como aderência do coletivo às representações do mundo e a subordinação do indivíduo ao grupo: "Diríamos voluntariamente que cada memória individual é um ponto de vista sobre a memória coletiva, que este ponto de vista muda conforme o lugar que ali ocupo, e que este lugar mesmo muda segundo as relações que mantenho com outros meios" (1990, p. 51).

À memória, portanto, em suas dimensões propositiva, propedêutica, dialógica, societária e interpelativa, recorremos para contradiscursar e descolar o cômodo e pelicular revestimento da calota erigida pela visão plutocrática do jornalismo brasileiro, declamada em prosa pela escolástica tradicional dos estudos jornalísticos, instância ainda acomodada a compêndios e revisões nos quais o jornalismo emerge como a deificação da Ilha da Fantasia do universo liberal e, quando muito, por obrigação e sentimentalismo, a contrapontos indiciais, próximos à invisibilidade. Em *Três fases da imprensa brasileira*, por exemplo, obra de 100 páginas do olimpiano nas referências bibliográficas das disciplinas jornalísticas Juarez Bahia, são reservadas 14 linhas para a imprensa operária no subcapítulo com duas páginas e meia "Jornalismo sindicalista, político e esportivo". No livro seguinte, *Jornal, história e técnica: história da imprensa brasileira*, complementar ao anterior, o autor destina 9 linhas a mais, com direito a uma nota de rodapé com 8 linhas. O aparente avanço é, na verdade, retrocesso, porque o subcapítulo passa a ser titulado como "O jornalismo esportivo e o placar de informações" e as linhas sequer preenchem uma dentre as 431 páginas.

Imprensa operária feminina: por um lugar todo seu

Diagnosticada a vacância das publicações operárias nos alfarrábios dos estudos da historiografia jornalística, parte-se para reivindicar um lugar próprio dentro da literatura da imprensa operária para o protagonismo feminino. Nas 4 obras afins à área do jornalismo – *O ano vermelho: a Revolução Russa e seus reflexos no Brasil*, de Luiz Alberto de Vianna Muniz Bandeira; *A imprensa operária no Brasil (1880-1920)*, de Maria Nazareth Ferreira; *Imprensa e Política no Brasil: a militância jornalística do proletariado*, de Lincoln de Abreu Penna; e *A organização dos jornalistas brasileiros (1908-1951)*, de Edgard Leuenroth –, arroladas porque a temática é específica ao presente estudo, a escassez de menções ao ativismo feminino reforça a relevância de imediatas investigações a respeito da participação da mulher operária em publicações originadas de um segmento no qual em determinados setores a mão de obra feminina equivalia à masculina. No recenseamento em 1920 do pessoal empregado nas indústrias têxteis havia 59.850 operários e 57.915 operárias em todo o país e em São Paulo a ordem invertia, trabalhando no ramo 19.276 mulheres e 17.201 homens. Um dos estopins da primeira greve geral na capital paulista, em 1917, foi a paralisação efetuada por tecelãs nas fábricas têxteis do Cotonifício Rodolfo Crespi.

O circuito de mulheres citadas nos livros selecionados, na verdade em dois, fica circunscrito a 9 nomes: em *O ano vermelho* constam Ernestina Lesina, em fala no ato pró-revolucionários russos em São Paulo, em 1905; Carolina Peres, Elvira Boni (posterior fundadora da União das Costureiras, Chapeleiras e Classes Anexas) e Valdemira Fernandes, por declamações de versos e narração de fábulas em festa para arrecadação de fundos para o jornal *Spartacus*, lançado em 1919; a líder da Liga Comunista Feminina, Maria de Lurdes Nogueira, em manifesto em 1919 de solidariedade ao recém-criado Partido Comunista do Brasil; e Teresa Escobar, integrante do grupo Clarté, formado em apoio à Revolução Russa. No levantamento de Nazareth Ferreira sobre as publicações operárias aparecerão Ernestina Lesina, pelo mesmo fato mencionado antes, e as operárias Maria Lopes, Teresa Fabbri e Tereza Maria Carini, pelo manifesto "Às jovens costureiras de São Paulo", conclamando para a organização da classe e publicado em julho de 1906 por vários jornais operários.

A referência, perceptível a partir do levantamento realizado, centraliza-se em Ernestina Lesina, anarquista italiana deportada para o Brasil, redatora do jornal-revista *Anima e Vita* (Figura 1) ecolaboradora da revista mensal de literatura e crítica social *Aurora*, dirigida pelo português anarquista Neno Vasco, e de jornais do interior paulista, como *O Operário*, de Sorocaba. Lesina anteciparia, em sua publicação em italiano com existência restrita a 1905, a pauta dos movimentos feministas e de emancipação da mulher, incorporada, por exemplo, com as devidas aparadas nos aspectos ideológicos, pela liberal Federação Brasileira pelo Progresso Feminino, criada em 1922. A exímia oradora em manifestações operárias foi organizadora em 1906 da Associação de Costureiras e Sacos e inspiraria gerações posteriores da militância operária.

Figura 1 – Fac-símile da capa do primeiro número do jornal
Anima e Vita

Fonte: Arquivo Edgard Leuenroth (AEL/IFCH) – Unicamp.

O afunilamento ao nome de Lesina comprova a margem em aberto para a pesquisa em busca de operárias e militantes redatoras, iniciando pelas publicações disponíveis nos acervos de periódicos em arquivos, bibliotecas, entidades sindicais, coletivos políticos e centros de documentação universitários. Em rápidas sondagens em exemplares de *O amigo do povo* foi possível encontrar colaborações da italiana Matilde Magrassi, participante dos grupos teatrais libertários e articulista em *O Chapeleiro* e *La Nuova Gente*, editado pelo marido Luigi Magrassi, e a conterrânea Elizabetta Valentini, conferencista em italiano nos eventos do Círculo Educativo Libertário Germinal, onde escreve para o periódico homônimo editado pela entidade e leciona na Escola Libertária Germinal, referência brasileira no ensino da corrente progressista na época denominada Escola Moderna, baseada nas propostas pedagógicas do espanhol Francisco Ferrer.

As incursões nas hemerotecas e arquivos têm resultado em recuperações documentais imprescindíveis para a história da militância feminina na gênese da imprensa operária brasileira. Como o número único de *O Nosso Jornal* (Figura 2), por exemplo, publicado em 1º de maio de 1923 e editado pelo recém-lançado Grupo pela Emancipação Feminina, o qual congregava operárias remanescentes da União das Costureiras, Chapeleiras e Classes Anexas, entidade fundada no Rio de Janeiro em maio de 1919, responsável pela exemplar conquista da jornada de 8 horas na greve geral daquele ano, e encerrada em 1922, por consequência das pressões governamental e patronal e a desmobilização da classe. A publicação apresenta uma situação *sui generis*: revela, ao mesmo tempo, a existência do grupo e anuncia o seu fim: "Deante dessa aversão pela nossa obra, que nos restava fazer? Decidimos dissolver o Grupo, editando com o dinheiro angariado um numero unico do nosso jornal para termos, ao menos, mais uma opportunidade de explanar os nossos sentimentos" (O Nosso Jornal, 1 maio 1923, capa).

Figura 2 – fac-símile da capa do exemplar único do jornal

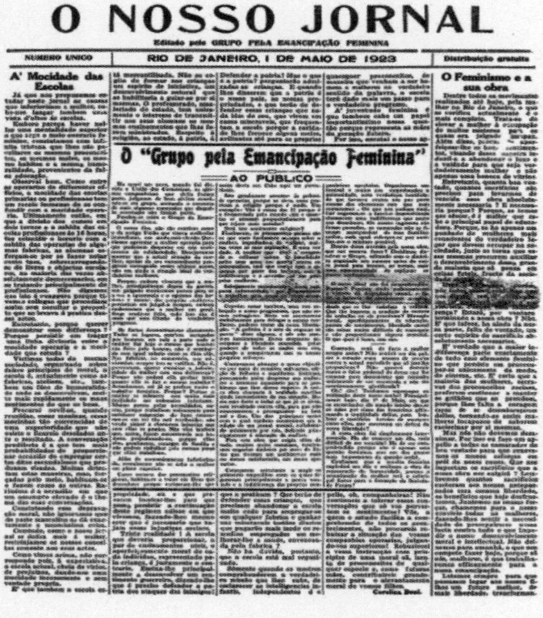
O NOSSO JORNAL

NUMERO UNICO — RIO DE JANEIRO, 1 DE MAIO DE 1923

A' Mocidade das Escolas

O "Grupo pela Emancipação Feminina"

AO PUBLICO

O Feminismo e a sua obra

Fonte: Arquivo Edgard Leuenroth (AEL/IFCH) – Unicamp.

O desabafo dizia respeito ao fracasso do grupo formado pelas bordadeiras Esperança Manjon, Iveta Ribeiro, Maria Alvarez, Maria Lopez, Olga Castro, Pilar Serra e Carolina Boni – irmã de Elvira Boni, a fundadora da União das Costureiras, Chapeleiras e Classes Anexas e a única componente feminina da mesa de encerramento do 3º Congresso Operário Brazileiro, realizado em 1920, no Rio de Janeiro – em angariar fundos para o lançamento de um jornal mensal, exclusivo a colaboradoras operárias e direcionado à emancipação e educação feminina na perspectiva anarquista. Haviam organizado reuniões e um festival destinado à arrecadação dos recursos necessários para o lançamento do periódico, porém o retorno foi ínfimo: "Os nossos ingressos não foram passados, os camaradas não se fizeram acompanhar de suas famílias, emfim, cada qual esforçou-se por auxiliar-nos o minimo possivel" (O Nosso Jornal, 1 maio 1923, capa).

Relativo à exposição do pensamento, *O Nosso Jornal* ilustraria no texto "A Mocidade das Escolas", assinado pela Carolina Boni, a replicação entre o próprio gênero feminino da distinção social e o autopreconceito de classe. Meninas e adolescentes das escolas primária e profissional realçavam na vestimenta e material escolar para evitar a associação com as operárias, tendo em vista coincidirem os horários de saída das escolas com os da mudança de turno de várias fábricas: "As alumnas esforçam-se por se fazer notar como taes, sobrecarregando-se de livros e objectos escolares, na maioria das vezes absolutamente desnecessarios, em se tratando de profissionaes" (O Nosso Jornal, 1 maio 1923, capa). Decorrência, afora a questão de classe, da subordinação moral e baixa estima sancionada pelos costumes e combatíveis pela representação, em artigos e publicações, da genuína demanda emancipatória da mulher trabalhadora: "Libertemo-nos das azas da avareza, fortaleçamos nossa intelligencia pelo estudo, cultivemos a solidariedade de classe, pratiquemos a acção direta e assim adquiriremos por justiça o que nos corresponde por direito [...]" ("Formai consciencias, companheiras", in O Nosso Jornal, 1 maio 1923, p. 2).

Considerações finais

Virginia Woolf, ao ser solicitada para desenvolver em palestra o tema "As mulheres e a ficção", parte de um princípio diretivo da reflexão: a mulher, para escrever ficção ou qual gênero seja, precisa de um espaço próprio: "um teto todo seu". O trabalho tecidual da imaginação requer o amparo do reconhecimento, da personalização. A alegoria da escritora inglesa, encarnando conquistas e centralidades, é aplicável a investigações para dar à mulher operária jornalista o lugar a ela destinado por direito nos estudos do jornalismo operário-sindical.

A exposição da exiguidade de estudos acerca das publicações operárias pela historiografia jornalística no período nascente do gênero, correspondente aos anos 1880-1920, impele-nos a reivindicar um lugar próprio dentro da literatura da imprensa operária para o protagonismo feminino. A atividade jornalística desempenhada por mulheres é subalterna inclusive nos raros compêndios do periodismo operário-sindical e eventualmente representada em trabalhos biográficos em áreas afins ao jornalismo. Corrobora, assim, com o propósito de cristalizar, no âmbito do campo da comunicação, uma memória da imprensa operária feminina.

Efetuar levantamento paradigmático da atuação feminina nas imprensas operária e sindical é recuperar o condigno universo ainda secundarizado nos estudos do Jornalismo e da Comunicação e cotejar as visões de mundo no jornalismo feminino entre os vieses da mulher de origem operária e proletária e da mulher oriunda das classes burguesa e aristocrática. O resgate histórico da mulher na gênese do jornalismo operário brasileiro contribuirá também para descondicionar os estudos históricos da constatável prevalência dos pontos de vista dos estratos superiores das composições social e de gênero brasileiras.

Referências

ANIMA E VITA. São Paulo, ano 1, n. 1, jan. 1905. 4 páginas.

BAHIA, J. *Jornal, história e técnica*: história da imprensa brasileira. São Paulo: Ática, 1990.

BAHIA. J. *Três fases da imprensa brasileira*. 4. ed. São Paulo: Presença, 1960.

BANDEIRA, L. A. de V. M. *O ano vermelho*: a Revolução Russa e seus reflexos no Brasil. 2. ed. São Paulo: Brasiliense, 1980.

BRANDÃO, J. de S. *Dicionário mítico-etimológico da mitologia grega*. v. 2. 2. ed. Petrópolis: Vozes, 1997.

BRASIL. Ministerio da Agricultura, Indústria e Commercio. Directoria Geral de Estatistica. *Annuario Estatistico do Brazil*: 1. anno (1908-1912). Volume I: território e população. Rio de Janeiro: Typographia da Estatistica, 1916. Disponível em: http://biblioteca.ibge.gov.br/biblioteca-catalogo.html?view=detalhes&id=720. Acesso em: 10 mar. 2021.

BRASIL. Ministerio da Agricultura, Indústria e Commercio. Directoria Geral de Estatistica. *Annuario Estatistico do Brazil*: 1. anno (1908-1912). Volume II: economia e finanças. Rio de Janeiro: Typographia da Estatistica, 1917. Disponível em: http://biblioteca.ibge.gov.br/biblioteca-catalogo.html?view=detalhes&id=720. Acesso em: 10 mar. 2021.

BRASIL. Ministerio da Agricultura, Indústria e Commercio. Directoria Geral de Estatistica. *Annuario Estatistico do Brazil*: 1. anno (1908-1912). Volume III: cultos, assistencia repressão e instrucção. Rio de Janeiro: Typographia da Estatistica, 1927. Disponível em: http://biblioteca.ibge.gov.br/biblioteca-catalogo. html?view=detalhes&id=720. Acesso em: 10 mar. 2021.

BRASIL. Ministerio da Agricultura, Industria e Commercio. *Recenseamento do Brazil*: v. 5, 1. parte: Industria. Rio de Janeiro: Typografia da Estatistica, 1927.

BRASIL. Ministerio da Fazenda. *Exposição do Estado da Fazenda Publica*. Rio de Janeiro: Typographia Nacional, 1823. Disponível em: http://www-apps.crl. edu/brazil/ministerial/fazenda. Acesso em: 10 mar. 2021.

BRASIL. Ministério do Desenvolvimento, Indústria e Comércio Exterior. *200 anos do comércio exterior*. Brasília: Secretaria do Comércio Exterior, 2008. 1 DVD, son., color.

BRASIL. Ministerio dos Negocios da Agricultura, Commercio e Obras Publicas. *Relatorio da repartição dos Negocios da Agricultura, Commercio e Obras Publicas do anno de 1860 apresentado à Assembleia Geral Legislativa na 1ª sessão da 10ª legislatura*. Publicado em 1861. Disponível em: http://www-apps.crl.edu/brazil/ ministerial/agricultura. Acesso em: 10 mar. 2021.

CARONE, E. *Movimento operário no Brasil (1877-1944)*. Rio de Janeiro: Difel, 1979.

CASTRO, A. C. *As empresas estrangeiras no Brasil (1860-1913)*. Rio de Janeiro: Zahar Editores, 1979.

FERREIRA, M. N. *A imprensa operária no Brasil*: 1880-1920. Petrópolis: Vozes, 1978.

FURTADO, C. *Formação econômica do Brasil*. 34. ed. São Paulo: Companhia das Letras, 2007.

HALBWACHS, M. *A memória coletiva*. São Paulo: Vértice, 1990.

HESÍODO. *Teogonia*: a origem dos deuses. Estudo e tradução: Jaa Torrano. 2. ed. São Paulo: Iluminuras, 2012.

HOMERO. *Odisseia*. Tradução Antônio Pinto de Carvalho. São Paulo: Nova Cultural, 2003.

INSTITUTO BRASILEIRO DE GEOGRAFIA E ESTATÍSTICA. *O Brasil, suas riquezas naturais, suas riquezas naturais, suas indústrias*. Séries Estatísticas Retrospectivas. 3 v. Edição fac-similar (original publicado em 1907). Rio de Janeiro: IBGE, 1986.

JORNAL DE BORDA. São Paulo, n. 6, março 2019, ISSN 2359-3954.

LENIN, V. I. *Que fazer?*: a organização do sujeito político. São Paulo: Martins Fontes, 2006.

LEUENROTH, E. *A organização dos jornalistas brasileiros*: 1908-1951. São Paulo: ComArte, 1987.

MARX, K. *Liberdade de imprensa*. Porto Alegre: L&PM, 2001.

MARX, K. *O capital*: crítica da economia política. Livro 1; volume 1: o processo de produção do capital. Rio de Janeiro: Civilização Brasileira, 2008.

MENDES, S. C. Por que ler O Nosso Jornal? *Jornal de Borda*, São Paulo, n. 6, março 2019, p. 9. ISSN 2359-3954.

O COSMOPOLITA. Rio de Janeiro, n. 1, 28 out. 1916. 4 páginas.

O NOSSO JORNAL. Rio de Janeiro: Grupo Pela Emancipação Feminina. Número único, 1 maio 1923. 4 páginas.

PENNA, L. de A. *Imprensa e política no Brasil*: a militância jornalística do proletariado. Rio de Janeiro: e-papers, 2007.

PLATÃO. *Teeteto*. 3. ed. Lisboa: Fundação Calouste Gulbenkian, 2010.

SODRÉ, N. W. *História da imprensa no Brasil*. 4. ed. Rio de Janeiro: Mauad, 1999.

WOOLF, V. *Um teto todo seu*. São Paulo: Tordesilhas, 2014.

Métodos
e desconstruções

Método e metodologia: reflexões necessárias

Cleusa Maria Andrade Scroferneker[1]

> "[...] uma das fontes de erro e de ilusões é ocultar os fatos que nos incomodam, é anestesiá-los e eliminá-los da nossa mente" (Morin, 2015, p. 20).

O presente ensaio tem como objetivo refletir sobre as imprecisões conceituais sobre método e metodologia, à luz do pensamento complexo, tendo como recorte as teses com aderência à área de Comunicação Organizacional. Essas imprecisões muitas vezes tendem a confundir método e técnicas, fazendo que as técnicas sejam entendidas também como método. Neste ensaio, assumimos a concepção de método e metodologia propostos por Morin (2005, 2000), ou seja, método é entendido como caminho que auxilia "[...] a pensar por si mesmo para responder ao desafio da complexidade dos problemas" (Morin, 2005, p. 36), enquanto a metodologia se constitui em um conjunto de "[...] guias a *priori* que programam as pesquisas" (Morin, 2005, p. 36).

Para Rosário (2016, p. 179), "Originalmente, o termo método se refere ao caminho percorrido, indicando os passos que o pesquisador vai adotar para realizar seu estudo. Sua gênese etimológica se constitui como *metha* – direção+*hodos* – caminho". De acordo com o Dicionário Etimológico da Língua Portuguesa (2010), a expressão "método" é entendida como

> Ordem que se segue na investigação da verdade, no estudo de uma ciência ou para alcançar um fim determinado. Do lat. tard. *methodus* e, este, do gr. *méthodos, de meta- e hodós* 'via, caminho', já no sentido de 'investigação científica' // **metód**ico. Do lat. *methodicus,* deriv. do gr. *methodikós* // **metod**ismo" (Cunha, 2010, p. 424).

---

[1] Professora titular da Escola de Comunicação, Artes e Design – Famecos e do Pós-Graduação em Comunicação da Pontifícia Universidade Católica do Rio Grande do Sul (PUCRS). Doutorado e Pós-Doutorado pela Universidade de São Paulo (USP). Bolsista PQ/CNPq 2. Coordenadora do Grupo de Pesquisa em Estudos Avançados em Comunicação Organizacional – Geacor [https://www.geacor.com.br/].

Rosário (2013, p. 82) chama a atenção que sob essa concepção "[...] como procedimento opera sobre preceitos e regras rígidas, imutáveis e sistemáticas, sendo pautada pela racionalidade e objetividade da ciência [...]" e, "Nessa concepção clássica, o método depende da existência de um plano ou projeto" (Marcondes Filho, 2009, p. 260).

Bonin (2013, p. 60), recorrendo a Bachelard (1997) e Bourdieu et al. (1999), enfatiza que "[...] é preciso dissociar métodos de práticas de pesquisa". Para esse autor:

> Os métodos e procedimentos operam inclusões e exclusões, conferem existência científica a determinadas dimensões, obliterando a captura de outras. Daí a necessidade de sua construção e seu uso sejam norteados pela restituição da reflexão metódica sobre condições e os limites de sua validade em termos de adequação aos objetos de investigação.

Uma das aproximações entre os pesquisadores é o entendimento de que metodologia é mais abrangente, sendo o método parte constitutiva, assim como as técnicas. Para Strelow (2010),

> Obedecer a um método não significa ser seu escravo, negar o que mostra a sensibilidade e fragilidades dos percursos científicos. O método é, antes, o guia deste saber, indispensável para a construção da ciência e para a máxima aproximação da verdade (Strelow, 2010, p. 206).

Morin (2014, p. 339) corrobora essa afirmação quando enfatiza que "O Método é a atividade pensante e consciente. [...] é a atividade reorganizadora da teoria". Desde já uma questão se impõe: essa clareza sobre o método tem feito parte do universo de pesquisa de doutorandos/ doutorandas em Programas de Comunicação, com linhas com aderência à Comunicação Organizacional?

Recuperando fragmentos de pesquisa...

Em pesquisa que realizamos para o pós-doutorado em 2017, já alertávamos que há por parte dos doutorandos/doutorandas o que denominamos de 'confusão conceitual' e/ou 'imprecisão conceitual' (grifo nosso) em relação a Método e Metodologia. É comum encontrarmos pesquisas qualitativas e/ou quantitativas, análise de conteúdo e/ou análise de discurso, estudo de caso sendo indicados como Método. É provável que os autores consultados pelos pesquisadores/pelas pesquisadoras se utilizem dessas expressões. Contudo, entendemos que é fundamental ao pesquisador/à pesquisadora explicitar o sentido que está sendo atribuído às expressões no texto produzido, visto tratar-se de uma Tese de Doutorado, que necessita evidenciar os seus fundamentos teóricos, os percursos e articulações metodológicas.

Para Santaella (2016, p. 63), "[...] para estabelecer diferenças na confusão, é preciso se ater aos percursos e procedimentos que são próprios da pesquisa em cujo cerne se situa a questão do método"[2]. Ao referir-se à pesquisa na área de Humanidades, afirma que "[...] seus métodos devem ser cuidadosamente pensados para que os trabalhos em humanidades não se percam em nuvens de palavras e retórica vazia, sob as escusas e o álibi preguiçoso e leviano das ambiguidades do humano" (Santaella, 2016, p. 53), e adverte que

> [...] não vale aqui a equação corriqueira aos escamoteadores de que falar em método é se submeter ao cartesianismo. As teorias sobre método expandiram-se tanto desde Descartes *que a mera equação por si só já denuncia o obscurantismo de quem a profere* (Santaella, 2016, p. 53, grifos da autora).

Levando-se em conta as observações de Santaella (2016) e de Morin (2005, 2000), os Métodos são caminhos que auxiliam nas escolhas pelos percursos da pesquisa aberta, criativa, inovadora, sonhadora. Auxiliam igualmente a romper com o Paradigma Simplista que pouco contribui para a construção do conhecimento do conhecimento, do conhecimento pertinente[3]. Segundo Morin (2006, p. 59), o Paradigma Simplificador ou Simplista:

---

[2] Lopes (2010, p. 29) critica e lamenta "[...] o descaso pelas questões epistemológicas nas pesquisas".
[3] Para Morin (2015, p. 99-101), "O conhecimento do conhecimento deve ser considerado como uma necessidade primordial que serviria de preparação para o enfrentamento dos riscos permanentes do erro e da ilusão, que não cessam de parasitar a mente humana. [...] É necessário ensinar os métodos que permitam perceber as relações mútuas e as influências recíprocas entre partes e todo em um mundo complexo".

É um paradigma que põe ordem no universo, expulsa dele a desordem. A ordem se reduz a uma lei, a um princípio. A simplicidade vê o uno, ou o múltiplo, mas não consegue ver que o uno pode ser ao mesmo tempo múltiplo. Ou o princípio da Simplicidade separa o que está ligado (disjunção), ou unifica o que é diverso (redução).

No dizer de Rosário (2013, p. 198), "A pesquisa e o seu desenvolvimento compõem o próprio ato da intuição criadora, construtora de trilhas e exploradora de ideias, ela é uma concepção única, particular, complexa e fundante de saberes sempre incompleta" (Rosário, 2013, p.198).

No dizer de Marcondes Filho (2009, p. 28): "Em verdade, as teorias sociais estiveram sempre preocupadas com as regularidades, com as ocorrências padrão, modelos e esquemas que subordinasse o real a leis conhecidas e o tornasse menos perigoso". Ainda de acordo com o referido autor,

> A relatividade desbancando a mecânica newtoniana de espaço e tempo absolutos, a teoria quântica relativizando a controlabilidade das mensurações e o caos questionando a previsibilidade constituem parâmetros de um novo tempo, com novos atores, novas regras, uma nova organização mental e social (Marcondes Filho, 2009, p. 15).

A pesquisa que realizamos junto a cinco Programas de Pós-Graduação em Comunicação, com linhas com aderência à Comunicação Organizacional, no período de 2000 a março de 2016 e que considerou 76 teses, revelou que apenas 29 explicitavam o(s) método(s) e/ou abordagens, o que significa que 47 não o explicitavam. Para Santaella (2016, p. 65), "Na pesquisa sem método, inspiração é mito, como o é na própria arte, pois também se submete a métodos que lhe são muito próprios".

No que refere à Metodologia, 68 a indicavam, destacando as técnicas: estudo de caso, análise de conteúdo, entrevistas em profundidade, questionário, dentre outras. Cabe-nos registrar que essas observações não nos autorizam a afirmar que as teses não "possuem" Método(s) e tampouco que a não explicitação do(s) Método(s) no resumo e/ou no sumário desqualifique a pesquisa desenvolvida. Entendemos é que essas "ausências" podem fragilizar a pesquisa e as (re)interpretações dela decorrentes.

Os (des)caminhos percorridos....

Os resultados da pesquisa realizada por Moura (2016) talvez nos ofereçam possibilidades de compreensão sobre essa ausência de Método nas teses de doutorado. A pesquisadora realizou em seu pós-doutorado "[...] um estudo bibliométrico, junto aos Programas de Pós-Graduação em Comunicação no Brasil, enfocando as disciplinas que abordavam a temática de Metodologia da Pesquisa em Comunicação" (Moura, 2016, p. 15). Foram selecionados nove (9) programas com notas cinco (5) e seis (6) na avaliação da Coordenação de Aperfeiçoamento de Pessoal de Nível Superior (Capes), em 2012. O que desde logo chamava a atenção nesses programas é que todos ofereciam como disciplina obrigatória para o mestrado, Metodologia de Pesquisa em Comunicação, enquanto em quatro dos nove programas era também obrigatória para o doutorado.

Barichello (2014), em artigo sobre o estado da arte de teorias e métodos de pesquisa nos programas de pós-graduação em comunicação na Região Sul, já mencionava que

> As metodologias mais utilizadas são estudo de caso, estudo exploratório, análise de discurso, análise de conteúdo, análise visual, **semiologia hermenêutica, paradigma da complexidade, dialético histórico-estrutural** estudo bibliográfico. As expressões pesquisa quantitativa, pesquisa qualitativa e pesquisa quantitativa e qualitativa. [...] também aparecem na descrição das metodologias a netnografia (Barichello, 2014, p. 189-190, grifo nosso).

Para este ensaio optamos por atualizar os nossos achados em 2017, no que se refere à oferta de disciplinas, nos programas que fizeram parte do nosso recorte de pesquisa, por acreditarmos que a oferta de disciplinas que se proponham a discutir sobre métodos e metodologias é fundamental para auxiliar na construção e o desdobramento da tese.

Para o desenvolvimento da pesquisa de pós-doutorado, em 2017, relacionamos cinco programa de pós-graduação: Programa de Pós-Graduação em Ciências da Comunicação da Escola de Comunicações e Artes da Universidade de São Paulo (ECA-USP-PPGCOM); Programa de Pós-Graduação em Comunicação Social da Universidade Metodista de São Paulo (PósCom/Umesp); Programa de Pós-Graduação em Comunicação da Pontifícia Universidade Católica do Rio Grande do Sul (PPGCOM/ PUCRS); Programa de Pós-Graduação em Comunicação e Informação da Universidade Federal do Rio Grande do Sul (PPGCOM/UFRGS); e Programa de Pós- Graduação em Comunicação da Universidade Federal de Santa Maria (POSCOM/UFSM).

Para a seleção dos programas (Quadro 1) que constituíram o nosso *corpus*, adotamos os critérios que se seguem:

a) possuir vinculação e/ou aderência à área de Comunicação Organizacional;

b) disponibilizar doutorado;

c) tempo de implantação dos Programas.

Quadro 1 – Doutorado em Programas de Pós-Graduação em Comunicação

Programa	Universidade	Linhas de Pesquisa	Data de Implantação
Pós-Graduação em Ciências da Comunicação	Universidade de São Paulo/ USP	Teorias e pesquisa em comunicação Estudos dos meios e da produção mediática **Interfaces sociais da comunicação**	1972 – Mestrado 1980 – Doutorado
Pós-Graduação em Comunicação	Universidade Metodista de São Paulo/ Umesp	Comunicação midiática, processos e práticas culturais **Comunicação institucional e mercadológica** Comunicação comunitária, territórios de cidadania e desenvolvimento social	1978 – Mestrado 1995 – Doutorado
Pós-Graduação em Comunicação	Pontifícia Universidade Católica do Rio Grande do Sul/PU-CRS	Práticas culturais nas mídias, comportamentos e imaginários da sociedade da comunicação **Práticas profissionais e processo sociopolíticos nas mídias e na comunicação das organizações**	1994 – Mestrado 1999 – Doutorado
Pós-Graduação em Comunicação e Informação	Federal do Rio Grande do Sul/ UFRGS	Informação, redes sociais e tecnologias Jornalismo e processos editoriais, cultura e significação **Mediações e representações culturais e políticas**	1995 – Mestrado 2001 – Doutorado
Pós-Graduação em Comunicação	Federal de Santa Maria/ UFSM	**Mídias e estratégias comunicacionais** Mídia e identidades contemporâneas	2004 – Mestrado 2011 – Doutorado

Fonte: elaborado pela autora (2017) com base nas informações disponibilizadas nos sites dos programas de pós-graduação.

Com base nesse mapeamento e informações, identificamos as Linhas de Pesquisa [em negrito no Quadro 1] com aderência à Comunicação Organizacional:

α) Interfaces sociais da comunicação (ECA/USP).

β) Comunicação institucional e mercadológica (Umesp).

χ) Práticas profissionais e processos sociopolíticos nas mídias e na comunicação das organizações (PUCRS).

δ Mediações e representações culturais e políticas (UFRGS).

ε) Mídias e estratégias comunicacionais (UFSM).

Realizamos igualmente o levantamento dos programas que disponibilizavam disciplinas de Metodologia e constatamos que os cinco programas tinham oferta dessa disciplina, em caráter obrigatório (Programa de Pós-Graduação em Comunicação da Universidade Federal de Santa Maria) e ou/eletivo para o doutorado: Programa de Pós-Graduação em Ciências da Comunicação da Universidade de São Paulo, Programa de Pós-Graduação em Comunicação da Universidade Federal do Rio Grande do Sul, Programa de Pós-Graduação em Comunicação da Universidade Metodista de São Paulo e Programa de Pós-Graduação em Comunicação da Pontifícia Universidade Católica do Rio Grande do Sul.

Ao atualizarmos a oferta de disciplinas de Metodologia em 2022, observamos que os programas analisados em 2016/2017 mantiveram essas disciplinas, em caráter obrigatório e/ou eletivo (Quadro 2). No programa da Universidade Metodista, as informações referentes às disciplinas e suas ementas não estavam disponíveis no site. Tivemos acesso apenas à grade de horário e disciplinas do 1º semestre/2022, na qual não havia nenhuma disciplina de Metodologia e/ou Epistemologia. Para melhor visualização das disciplinas oferecidas, organizamos o Quadro 2 destacando a denominação e os objetivos e/ou ementa da disciplina, conforme informações disponibilizadas nos sites dos programas pesquisados.

Quadro 2 – Disciplinas de Metodologia

Programa	Universidade	Identificação da Disciplina	Objetivos e/ou Ementa
Pós-Graduação em Ciências da Comunicação	Universidade de São Paulo/USP	**Metodologia da Pesquisa em Comunicação**	Objetivos: 1. Traçar um quadro de análise das condições sociais (históricas e institucionais) e epistêmicas de produção da Ciência, visando entender a constituição do campo científico da Comunicação e desse campo no Brasil; 2. Propor e discutir um Modelo Metodológico para a pesquisa empírica em Comunicação, com base na crítica metodológica dos procedimentos usuais na área; 3. Exercitar a aplicação desse Modelo Metodológico em um trabalho de desconstrução metodológica de pesquisas comunicacionais representativas no Brasil; 4. Orientar a aplicação desse Modelo Metodológico em um trabalho de construção metodológica dos projetos dos alunos.
Pós-Graduação em Comunicação	Pontifícia Universidade Católica do Rio Grande do Sul/PUCRS	**Metodologia da Pesquisa em Comunicação**	A produção acadêmica na área. A pesquisa científica nas bases de dados. As escolhas, classificações e as finalidades da pesquisa. A construção de um projeto de pesquisa. O modelo metodológico científico. Um mapa da área. A constituição do campo da comunicação. A prática da pesquisa. Aplicações das técnicas de pesquisa em Comunicação.
Pós-Graduação em Comunicação e Informação	Federal do Rio Grande do Sul/UFRGS	**Pesquisa em Comunicação** [Disciplina integrada]	Objetivos: a) Abordar aspectos epistemológicos relacionados ao campo da comunicação; b) Analisar processos de construção do pensamento científico em Comunicação; c) Desenvolver debates sobre a realidade e o pensamento científico em comunicação; d) Debater questões de ordem teórica e metodológica; e) Identificar a relevância, consistência e delimitação de temas e hipóteses; f) Construir o mapa de um projeto científico.
Pós-Graduação em Comunicação	Federal de Santa Maria/UFSM	Seminário de Pesquisa II* Teorias e Epistemologia da Comunicação* *Obrigatórias	Ementa: Fundamentação teórico-metodológica dos projetos de pesquisa desenvolvidos pelos discentes do Doutorado. Formulação da Tese de Doutorado. Ementa: Cenários da epistemologia. Epistemologia da comunicação. Condição relacional da comunicação com outros campos do conhecimento. Desafios teóricos contemporâneos do campo da comunicação.

Fonte: elaborado pela autora (2022), com base nos sites dos programas mencionados.

Os objetivos e/ementas das disciplinas evidenciam que um dos principais focos é a elaboração do projeto de pesquisa. Contudo, na Universidade de São Paulo e Universidade Federal do Rio Grande do Sul há a ampliação desse foco para questões teóricas e epistemológicas. Na Universidade Federal de Santa Maria há uma disciplina específica, de caráter obrigatório, para tratar desses temas.

Esses achados reforçam a nossa crença sobre a necessidade de ampliar o escopo da disciplina de Metodologia, fortalecendo as discussões/reflexões sobre diferentes paradigmas e ou/abordagens que possibilitem triangulações, sem as amarras muitas vezes, atribuídas ao método. Reiteramos que o método oferece caminhos [no plural] a serem caminhados – parafraseando Antonio Machado –, oferece possibilidades e ao mesmo tempo sinaliza limitações. São escolhas.... E essas escolhas relacionam-se com as nossas crenças no diálogo aberto [e às vezes tenso] com o nosso objeto. Precisamos num movimento preliminar buscar responder: qual a questão que não quer calar? O que nos motiva para realizar essa pesquisa? Aonde queremos chegar? Qual a contribuição da nossa pesquisa? Outros movimentos serão realizados no decorrer da pesquisa, nos incomodando, desacomodando e reacomodando, recursivamente, levando-nos a questionar sobre as nossas escolhas. Fazem parte do processo da busca de respostas, das descobertas e do reencontro com a pesquisa. Concordamos com Freitas (1999, p. 9) quando afirma, ao referir-se às nossas escolhas metodológicas, que

> É preciso optar, e é o sentido dessa opção que registra o que há de mais interativo entre o pesquisador e seu objeto. O conjunto das escolhas atesta que todo o trabalho de pesquisa social é também um exercício de autoconhecimento e de alteridade, no qual ao tentar revelar o objeto de estudo, o pesquisador revela a si próprio na intimidade da interpretação que ele formula.

E são essas escolhas que (re)definem o/a pesquisador/a em sua trajetória de pesquisa, que estabelecem os seus vínculos com o tema, sua delimitação, os problemas de pesquisa, os objetivos, a estrutura proposta, o referencial teórico, a(s) análise(s) e (re)interpretações realizadas e as referências apresentadas. Há uma simbiose pesquisador/pesquisadora e objeto de pesquisa, que se materializa no documento da tese. De acordo com

Silva (2010, p. 15), "Pesquisar é fazer vir à tona, passar do encoberto ao descoberto, fazer o objeto dizer 'o que ele é' [...] O ideal de uma pesquisa é quando há simultaneamente o desvendamento e o desvelamento" (Silva, 2010, p. 29-30, grifos do autor). Essa é a beleza do ato de pesquisar...

Considerações em aberto...

A compreensão de Morin (2005) sobre Método vai ao encontro do sentido etimológico da palavra, na qual a metodologia é um derivado do método, porém não se resume a ele, antes, é uma derivação pela qual o método se desenvolve. Nesse sentido, as metodologias são guias que auxiliam o Método no desenvolvimento da pesquisa. Concordamos com Morin (2015, p. 17) quando afirma que

> Somos incessantemente ameaçados de nos enganar, sem que saibamos disso. Estamos condenados à interpretação e precisamos de métodos para que nossas percepções, ideias, visões de mundo estejam as mais fiáveis possíveis.

As concepções sobre Método revelam/desvelam entendimento/compreensão divergentes, embora haja convergência entre os autores pesquisados sobre a etimologia da palavra/expressão.

Lopes (2016, p. 99) propõe um modelo metodológico que, operando em rede, "[...] articula o campo de pesquisa em níveis e fases metodológicas, que se interpenetram dialeticamente, do que resulta uma concepção simultaneamente topológica e cronológica de pesquisa". Esse modelo[4] compreende dois eixos: paradigmático ou vertical e sintagmático ou horizontal. Para a autora,

> As decisões e opções na ciência, que são do eixo **do paradigma**, são feitas dentro de um conjunto de teorias, métodos e técnicas que constituem **o reservatório disponível** de uma ciência num

---

[4] Para detalhamento dos eixos, ver Proposta de um modelo metodológico para ensino da pesquisa em comunicação. In: MOURA, C. P. de; LOPES, I. V. de (org.). *Pesquisa em comunicação*: metodologias e práticas acadêmicas. Porto Alegre: EDIPUCRS, 2016, p. 99-107.

dado momento de seu desenvolvimento, num determinado ambiente social. Essas opções são atualizadas através de uma cadeia de movimentos de uma combinação que são do eixo do **sintagma** e que resultam na prática da pesquisa (Lopes, 2016, p. 101, grifos da autora).

O momento vivido pela Comunicação Organizacional no Brasil é de transformação, o que pode ser observado nas produções científico--acadêmicas, seguidas por contratendências que tentam romper com o pensamento reducionista. Nos Programas de Pós-Graduação em Comunicação com aderência e/ou vinculação à área, a formação dos pesquisadores, as temáticas desenvolvidas são reveladoras. Kunsch (2014), Barichello (2014), Curvello e Fagundes (2014), em seus artigos sobre Comunicação Organizacional e Relações Públicas nos Programas de Pós-Graduação em Comunicação nas Região Sudeste, Sul e Norte/Nordeste e Centro Oeste do Brasil, apresentaram informações que corroboram essa afirmação. Recorrendo às trajetórias dos programas de pós-graduação dessas regiões, os artigos revelaram um panorama que sinaliza inúmeras possibilidades de pesquisas.

Acreditamos que a pesquisa que desenvolvemos no pós-doutorado e a atualização que realizamos vão ao encontro da afirmação de Kunsch (2015). Para a referida autora,

> [...] é muito importante conhecer o conhecimento que vem sendo gerado no campo científico-acadêmico de qualquer área, bem como o de conseguir reunir dados que possibilitem construir seu "estado da arte". Certamente são bases fundamentais para o avanço da ciência e da produção de um conhecimento inovador e contributivo para a sociedade (Kunsch, 2015, p. 2).

Esse "avanço da ciência e da produção do conhecimento inovador e contributivo para a sociedade" (Kunsch, 2015, p. 2) talvez estimule os pesquisadores/as identificados/as com a Comunicação Organizacional a aproximarem a prosa e a poesia (Morin, 2015). Para Morin (2015, p. 35), a prosa envolve "[...] as exigências práticas, técnicas e materiais necessárias à existência". A poesia, por sua vez, "é a estética, é a alegria, é o amor [...]"

(Morin, 2015, p. 35). Talvez precisemos mais de poesia, para além da prosa que tem marcado as pesquisas na área de Comunicação Organizacional.

Referências

BARICHELLO, E. M. da R. Comunicação organizacional e relações públicas nos programas de pós-graduação em comunicação na região sul do Brasil. In: MOURA, C. P. de; FERRARI, M. A. (org.). *A pesquisa em comunicação organizacional e em relações públicas*: metodologias entre a tradição e a inovação. Disponível em: https://abrapcorp.org.br/wp-content/uploads/2021/04/2014--A-Pesquisa-em-Comunicacao-Organizacional-e-em-Relacoes-Publicas.pdf. Acesso em: 10 nov. 2022.

BONIN, J. A. A dimensão metodológica da pesquisa comunicacional e os desafios da observação em perspectiva histórica. In: MALDONADO, E.; BONIN, J. A.; ROSARIO, N. M. do (org.). *Perspectivas metodológicas em comunicação*: novos desafios da prática investigativa. Salamanca, Espanha: Comunicación Social Ediciones e Publicaciones, 2013.

CURVELLO, J. J.; FAGUNDES, E. Comunicação organizacional e Relações Públicas nos Programas de Comunicação nas Regiões Centro-Oeste, Nordeste e Norte do Brasil. In: MOURA, C. P. de; FERRARI, M. A. (org.). *A pesquisa em comunicação organizacional e em relações públicas*: metodologias entre a tradição e a inovação. Porto Alegre: Edipucrs, 2014. *E-book*. Disponível em: https://abrapcorp.org.br/wp-content/uploads/2021/04/2014-A-Pesquisa-em-Comunicacao--Organizacional-e-em-Relacoes-Publicas.pdf. Acesso em: 10 nov. 2022

FREITAS, M. E. *Cultura organizacional*: identidade, sedução e carisma? São Paulo: Editora FVG, 1999.

KUNSCH, M. M. K. *A produção científica em Comunicação Organizacional Relações Públicas nos programas de pós-graduação no Brasil*: identificação, temáticas e tendências. Intercom – Sociedade Brasileira de Estudos Interdisciplinares da Comunicação XXXVIII Congresso Brasileiro de Ciências da Comunicação – Rio de Janeiro, RJ – 4 a 7/9/2015. Disponível em: http://www3.eca.usp.br/sites/default/files/form/biblioteca/acervo/producao- academica/002718777.pdf. Acesso em: 10 nov. 2022.

KUNSCH, M. M. K. Comunicação organizacional e relações públicas nos programas de pós- graduação em comunicação na Região Sudeste do Brasi, In: MOURA, C. P. de; FERRARI, M. A. (org.). *A pesquisa em comunicação organizacional e em relações públicas*: metodologias entre a tradição e a inovação. Porto Alegre: Editora Edipucrs, 2014. *E-book*. Disponível em: https://abrapcorp. org.br/wp-content/uploads/2021/04/2014-A-Pesquisa-em-Comunicacao-Orga-nizacional-e-em-Relacoes-Publicas.pdf. Acesso em: 10 nov. 2022.

LOPES, M. I. V. de. Proposta de um modelo metodológico para o ensino da pesquisa em comunicação. In: MOURA, C. P. de; LOPES, M. I. V. de (orgs.). *Pesquisa em comunicação*: metodologias e práticas acadêmicas. Porto Alegre: EDIPUCRS, 2016. *E-book*. Disponível em: http://ebooks.pucrs.br/edipucrs/ Ebooks/Pdf/978-85-397-0803-1.pdf. Acesso em: 10 nov. 2022.

MARCONDES FILHO, C. (org.). *Dicionário da comunicação*. São Paulo: Paulus, 2009.

MORIN, E. *Ensinar a viver*: manifesto para mudar a educação. Trad. Edgar de Assis Carvalho e Mariza Perassi. Porto Alegre: Sulina, 2015.

MOURA, C. P. de. Metodologia da Pesquisa em Comunicação: estudo bibliográfico em disciplinas de Pós-Graduação. In: MOURA, C. P. de; LOPES, M. I. V. (org.). *Pesquisa em comunicação*: metodologias e práticas acadêmicas. Porto Alegre: EDIPUCRS, 2016. p. 15-57. *E- book*. Disponível em http://ebooks.pucrs. br/edipucrs/Ebooks/Pdf/978-85-397-0803-1.pdf. Acesso em: 10 nov. 2022.

ROSÁRIO, N. M. de. Cartografia na comunicação: questões de método e desafios metodológicos. In: MOURA, C. P. de; LOPES, M. I. V. (org.). *Pesquisa em comunicação*: metodologias e práticas acadêmicas. Porto Alegre: EDIPUCRS, 2016. E-book. Disponível em: http://ebooks.pucrs.br/edipucrs/Ebooks/Pdf/978-85-397-0803-1.pdf. Acesso em: 10 nov. 2022.

SANTAELLA, L. Há como escamotear as questões de método? A pesquisa aplicada em relações públicas e em comunicação organizacional. *Revista Organicom*, São Paulo, Escola de Comunicações e Artes/Universidade de São Paulo, v. 13, n. 25, 2016. p. 50-68. Disponível em: http://www.revistaorganicom.org.br/sistema/ index.php/organicom/article/view/984. Acesso em: 10 nov. 2022.

SANTAELLA, L. *A ecologia pluralista da comunicação*: conectividade, mobilidade, ubiquidade. São Paulo: Paulus, 2010.

SCROFERNKER, Cleusa Maria Andrade. Contra tendências paradigmáticas da comunicação organizacional contemporânea no Brasil. *In:* **Diálogos,** Revista Académica de la Federación Latinoamericana de Facultades de Comunicación Social. FELAFACS, Edição n.85, octubre-diciembre 2012. p.1-17.

SILVA. J. M. da. *O que pesquisar quer dizer*: como pesquisar e escrever textos acadêmicos sem medo da ABNT e da CAPES. Porto Alegre: Sulina, 2010.

STRELOW, A. Reflexões sobre método de pesquisa em jornalismo e uma proposta oriunda do campo. *In:* BRAGA, J. L.; LOPES, M. I. V. de; MARTINO, L. C. (org.). *Pesquisa empírica em comunicação*. São Paulo: Paulus, 2010.

Sites dos programas

PROGRAMA DE COMUNICAÇÃO DA ESCOLA DE COMUNICAÇÃO E ARTES DA UNIVERSIDADE DE SÃO PAULO – ECA/USP. Disponível em: http://www3.eca.usp.br/pos. Acesso em: 10 nov. 2022.

PROGRAMA DE PÓS-GRADUAÇÃO EM COMUNICAÇÃO E INFORMA-ÇÃO DA UNIVERSIDADE FEDERAL DO RIO GRANDE DO SUL – UFR-GS. Disponível em: http://www.ufrgs.br/PPGCOM. Acesso em: 10 nov. 2022.

PROGRAMA DE PÓS-GRADUAÇÃO EM COMUNICAÇÃO SOCIAL DA UNIVERSIDADE METODISTA DE SÃO PAULO – UMESP. Disponível em: http://portal.metodista.br/poscom. Acesso em: 10 nov. 2022.

PROGRAMA DE PÓS-GRADUAÇÃO EM COMUNICAÇÃO DA UNI-VERSIDADE FEDERAL DE SANTA MARIA– UFSM. Disponível em:

http://poscom.ufsm.br/index.php/pt-br/. Acesso em: 10 nov. 2022.

PROGRAMA DE PÓS-GRADUAÇÃO EM COMUNICAÇÃO DA PONTI-FÍCIA UNIVERSIDADE CATÓLICA DO RIO GRANDE DO SUL – PU-CRS. Disponível em: http://www.pucrs.br/famecos/programa-de-pos-graduacao--em-comunicacao/. Acesso em: 10 nov. 2022.

Propuestas teórico-metológicas para el estudio de la comunicación digital organizacional

Rebeca Illiana Arévalo Martínez[1]
Rogelio Del Prado Flores[2]

Introducción

La comunicación organizacional es un campo de la comunicación que tuvo su origen en la práctica profesional antes que en el ámbito académico y por ello ha tenido dentro de sus principales estudios el enfoque funcionalista y pragmático. La búsqueda de indicadores de su efectividad y eficiencia y también la necesidad de demostrar su contribución al logro

---

[1] Directora del Centro de Investigación para la Comunicación Aplicada (CICA) y Coordinadora Académica del Doctorado en Investigación de la Comunicación, programa adscrito al Sistema Nacional de Posgrados del Consejo Nacional de Ciencia y Tecnología (CONACYT) en la Facultad de Comunicación de la Universidad Anáhuac México. Miembro del Sistema Nacional de Investigadores (SNI) Nivel I de CONACYT desde 2016. Doctora en Comunicación Aplicada por la Universidad Anáhuac México. Maestra en Comunicaciones Corporativas con un Diplomado en *Branding* y un Diplomado en Metodologías Activas por la Universidad Anáhuac México. Licenciada en Ciencias de la Comunicación por el Tecnológico de Monterrey. Autora de libros, capítulos de libros, artículos de revistas, ponente, conferencista, panelista, moderadora y relatora de distintos eventos académicos a nivel nacional e internacional. Línea de investigación: Estudios Institucionales, Organizacionales y Comunicación. Ganadora del *Gold Quill Merit Award* 2001 que otorga la *International Association of Business Communicators* (IABC). rebeca.arevalo@anahuac.mx https://scholar.google.com/citations?user=56tRgtEAAAAJ&hl=es&oi=ao https://orcid.org/0000-0003-1163-6752

[2] Doctor en Filosofía con mención honorífica por la Universidad Nacional Autónoma de México. Miembro Nivel I del Sistema Nacional de Investigadores (SNI) del Consejo Nacional de Ciencia y Tecnología (CONACYT) en México. Profesor investigador de la Facultad de Comunicación e Investigador del Centro de Investigación para la Comunicación Aplicada (CICA) de la Universidad Anáhuac México, en la línea de investigación: Realidad Social, políticas públicas y comunicación. En su doctorado, la Comisión al Mérito Universitario de la UNAM, lo premió con la Medalla Alfonso Caso por ser el alumno más distinguido en el Posgrado de Filosofía en el año 2004. Es Maestro en Filosofía con mención honorífica por la UNAM y Licenciado en la misma disciplina por la UNAM. Cuenta con un Posdoctorado en ética de la comunicación en la Universidad de Sevilla, España en convenio con la Universidad Anáhuac México. Director de tesis, tutor y profesor del Doctorado en Investigación de la Comunicación (DEIC). Publicaciones: Ética de la Comunicación, Editorial Gedisa (2018) y de Políticas para la justicia y la comunicación, Limusa (2016), Más allá del pragmatismo y la deconstrucción, Editorial Limusa; (2014) Coordinador del libro Ética y Redes Sociales, Editorial Tirant Lo Blanch; (2016) Coordinador del libro Ética y los derechos de las audiencias, Editorial, Tirant Lo Blanch; (2016). entre otros. Coordinador Editorial de Sintaxis, Revista Científica del Centro de Investigación para la Comunicación Aplicada. rogelio.delprado2@anahuac.mx https://scholar.google.com/citations?user=Fhct5XAAAAAJ&hl=es http://orcid.org/0000-0002-2181-2724

de los resultados de la organización han sido algunos de los principales problemas de investigación que han sido estudiados. Es así como las propuestas teóricas que han surgido en los distintos países han retomado principalmente el enfoque sistémico, la planeación estratégica y algunas de las categorías propias de la administración para llevarlas al ámbito de la comunicación organizacional, sus principios y sus contribuciones. Sin embargo, cada vez más se observa también el nacimiento de nuevas miradas para el estudio de la comunicación organizacional y las relaciones públicas, nuevas alternativas que incorporan categorías de otras tradiciones de la comunicación como la lingüística, la fenomenología, las corrientes críticas, entre otras.

En este sentido, desde el Centro de Investigación para la Comunicación Aplicada de la Universidad Anáhuac México hemos trabajado en el desarrollo de nuevos enfoques teóricos que complementen el conocimiento y la evaluación de la comunicación organizacional y las relaciones públicas. Sirva este espacio para hacer un recuento de dichas aportaciones, esperando que sumen al conocimiento del campo y sean retomadas, mejoradas y reconfiguradas por todos aquéllos que estamos comprometidos con el crecimiento y florecimiento de la comunicación organizacional y las relaciones públicas en un sentido amplio de su estudio científico, académico y profesional encaminado al bien común y al crecimiento de la persona.

El concepto de organización

La organización surge cuando existe la voluntad de un determinado grupo de personas en reunirse y tener un objetivo común que cumplir. En este sentido, las definiciones de organización que normalmente se encuentran en las investigaciones del campo de la comunicación organizacional y relaciones públicas se centran en su configuración desde la teoría sistémica y describen sus elementos; o bien se centran en su discurso y la forma en que éste la constituye. Sin embargo, en estos enfoques se deja de lado a la persona, siendo justamente quien está en el centro de la conformación de cualquier institución u organización. Es la persona y su estructura ontológica la que hace posible la participación, entendida desde la visión de Wojtyla (1990) como un acto que se realiza junto con los otros. Es decir, la organización resulta entonces un espacio de participación en el cual es posible hablar de este cúmulo de voluntades unidas para lograr un objetivo común a partir de la relación intersubjetiva (Lacan, 2003) que las personas que la conforman generan.

Otro elemento que hace posible definir a la organización es el discurso general de la ciencia dado que genera una comprensión de cómo se relacionan los elementos de un sistema y cómo se definen las funciones que lo integran, tal y como lo estipula la pragmática dentro de la división de operaciones que surgen de dicho discurso (Watzlawick, Beavin y Jackson, 2011). La organización se define como una entidad simbólica que, en este contexto, tiene tanto dentro como fuera de sí a personas que cumplen una determina función y que también demandan una determinada atención. La manera en que la organización es capaz de atender a cada persona, considerando sus intereses y su posición, es a través de la comunicación, de los mensajes clave que genera y de las relaciones o vínculos que construye.

Cabe señalar que las personas que se unen para conformar una organización comparten una serie de elementos simbólicos que hacen posible su comunicación y su participación. Entre los discursos que comparten se encuentran los que socialmente han sido establecidos como los generales, los del capitalismo o de la universidad (Lacan, 2003) para a través de ellos encontrar los espacios de comunicación requeridos para el logro de sus objetivos.

La ciencia se distingue por la división conceptual de funciones. La pragmática estudia la división de operaciones que se desprenden de la lógica del discurso científico (Watzlawick; Beavin; Jackson, 2011). Las organizaciones definen una estructura conforme a sus objetivos y necesidades, al tiempo que se comprometen con el desarrollo de las personas. En esta amalgama de intereses vinculados por la organización debe permanecer la consigna del bien y de la generación de valor para todos y cada uno de quienes en ella participan, ya sea como empleados, clientes, proveedores, dueños o la comunidad misma en la cual se inserta. La participación y el objetivo que une a las personas para conformar a la organización se fortalece con la comunicación y el comportamiento ético y con base en valores que garanticen una convivencia sana fundamentada en la prudencia como una conducta electa entre dos vicios (Aristóteles, 2004).

La ética en la comunicácion digital para las organizaciones

La comunicación digital organizacional ha tenido siempre un peso específico desde su origen para el logro de objetivos básicamente dirigidos a los públicos externos. En este sentido, todo tipo de instituciones y organizaciones se vieron impulsadas por sus distintos intereses y metas, a crear espacios en Internet para generar tanto mensajes claramente unidireccionales, como fueron los sitios web, blogs y algunas otras plataformas; como para crear posibilidades de diálogo que generaran en principio un valor agregado para la audiencia y también para la propia consecución de sus fines conforme a su planeación estratégica. En todos los casos, la perspectiva ética de los mensajes y la consideración que todos ellos tienen un impacto en los receptores, en este caso digitales, es algo que no puede dejarse de lado (Del Prado, 2018). Particularmente, en las redes sociodigitales, dada la magnitud del contenido y accesibilidad de este, resulta fundamental tener una clara conciencia de que éste debe cumplir con ciertos preceptos éticos para ser publicado (Del Prado, 2014). En el ámbito de la comunicación digital organizacional, la importancia de cuidar la ética en todo sentido, desde la información misma hasta la interacción que se pueda generar en el espacio digital es aún más importante, ya que se ponen en juego diversos actores y también se pueden crear distintos resultados directos e indirectos de los cuales la institución u organización debe hacerse responsable. La conducción de la comunicación digital organizacional requiere entonces del cumplimiento de una serie de normas y preceptos básicos de respeto a todas y cada una de las personas que se vean impactas por sus contenidos, sus procesos y los resultados de ellos.

La interacción y las organizaciones en el mundo digital

Para analizar la interacción en el mundo digital a partir de la comunicación organizacional y las relaciones públicas es necesario primero que nada reconocer que existe la necesidad de generar un marco común de entendimiento en cuanto a los significantes que se pueden dar en los mensajes que generan los gobiernos y las instituciones (Lacan, 1996). En este sentido, la comunicación digital organizacional debe evitar interpretaciones no deseadas y con ello asegurar el logro de sus objetivos, entre ellos la interacción y la creación de formas específicas, determinadas de convivir, de organizarse y de innovar en la vida humana (Esposito, 2021), teniendo en cuenta que el deseo del otro es lo que produce la comunicación (Levinas, 1991). En cuanto a la interacción, se ha trabajado con categorías que van de la simple presencia a la interacción, en las que se propone que el uso de la comunicación digital organizacional vaya más allá de la información estática y con poca posibilidad de influencia real en sus públicos o seguidores, hacia una comunicación que realmente genere vínculos donde la colaboración permita el cambio social, la mejora continua, el desarrollo de la sociedad y en suma, el bien común. Las categorías y su definición son las siguientes:

1) Presencia: Periodicidad, calculada a partir del promedio de actualizaciones de contenido al día.

2) Relevancia: Contenido que cumpla con los intereses de la organización vs. contenido que sea relevante para los usuarios o seguidores.

3) Reacción: Conforme a la red sociodigital analizada existen distintos indicadores, básicamente el gusto por el contenido y el compartirlo con otros, aunque también puede haber distintas emociones relacionadas con el contenido como en el caso de Facebook.

4) Interacción: Proximidad (personalización de la información con parámetros de tiempo), monitoreo (Seguimiento a líderes de opinión con parámetros de efectividad), conexión (promoción del diálogo con parámetros de participación) y colaboración (lazo creado con los seguidores más allá del objetivo mismo de la organización con parámetros de vinculación). (Arévalo-Martínez y Rebeil, 2017; Arévalo-Martínez y Del Prado, 2021b).

El análisis de la comunicación digital organizacional está en el ámbito textual y también en el ámbito de la antropología visual a través del análisis de las imágenes utilizadas y de las cuales es posible analizar su estructura visual, su código y su estructura argumentativa con el fin de encontrar patrones que permitan evaluar el impacto de dichos elementos en la significación e interacción con los usuarios (Arévalo-Martínez y Del Prado, 2021a).

Enfoque crítico sobre la comunicación digital organizacional

La comunicación digital organizacional está relacionada con la vida misma de la persona, porque normalmente accede a Internet en sus ratos de ocio o bien en sus espacios de tiempo más allá del trabajo o de las actividades estrictamente laborales y profesionales. En ese sentido, se ha retomado el pensamiento de Byung-Chul Han (2014a) en el sentido de cómo las redes sociodigitales son un espacio intrusivo, que perjudica el respeto hacia el otro dado que se convierten en un panóptico digital; incluso, llegando a un estado alterado de la voluntad que trastoca el límite entre lo público y lo privado en un acto de sometimiento donde la intimidad queda expuesta en el ámbito de lo público (Han, 2014b).

Con esta óptica se han analizado las redes sociodigitales por ejemplo de instituciones públicas en tiempos de Covid-19 en voz de los presidentes, encontrando que las realidades de cada país quedan al descubierto en el tipo de comentario que emiten los seguidores y que a la luz de una crisis de salud como esa, emergen otro tipo de sentidos políticos, económicos, familiares hacen que la comunicación sea parcial pero un claro reflejo de la estructura social y generando una relación de doble vía con las prácticas sociales, mostrando un doble pluralismo epistémico que significa una pluralidad de puntos de vista, creencias y conocimientos que dictan la norma (Ólive, 2004), tanto en el ámbito de lo local como de lo global (Arévalo-Martínez, Del Prado y Góngora, 2021c). Finalmente este tipo de comentarios que tienen mayor explicación desde el ámbito de la opinión no razonada, más que desde la emoción, dan origen a la posverdad:

> Entendida como la influencia de los contenidos que apelan más a la emoción y a las creencias personales entre la opinión pública que a una opinión razonada, representa que las audiencias en las redes sociales ponderan más la opinión que los hechos reales. Ese fenómeno se puede ver en los acalorados comentarios que, más que ser un debate, se convierten en un ataque a la persona y no a las ideas cuando se genera la molestia porque no están de acuerdo con determinada idea o forma de pensar (Del Prado y Chávez, 2019, p.165).

Dialéctica, discurso de odio y liderazgo en comunicación organizacional digital

La comunicación que se hace en redes sociodigitales consideramos que tiene múltiples indicadores para ser evaluada. En este sentido hemos trabajado con categorías que permiten identificar el tipo de liderazgo que está detrás de las decisiones de comunicación a partir de una serie de categorías como son crisis, transparencia, decisión, comunicación bidireccional, ética y conocimiento, que se han relacionado con el tipo de liderazgo pragmático; mientras que otras categorías como la búsqueda de tendencias producto de la globalización, la creación de redes o vínculos, el reconocimiento al talento, la visión reflejada en decisiones estratégicas y el apoyo a los colaboradores, se han relacionado con el liderazgo integrador. En este sentido, se han realizado análisis de contenido de mensajes en las redes, particularmente en Twitter reconociendo el tipo de liderazgo que se puede observar y con ello su orientación a la creación de valor en la organización. El liderazgo pragmático más orientado al capital económico y el liderazgo integrador hacia el capital simbólico (Arévalo-Martínez, 2019; Del Prado, Arévalo-Martínez y Góngora, 2021).

Aunado a lo anterior, un punto relevante en la evaluación de la comunicación digital organizacional es, sin duda, la interacción. En este caso se considera que uno de los pilares a considerar es la dialéctica, la cual se ha trabajado a partir del análisis de contenido de los comentarios realizados en redes sociodigitales, clasificándolos como dialéctica positiva o negativa y también identificando la tendencia que esto tiene en relación con el tema en cuestión. Es decir, en muchas ocasiones el mensaje original en la red sociodigital habla de un determinado tema y los comentarios se vuelcan en el ámbito positivo o negativo haciendo referencia a otro tema totalmente distinto. Esto fue visible de manera particular en el tiempo de la crisis sanitaria de la Covid-19 cuando los usuarios, independientemente de que el tema fuera la pandemia, aprovechaban sus comentarios para dar soporte o para atacar al funcionario en cuestión (Del Prado, Arévalo--Martínez y Góngora, 2021). De hecho, en el artículo que se analizó el liderazgo y dialéctica de los presidentes de México, España y Estados Unidos en tiempos de Covid-19 se pudo concluir que:

La dialéctica que se generó en Twitter en el periodo analizado en los tres países está determinada por el arraigo partidista de los usuarios, el contexto ideológico del país, el pluralismo de visiones muchas de ellas contrapuestas, el individualismo y las estructuras del estado encargadas de atender la crisis sanitaria (Del Prado, Arévalo-Martínez y Góngora, 2021, p. 318).

Asimismo, ha sido relevante estudiar la escala de odio, retomada del violentómetro elaborado por la CNDH (CITA) que se hace presente en la conversación que se genera en las redes sociodigitales, ya que también es un rasgo que define la polarización que se observa en estas plataformas y que sin duda afectan la interacción.

La reputación e imagem de las organizaciones en internet

Uno de los resultados esperados en la comunicación digital organizacional es la consolidación de la imagen y la reputación de una organización. Resulta común pensar que tener una comunicación en el ámbito digital es sinónimo de la posibilidad de estar presente como organización en la mente de más personas. Sin embargo, así como crecen las posibilidades también crece el volumen de información al que se ve expuesta una persona y por tanto su saturación puede ser mayor. La importancia entonces de tener una posibilidad de realmente establecer contacto con las personas en el ámbito digital está en la calidad y trascendencia del contenido que se comparte.

Así, la imagen de la organización en el ámbito digital no sólo está ligada a la efectividad de su comunicación que con el tiempo genere una reputación (Villafañe, 2004) sino que requiere ser compatible con las necesidades y expectativas, así como con los valores que tiene la persona usuaria. La manera en que se discrimina o en contraparte se elige un contenido está directamente relacionada con la identificación personal que se tiene con la organización. Es por ello que con frecuencia la preferencia de una persona por conectar y establecer comunicación con la organización puede desvanecerse tan pronto encuentre que no tiene una verdadera afinidad con sus valores o que en realidad no satisface sus expectativas.

La reputación entonces en el ámbito de la comunicación digital organizacional es producto de la consistencia que tenga la organización en sus contenidos con respecto a la vivencia real de sus valores, identificación continua entre sus actos y sus preceptos básicos, así como la posibilidad de adelantarse en el cumplimiento de expectativas. En este último punto, destaca la importancia que ha cobrado el enfoque hacia la sustentabilidad y el respeto al medio ambiente, de manera que ya no es posible pensar en una imagen y reputación positiva sin que la organización se convierta en una verdadera muestra de responsabilidad continua por el bien del entorno en el que opera. Ser un actor social comprometido con el bienestar del espacio e incluso restaurar el daño que le hemos ocasionado al planeta pueden ser otros mecanismos que generan un alto impacto en la reputación si son producto de acciones constantes y además si se involucra a las personas en dicho compromiso.

Conclusiones

La reflexión sobre el alcance que puede tener la comunicación digital organizacional y los distintos enfoques que pueden existir para investigar y crear conocimiento que permita su mejora es siempre cambiante. El ritmo con el que avanza la tecnología hace que cada vez surjan nuevas formas de comunicación en el ámbito de lo digital y con ello nuevas posibilidades de creación de contenidos, interacción, vinculación o colaboración. La comunicación tiene que adaptarse una y otra vez a las nuevas posibilidades y también aprender los nuevos límites que la comunicación digital organizacional puede tener.

Derivado de lo anterior, las aportaciones que se presentan en este capítulo buscan en todos los casos centrarse en la investigación con base en categorías que resultan fundamentales y valiosas para la creación de conocimiento en este campo de la comunicación por su enfoque interdisciplinario. Asimismo, son perspectivas de investigación que tienen como común denominador considerar a la persona en su amplio valor. Sin la persona no hay organización. Sin la persona no hay comunicación. Sin la persona no hay posibilidad alguna de estudiar la comunicación digital organizacional. Es por ello que, independientemente de que si se está analizando el concepto de organización, la ética o el enfoque crítico en la comunicación digital organizacional, el liderazgo, la dialéctica, el discurso de odio o la reputación; en todos los casos el común denominador está en la consideración de la persona y su valor infinito.

La creación de conocimiento y las propuestas teórico-metodológicas en cualquier caso resultan formar parte de una espiral en continuo crecimiento, una cadena de posibilidades, de retos y de tendencias que requieren cada día nuevas aproximaciones. El horizonte que se tiene como investigador es infinito y también la responsabilidad de encontrar alternativas que puedan aportar valor a las organizaciones. Las nuevas opciones de comunicación deben ser aprovechadas por las instituciones y organizaciones so pena de quedarse fuera del rango de opciones que tenga presentes una persona al momento de elegir algo para sí, de considerar una opción para un producto o un servicio, para brindar apoyo a una acción gubernamental, para donar algún tipo de recurso por una causa, o para involucrarse en alguna iniciativa institucional que considere valiosa. El avance en el conocimiento siempre será positivo si tiene el fin último de beneficiar a la persona, a la organización, a su contexto y por ende a la sociedad.

Referencias

ARÉVALO-MARTÍNEZ, R. I. *Comunicación integral para las organizaciones: Liderazgo y creación de valor.* Salamanca: Comunicación Social Ediciones y Publicaciones, 2019.

ARÉVALO MARTÍNEZ, R. I. La construcción de imagen y reputación de las organizaciones vía Twitter. *Correspondencias & Análisis, 4*(4), 109-120, 2014.

ARÉVALO-MARTÍNEZ, R. I. y DEL PRADO, R. Significación e interacción en la comunicación digital de los organismos de salud sobre la covid-19 en México y el mundo. *Pangea. Revista de la Red Académica Iberoamericana de Comunicación, 12*(1), 64-80, 2021a.

ARÉVALO-MARTÍNEZ, R. I., y DEL PRADO, R. Comunicación digital de la Organización Internacional para las Migraciones: de la presencia a la colaboración. *Anuario Electrónico de Estudios en Comunicación Social "Disertaciones",*

14(2), 1-25, 2021b. DOI: https://doi.org/10.12804/revistas.urosario.edu.co/disertaciones/a.10389.

ARÉVALO-MARTÍNEZ, R. I., DEL PRADO, R. y BON, V. Ética y responsabilidad en la comunicación de instituciones de educación superior a través de Internet: un análisis comparativo global. *Global Media Journal México*, *15*(29), 41-64, 2018. DOI: https://doi.org/10.29105/gmjmx15.29-4.

ARÉVALO-MARTÍNEZ, R. I., DEL PRADO, R. y GÓNGORA, G. Comunicación presidencial sobre la COVID-19 vía Twitter: México, España y Estados Unidos. *Global Media Journal México*, *18*(35), 151-175, 2021. DOI: https://doi.org/10.29105/gmjmx18.35-8.

ARÉVALO-MARTÍNEZ, R.I., DEL PRADO, R. y LINCOLN, I. Credibilidad y confianza que otorgan los jóvenes a la comunicación gubernamental sobre la covid-19 en la Zona Metropolitana del Valle de México. *Revista Xihmai*, *XVI*(32), 9-44, 2021.

ARÉVALO-MARTÍNEZ, R. I. y REBEIL, M. A. (2017). Presencia, interacción y responsabilidad social organizacional en las redes sociales digitales de organizaciones privadas en Iberoamérica en R. I. ARÉVALO-MARTÍNEZ y M. A. REBEIL (Coords)., *Responsabilidad Social en la Comunicación Digital Organizacional* (pp. 17-51). Tirant Humanidades y Universidad Anáhuac México, 2017.

ARISTÓTELES. *Ética Nicomaquea*. Gredos, 2004.

DEL PRADO FLORES, R. *Ética y redes sociales*. Tirant Humanidades e Investigaciones y Estudios Superiores, 2014.

DEL PRADO FLORES, R. *Ética de la comunicación*. Gedisa-Universidad Anáhuac México, 2018.

DEL PRADO, R., ARÉVALO-MARTÍNEZ, R. I. y GÓNGORA, G. Comunicación sobre COVID-19 en Twitter: liderazgo y dialéctica Presidentes de México, España, Estados Unidos. *Comuni@cción*, *12*(4), 310-321, 2021. DOI: https://dx.doi.org/10.33595/2226-1478.12.4.546.

DEL PRADO, R. y CHÁVEZ, M. Ética periodística en la época de la convergencia. En R. RAMÍREZ y R. DEL PRADO (coords.). *Humanizar la tecnología. Implicaciones culturales y formativas de la comunicación*. p. 141-175. Gedisa, 2019.

ESPOSITO, R. *Istituzione*. Italia: Il Mulino, 2021.

HAN, B-Ch. *En el ejembre*. Herder, 2014a.

HAN, B-Ch. *Psicopolítica. Neoliberalismo y nuevas técnicas de poder*. Herder, 2014b.

LACAN, J. *Seminario 17. El reverso del psicoanálisis*. Clase 1: Producción de los cuatro discursos. Paidós, 1996.

LACAN, J. *Escritos I, II*. México: Siglo XXI Editores, 2003.

LEVINAS, E. *Ética e infinito*. La balsa de la medusa, 1991.

ÓLIVE, L. *El bien, el mal y la razón. Facetas de la ciencia y la tecnología*. Paidós/Universidad Nacional Autónoma de México, 2004.

VILLAFAÑE, J. *La buena reputación: claves del valor intangible de las empresas*. Ediciones Pirámide, 2004.

WATZLAWICK, P; BEAVIN, J.; JACKSON, D. (2011). *Teoría de la Comunicación humana: Interacciones, patologías y paradojas*. Herder Editorial, 2011.

WOJTYLA, K. *Persona y Acción*. Ediciones Palabra, 1990.

Relações entre redes móveis e o metaverso: estudos iniciais sobre métodos e abordagens

André Fagundes Pase[1]
Eduardo Campos Pellanda[2]

Introdução

Ao longo da evolução dos ambientes de conversação on-line e comunidades, observamos uma relação de diferentes graus e ângulos entre as realidades percebidas e projetadas em *pixels*. Isso vem desde as discussões fundantes de Lévy (1996) até os pilares das comunidades on-line de Rheingold (1993). Evoluímos do deslocamento das conexões físico/digital para as relações propostas no contexto da mobilidade (Pellanda, 2005) para um ambiente representado e visualizado por diferentes perspectivas (Pase; Vargas; Rocha, 2019).

Neste momento de convergência entre o ambiente de computação móvel com diferentes tecnologias de suportes, como óculos de Realidade Virtual (RV) ou Realidade Aumentada (RA) dando suportes para metaversos, torna-se fundamental discutirmos as relações desses conceitos e os métodos de observação desses objetos.

Este artigo, portanto, resgata algumas observações sobre essa questão, levantando perspectivas para estudos futuros. Compreendemos, sobretudo a partir de investigações realizadas no Ubilab, o Laboratório de Pesquisa em Mobilidade e Convergência Midiática da Escola de Comunicação, Artes e Design – Famecos/PUCRS (on-line em www.ubilab.com.br), que as perspectivas observadas anos atrás foram atualizadas de diversas maneiras nos últimos anos. Como dito antes, se no passado entendíamos a RA como uma espécie de estágio antecessor ao uso da RV, a força da

---

[1] Professor do Programa de Pós-Graduação em Comunicação Social da Pontifícia Universidade Católica do Rio Grande do Sul (PUCRS).
[2] Professor do Programa de Pós-Graduação em Comunicação Social da Pontifícia Universidade Católica do Rio Grande do Sul (PUCRS).

mobilidade desloca este eixo, sobretudo pelo uso de aparelhos pessoais que não são compartilhados por questões de saúde, consequência da pandemia da Covid-19. Por estar presente em diversos momentos e sem a necessidade do uso de um headset, experiências em RA ganham outros tons pela facilidade do seu uso. Isso também é refletido no imaginário do público, que demanda facilidade para compreender a ideia de metaverso sem a necessidade de estar vinculado com um sistema ou visor específico.

Essas forças coexistem entre si e deixam a visão mais turva, mas não retiram a validade das investigações. Pelo contrário, reforçam o papel da pesquisa em Comunicação como lente para observar o cenário ao redor e preparar possíveis consequências. Esta é a proposta do texto, uma provocação teórica sobre elementos em renderização.

Do local físico ao representado por pixels

Nos primórdios dos ambientes de comunicação em rede mediados por computadores, foi ficando claro o grau de descolamento com o ambiente físico, da cidade ou país em que o interlocutor se manifestava. Embora telefone, fax ou telégrafo já permitissem conversações assíncronas com distâncias além-mares, o tipo de comunicação em rede de forma instantânea e ampla provou uma disrupção de noção temporal e espacial. Nos meios anteriores, o satélite já introduzia essa ideia bem explorada por Wasburn e Meyrowitz (1988) no contexto da perda da sensação do espaço. Antes ainda, McLuhan (1974) já mostrava como os telespectadores reunidos globalmente para um evento específico já introduziam esse senso rarefeito do espaço pela mensagem.

O avanço da computação móvel não só deslocou o interlocutor de um ponto fixo no espaço físico como também permitiu que ele se conectasse em movimento em um contínuo de deslocamento dos nós da rede. Essa rede agora possui uma geografia em constante mutação, como apontava Rheingold (2003) ao perceber que a movimentação física alterava também o conteúdo das conversações.

Do ponto de vista do consumo de informações, e como meio de comunicação, os smartphones representam o primeiro aparelho permanentemente conectado com o usuário, que pode, potencialmente, consumir conteúdos 24 horas por dia. Ao observarmos as formas de medição de audiência de jornais, revistas, rádio ou televisão, observa-se que são baseadas em características muito próprias desses meios e que não acompanham ciclos contínuos, mas faixas horárias. Mesmo a audiência de páginas na web é baseada em visitas e cliques que podem avaliar um consumo generalizado e pouco propício ao entendimento de um contexto mais abrangente. Partindo do pressuposto de que o uso de aplicativos de informações e serviços ocorre concomitantemente, e de forma fragmentada em vários micromomentos ao longo do dia, surge a potencial necessidade de investigar formas de conhecer como os indivíduos consomem tais conteúdos. Entende-se como micromomentos os tipos de acessos fragmentados pelos quais a internet móvel se caracteriza. No *smartphone*, percebe-se que o indivíduo acessa os dispositivos em momentos cotidianos como na espera de um ônibus, antessala de um médico ou a fila de banco. Esse comportamento se difere da internet em computadores pessoais que tendem a ter acessos mais duradouros.

Manovich (2013) aponta a crescente relevância do software como forma de expressão e como modelo para uma nova configuração midiática. O software, pensa ele, se transforma na nossa interface com o mundo, com os outros, com nossa memória ou nossa imaginação e passa a ser uma linguagem universal a partir da qual o mundo fala. O autor compara o software no início do século XXI à eletricidade e à combustão no começo do século XX. O entendimento é de que houve uma substituição das outras tecnologias de mídia que emergiram nos séculos XIX e XX. Nesse caminho, Manovich (2013) questiona se a mídia ainda existe, destacando a ubiquidade como uma das principais características. Ampliando o pensamento que envolve os estudos de software, base de suas reflexões, entende que não se fala apenas sobre sistemas ou programação de computadores, mas de serviços em redes sociais e tecnologias em mídias sociais. Trata-se de uma sociedade do software ou mesmo uma cultura do software. O objetivo de Manovich, e que serve de base para este projeto, é investigar o software como um todo na cultura contemporânea e, ao mesmo tempo, as forças culturais e sociais que estão definindo o seu próprio desenvolvimento. Nosso entendimento é de que o consumo de informações, via dispositivos móveis, nos já citados micromomentos do dia, constrói novos formatos culturais e sociais que acabam por influenciar a produção e o próprio consumo, ambos existindo em um único ecossistema.

Em uma década, afirma Manovich (2013), o computador deixou de ser uma tecnologia cultural invisível para se transformar no novo motor da cultura. Ao definir algumas categorias, descreve como primeira a do software para criação, edição e organização do conteúdo, a segunda para distribuição, acesso ou combinação, seja publicando, compartilhando ou remixando. A cultura digital tende a modularizar o conteúdo, permitindo aos usuários criar, distribuir e re-utilizar elementos do conteúdo. São processos que atualmente devem ser estudados juntos, e não separadamente como ocorria antes do desenvolvimento das mídias sociais e a proliferação das plataformas móveis. Mídias sociais e computação na nuvem apagam, em alguns casos, as fronteiras antes conhecidas e introduzem novas. Os Apps, presentes em larga escala nos dispositivos móveis, não apenas materializam a percepção de Manovich, como popularizam o software, tanto pelo modelo de distribuição (App Store) como pelo seu uso aplicado ao cotidiano.

As redes e serviços que começavam a relacionar o ambiente físico nas telas dos smartphones usavam a representação do mapa contendo *pins*, ou marcações, para fixar alguma ação ou espaço de interesse. Foi assim no experimento Locast (Pellanda, 2010), onde fatos na cidade eram registrados por voluntários e pesquisadores em um mapa que evidenciava um panorama de fatos. Ambientes como o Google Maps ou Apple Maps se tornaram uma visualização em pixels das cidades com representações gráficas ricas, com descrições e avaliações públicas de estabelecimentos comerciais. Mais do que "mapear", esses sistemas são hoje uma camada de interpolação entre o ambiente físico e virtual em uma escala cada vez mais complexa.

Em sincronia como uma das principais *affordances* dos smartphones, a câmara atua não somente para a função projetada inicialmente, a de capturar cenas, mas também para projetar objetos em pixels posicionados no contexto do ambiente físico. Ao chamar essa técnica de "Realidade Aumentada", podemos perceber a tensão no próprio conceito. A realidade já é, na essência, um fim na sua completude. Ao interpolarmos o ambiente digital estaremos "aumentando" não só a complexidade, mas também as funções dela. Neste momento o smartphone deixa de ser um simples suporte para o conteúdo para se tornar uma fronteira de objetos, função essa que deve ser realizada por óculos capazes de reproduzir RA no cotidiano.

Assim, a RA também cria um universo seu e particular daquele espaço cujas informações estão ancoradas. Por exemplo, uma informação sobre uma parada de ônibus em um mapa com geolocalização ou uma criatura de PokémonGo pertencem ao universo de átomos, ao passo que também cumprem uma função quando visualizados a partir da potência do código transformada em dado visual. Enquanto o imaginário reforça a ideia de metaverso como algo totalmente vinculado a uma tela, imprimimos código ao que está ao nosso redor, em um silencioso processo de digitalização. Compreendido esse dilema, resta observar o que podemos compreender como metaverso.

Metaverso, um metaconceito

Em alguns momentos do desenvolvimento da comunicação é possível observar um conceito em formação, defini-lo e progressivamente atualizar o conhecimento conforme evoluções ocorram. Uma das principais diferenças do contexto digital para seus meios analógicos predecessores é a velocidade com que fenômenos surgem, demandam reflexão, e a atenção destinada para isso acaba redirecionada ao passo que uma nova descoberta ou inovação é colocada para uso público.

A combinação de Comunicação, Informática, Economia, Sociologia e Cultura da atual sociedade de dados provoca a realização de pesquisas que demandam a manutenção de uma espécie de radar permanente sobre o estado do objeto e sobre o próprio método utilizado. A demanda tradicional de duvidar e atualizar até mesmo os autores consagrados é reforçada por movimentos do tempo. O próprio olhar sobre a obra de Castells reforça isso. A trilogia *A era da informação*, publicada entre 1996 e 1998 (Castells, 1999), foi deveras útil nos momentos de compreender a explosão da internet, mas a emergência de redes sociais e a necessidade de organizar a informação através de algoritmos transformaram o cenário, levando até as reflexões sobre as consequências políticas da rede (Castells, 2017, a partir de publicação original de 2012) e que foram atualizadas novamente pelo autor em *Ruptura* (2018), em uma espécie de manifesto próprio do pesquisador não pela revisão da sua obra, mas por compreendê--la dentro de uma trajetória.

O conceito – ou mesmo a compreensão sobre – de metaverso é mais um exemplo dessa reflexão em uma constante revolução por minuto dos produtos digitais. Tal qual outros objetos, como as Leis da Robótica de Asimov (2015, a partir de original de 1950) que inspiraram pesquisadores e desenvolvedores do campo da Inteligência Artificial, a palavra foi utilizada a partir de uma busca por uma palavra para definir um fenômeno que levou à ficção científica e sua capacidade de explorar o porvir antes do seu próprio acontecimento.

A palavra foi utilizada por Neal Stephenson em Nevasca (2008, *Snow Crash* no original de 1992) para descrever um mundo digital que existia paralelamente ao universo tradicional de átomos. Em uma crítica ao então crescente desenvolvimento do Vale do Silício e da vida cada vez mais digital, o autor reflete sobre a dualidade de uma pessoa que faz pequenos serviços nas ruas enquanto possui outro reconhecimento em um espaço totalmente sintético.

> Então Hiro na verdade não está ali. Ele está em um universo gerado por computador que seu computador está desenhando em seus óculos e bombeando para dentro de seus fones de ouvido. Na gíria, este lugar imaginário é conhecido como o Metaverso. Hiro passa um bocado de tempo no Metaverso (Stephenson, 1992, p. 35).

Stephenson produziu uma sátira que, com o passar do tempo, tornou--se uma crítica que volta para si mesma a partir da ampla utilização da palavra. A leitura do romance no contexto atual, à luz de um momento em que a empresa Meta clama por uma cooperação dos seus adversários (Zuckerberg, 2022), em um comportamento diferente do observado em momentos de proposição até mesmo de balões com acesso livre à internet a partir do Facebook, reforça quão necessário é ser crítico diante de práticas que buscam reforçar a exploração. Se no passado recente era a força de trabalho dos desenvolvedores, é possível vivenciar uma ênfase na busca por atrair e reter a atenção humana, espécie de matéria-prima para a viabilidade das empresas de informação digital.

Esse contexto torna a definição do termo difusa. Floridi (2022) reflete sobre os dilemas que dificultam a compreensão sobre o fenômeno. Há uma associação da palavra com o nome da empresa Meta e também uma ideia sobre um único novo espaço, uma nova internet, quando muitos esquecem que a própria internet é um conjunto de redes operando entre si.

> Antes de tudo, o Metaverso tem pelo menos dois significados, um pouco como o termo "Web". Podemos falar sobre isso como uma nova plataforma, entender como um espaço digital onde a experiência é virtual, tridimensional, imersiva e com possibilidades (limitadas) cinéticas e táteis. Mas também pode ser dita como um metaverso específico (note o m minúsculo) diferente de outros: imagine um metaverso de uma grife de moda e o metaverso de um jogo de tiro em primeira pessoa (Floridi, 2022, p. 3).[3]

Aqui podemos compreender uma das principais diferenças do conceito de metaverso para outros vistos anteriormente. Ele designa uma experiência em três dimensões, no estilo de programas como Second Life ou jogos como Roblox, ao passo que provoca uma nova versão da internet. Ou seja, seria como se tratássemos a web e as webs, e não a web e seus websites. A origem disso está na abertura para que cada empresa faça o seu ambiente, com seus padrões, objetivos e possibilidades (ou não) de comunicação com outros metaversos, diferente da orientação do W3 Council, que direcionou a web para um desenvolvimento orientado por normas comuns.

O que é uma das razões para a propagação de websites nos últimos anos é também visto como problema por outras empresas. Diante da pluralidade de ambientes digitais, os esforços recentes da empresa Meta, anteriormente conhecida como Facebook, refletem a busca por relevância da empresa em um momento da internet em que há uma busca por novos espaços de atenção para além das redes já consolidadas. Assim, ao trazer

---

[3] Tradução livre do original: "First of all, the Metaverse has at least two meanings, a bit like the term "Web". We can speak of it as a new platform, understood as that digital space where the experience is virtual, three-dimensional, immersive, and with (limited) kinetic and tactile possibilities. But it can also be spoken of as a specific metaverse (note the lowercase m) different from another: imagine the metaverse of a fashion house and the metaverse of an FPS (First-Person Shooter) game."

para si o nome Meta, Zuckerberg tenta agendar a opinião pública sobre o assunto e atrair para o seu grupo de empresas a atenção, assim como realizou com Facebook, Instagram e WhatsApp.

> De maneira breve, assim como há a Web e existem websites, há um Metaverso e seus "locais de metaverso". Qualquer um que tenta construir o Metaverso provavelmente fará referência para a ambição de fornecer a interface para o Metaverso e seus metaversos. Quase como desenvolver o navegador para acessar a Web (Floridi, 2022, p. 3).[4]

Ao passo que ambientes virtuais são desenvolvidos, também há uma busca por relevância no assunto. Se outrora houve a passagem da concentração do tráfego nos motores de pesquisa que direcionavam até os websites sem a necessidade de conhecer uma URL para redes sociais que convergiam para suas timelines diversos conteúdos, neste momento há uma tentativa de ser um ponto de entrada para a ideia de metaverso, constituindo em apenas uma experiência a ideia de visitar um metaverso. Este movimento do outrora Facebook busca antecipar o que a concorrente ByteDance, proprietária do TikTok, pode eventualmente realizar com seu *headset* Pico ou mesmo diante de iniciativa de empresas como Sony e Apple.

Portanto, podemos compreender o metaverso como um movimento comercial a partir de novas formas de visualizar informações on-line. Esta longa digressão é necessária antes de uma proposta conceitual por auxiliar na definição da compreensão do contexto atual da palavra. Ela pode ganhar novos tons no futuro conforme mudanças comerciais, sejam elas decorrentes do uso massivo de uma plataforma ou de decisões de um grupo de acionistas, por exemplo.

Este alicerce também é resgatado por Ball (2022) na sua proposta de definição oriunda de experiências e observações na área. O autor indica que é preciso lembrar que o termo antecipa algo que já está em prática e que pode agregar mais usuários com o passar do tempo. Para ele, isso

---

[4] Tradução livre do original: "In short, just as there is the Web and there are websites, there is the Metaverse and the "metaverse sites". Anyone trying to build the Metaverse probably refers to the ambition of providing the interface to the Metaverse and its metaverses. A bit like building the browser to access the Web."

ocorreu com a internet móvel, que era um conceito que aos poucos tornou-se acessível para o grande público, até ser fator predominante das estruturas de acesso (p. 23).

Em um contexto cujo imaginário sobre o assunto está em constante atualização, reforçado por notícias e representações digitais, a definição coloquial indica um mundo virtual permanente onde todos estão vestidos com avatares engraçados e competem em gincanas em Realidade Virtual para ganhar pontos, podem fazer alguma associação com suas franquias criativas favoritas e atuam nas suas mais impossíveis fantasias (p. 33).

Essa impressão reflete boa parte da prática, porém esquece de muito que ocorre na estrutura do processo. Assim, o autor reforça outros pontos em uma proposta de definição.

> Uma rede massiva escalável e interoperável formada por mundos virtuais em 3D renderizados em tempo real que podem ser experienciados de maneira síncrona e persistente por um número ilimitado de usuários efetivos com um senso individual de presença, e com uma continuidade de dados, como identidade, histórico de ações, direitos, objetos, registro de comunicações e pagamentos (Ball, 2022, p. 42).[5]

Este artigo parte dessa proposta para refletir como estudar este objeto que expande suas propriedades. Em uma perspectiva característica das Humanidades Digitais, aborda questões humanas e também técnicas. Estas últimas são importantes não apenas pela organização das estruturas de funcionamento, mas também porque definem o que é possível e o que não é permitido realizar nesses ambientes virtuais, impactando na fruição das experiências digitais.

É preciso ainda compreender que softwares podem receber definições duplas, como em outros momentos. Fortnite e Grand Theft Online, por exemplo, são metaversos e jogos ao mesmo tempo, assim como ClubPen-

---

[5] Tradução livre do original: "Here, then, is what I mean when I write and speak about the Metaverse: "A massively scaled and interoperable network of real- time rendered 3D virtual worlds that can be experienced synchronously and persistently by an effectively unlimited number of users with an individual sense of presence, and with continuity of data, such as identity, history, entitlements, objects, communications, and payments."

guin e Habbo Hotel eram espaços de chat e metaversos anteriormente. Observar o passado revela pistas importantes para o contexto atual.

Abordagens possíveis nos estudos sobre metaversos

Como observado anteriormente, estamos diante de um objeto composto por diversos exemplares e em constante atualização. As eventuais análises demandam a compreensão de fatores técnicos e também de fatores relacionados com a Comunicação, além de outras aproximações, como estudos econômicos e sociais. Há, portanto, a necessidade de combinar estratégias e aproximações, mesmo que alguns caminhos sejam utilizados para contextualização das pesquisas sobre o assunto.

Por exemplo, um olhar sobre Horizon Worlds, da Meta, prescinde de uma observação inicial sobre a plataforma vinculada com o metaverso, resgatando as proposições de D'Andréa (2020), porém pode utilizar as propostas de análise de blocos de Fernández-Vara (2019), em uma espécie de estrutura auxiliar para depois compreender as possibilidades de ação (ou seja, *gameplay*) neste mundo virtual.

Além disso, há outra questão inicial que também torna as pesquisas sobre o assunto únicas. Será analisado um objeto ou fenômeno que ocorre em um mundo sintético (Realidade Virtual), na combinação de átomos e bits (Realidade Aumentada ou Mista) ou a plataforma em si é observada? A resposta de cada uma dessas questões aponta para um caminho diferente.

Cabe ressaltar que nos dois primeiros casos existem questões fora da representação digital (Cadoz, 1997; Rocha, 2020) que também demandam estudos específicos ou mesmo reflexões de suporte para as outras. Para além da discussão ergonômica, fato importante desde o lançamento do Virtual Boy em 1995, é preciso entender como é realizada a entrada de dados e as ações possíveis, em uma perspectiva que demanda até mesmo um resgate – e atualização – das ideias de separação entre campos diegéticos e não diegéticos na experiência proposta por Galloway (2006).

Todos esses grupos também demandam reflexões sobre interseccionalidade, seja nos aspectos das plataformas ou ainda de estruturas de poder nesses espaços. Se isso ocorre nas plataformas (Dallegrave; Pase; Fontoura, 2022), também pode ocorrer entre interagentes e até mesmo entre pessoas e seus avatares em relações com outros controlados pelo sistema (*non-playble characters*, os *NPCs*), resgatando as ideias de Fragoso (2015) e adaptando para este contexto.

Os metaversos também permitem olhares sobre as performances realizadas no sistema. A partir da reflexão de Dallegrave (2020), é possível resgatar propostas tradicionais da área e pensar no que ocorre digitalmente. Se outrora a observação estava destinada aos humanos nesta cadeia de interações, também é possível discutir o que é realizado por gêmeos digitais (*digital twins*), modelos digitais fidedignos às celebridades que realizam uma espécie de trabalho automatizado nos mundos digitais. Este é um horizonte que ainda está um pouco distante do tempo atual, porém a ironia do pensamento sobre máquinas não realizarem greve pode ser transformada em realidade no futuro a partir de novas discussões sobre copyright. Quem é o dono do avatar, a pessoa conhecida, o sistema que o gerencia ou o metaverso que forneceu as condições para a sua execução? Há uma nova manifestação do fenômeno observado por Taylor (2009) ao estudar os jogos on-line e questões que organizavam disputas de campeonatos, manifestações de um cenário que demanda uma compreensão também técnica sobre um assunto tradicionalmente vinculado com as humanidades.

Nessa mesma fronteira, há um debate sobre as questões de publicidade envolvidas. Uma placa de publicidade ou um item em NFT dentro de um mundo virtual pode provocar análises que estejam vinculadas com as transações econômicas ou mesmo questões de status a partir de aparência (Tietzmann; Puhl, 2022). Além disso, o capital acumulado por empresas, influencers ou pessoas mais conhecidas neste cenário pode ser visto como análogo ao Capital Lúdico (Pase; Dallegrave; Fontoura, 2021), pois é híbrido de conhecimento armazenado com reconhecimento por outras pessoas, algumas vezes transformado em dinheiro em virtude do uso de funcionalidades de plataformas.

A proposta de matriz de análise de Rocha (2020) equilibra esses fatores e permite ir além, compreendendo o que ocorre dentro das experiências. Como ressaltado anteriormente, é preciso combinar também termos, muitas vezes do *game design*, para refletir sobre uma experiência jornalística ou de viés institucional. É preciso abandonar preconceitos sobre a área e compreender que ela há décadas (desde Crawford, 1984) busca refletir sobre criações digitais baseadas na ação do público. Entender as propriedades de algo planejado para ser interativo, transmitir uma mensagem e reter a atenção do público é necessário para os jogos, para experiências que combinam dados com localização e para o metaverso.

Conclusões preliminares

Para além de tendências tecnológicas, o que está no centro desta convergência em que a comunicação móvel está provocando a percepção de lugar e ambientação é uma expansão da internet como meio e como interface. É preciso novas abordagens metodológicas de aproximação deste objeto que nasce de forma híbrida. Há aqui uma proposta para refletir como a mobilidade e representações virtuais estão conectadas entre si, atuando em conjunto em alguns momentos e separadamente em outros.

A mobilidade foi expandida mesmo com os protocolos dos sistemas operacionais, que de uma certa maneira possuem aberturas para que desenvolvedores publiquem suas criações e atualizem ideias. Os metaversos caminham em algumas maneiras inversamente, com empresas, sobretudo a Meta, em busca de uma concentração da atenção e de toda a informação renderizada e tornada cenário. A história da internet em si reforça que em alguns momentos é possível concentrar forças, porém nem sempre a concentração em padrões de empresas significam uso permanente desses recursos. O próprio Flash, vedete de uma internet provocadora no seu visual, tornou-se obsoleto com os dispositivos móveis e suas dinâmicas visuais e de programação. Não é possível afirmar que esta é uma lei dos nossos tempos, mas é um pleno desafio para o grupo das cinco empresas que direcionam o ecossistema digital atual (Alphabet, Meta, Amazon, Microsoft e Apple).

Nesse cenário, não há pesquisa correta ou pesquisa com estratégia inválida. A pesquisa, se rigorosa, sempre terá sua relevância. Mesmo que perca a sua importância na atualidade em virtude de atualizações ou novas ferramentas, é importante para registrar o momento e servir como referência na compreensão da Comunicação. O pesquisador não prevê, ele indica possíveis desdobramentos. Seu papel não é acertar, mas sim alertar.

Referências

ASIMOV, I. *Eu, robô*. São Paulo: Aleph, 2015.

BALL, M. *The Metaverse*: And How It Will Revolutionize Everything. Nova York: Liveright Publishing Corporation, 2022.

CADOZ, C. *Realidade virtual*. São Paulo: Ática, 1997.

CASTELLS, M. *A sociedade em rede*. São Paulo: Paz e Terra, 1999.

CASTELLS, M. *Redes de indignação e esperança*: movimentos sociais na era da internet. Rio de Janeiro: Zahar, 2017.

CASTELLS, M. *Ruptura*. Rio de Janeiro: Zahar, 2018.

CRAWFORD, C. *The Art of Computer Game Design*. Nova York: McGraw-Hill, 1984.

DALLEGRAVE, L. *Streaming de jogos como sistema de performances*: um olhar sobre a transmissão ao vivo de uma streamer de Fortnite através da Twitch. Dissertação (Mestrado em Comunicação Social) – Escola de Comunicação, Artes e Design, Pontifícia Universidade Católica do Rio Grande do Sul, Porto Alegre, 2020. Disponível em: https://tede2.pucrs.br/tede2/bitstream/tede/9190/2/LETICIA_DALLEGRAVE_DISSERTACAO%20%281%29.pdf. Acesso em: 31 out. 2022.

DALLEGRAVE, L.; PASE, A.; FONTOURA, M. Algoritmo masculino, branco e heteronormativo: a interseccionalidade nos streamers em destaque no carrossel da capa da Twitch. *Fronteiras – estudos midiáticos*, v. 24, n. 1, p. 67-82, jan./abr. 2022. DOI: 10.4013/fem.2022.241.06

D'ANDRÉA, C. F. de B. *Pesquisando plataformas online*: conceitos e métodos. Salvador: Edufba, 2020.

FERNÁNDEZ-VARA, C. *Introduction to Game Analysis*. 2. ed. London: Routledge, 2019

FLORIDI, L. Metaverse: A Matter of eXperience. *Philosophy & Technology*, sep. 2022. Disponível em: https://ssrn.com/abstract=4121411 or http://dx.doi.org/10.2139/ssrn.4121411. Acesso em: 31 out. 2022.

FRAGOSO, S. "HUEHUEHUE eu sou BR": spam, trollagem e griefing nos jogos online. *Revista Famecos*, v. 22, n. 3, 129-163, 2015. DOI: 10.15448/1980-3729.2015.3.19302

GALLOWAY, A. R. *Gaming*: Essays On Algorithmic Culture. Minneapolis: University of Minnesota Press, 2006.

LÉVY, P. *O que é o virtual?* São Paulo: Ed. 34, 1996.

MANOVICH, L. *Software Takes Command*. [*S. l.*]: A&C Black, 2013.

MCLUHAN, M. *Os meios de comunicação como extensões do homem*. São Paulo: Editora Cultrix, 1974.

PASE, A.; DALLEGRAVE, L.; FONTOURA, M. Capital Lúdico: um reflexo da tecnocultura algorítmica em performances na plataforma de streaming Twitch. *Fronteiras – estudos midiáticos*, v. 22, n. 3, p. 2-15, set./dez. 2020. DOI: 10.4013/fem.2020.223.01

PASE, A.; VARGAS, F.; ROCHA, G. G. *joRValismo*. São Leopoldo: Oikos Editora, 2019.

PELLANDA, E. C. *Internet móvel*: novas relações na cibercultura derivadas da mobilidade na comunicação. Tese (Doutorado em Comunicação Social) – Pontifícia Universidade Católica do Rio Grande do Sul, Porto Alegre, 2005.

PELLANDA, E. C. *Locast civic media*: internet móvel, cidadania e informação hiperlocal. Porto Alegre: EDIPUCRS, 2010.

RHEINGOLD, H. *Smart Mobs*: The Next Social Revolution. [*S. l.*]: Basic Books, 2003.

RHEINGOLD, H. *The virtual community*: Finding commection in a computerized world. [*S. l.*]: Addison-Wesley Longman Publishing Co., Inc., 1993.

ROCHA, G. G. da. *Representação virtual jornalística*: proposta de matriz para análise de conteúdos jornalísticos em realidade virtual. Tese (Doutorado em Comunicação Social) – Universidade Católica do Rio Grande do Sul, Porto Alegre, 2020. Disponível em: https://tede2.pucrs.br/tede2/handle/tede/9182. Acesso em: 31 out. 2022.

STEPHENSON, N. *Nevasca*. São Paulo: Aleph, 2008.

TAYLOR, T. L. *Play Between Worlds*: Exploring Online Game Culture. Cambridge: MIT Press, 2006.

TIETZMANN, R.; PUHL, P. Moda e publicidade em transição: a exposição imersiva Íon (2021) de Lucas Leão. *Rizoma*, v. 10, p. 1-21, 2022.

WASBURN, P. C.; MEYROWITZ, J. No sense of place: The impact of electronic media on social behavior. *Contemp. Sociol.*, v. 17, n. 6, p. 820, 1988.

ZUCKERBERG, M. *Meta Connect 2022*. Disponível em: https://metaconnect.com/en-us/. Acesso em 31 de outubro de 2022.

Esports móveis: panorama e lacunas em uma agenda de pesquisa internacional[1]

Tarcízio Macedo[2]
Suely Fragoso[3]

Introdução

Os dispositivos móveis estão entre as conquistas tecnológicas mais disseminadas em todo o mundo (Atalay; Topuz, 2018). Entre os dispositivos mais relevantes, os *smartphones* encontram lugar privilegiado nas práticas comunicacionais e na vida cotidiana de milhões de pessoas ao redor do globo, na medida em que o barateamento dos aparelhos e a expansão da cobertura de rede banda larga móvel pelo mundo (Liao; Wu; Feng, 2019) os tornaram disponíveis o tempo todo.

Aliado a esses fatores, a indústria de *videogames* experimentou algumas transformações significativas na última década. A disponibilidade de jogos do gênero *battle royale*[4] em ambientes multiplataformas, por exemplo, é vista por alguns autores (Wardaszko *et al.*, 2019) como uma

---

[1] Versão revisada do trabalho apresentado no I Encontro da Digital Games Research Association (DiGRA) Brasil, realizado on-line em novembro de 2020. Fontes de financiamento: Conselho Nacional de Desenvolvimento Científico e Tecnológico (CNPq) e Coordenação de Aperfeiçoamento de Pessoal de Nível Superior (Capes).

[2] Doutorando em Comunicação e Informação pela Universidade Federal do Rio Grande do Sul (UFRGS); mestre em Comunicação, Cultura e Amazônia pela Universidade Federal do Pará (UFPA), com período sanduíche na UFBA e UNEB; especialista em Comunicação Científica na Amazônia pelo Núcleo de Altos Estudos Amazônicos (Naea, UFPA); graduado em Jornalismo pela UFPA. Pesquisador do Laboratório de Artefatos Digitais (LAD, UFRGS) e do Laboratório Cubo de Inovação da Escola de Comunicação, Mídia e Informação da Fundação Getúlio Vargas (EMCI FGV). E-mail: tarciziopmacedo@gmail.com.

[3] Pesquisadora CNPq Nível 1D e professora titular-livre da Universidade Federal do Rio Grande do Sul (UFRGS), onde atua nos cursos de Pós-Graduação em Comunicação (PPGCom) e graduação em Publicidade e Propaganda e Relações Públicas. É presidente do Chapter Brasil da Digital Games Research Association (DiGRA-Brasil). Realizou estágio pós-doutoral na Jagiellonian University (Polônia), é Ph.D em Communication Studies pela University of Leeds (Reino Unido), mestra em Comunicação e Semiótica pela Pontifícia Universidade Católica de São Paulo (PUC-SP) e arquiteta pela Universidade de São Paulo (USP). Coordena o Laboratório de Artefatos Digitais (LAD, UFRGS) desde 2005. Contato: suelyfragoso@ufrgs.br.

[4] É um gênero de jogo no qual vários jogadores são colocados para lutar pela sobrevivência, seja individualmente ou em equipes, em um mapa que periodicamente diminui.

das evoluções recentes mais marcantes na indústria de *games* no mundo. Somada a ela, os esportes eletrônicos (*esports*) são também considerados um fenômeno que alimenta progressivamente a mudança e o avanço na indústria de *videogames* e no *design* de jogos em nosso tempo (Falcão *et al.*, 2020; Wardaszko *et al.*, 2019).

Esse amplo contexto criou as condições necessárias para que pudesse emergir um fenômeno global particularmente interessante dentro do cenário de jogos digitais, um que tornou viável a esportificação/esportivização e profissionalização de jogos móveis (Macedo, 2022), jogadores e toda sorte de atores que integram as comunidades competitivas de base de *smartphones* e emuladores. Durante tempo considerável, os *esports* costumavam ser restritos apenas às interações humanas com computadores e consoles. No entanto, esse conjunto particular de circunstâncias descrito nas linhas anteriores permitiu com que nos últimos seis anos, sobretudo, os *esports* migrassem com sucesso também às plataformas móveis (Wardaszko *et al.*, 2019).

Os *esports* móveis (*mobile esports*), como assim são chamados, são agora uma categoria em ascensão dentro do universo esportivo e profissional dos jogos digitais e abrem um novo capítulo na história dos *esports*. Entretanto, sua institucionalização é, em grande medida, mais visível em países emergentes, como o Brasil e a China, onde o acesso a *smartphones* é mais facilitado em comparação a outras plataformas – computadores, *notebooks* e consoles (Ćwil *et al.*, 2019; Niko, 2019).

A atenção à profissionalização nos jogos digitais tem sido crescente na academia na última década, como mostram revisões de literatura (Reitman *et al.*, 2020; Rogstad, 2022) e trabalhos que discutem esta agenda de estudos (Macedo, 2022; Steinkuehler, 2020). A literatura sobre *esports* móveis é, no entanto, muito recente. Embora o interesse acadêmico pelo tema tenha crescido em número no campo das pesquisas em jogos digitais (Macedo, 2022; Reitman *et al.*, 2020; Steinkuehler, 2020), como dito, o debate sobre a esportificação e profissionalização dos e nos jogos móveis ainda é bastante limitado, tanto no país quanto em âmbito internacional. Há poucos estudos que documentam em especificidade as características dessa plataforma e o que ela acrescenta aos *esports* em relação às outras. Isto se deve, em certa medida, ao fato de esse fenômeno ter se desenvolvido com proeminência nos últimos seis anos, aproximadamente.

Com o objetivo de avaliar o atual estado da arte sobre os *esports* móveis em ascensão e estabelecer uma base para possíveis pesquisadores interessados, neste estudo revisamos sistematicamente a literatura acadêmica de *esports* móveis encontrada na produção científica internacional até 27 de setembro de 2021. Nosso intuito é documentar a evolução, apontar lacunas e observar os primeiros anos de apropriação dessa agenda particular de estudos pela comunidade acadêmica. Dividido em quatro partes, neste capítulo oferecemos, primeiramente, uma breve discussão sobre o conceito de *esports*, descrevemos os métodos utilizados para coleta da literatura, apresentamos, em seguida, os resultados e análises do mapeamento e, por fim, resumimos a pesquisa em cada trabalho, sinalizando as lacunas entre os estudos identificados.

A definição dos *esports*, um problema resistente

Esport, e-sport, eSport, e-Sport e *pro gaming* são alguns exemplos do número diversificado de denominações encontradas para o que se convencionou chamar de esportes eletrônicos. Os *esports* são recorrentemente identificados na literatura especializada dos *game studies* como uma configuração dos *videogames* competitivos na qual a atividade de jogo é definida pela profissionalização de seus membros. Essa multiplicidade de modos de se referir aos *esports* é acompanhada por uma quantidade proporcional de definições para a prática.

Mais de 40 anos depois de surgirem as primeiras experiências relacionadas aos *esports* (Borowy; Jin, 2013; Macedo; Falcão, 2019; Taylor, T., 2012), o problema em relação à sua definição permanece resistente. Em parte, essa questão deriva da própria natureza multidimensional do fenômeno, como mostram os estudos de Freeman e Wohn (2017, 2020) e Macedo (2022). Conceituar *esports* e situá-los, porém, tem sido um movimento retórico relevante e latente para inúmeros pesquisadores, pois fundamenta o enquadramento de suas pesquisas ao tema (Macedo, 2022; Reitman *et al.*, 2020; Taylor, T., 2012).

Embora o termo *esports* seja largamente empregado, acadêmicos abordam esta área sob distintos pontos de vista, destacando aspectos específicos e sem um consenso definido. Mesmo assim, muitos deles admitem, ao menos em sua compreensão profissional, que os *esports* popularmente dizem respeito a jogos competitivos para vários jogadores que abarcam assistir, em tempo real ou *gameplay* assíncrona, competições individuais ou em equipes e torneios on-line ou presencialmente.

Apesar da emergência de uma literatura conceitual e qualitativa sobre o fenômeno, algumas definições foram propostas no intuito de compreender a prática. Entre as disciplinas do conhecimento, Freeman e Wohn (2017) assumem que os *esports* receberam tratamentos que pairam entre jogo competitivo, esporte mediado por computador ou espetáculo interativo. As diferenças variam nos níveis de realce dados à fisicalidade, mediação do computador, infraestrutura institucional e ao espectador. No entanto, ainda que nos últimos anos a literatura sobre *esports* tenha conquistado fôlego (*cf.* Reitman *et al.*, 2020), as definições ainda sofrem com imprecisões e carência de especificidades. Um dos principais desafios para os estudos de *esports* persiste na falta de entendimento de seu escopo, conceito, das condições de fronteira e contexto, a diversidade de suas modalidades (Macedo, 2022), as diferenças em relação aos seus formatos e plataformas, as variações e especificidades características de cada modelo e tudo aquilo que permeia os *esports* como um tópico de pesquisa particular dentro dos *game studies*.

Alguns questionamentos que se ensejam, por exemplo, giram em torno de saber quais teorias são aplicáveis ao estudo de *esports*. Quais seriam as metodologias mais adequadas à pesquisa em *esports*? O estudo desse fenômeno requer uma abordagem distinta da usada nos estudos de jogos? Qual a diversidade das situações esportivas nos jogos digitais? Como as especificidades de plataformas e formatos unem e diferenciam a diversidade das situações esportivas nos jogos digitais? Um primeiro passo para abordar esse conjunto de questões, embora não exaustivo, consiste em revisitar criticamente algumas das principais definições oferecidas ao fenômeno em uma variedade de disciplinas. Iniciamos esse percurso a partir de três perspectivas gerais, através das quais podemos agregar algumas das definições sobre *esports* oferecidas por autores considerados representativos para o campo.

Esport como esporte mediado por computador

Um movimento comum aos *esports* consiste em observá-los a partir de uma lente que se volta a identificar o elemento esportivo imputado à prática. Essa leitura é construída tanto de uma perspectiva que examina a sua natureza a partir da ideia básica de esporte tradicional e de suas qualidades esportivas, quanto por outra que promove uma radical ruptura com os critérios objetivos e operacionais que prescrevem um esporte (a relevância motora da atividade, a organização das competições, o sistema regulatório e o arranjo institucional, por exemplo).

Um dos primeiros pensadores do esporte a se debruçar especificamente sobre o fenômeno dos *esports* é Hemphill (2005), embora sua definição se limite a considerar *esports* apenas jogos digitais esportivos – o que restringe a diversidade das situações de jogo no fenômeno, recentemente endereçada por Macedo (2022). Um ano depois, Wagner (2006) foi um dos primeiros pesquisadores a introduzir o termo *esport* no debate acadêmico. Ele oferece uma definição sobre o assunto, segunda a qual "esports é uma área de atividades esportivas na qual as pessoas desenvolvem e treinam habilidades mentais e físicas no uso de tecnologias de informação e comunicação" (Wagner, 2006, p. 438).

Essa definição mais abrangente, embora exclua o aspecto da competição, a plataforma e deixe ambiguidades sobre a forma como os *esports* são jogados (Jerry *et al.*, 2016), foi o ponto de partida de diversos autores (Hamari; Sjöblom, 2017; Jin, 2010; Macedo; Falcão, 2019; Taylor, T., 2012; Wardaszko *et al.*, 2019), cuja tendência exerceu forte influência nos estudos preliminares sobre *esports*, que se debruçaram sobre as qualidades esportivas da prática (Freeman; Wohn, 2017). Essa linha de debate persiste ainda hoje especialmente nas Ciências do Esporte, a partir de uma agenda voltada para a categorização da prática no contínuo das atividades esportivas (Reitman *et al.*, 2021). É o que fazem autores como Summerley (2020) ao analisar comparativamente o processo de institucionalização inicial dos esportes tradicionais e dos *esports* e estabelecer paralelos e diferenças entre ambas as instituições esportivas.

Esport como jogo competitivo

Esports como jogos competitivos é uma interpretação prática que privilegia o mecanismo central de jogos e da experiência de jogo (Freeman; Wohn, 2017), a base que fundamenta a indústria e o ecossistema de *esports* (Jerry *et al.*, 2016). Inúmeros autores sublinharam os *esports* a partir do conceito de competição. Dessa perspectiva a atividade foi descrita sob diferentes expressões que, em comum, convergiam à ideia de jogos competitivos de computador/on-line/*videogames* (Jin, 2010; Hamari; Sjöblom, 2017). Algumas dessas abordagens, porém, privilegiam a cultura profissional no âmbito dos *esports* (Macedo, 2022).

Ruvalcaba *et al.* (2018), por sua vez, conceituaram o fenômeno como uma forma de jogo competitivo de *videogame* em ambientes públicos (ambientes on-line ou *live streaming* de jogos) jogado contra outros jogadores on-line ou pessoalmente, por pontos, troféus ou velocidade (isto é, competir para concluir em menor tempo um jogo). Jenny *et al.* (2016, p. 4), no intuito de oferecer o que creem ser uma definição mais desenvolvida ao fenômeno, conceituam os *esports* simplesmente como "competições organizadas de videogames".

Em uma das obras mais populares sobre o assunto, T. Taylor (2012) prefere documentar como a comunidade compreende e produz a prática enquanto esporte. Embora não ofereça uma definição direta, a autora registra de maneira extensa como jogos de computador são esportes dirigidos ao espectador, efetivados a partir de atividades promocionais, infraestruturas de transmissão, organização socioeconômica de equipes, torneios e ligas e as performances dos próprios jogadores.

Esport como espetáculo

A natureza espetacular tem sido reconhecida como uma das distinções principais entre os *esports* profissionais e outras situações de jogo (Freeman; Wohn, 2017; Macedo; Fragoso, 2021). Esse argumento parte da premissa de que o esporte está associado à ideia de espetáculo desde sua origem: devido à sua própria natureza agonística, a espetacularização do jogo precede a ideia de espetáculo midiático (*cf.* Macedo; Fragoso, 2021). Nos *esports* essa herança é rastreável desde os primeiros campeonatos de *videogames*.

O modelo esportivo espetacular e o ecossistema esportivo de grandes torneios, cujos exemplos mais expressivos são representados pela Copa do Mundo de Futebol, as Olimpíadas e o Super Bowl, influenciaram consideravelmente tanto a conceituação de *esports* como espetáculo quanto a ação prática para esse fim. Os reflexos dessa modelagem dos *esports* aos termos do esporte é visível nos primeiros torneios de grandes escala internacional, como o World Cyber Games – fortemente influenciado pelos Jogos Olímpicos – ou World Series of Video Games, fundados respectivamente em 2000 e 2002. Essas iniciativas em nível global, voltadas para integrar os *esports* ao modelo do esporte convencional, foram substanciais na conceituação do fenômeno como espetáculo, argumentam N. Taylor (2015) e T. Taylor (2018). Mais do que isso, elas colocaram os jogos digitais no radar dos eventos esportivos espetaculares contemporâneos e deram força para a institucionalização dos *esports* em todo o mundo.

Procedimentos metodológicos: sistematização da revisão bibliográfica

Para explorar a relevância e a evolução dos *esports* móveis no contexto dos *game studies*, adotamos nesta revisão procedimentos metodológicos mistos complementares (Johnson; Onwuegbuzie; Turner, 2007), voltados para a organização do conhecimento e de natureza quali-quantitativa. Trata-se de um estudo descritivo, quanto aos objetivos, e bibliográfico e exploratório, no que diz respeito aos procedimentos técnicos. Nossa revisão é construída a partir da apropriação de duas das abordagens que correspondem à análise de domínio proposta por Hjørland (2002), as quais compreendem os estudos bibliométricos e estudos epistemológicos/críticos.

Pelos estudos bibliométricos, procuramos conhecer nove indicadores de produção (volume de publicações, nome dos autores, filiação, países, títulos, tipificação do documento, nome da publicação, ano e disciplina)[5].

---

[5] Em decorrência do baixo resultado, análises de citações e suas diversas relações e outros índices como

A partir dos estudos epistemológicos/críticos, investigamos as correntes teórico-filosóficas e abordagens empregadas pela comunidade discursiva para definir os *esports* móveis e o tratamento dado ao fenômeno (análise do grau de escopo e síntese geral dos trabalhos relevantes). A combinação dessas duas abordagens permitiu localizar as brechas referentes ao objeto de estudo e contribuir com o aprimoramento do debate. As etapas, portanto, dividem-se da seguinte forma:

a) Pesquisa bibliográfica para identificação, mapeamento e seleção de um conjunto de produções científicas sobre *esports* móveis publicadas em diferentes formatos (periódicos acadêmicos, anais de eventos, livros, capítulos, *preprints*, dissertações e teses, por exemplo) em repositórios de trabalhos acadêmicos e mecanismos de pesquisa. As fontes de dados adotadas nesta fase foram sete importantes repositórios de trabalhos acadêmicos, com um escopo capaz de cobrir uma ampla variedade de bases de dados científicos nacionais e internacionais: *Dimensions*, *Scopus*, *Academia.edu*, *ResearchGate*, Portal de Periódicos da Coordenação de Aperfeiçoamento de Pessoal de Nível Superior (Capes), Catálogo de Teses & Dissertações da Capes e Biblioteca Digital Brasileira de Teses e Dissertações (BDTD/Ibict). Para complementar as informações coletadas, buscas foram feitas na biblioteca da Digital Games Research Association (DiGRA) e do *Game Studies: the international journal of computer game research*, dois repositórios de relevância no campo dos *game studies*. Para a análise na próxima etapa, levamos em consideração o número total dos registros recuperados.

Esse conjunto de bases foi utilizado para consultas realizadas entre 20 e 27 de setembro de 2021. Inicialmente, foram definidas combinações de palavras-chave/expressões para orientar nosso levantamento. Chegamos aos seguintes descritores: "*mobile esport*", "*mobile e-sport*", "*esport* móvel", "*e-sport* móvel"[6] e suas variações no plural, considerando os dados

---

autores mais produtivos, tipos de autorias, países dos autores e periódicos científicos que mais publicam a temática não foram contempladas. Para estudos posteriores, além desses fatores, consideraremos os autores internacionais e nacionais que formam a frente de pesquisa no campo ou em áreas correlatas.

[6] Utilizamos as aspas com o intuito de especificar o que é procurado nos sistemas de busca. Em vez de contemplar os termos separados "*mobile*" e "*esport*", queríamos localizar documentos que mencionassem uma combinação específica de palavras, isto é, a expressão "*mobile esport*" e suas variáveis. Descartamos, assim, trabalhos que referenciavam apenas trechos do termo completo ("*mobile*" e "*esport*").

completos dos documentos disponíveis nas plataformas e sem restrições temporais até aquela data. Com esse conjunto de termos, adotamos uma rastreamento mais amplo por todos os dados (resumo, título e texto completo), porque consideramos a hipótese de que embora esses documentos não partissem dos *esports* móveis como tema principal, alguns deles talvez apresentassem o debate sobre a temática mesmo em estudos mais amplos sobre o fenômeno dos *esports*. Somado a isso, a pesquisa exploratória por títulos e resumos, com o intuito de filtrar os primeiros resultados e manter somente aqueles que possuem relação com o tema estudado, retornou apenas três trabalhos. Esse é um valor considerado insuficiente para o objetivo de compreender as tendências e o tratamento dado a este novo segmento dos *esports* até o momento.

b) Extração dos dados dos repositórios, catalogação e refinamento do material levantado. Nesta etapa foi gerado, primeiramente, um arquivo geral csv. onde foram inseridas, em uma tabela, as informações do título, tipificação do documento (artigo em periódico, artigo em anais, livro, monografia, capítulo de livro ou *preprint*), nome da publicação, ano, escopo e tipo de acesso (disponível ou indisponível on-line). Adotamos como critérios de exclusão: a) documentos repetidos; b) trabalhos que não estivessem em inglês/português/espanhol; c) documentos não disponíveis on-line; e d) a classificação do escopo.

c) Avaliação do grau de escopo dos estudos previamente selecionados. Nesta etapa, por meio de uma análise de conteúdo simplificada, cada estudo foi visitado para identificar o nível do escopo acerca do segmento de *esports* em análise. Com o intuito de obtermos um tratamento mais equitativo e resultados mais refinados, optamos pela normalização da categoria escopo com base em quatro níveis explicativos, presentes no Quadro 1, com suas respectivas descrições.

Quadro 1 – Categorias, graus ou níveis de classificação do escopo dos trabalhos

Categorias/níveis	Descrição
Alto	O tema do trabalho é pertinente à temática central (*esports* móveis).
Médio	O tema do trabalho não é voltado aos *esports* móveis, mas menciona a temática em algum detalhe.
Baixo	O tema do trabalho não é adequado à temática central da pesquisa e apresenta menção com baixa reflexão.
Inexistente	O termo é mencionado em referências ou de modo aleatório sem qualquer reflexão específica ao fenômeno.

Fonte: dados da pesquisa (2021).

Essa análise nos ajudou a reconhecer o modo como o conhecimento científico em *esports* móveis tem sido construído nos últimos anos. Após o emprego dos critérios de exclusão a, b e c, recorremos às categorias do escopo para excluir assuntos não pertinentes à temática central do levantamento. Para a aplicação dessa classificação, de forma a selecionar apenas trabalhos que se relacionassem com os *esports* móveis, uma análise de conteúdo de cada texto foi necessária para filtrar os estudos que tratassem do tema em questão. Os seis documentos que obtiveram o nível inexistente foram excluídos. Uma tabela final foi construída agregando os nove indicadores de produção, anteriormente relatados, incluindo um nono (grau de escopo).

Resultados: apresentação e análise

Os resultados são narrados, inicialmente, a partir da análise de dados bibliográficos sobre *esports* móveis, e, em seguida, apresentando o estudo epistemológico com base na análise do grau de escopo e na síntese geral dos trabalhos mais relevantes.

Análise de dados bibliográficos sobre *esports* móveis

Como dito, a primeira etapa desta revisão consistiu em uma varredura a partir da lista de termos predefinidos utilizando os mesmos critérios de buscas explicitados nas linhas anteriores. A partir desse levantamento foram recuperados, até 27 de setembro de 2021, 39 resultados na plataforma Dimensions: *mobile esport* e sua variação no plural retornaram um conjunto de 28 documentos, enquanto *mobile e-esport* e seu plural retornaram 11. As variações em português não apresentaram dados, assim como as buscas de todos os termos nas plataformas ResearchGate e Portal de Periódicos da Capes não localizaram novos registros aos obtidos nas varreduras anteriores. Já na Scopus, no Catálogo de Teses & Dissertações da Capes, no Academia.edu, no BDTD, na biblioteca de trabalhos da DiGRA e no periódico *Game Studies* nenhuma das palavras-chave encontraram documentos.

O passo seguinte consistiu em catalogar todo esse material em uma primeira tabela com apenas as informações do título, tipo de documento, nome da publicação, ano, acesso e escopo. Dos 39 trabalhos recuperados, 3 não estavam disponíveis on-line, 6 estavam repetidos, 4 eram de outros idiomas e 6 receberam o grau de escopo inexistente. Após a documentação dos dados, a aplicação dos demais critérios de exclusão e a análise do escopo, obtivemos um total de 20 documentos (51,28%)[7], assinados por 51 autores (autoria e coautoria, excluídos os que assinaram mais de um trabalho) de 12 países diferentes[8]. A evolução da produção científica sobre o tema pode ser observada na Figura 1, sob uma perspectiva diacrônica, com os maiores índices registrados em 2019.

---

[7] Trata-se de 10 artigos científicos, 4 artigos em anais de eventos, 4 capítulos de livros, 1 livro e 1 monografia (dissertação).

[8] Ao realizarmos a coleta de dados, também foram registrados os países de origem dos materiais. Vale salientar que foi considerada a filiação do pesquisador à sua instituição como país de origem, e não a nacionalidade do autor ou o país da publicação.

Figura 1 – Volume de publicações anuais, por disciplina, no *corpus* de *esports* móveis até setembro de 2021

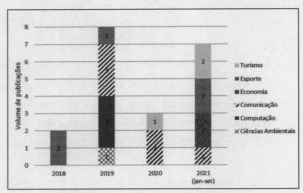

Fonte: dados da pesquisa (2021).

Das 1.405 publicações na plataforma Dimensions sobre *esports/e-sports* até setembro de 2021 (considerando a ocorrência dos termos no título/resumo), obtivemos um total de 20 documentos a respeito de *esports* móveis, o que equivale a 1,42% do universo disponível sobre o tema mais amplo, selecionados como *corpus* de análise[9]. Nenhum desses trabalhos, contudo, é assinado por pesquisadores vinculados às instituições de ensino e pesquisa no Brasil. As disciplinas acadêmicas representadas no material empírico são Comunicação, Esporte, Computação, Turismo, Economia e Ciências Ambientais (Tabela 1)[10].

---

[9] O *dataset* final utilizado nesta análise está disponível, em ordem cronológica, em: https://docs.google.com/spreadsheets/d/1GSdup6s8GOqyIzfdKF4vzXHV0h688Go7/edit?usp=sharing&ouid=114785229395838969372&rtpof=true&sd=true. A tabela agrega todas as categorias de análise bibliográfica e epistemológica, as quais incluem o volume de publicações, nome dos autores, suas filiações, países, título do documento, tipo de documento, nome da publicação, ano, disciplina e nível de escopo.

[10] Embora a maioria dos trabalhos atue de maneira interdisciplinar, utilizamos três critérios para classificar/vincular os resultados às áreas de estudo: (i) a filiação dos autores em dois níveis (faculdade/escola e departamento/centro); (ii) o escopo da publicação; (iii) e o conteúdo do trabalho.

Tabela 1 – Distribuição do *corpus* de *esports* móveis,
analisados por área de estudo, até setembro de 2021

Disciplina	Total de publicações	Porcentagem do corpus (%)
Comunicação	6	30%
Esporte	5	25%
Computação	3	15%
Turismo	3	15%
Economia	2	10%
Ciências ambientais	1	5%
Total	20	100%

Fonte: dados da pesquisa (2021).

Essa coletânea foi, então, organizada em uma tabela com nove indicadores de produção: nomes dos autores, filiação, país, título, tipo de documento, nome da publicação, ano, disciplina e escopo. A classificação do escopo de cada documento diz respeito a uma etapa qualitativa de nossa análise, tanto para identificação quanto para análise de documentos relevantes, a qual exploraremos resumidamente a seguir.

O primeiro estudo sobre *esport* móvel surge na produção científica internacional a partir de 2018 (Atalay; Topuz, 2018), vindo das Ciências do Esporte (Figura 1). Ainda nesse ano esse trabalho é seguido por outra obra que faz referência ao segmento (Skinner; Smith; Swanson, 2018), também no campo dos esportes[11]. Essas duas primeiras ocorrências aparecem dois anos após o governo chinês hospedar a primeira competição oficial de *esports* móveis no país, a China Mobile eSports Games, que permanece ativa desde 2016 (Niko, 2019). Essas pesquisas foram acompanhadas, em 2019, por publicações das Ciências da Computação (Ćwil *et al.*, 2019; Liao; Wu; Feng, 2019; Wardaszko *et al.*, 2019), Ciências da Comunicação (Biao; Wenxi; Guangyu, 2019; Canavarro; Sequeiros; Fernandes, 2019; Otu, 2019), Ciências do Esporte (Summerley, 2020) e Ciências ambientais (Wang *et al.*, 2019). A primeira menção aos *esports* móveis em um trabalho de turismo aparece no ano seguinte, em 2020.

---

[11] É importante, contudo, diferenciar o primeiro estudo sobre o fenômeno (Atalay; Topuz, 2018) da primeira menção aos *esports* móveis na literatura (Skinner; Smith; Swanson, 2018). Enquanto o primeiro discute um aspecto específico do segmento, o segundo faz uma breve alusão ao termo em determinado momento.

Como as ocorrências evidenciaram estudos que mais mencionavam casualmente o termo, em vez de pesquisas específicas sobre *esports* móveis, uma análise comparativa entre esses trabalhos produziria resultados inconclusivos e tendenciosos. Detivemo-nos, assim, em uma análise epistemológica exploratória sobre a temática em seus primeiros anos de presença no debate acadêmico.

Análise do grau de escopo dos trabalhos

Esta revisão de literatura também procurou tipificar o grau de escopo sobre *esports* móveis nas pesquisas, distribuindo-o em cada disciplina. A Figura 2, por sua vez, indica o tratamento dado ao fenômeno no quadro geral dos estudos mapeados.

Figura 2 – Percentual do grau explicativo de escopo das publicações

Fonte: dados da pesquisa (2021).

A partir da análise de escopo dos 20 artigos selecionados, os resultados permitem verificar que: 75% (15 documentos) da organização do conhecimento sobre *esports* móveis apresenta uma baixa reflexão sobre o assunto; 20% (4) alcançaram o escopo alto – equivalente a 0,28% do total disponível de trabalhos na plataforma Dimensions sobre *esports/e-sports* –; e apenas 5% (1) alcançaram o nível médio. Os resultados, além de refutarem a nossa hipótese inicial[12] e não permitirem o diagnóstico das tendências, demonstram que a maioria das pesquisas adota o termo *esports* móveis de modo aleatório, usual e como exemplo pontual em estudos sobre outros fenômenos sem que enderecem reflexões ou problematizações sobre a temática central. Nos 15 trabalhos de baixo escopo, o debate se volta para alguma especificidade dos *esports* de maneira mais ampla (10), à identidade do jogador (1), Instagram (1), esportes e economia (1), cidades e meio ambiente (1) e publicação digital (1).

Pelos resultados apresentados na Figura 3, é possível observar que os *esports* móveis têm sido discutidos com maior escopo em estudos da Computação, enquanto na Comunicação e nas Ciências do Esporte predominam abordagens que se limitam a menções momentâneas ao fenômeno. Embora as pesquisas sobre a temática estejam entrando em um primeiro momento de exuberância[13] (Fragoso *et al.*, 2017), esse é um comportamento recente quando consideramos que a Comunicação assume destaque nos estudos sobre *esports*, conforme mostra a revisão de literatura (em língua inglesa) desenvolvida por Reitman *et al.* (2020).

Figura 3 – Grau explicativo do escopo, por disciplina, apresentado no *corpus*

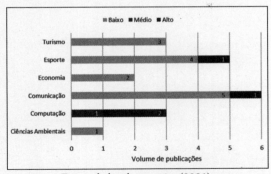

Fonte: dados da pesquisa (2021).

---

[12] Todos os trabalhos de alto escopo usaram alguma das palavras-chave relacionadas aos *esports* móveis para indexar seus estudos.
[13] Período particular no qual a atração da novidade do tema pela comunidade acadêmica amplia a quantidade de trabalhos (Fragoso *et al.*, 2017).

Esse cenário aponta para uma lacuna no que diz respeito a um fenômeno hospedado, particularmente, em países emergentes do Sudeste Asiático e da América Latina (Niko, 2016, 2019). A falta de propagação e institucionalização do fenômeno no Ocidente, sobretudo em países desenvolvidos (Summerley, 2020), talvez ajude a explicar o escasso debate até então. No entanto, os resultados da leitura crítica dos quatro documentos de alto escopo sobre *esports* móveis permitiram identificar algumas lacunas referentes ao conceito e contribuir com o aprimoramento das brechas existentes em direção a uma agenda que também se debruce sobre as especificidades da temática. É o que apresentamos a seguir.

Síntese geral dos trabalhos mais relevantes

Esta seção introduz um relato da última etapa de nossa revisão bibliográfica. O objetivo consiste, especialmente, em levantar os principais achados dos estudos mais relevantes – classificados com escopo alto – e brevemente situar o tratamento dado aos *esports* móveis pelo *corpus*.

O primeiro dos trabalhos indexado na plataforma Dimensions é escrito por Atalay e Topuz (2018). Os autores partem de uma definição de *esports* enquanto esporte mediado por computador (Hamari; Sjöblom, 2017; Wagner, 2006) e jogos competitivos (Jenny *et al.*, 2016). A partir desse referencial, examinam os aplicativos de *esport* móveis mais populares do mundo e concentram-se nos aplicativos hospedados em duas plataformas que possuem o maior número de usuários em escala global: App Store e Google Play Store.

O resultado da pesquisa verificou à época que os *esports* móveis possuem uma diversa área de uso em escala global e são largamente aceitos. Os mais populares aplicativos revelaram interesses em jogos semelhantes ao dos esportes tradicionais. Além disso, Atalay e Topuz (2018) reforçaram que a popularidade desses aplicativos varia conforme os sujeitos que utilizam as lojas, os diferentes países e a disponibilidade da aplicação (gratuita ou paga).

É estranho, no entanto, que apenas jogos digitais esportivos apareçam no *ranking* de Atalay e Topuz (2018). Borowy e Jin (2013) chamam a atenção para o fato de ainda existirem alguns pesquisadores, como é o caso de

Hemphill (2005), e *designers* de jogos que frequentemente intercambiam jogos digitais esportivos e *esports*. No entanto, há um consenso hoje que considera o *esport* um fenômeno muito mais abrangente em termos de jogadores profissionais, entusiastas, casuais, amadores e estudantes que se envolvem não somente com *videogames* esportivos, mas também com outros gêneros de jogo (Macedo; Fragoso, 2021).

O segundo estudo é de Wardaszko *et al.* (2019). Esses autores também partem de uma percepção de *esports* como esporte mediado por computador (Hamari; Sjöblom, 2017; Wagner, 2006) e como *gameplay* competitivo em *videogames*, cuja definição mais ampla agrega tanto amadores quanto profissionais. Com base nesse arcabouço, eles analisaram 16 diferentes aplicativos de *esports* móveis populares no intuito de estudar em profundidade o atual estado de implementação teórica e prática de sistemas de *matchmaking*[14] disponíveis na indústria de jogos móveis, isto é, as abordagens desses jogos para parear jogadores. Wardaszko *et al.* (2019) constataram que a estratégia dominante na indústria usa sistemas baseados em classificação de habilidade ou progresso (proporção de vitórias/derrotas ou o número de pontos de experiência adquiridos ao longo de uma dada temporada de jogo/historicamente).

O terceiro estudo é desenvolvido por Ćwil *et al.* (2019), que também assinam o estudo anterior. Nesta pesquisa os autores seguem o mesmo critério para definição dos *esports* como esporte mediado por computador e uma forma de competição envolvendo *videogames*, mobilizando alguns dos autores mencionados em nossa revisão (Hamari; Sjöblom, 2017; Hemphill, 2005). Essa é uma concepção que também não se firma num entendimento que limita os *esports* a um domínio exclusivamente profissionalizado (Macedo, 2022). A partir dessa interpretação, é analisado como o *matchmaking* exerce influência sobre o engajamento e a satisfação do jogador em 17 jogos de *esports* móveis.

Os resultados da pesquisa apontaram que muitos fatores influenciam o engajamento de jogadores de *esports* móveis, e o *matchmaking* é um dos mais relevantes. Jogadores possuem diferentes estilos de jogo e vários

---

[14] A organização de partidas (*matchmaking*) é um dos principais recursos da experiência em jogos on-line para conectar diferentes jogadores em sessões de jogos.

personagens, o que dificulta a tarefa de medir suas habilidades e pareá-
-los de modo que satisfaça ao maior número possível deles. Os resultados
sugerem, então, que a personalidade do jogador deve ser um dos critérios
incluídos nos sistemas de *matchmaking*, na medida em que ela influencia
nas reações e satisfação de um jogador em partidas.

Aquela que pode ser considerada, segundo nossos dados, a primeira
dissertação sobre *esports* móveis aparece com o trabalho de Otu (2019).
Sua abordagem aproxima dois dos três conjuntos de definições anteriores
para pensar nos *esports* como *videogames* competitivos, "voltados para jogadores profissionais que jogam para uma equipe" (p. 8), e como um tipo
de esporte mediado por computador com qualidades esportivas. O autor
aborda o surgimento dos *esports* móveis no contexto chinês e desenvolve,
inicialmente, uma análise sobre a tendência de expansão da indústria
de *esports* e *esports* móveis na China nos últimos anos, avaliando como a
governança política, tecnologia e fatores sociais, culturais e econômicos
são aspectos que exerceram grande influência para o estabelecimento da
indústria chinesa de *esports*, ajudando a moldá-la. Em seguida, Otu (2019)
compara, contrasta e identifica padrões semelhantes de comportamentos,
experiências e envolvimento de fãs chineses em atividades relacionadas aos
esports. O autor defende que a divisão móvel dos *esports* está contribuindo
significativamente para estabilizar ainda mais a gigante indústria de *esports*
no contexto da China.

Discussão

Um dos principais problemas em relação aos trabalhos obtidos é a
ausência de critérios mais adequados para justificar a escolha de certos jogos
como "*esports*" móveis ou a definição de um cenário de *esports* móveis. Aqui
a definição de *esport* é particularmente responsável por essa incongruência,
na medida em que os estudos oscilam entre concepções restritas (*esport*
como jogo profissional, como nos primórdios do debate do fenômeno) e
abrangentes (*esport* como prática amadora e profissional). Problema esse
que deriva do fato de os autores adotarem o conceito desenvolvido por
estudiosos de outras plataformas (consoles e computadores), acreditamos.
A definição de *esports* desses trabalhos também ignora a terceira abordagem
que se volta ao elemento espetacular de nossa revisão conceitual.

Cada uma dessas culturas de práticas voltadas para os *esports*, em suas múltiplas representações contemporâneas, é diretamente impelida pelos elementos do *design* inscritos em cada um desses contextos técnicos. Nesse sentido, a questão mais latente que se debruça sobre esses estudos diz respeito à falta de um consenso amplo a respeito da definição de *esports*, em geral, e *esports* móveis, em particular: o que define, então, um cenário de *esport*? E, sobretudo, o que faz de um jogo um *esport*? De que elemento formal ele necessita? Quais as características dessa modalidade e o que ela acrescenta ao conceito de *esports*? Um jogo sem uma estrutura profissional oficial – mantido apenas por uma comunidade de jogadores – pode ser um *esport*? Essas são questões em aberto que precisam ser melhor endereçadas, mas cujas contribuições iniciais oferecemos em trabalhos anteriores (Macedo, 2022).

Considerações finais

Apresentamos neste capítulo um mapeamento da bibliografia internacional encontrada sobre *esports* móveis até setembro de 2021. A partir da sistematização dos dados e de análises bibliográficas e epistemológicas, foi possível construir um panorama de organização do conhecimento sobre o fenômeno enquanto a temática avança em um primeiro momento de exuberância (Fragoso *et al.*, 2017). Nossa proposta ao conduzir esta revisão consistia em estabelecer uma base para futuros estudiosos interessados, revelando aos pesquisadores o que estaria em curso nos primeiros anos de apropriação deste objeto pela comunidade acadêmica.

Em nosso levantamento, identificamos 20 trabalhos que versavam, de alguma forma, sobre *esports* móveis em diversos formatos de publicação. A classificação confeccionada para este estudo buscou reunir os achados em blocos de análises, primeiramente de dados bibliográficos sobre os estudos para, em seguida, construir uma apreciação epistemológica com base no grau de escopo e na síntese geral dos estudos mais importantes. O primeiro bloco foi útil para detectar a quantidade de trabalhos que estão distribuídos em cada disciplina, além de um conjunto de indicadores bibliográficos. O segundo bloco, dividido em duas partes, permitiu compreender o tratamento dado ao fenômeno no quadro geral dos estudos mapeados, isto é, as correntes teórico-filosóficas e abordagens empregadas pela comunidade discursiva para definir os *esports* móveis.

Entre os principais resultados, destacamos o pequeno volume de trabalhos sobre o segmento de *esports* móveis até o momento, seja em âmbito nacional ou internacional, mesmo ampliando os critérios de seleção de dados. No material selecionado, predomina uma baixa reflexão sobre o assunto. Do total dos documentos, 15 deles mencionavam casualmente o termo, enquanto outros cinco ofereciam abordagens mais específicas direcionadas ao segmento. Computação é a disciplina que se destaca, acompanhada da Comunicação e das Ciências do Esporte. O fato de nenhum dos autores ser brasileiro demonstra, expressivamente, uma lacuna de pesquisa nos *game studies* no país que precisa ser preenchida para a própria expansão do campo, embora diversas bases de dados nacionais tenham sido contempladas em nosso mapeamento.

A pesquisa em torno dos *esports* móveis está em sua fase inicial. O nascimento desse objeto implica admitir que ainda existe uma gama de disputas e problemas fundamentais a respeito de como o campo está se construindo. Embora seja um desafio aos pesquisadores envolvidos nesse esforço inaugural, eles detêm a capacidade de moldar seu crescimento. Apesar de os *esports* para jogos de computador serem hoje predominantes na pesquisa (Reitman *et al.*, 2020), acreditamos que investigações adicionais sobre o cenário de *esports* móveis devem ser consideradas no debate se quisermos abarcar o fenômeno como um ecossistema de mídia holístico multidimensional (Wohn; Freeman, 2020).

Além disso, nos estudos sobre *esports*, *mobile esports* e *esports* móveis são termos ainda pouco usados por pesquisadores para indexar pesquisas específicas sobre o segmento esportivo nesta plataforma. Com a expansão dos *smartphones* e da internet móvel, especialmente com o advento da tecnologia de conexão 5G em diferentes partes do mundo, a experiência dos *esports* móveis sofrerá transformações (Biao; Wenxi; Guangyu, 2019). Atrelado a esse contexto, o crescente reconhecimento da indústria de jogos móveis deve impulsionar ainda mais os *esports* móveis a conquistarem mais espaço na indústria e no ecossistema global de *esports*. Consequentemente, a academia será chamada a compreender o fenômeno.

As limitações desta revisão de literatura residem, sobretudo, na construção do *corpus*. O primeiro aspecto a se considerar é que os termos escolhidos se restringem aos idiomas inglês e português. A literatura que revisamos, embora tentasse cobrir três idiomas, retornou apenas aqueles oriundos de língua inglesa. É importante reconhecermos, portanto, que este levantamento não leva à exaustão todas as produções, na medida em que existe a possibilidade de trabalhos acadêmicos relacionados se encontrarem em outras línguas, assim como existirem outras produções depositadas em repositórios que não foram contemplados nesta pesquisa.

Essa limitação implica uma probabilidade real de perda de uma significativa quantidade de literatura publicada em idiomas nativos de países que exercem influência no desenvolvimento dos *esports* móveis no mundo, especialmente da região da Ásia-Pacífico, principalmente da China, Tailândia, Vietnã, Coreia do Sul, Indonésia e Cingapura, dada a expansão dos *esports* móveis e de *smartphones* nesses países asiáticos (Jin; Schneider, 2016; Niko, 2016, 2019).

Portanto, é importante que o leitor considere que este levantamento se limita ao universo dos repositórios e idiomas consultados, documentando a evolução de parte da produção acadêmica sobre *esports* móveis até 27 de setembro de 2021. Se os *esports* móveis alcançarão o status de um objeto predominante nos estudos de *esports*, só o tempo dirá. Essa revisão pode ser um ponto de partida útil para pesquisadores que pretendem permanecer atualizados com a literatura publicada recentemente. Como o campo se mantém suficientemente pequeno, é possível revisá-lo por inteiro. Estudiosos devem estar atentos para desenvolver seus trabalhos a partir da literatura preexistente para que avanços sejam possíveis. Esperamos que revisões futuras do crescimento da literatura obtenham alguma utilidade nos tópicos que debatemos e construam linhas de investigação desconhecidas para esse *corpus*.

Referências

ATALAY, A.; TOPUZ, A. What Is Being Played in the World? Mobile eSport Applications. *Universal Journal of Educational Research*, v. 6, n. 6, p. 1243-1251, 2018.

BIAO, W.; WENXI, M.; GUANGYU, L. China's Digital Publishing Moving Towards In-Depth Integrated Development. *Publishing Research Quarterly*, v. 35, p. 648-669, 2019.

BOROWY, M; JIN, D. Pioneering eSport: The Experience Economy and the Marketing of Early 1980s Arcade Gaming Contests. *International Journal of Communication*, Los Angeles, v. 7, p. 1-21, 2013.

CANAVARRO, G.; SEQUEIROS, J.; FERNANDES, F. Game Design Decisions and Communication Theories Applied to eSports: A Literature Review. In: ZAGALO, N.; VELOSO, A.; COSTA, L.; MEALHA, Ó. (eds.). *Videogame Sciences and Arts*: Communications in Computer and Information Science. Cham: Springer, 2019, v. 1164, p. 123-135.

ĆWIL, M.; WARDASZKO, M.; DĄBROWSKI, M.; CHOJECKI, P. Empirical Studies on the Role of Matchmaking in Mobile Esports Player Engagement. In: HAMADA, R.; SORANASTAPORN, S.; KANEGAE, H.; DUMRONGRO-JWATTHANA, P.; CHAISANIT, S.; RIZZI, P.; DUMBLEKAR, V. (eds.). *Neo-Simulation and Gaming Toward Active Learning*. Translational Systems Sciences. v. 18. Singapore: Springer, 2019, p. 269-280.

FALCÃO, T.; MARQUES, D.; MUSSA, I.; MACEDO, T. At the Edge of Utopia. Esports, Neoliberalism and the Gamer Culture's Descent into Madness. *Journal Gamevironments*, Bremen, v. 13, n. 2, p. 382-419, 2020.

FALCÃO, T. *Não-humanos em Jogo*. Agência e Prescrição em World of Warcraft. 2014. Tese (Doutorado em Comunicação) – Universidade Federal da Bahia, Salvador, 2014.

FRAGOSO, S.; REBS, R.; REIS, B.; SANTOS, L.; MESSA, D.; AMARO, M.; CAETANO, M. Estudos de Games na área da Comunicação no Brasil: tendências no período 2000-2014. *Verso e Reverso*, São Leopoldo, v. 31, n. 76, p. 3-13, 2017.

FREEMAN, G.; WOHN, D. eSports as An Emerging Research Context at CHI: Diverse Perspectives on Definitions. In: Proceedings of the 2017 CHI Conference Extended Abstracts on Human Factors in Computing Systems, 2017. *Proceedings...* [s.l.]: 2017, p. 1601-1608.

HAMARI, J.; SJÖBLOM, M. What is eSports and why do people watch it? *Internet Research*, Bingley, v. 27, n. 2, p. 211-232, 2017.

HEMPHILL, D. Cybersport. *Journal of the Philosophy of Sport*, London, v. 35, n. 2, p. 195-207, 2005.

HJØRLAND, B. Domain analysis in Information Science: eleven approaches: traditional as well as innovative. *Journal of Documentation*, London, v. 58, n. 4, p. 422-462, 2002.

JERRY, S.; MANNING, R.; KEIPER, M.; OLRICH, T. Virtual(ly) Athletes: Where eSports Fit Within the Definition of "Sport". *Quest*, v. 69, n. 1, p. 1-18, 2016.

JIN, D. *Korea's On-line Gaming Empire*. Cambridge: MIT Press, 2010.

JIN, D.; SCHNEIDER, F. The Dynamics of Digital Play in Asia Introduction to the Third Special Issue of Asiascape: Digital Asia. *Journal of Asiascape*: Digital Asia, v. 3, n.1-2, p. 5-15, 2016.

JOHNSON, R.; ONWUEGBUZIE, A.; TURNER, L. Toward a definition of mixed methods research. *Journal of mixed methods research*, v. 1, n. 2, p. 112-133, 2007.

LIAO; S.; WU, F.; FENG, S. Improving Mobile Gaming Experience with User Status Detect System. In: STEPHANIDIS, C. (ed.). *HCI International 2019 - Posters*. HCII 2019. Communications in Computer and Information Science. v. 1033. Cham: Springer, 2019, p. 31-36.

MACEDO, T. Querelas esquecidas dos *game studies*: monopólio e diversidade configuracional nos *esports*. *Galáxia*, São Paulo, no prelo, 2022.

MACEDO, T.; FALCÃO, T. *E-Sports*, herdeiros de uma tradição. *Intexto*, Porto Alegre, v. 45, n. 2, p. 246-267, 2019.

MACEDO, T.; FRAGOSO, S. *Esports*, Espetáculo e Materialidade: reflexões sobre a prática profissional durante a pandemia de covid-19. In: Encontro Anual da Compós, 30., 2021, São Paulo. *Anais eletrônicos...* Brasília: Compós, 2021, p. 1-21.

OTU, A. *The Future of Gaming and Sport*: The Rise of the E-sports industry in China. 2019. Dissertation (Master of Arts in Global Media and Communications) – School of Journalism, Fudan University, Xangai, 2019.

REITMAN, J.; ANDERSON-COTO, M.; WU, M.; LEE, J.; STEINKUEH-LER, C. Esports Research: A Literature Review. *Games and Culture*, London, v. 15, n. 1, p. 32-50, 2020.

ROGSTAD, E. Gender in eSports research: a literature review. *European Journal for Sport and Society*, London, ahead-of-print, p. 1-19, 2021.

RUVALCABA, O.; SHULZE, J.; KIM, A.; BERZENSKI, S.; OTTEN, M. Women's Experiences in eSports: Gendered Differences in Peer and Spectator Feedback During Competitive Video Game Play. *Journal of Sport and Social Issues*, London, v. 42, n. 4, p. 295-311, 2018.

SKINNER, J.; SMITH, A; SWANSON, S. *Fostering Innovative Cultures in Sport*: Leadership, Innovation and Change. Cham: Palgrave Macmillan & Springer, 2018.

STEINKUEHLER, C. Esports Research: Critical, Empirical, and Historical Studies of Competitive Videogame Play. *Games and Culture*, London, v. 15, n. 1, p. 3-8, 2020.

SUMMERLEY, R. The Development of Sports: A Comparative Analysis of the Early Institutionalization of Traditional Sports and E-Sports. *Games and Culture*, London, v. 15, n. 1, p. 51-72, 2020.

TAYLOR, N. Professional Gaming. In: MANSELL, R.; ANG, P. (ed.). *The International Encyclopedia of Digital Communication and Society*. v. 1. London: Wiley Blackwell, 2015, p. 987-990.

TAYLOR, T. *Raising the Stakes*: E-Sports and the Professionalization of Computer Gaming. Cambridge: MIT Press, 2012.

TAYLOR, T. *Watch Me Play*: Twitch and the Rise of Game Live Streaming. Princeton: Princeton University Press, 2018.

WAGNER, M. On the Scientific Relevance of eSport. In: The ICOMP, 2006. *Proceedings...* Nevada: 2006, p. 1-4.

WANG, X.; LIU, S.; SYKES, O.; WANG, C. Characteristic Development Model: A Transformation for the Sustainable Development of Small Towns in China. *Sustainability*, v. 11, n. 13, 1-21, 2019.

WARDASZKO, M.; DĄBROWSKI, M.; ĆWIL, M.; CHOJECKI, P. Analysis of Matchmaking Optimization Systems Potential in Mobile Esports. In: Proceedings of the 52nd Hawaii International Conference on System Sciences, 2019. *Proceedings...* [s.l.]: 2019, p. 2468-2475.

WOHN, D.; FREEMAN, G. Live Streaming, Playing, and Money Spending Behaviors in eSports. *Games and Culture*, London, v. 15, n. 1, p. 73-88, 2020.

Entre tradição e contramodernidade: proposta de um modelo para a investigação do atravessamento da circulação midiática e da circularidade do afro na diáspora

Deivison Moacir Cezar de Campos[1]

A experiência inaugural do negro junto a Modernidade Ocidental foi marcada pela expropriação, genocídio e escravização de pessoas do continente africano. O deslocamento forçado de milhões de seres humanos desencadeou uma ruptura nas formas de construir coletividades, saberes e identidades, provocando uma "fissura histórica e experiencial entre lugares de residência e lugares de pertencimento" (Gilroy, 2007, p. 152) para os descendentes dessas populações.

A travessia representou também um corte e um apagamento não só da relação com o lugar, mas com qualquer forma de suporte de memória que não a oralidade para a transmissão do pensamento "do rastro/resíduo que lhe restavam" (Glissant, 2005, p. 20), pelo qual foi possível uma continuidade nos fenômenos culturais contemporâneos a partir de um passado "que os moldou, mas que eles não mais reconhecem e a eles apenas ligeiramente se parecem" (Gilroy, 2001, p. 358).

Glissant (2005) entende que a circularidade é constituinte da diáspora, pois, mais do que um lugar de passagem, o Atlântico tornou-se um mar de encontro e implicações, no qual

> [...] os africanos, vítimas do tráfico para as Américas, transportaram consigo para além da Imensidão das Águas, o rastro/resíduos de seus deuses, de seus costumes, de suas linguagens. Confrontados à implacável desordem do colono, eles conheceram essa genialidade, atada aos sofrimentos que suportaram, de fertilizar esses rastros/

---

[1] Doutor em Ciências da Comunicação. Professor do Programa de Pós-Graduação em Comunicação Social da Pontifícia Universidade Católica do Rio Grande do Sul (PUCRS). E-mail: deivison.campos@pucrs.br.

resíduos, criando, melhor do que sínteses, resultantes das quais adquiriram o segredo (p. 83-84).

Caracterizada pela desterritorialidade e pela ressignificação dos rastros de africanismos, a diáspora se estabelece como matriz cultural viajante em torno de um "mesmo mutável" (Gilroy, 2001, p. 208), ou seja, uma tradição com características não tradicionais. Como forma de abordar esses movimentos e fluxos culturais, não especificamente o de matriz africana, García-Canclini (1998) defende a necessidade "de uma cartografia alternativa do espaço social, baseada mais nas noções de circuito e fronteira" (p. 314).

Seguindo essa premissa, o presente texto apresenta a proposição de um modelo desenvolvido para cartografar e analisar o processo de circulação midiática de produtos simbólicos produzidos nas culturas negras e as estratégias de comunicação, territorialização e reconfiguração das culturas negras em diáspora nos processos de consumo. Parte-se do pressuposto de que a circularidade que caracteriza as culturas negras em diáspora encontrou no processo de circulação midiática uma territorialidade num espaço igualmente em movimento.

Esse atravessamento oferece uma territorialidade em movimento e um repositório de memória que, no processo de circulação de produtos simbólicos, possibilita reterritorializações transitórias para o consumo coletivo e potencializa a presentificação das tradições negras em diáspora. Observa-se igualmente uma acoplagem da "esfera pública alternativa negra" (Gilroy, 2001) e a esfera pública capitalista, através do sistema de mídia.

Entende-se que as interações sociais da comunidade negra, realizadas em torno do consumo coletivo desses produtos simbólicos, que se organizavam tradicionalmente por estruturas de rodas sagradas ou profanas, foram atravessadas pelo midiático. Essa afetação fez com que os elementos constitutivos da identidade negra, desterritorializados pelos movimentos de diáspora forçada e, antes, compartilhados somente pela interação pessoal nas rodas, fossem difundidos também pelas mídias. Com isso, o consumo coletivo possibilita novas formas de presentificação das tradições e de interação.

A comunicação é o lugar de produção do comum e, portanto, configura-se como estratégico para a construção de identidades e resistência pelas populações negras e igualmente para a transformação simbólica e material da sociedade, necessárias para o processo de de(s)colonização, para Fanon (2005). Considerando o contexto de midiatização, entendido como "um processo de mudanças qualitativas em termos de configuração social por efeito da articulação da tecnologia eletrônica com a vida humana" (Sodré, 2017, p. 109)

Não se pode falar de uma incipiência da discussão da Comunicação Social entre os negros, considerando a tradição de imprensa e das estratégias de visibilidade construídas nos dois últimos séculos. No sentido contrário, a produção em Comunicação ainda se organiza de uma forma que recusa conhecimentos produzidos a partir de outras matrizes epistêmicas. Nesse sentido, o processo de institucionalização do debate sobre raça e diversidade na área é incipiente.

Nesse contexto, apontam-se demandas e possibilidades epistemológicas para entradas mais propositivas de pesquisa, considerando as discussões sobre o decolonial e o próprio estatuto da Comunicação. O debate sobre a decolonialidade do saber propicia a oportunidade para o tensionamento do campo a partir de outras perspectivas que não as eurocêntricas, historicamente validadas. Por outro lado, o debate sobre o estatuto da Comunicação que aponta características de pós-ciência pela dispersão de objeto e métodos (Sodré, 2017) e pela potência redescritiva do conhecimento validado (Braga, 2010), considerando o atravessamento da cultura pelas transformações sociotécnicas, oferece oportunidade para novas tentativas.

A presente reflexão insere-se no debate e visa contextualizar e apresentar um modelo com proposições teórico-metodológicas a partir de referências do pensamento negro decolonial, a fim de dar conta de um fenômeno comunicacional contemporâneo que oscila entre a tradição e a contramodernidade – no sentido proposto por Gilroy (2001). O texto está organizado em dois momentos. Inicialmente, contextualizam-se as culturas negras em diáspora em suas características desterritorializadas e em movimento a partir de um referencial teórico predominantemente de autores do pós-colonial. No segundo momento, é apresentada a proposta de circuito afromidiático.

A diáspora como território, contexto e lócus

A centralidade dos sistemas de mídia nas culturas contemporâneas (Hall, 2003) possibilitou a circulação e apropriação de estilos, ideias e histórias que se deram pela transferência de formas culturais, políticas e estruturas de sentimentos, respaldadas em discursos políticos de cidadania, justiça racial e igualdade. O fluxo tem sido facilitado por um contexto comum de "experiências urbanas, pelo efeito de formas similares – mas de modo algum idênticas – de segregação racial, bem como pela própria memória da escravidão, um legado de africanismos e um estoque de experiências religiosas definida por ambos" (Gilroy, 2001, p. 175), que configuram a diáspora negra.

A mídia configura-se, dessa forma, num espaço de fortalecimento identitário e territorialização do afro, pois, como o fluxo comunicacional, os referenciais de pertencimento não necessitam de uma ancoragem no espaço geográfico, mas demandam de um território mesmo que em fluxo. A diáspora torna-se assim um lugar de vivência cotidiana, principalmente através de estratégicas estéticas, fazendo com que os negros cada vez mais busquem identificar-se com elementos étnicos tradicionais na perspectiva afro-diaspórica e, por isso, permanentemente presentificados e reelaborados. O consumo de produtos simbólicos dessa territorialidade midiática afro possibilita, dessa forma, a construção de identidade e pertencimento para negros na diáspora.

A diáspora, segundo Gilroy (2001), tem sido utilizada como uma metáfora para a configuração adotada pelas culturas negras fora do continente africano. A abordagem propõe identificar as "formas geopolíticas e geoculturais de vida que são resultantes da interação entre sistemas comunicativos e contextos que elas não só incorporam, mas também modificam e transcendem" (p. 25). Trata-se, portanto, de uma espacialidade geocomunicacional.

A deslocalização configura-se como estruturante das identidades negras nesta espacialidade. Enquanto os africanos escravizados mantinham relações de memória com o lugar de origem, seus descendentes tiveram que reorganizar o pertencimento a partir da relação apenas com essa memória desterritorializada. Readequações como essas são consideradas radicais por

García-Canclini (1998, p. 309) por refletirem a "perda da relação natural da cultura com os territórios geográficos e sociais".

Sem as referências espaciais, os descendentes de africanos tiveram que reconfigurar uma tradição através de rastros, a fim de dar sentidos aos processos culturais, pois "Todos que estão aqui pertenciam originalmente a outro lugar. Longe de constituir uma continuidade com os nossos passados, nossa relação com essa história está marcada pelas rupturas mais aterradoras, violentas e abruptas" (Hall, 2003, p. 30).

Essa impossibilidade de manter heranças estáveis levou à criação de "algo imprevisível" unicamente a partir da memória, construindo um sistema de pensamento que se opõe à "falsa universalidade" moderna (Glissant, 2005, p. 20). Essa oposição às relações racialmente hierarquizadas e ao desequilíbrio cultural produziu estratégias para refazer o equilíbrio "através de uma revalorização da herança africana" (p. 21), produzindo identidades com "apetite de mundo" (Cesaire, 2010) a partir de um "mesmo mutável" em que

> [...] o mesmo é retido sem precisar ser reificado. Ele é permanentemente reprocessado. Ele é mantido e modificado naquilo que se torna decididamente uma tradição não tradicional, pois não se trata de uma tradição como uma repetição fechada ou simples. Sempre promíscua, a diáspora e a política de comemoração definida por ela nos desafiam a apreender formas mutáveis que podem redefinir a ideia de cultura através de uma reconciliação com o movimento com a variação complexa e dinâmica (Gilroy, 2007, p. 159).

A luta para dar sentido aos rastros produziu uma África na diáspora, possibilitando o surgimento de uma política e uma hermenêutica negra (Gilroy, 2001). No entanto, a "África que vai bem nesta parte do mundo é aquilo que a África se tornou no Novo Mundo, no turbilhão violento do sincretismo colonial, reforjada na fornalha do panelaço colonial" (Hall, 2003, p. 40).

A circulação desses elementos e produções culturais possibilita "uma oferta simbólica heterogênea, renovada por uma constante interação do local com redes nacionais e transnacionais de comunicação", seguindo a proposição de García-Canclini (1998, p. 285) para circuitos transnacionais de cultura. A perspectiva da diáspora, portanto, "não se trata de um contradiscurso, mas de uma contracultura que reconstrói desafiadoramente sua própria genealogia crítica, intelectual e moral em uma esfera pública parcialmente oculta e inteiramente sua" (Gilroy, 2001, p. 96). Nesse território simbólico e alternativo,

> [...] tanto contar histórias como produzir música contribuíram para criação de uma esfera pública alternativa, e isto, por sua vez, forneceu o contexto no qual os estilos particulares de autodramatização autobiográfica e autoconstrução pública têm sido formados e circulado como um componente essencial das contraculturas raciais insubordinadas (p. 374).

Esses discursos e imaginários circulam por essa esfera pública alternativa que está em todo o lugar e se opõe à modernidade – por valorizar uma tradição mesmo que não tradicional; à nação – pela desterritorialidade; e ao etnocentrismo europeu – pela valorização do afro. Esses circuitos mantêm uma tensão permanente à esfera pública capitalista eurorreferenciada pelo fato de, "em todo lugar, subverter e traduzir, negociar e fazer com que se assimile o assalto cultural global sobre as culturas mais fracas" (p. 45).

Esse território simbólico é permanentemente acessado por militantes culturais que pautam suas críticas ao presente a partir de recordações e reconstruções do passado (Gilroy, 2001). Nessa esfera pública alternativa, os negros constroem propostas de "atuação micropolítica praticadas em culturas e movimentos de resistência e transformação" (Gilroy, 2007, p. 157). Essas diferentes tradições e as necessárias ressignificações locais geram a polifonia da expressão cultural negra.

O sistema de chamado e resposta tem sido a principal característica das produções dessas tradições em movimento. Por isso, "passou a ser vista como uma ponte para outros modos de expressão cultural, fornecendo, juntamente com a improvisação, montagem e dramaturgia, as chaves hermenêuticas para o sortimento completo de práticas artísticas negras" (Gilroy, 2001, p. 167). Essas formas artísticas, produzidas e presentificadas nos processos comunicacionais da diáspora, são os repositórios em que as culturas da diáspora preservam as aspirações por emancipação e exigência de cidadania não atendidas com o fim do escravismo. A circulação midiática torna-se estratégica no processo.

A música tem proeminência no interior dessas comunidades, tornando-se um elemento de conexão entre elas, através dos contínuos "empréstimos, deslocamentos, transformação e reinscrição" (Gilroy, 2007, p. 209). Organizadas em torno de manifestações musicais de cunho sagrado ou profano, a fim de atender as necessidades comunicativas, as populações negras "tem produzido e reproduzido a cultura expressiva única, na qual a música constitui um elemento central e mesmo fundamental" (Gilroy, 2001, p. 161).

As músicas, no entanto, não devem ser ouvidas como simples "recuperação de um diálogo perdido", mas como "adaptações conformadas aos espaços mistos, contraditórios e híbridos da cultura popular" (Hall, 2003, p. 343). As produções são utilizadas em toda a diáspora como uma forma de comunicação que extrapola a necessidade do uso da palavra, seja ela escrita ou falada, tendo construído, através de seus processos de produção, circulação e consumo, os referenciais de "autoidentidade, a cultura política e a estética fundamentada que distinguem as comunidades negras" (Gilroy, 2001, 167).

No processo dinâmico do mercado musical contemporâneo, recombinadas das mais diferentes formas, as batucadas que "adaptaram os padrões sagrados às exigências seculares" (Gilroy, 2007, p.246) podem ser ouvidas nos diferentes estilos de musicalidade negra. Dessa forma, mantêm um diálogo sempre atualizado com as sobrevivências consideradas africanas que marcam as culturas e identidades em circulação na diáspora. Através do sistema de mídias

> Os músicos, dançarinos e artistas negros do Novo Mundo difundiram estas reflexões, estilos e prazeres através dos recursos institucionais das indústrias culturais colonizadas e capturadas por eles. Essas mídias, principalmente a gravação de som, têm sido apropriadas às vezes com propósitos subversivos de protesto e afirmação (Gilroy, 2007, p. 159).

A música mantém sua funcionalidade tradicional nas culturas afro-diaspóricas de produção do comum, inserindo-se na produção de estéticas e políticas que se inserem na cotidianidade. As estratégias de usos midiáticos, no entanto, têm gerado diferentes tipos de afetações e afetos principalmente a partir do desejo de estar junto. Sodré (2006) retoma a definição de "alegria trágica", a partir de Nietzsche, para referir-se aos ritos coletivos tradicionais, por relacionar-se a uma "entrega radical do indivíduo à comunidade" (p. 199).

Essa alegria é constituinte e resultado da troca da força vital, ligada ao "reconhecimento do aqui agora da existência, das relações interpessoais concretas, a experiência simbólica do mundo" (Sodré, 2006, p. 210). Esse sentido aparece então como uma continuidade na constituição de identidades e pertencimento, sendo utilizado em manifestações estéticas que adquirem potência política.

Os circuitos configurados por esses usos midiáticos das culturas viajantes adquirem igualmente formas transitórias. Por isso, a experiência negra diaspórica atualiza constantemente suas referências, reforçando a característica de "mesmo mutante", através do diálogo e tradução em perspectiva local. Privilegia, portanto, a experiência comunicacional e se oferece como um modelo de pensamento crítico de fronteira, tornando-se assim uma "resposta epistêmica do subalterno ao projeto eurocêntrico da modernidade" (Maldonado-Torres, 2010, p. 481).

Circularidade, circulação e atravessamentos

A ruptura com o lugar levou a um processo de ressignificação, reterritorialização e uma permanente presentificação das tradições negras na diáspora ante a experiência de desconstituição identitária, condição determinada pelo escravismo, substituído pelo racismo. Essa experiência foi definida por Du Bois (1996, p. 3) como dupla consciência, ou a permanente sensação de "olhar para o seu eu através dos olhos dos outros".

A proposição da *dupla-consciência* foi observada por Hall (1996) no processo de reconfiguração da identidade ao propor as categorias de *ser uno* e *ser devir*, como estruturantes das definições identitárias do negro fora da África. A primeira das categorias refere-se à tradição africana ressignificada e em constante presentificação e a segunda, à adequação às novas exigências do contexto. O mesmo é afirmado por Gilroy (2007) com as

278

categorias de "ser e não pertencer". Diz ainda que a identidade cultural afro adquire características que a diferencia das outras, pois

> [...] não é meramente uma categoria social e política a ser utilizada ou abandonada de acordo com a medida na qual a retórica que a apoia e legitima é persuasiva ou institucionalmente poderosa [...] embora muitas vezes seja sentida como natural e espontânea, ela permanece o resultado da atividade prática: linguagem, gestos, significações corporais, desejos (p. 209).

A perspectiva de ser sem pertencer (Gilroy, 2007) apreende a questão territorial imanente às culturas negras em diáspora. No processo de reelaboração cultural, a roda de batuques, sagrada e profana, foi a primeira tentativa de reconstituição de uma territorialidade negra fora da África. A formação se constrói a partir dos corpos que demarcam um espaço que possibilita um retorno simbólico à África, ou pelo menos ao que há de afro nas culturas da diáspora. Nesse território constitui-se um *éthos* que "incorpora e privilegia a musicalidade e tudo o que ela permite de extravasamento emocional e utilização do corpo de modo comunicativo e sensual" (Amaral; Silva, 2006, p. 190).

A roda segue a perspectiva relacional do círculo, mantendo uma hierarquia que "existe fundamentalmente para a condição de estar a serviço do outro. A circularidade, neste sentido, propõe uma diferente relação de alteridade" (Oliveira, 2004, p. 51). A roda altera também a relação espaçotemporal, tensionando o aqui-agora do lugar em que surge. Isso porque o tempo torna-se o da tradição e os limites da formação fazem com que a leitura hegemônica do centro adquira outra significação – o círculo e a fronteira apontados por Glissant (2005) e Gilroy (2001).

Entendida dessa maneira, a roda aproxima-se da definição de Benjamin (1994, p. 170) para *aura* por ser "uma figura singular, composta de elementos espaciais e temporais: a aparição única de uma coisa distante, por mais perto que ela esteja". Nessa espacialidade, os elementos dessa tradição não tradicional da diáspora são acionados e comunicados, geralmente através de cantos e performances, a fim de presentificar essas referências. Essa característica é que confere a dimensão transitória ao território da roda e aos formados para consumo coletivo – presenciais e mediados.

A desconstituição da territorialidade, no entanto, não impede que o *éthos* da tradição presentificada, que é apropriado e afeta os participantes, se mantenha em circulação e em atualização, pois a identidade negra é "o resultado da atividade prática: linguagem, gestos, significações corporais, desejos" (Gilroy, 2001, p. 209).

As culturas negras resultantes dessa diáspora, marcadas por práticas em *processo* e *fluxo*, encontraram na circulação midiática territorialidades possíveis. A circulação na perspectiva comunicacional trata-se principalmente da circulação de sentidos discursivos, culturais ou de capital inseridos em processos comunicacionais mediados, ou não (Grohmann, 2020). Na perspectiva cultural, que interessa ao objeto em discussão, circulação se refere a

> [...] maneiras de produzir e consumir ideias, mercadorias e espaços, inclusive com determinados rituais, não somente midiáticos ou de consumo, mas de circulação, isto é, fazer circular determinadas formas culturais, produzindo e/ou modificando vínculos de sentido entre sujeitos e instituições (Grohmann, 2020).

A circulação para Fausto Neto (2018), seguindo Verón, pode ter seus principais momentos observados através das gramáticas de produção e reconhecimento, relacionados à cultura em circulação. Na perspectiva do afro, a circularidade característica da diáspora negra foi potencializada desde a criação dos dispositivos fonográficos, dinamizando a circulação e a permanente presentificação necessária à tradição em movimento, a partir das quais se organizam relações de identidade e resistência (Campos, 2014). Esse uso dos mídias aprofundou as relações comunicacionais que se iniciaram, segundo Gilroy (2001), com a circulação de navios.

O desenvolvimento das tecnologias digitais e a aceleração da circulação de informações facilitaram a comunicação entre as culturas negras em diáspora, o que produziu uma espacialidade em fluxo para a ancoragem dessa tradição igualmente em movimento. Dessa maneira, as relações mediadas dão continuidade às sociabilidades tradicionais das culturas negras e, ao mesmo tempo, produzem novas sociabilidades.

Observa-se nesse processo de circulação de produtos e nas diferentes formas de apropriação e uso deles, incluindo a presentificação da tradição, a constituição de um circuito afromidiático. O circuito, nessa perspectiva, configura-se em

> [...] uma base objetivada para aquilo a ser repassado como circulação de 'mãos em mãos'. A cada ponto nodal ou 'estação' identificável, são realizadas ações interacionais, adjunção de códigos, geração de inferências – desenvolvendo, portanto, outros sistemas de relação entre os componentes aí articulados (Braga, 2017, p. 44).

Essa midiatização dos *éthos* afro, portanto, possibilitou um maior acesso aos rastros de africanismos, facilitado por esse atravessamento dos sistemas de circulação midiática e circularidade afro, produzindo igualmente o da esfera pública capitalista com a esfera pública alternativa negra. Por outro lado, configurou uma territorialidade em fluxo para essa cultura viajante, antes desterritorializada.

Sodré (2002), entendendo a midiatização como "um novo modo de presença do sujeito no mundo" (p. 24), considera que o *medium* acoplado a um dispositivo técnico torna-se um fluxo comunicacional cujo "código produtivo pode tornar-se 'ambiência' existencial". A característica contramoderna se refere ao fato de as culturas negras já apresentarem a característica do movimento antes das possibilidades tecnológicas e, principalmente, ao fato de estar voltada para a tradição, mesmo que esta demande a permanente presentificação.

Nesse processo, o consumo coletivo – festas, comunidades, grupos das mídias – produz territorialidades transitórias, onde se dá a apropriação e uso dos rastros – fluxo, tornado fixo. A circulação midiática se configura numa apropriação insubordinada à esfera pública negra, ou seja, o desterritório da diáspora africana. Considerando essa processualidade e os atravessamentos apresentados, propõe-se um circuito que busca dar conta dos processos materiais e simbólicos, midiáticos e sociais, apontando desdobramentos espaçotemporais e de presentificação do *éthos* afro.

O circuito afromidiático

Dinamizado por um produto simbólico, o circuito constitui-se em três ciclos e dois eixos. O ciclo dos processos de materialidade (interno) e o ciclo dos processos simbólicos (externo) são articulados pelo eixo espaçotemporal (horizontal) e o experiencial-midiático (vertical). Esses ciclos apontam momentos de atravessamento entre a circulação e a circularidade. O ciclo de mediação (central) aponta para o processo de consumo coletivo, considerando a relação com a tradição em movimento mantida pelas culturas negras em diáspora e os processos de construção identitária. Por isso, o acionamento segue em sentido da direita para a esquerda, partindo da *memória coletiva*. A partir dessas proposições, o circuito adquire uma conformação.

O circuito observa processos de consumo coletivo de *produtos simbólicos* que carreguem afetos afro – rastros de africanismos –, possibilitando a presentificação da tradição e a consequente construção de pertencimento. Esse consumo se dá a partir de ambiências midiáticas que, através de usos insubordinados, constroem territórios transitórios afro a partir de referenciais culturais da diáspora que são ali experenciados e presentificados/atualizados.

Para García-Canclini (2008, p. 60), o consumo define-se como "o conjunto de processos socioculturais em que se realizam a apropriação e os usos dos produtos" e se constrói como "parte da racionalidade integrativa e comunicativa de uma sociedade" (p. 63). No entanto, por serem organizados em meio a "tendências globalizadoras, os atores sociais podem estabelecer novas interconexões entre culturas e circuitos que potencializem as iniciativas sociais" (García-Canclini, 2007, p. 28).

A operacionalização do circuito se dá a partir de observação dos processos de consumo coletivo, tensionados pelos diferentes conceitos que constituem os ciclos e eixos do circuito. Os ciclos referem-se à processualidade em que podem ser observados o atravessamento sociomidiático, ou seja, a relação entre a esfera pública alternativa negra e a esfera pública capitalista.

No centro do processo, está o produto simbólico (música, audiovisuais, postagens, etc.). Junto a este, aparece o ciclo das processualidades materiais, ou das materialidades. Esse ciclo apresenta os processos midiáticos, *meio* e *processo técnico*, e da circularidade, *sociabilidades* e *experiência*. Essa característica de atravessamento também está presente no ciclo das processualidades simbólicas, que aparece na parte externa do circuito. Os momentos *território transitório* e *circulação* estão relacionados aos processos midiáticos e os momentos *diáspora* e *pertencimento* à circularidade.

Observa-se, portanto, que na mesma processualidade, ciclos, interagem elementos ligados às culturas negras e ao midiático, configurando o atravessamento proposto. Esse movimento, presente no circuito, busca dar conta da acoplagem entre as duas esferas públicas, construindo com isso o que Luhmann define como acoplamento estrutural à possibilidade de um sistema se utilizar de outro sistema sem com isso alterar sua estrutura. Essa comunicação é relevante e os elementos constroem um processo cujos resultados são contingentes (Luhmann, 2010). Dessa forma, constitui-se em

> [...] um mecanismo de relação inter-sistêmica por meio do qual um sistema (social, psíquico) utiliza as estruturas de funcionamento de outro sistema para operar os próprios processos comunicativos, aparecendo não apensas como perturbação, mas também como ferramenta auxiliar de funcionamento das operações (Costa, 2019).

No uso do circuito, os momentos são apontados a partir dos empíricos. A produção de dados é realizada a partir dos eixos. O eixo espaçotemporal (horizontal) é constituído pelos momentos: 1) *território transitório*; 2) *mídia*; 3) *produto midiático*; 4) *sociabilidade*; 5) *diáspora*. Esse eixo apreende o processo em que o produto simbólico, tocado por um mídia, produz uma ambiência, um *território transitório*, em que elementos da diáspora são territorializados a partir das *sociabilidades*. Esse eixo aponta, portanto, para a contextualização e a afetação espaçotemporal desencadeadas nessa processualidade, ou seja, assim como na roda, a ambiência constitui um espaço-tempo da tradição em movimento a partir de produtos simbólicos que transportam dos rastros de africanismos em circulação na diáspora.

O eixo experiencial-midiático (vertical) apresenta os momentos: 1) *circulação*; 2) *processo técnico*; 3) *produto midiático*; 4) *experiência*; 5) *pertencimento*. Refere o *processo técnico* que vai produzir a mídia – agregando elementos de forma, que possibilita a *circulação* do *produto simbólico* e como a experiência junto a esse produto em circulação leva a construção do *pertencimento*. Aponta com isso para a relação do midiático com o humano. A partir desse eixo, observa-se a afetação pelos rastros de africanismos presentificados e que produzirão os sentidos de pertencimento.

No sentido contrário, a consequente atualização e presentificação do afro, produzindo novas leituras e formas de ser em diáspora, igualmente colocados em circulação.

Considerando os dados e inferências produzidos a partir dos eixos, aciona-se o ciclo de mediação, que aponta o processo de consumo coletivo, formado pelos momentos 1) *memória coletiva*; 2) *apropriação*; 3) *uso*; e 4) *identidade*. Como referido, a aplicação dos momentos ocorre no sentido da tradição – direita para esquerda –, o que dialoga com as características de contramodernidade (Gilroy, 2001) da identidade cultural afro.

Observam-se os rastros de africanismos oferecidos pelo *produto simbólico* e como estes se relacionam com a *memória coletiva* do grupo de consumo. Busca-se então apontar os elementos dessa memória que são *apropriados* e *usados*. Esses usos no *território transitório*, ou posteriormente, apontam para *identidade*, considerando esta um processo em construção (Hall, 1996).

Mais do que articulação e constituição do circuito, os 13 momentos constituem-se igualmente em conceitos. Algumas das definições estão apontadas no texto a fim de manter a coerência do circuito. No entanto, o objeto empírico acionado para a realização da investigação pode demandar outras perspectivas teóricas. Considerando as características de fluxo, tanto da circulação midiática como da circularidade da diáspora, essa abertura atende a esse movimento.

Considerações iniciais

O *circuito afromidiático* é resultado da sistematização de um instrumento teórico-metodológico construído para atender um objeto específico durante a produção da tese de doutoramento sobre a construção de pertencimento afro em festas de Black Music[2]. Trata-se, portanto, de um circuito com aspiração de construção de perspectivas afro, com potência decolonial. Também por isso é produzido em diálogo, sem sua maioria, com a produção de pensadores negros ligados ao pensamento pós-colonial.

---

[2] A proposição inicial e aplicação do circuito pode ser lida na tese *Do disco à roda: a construção de pertencimento afro-brasileiro pela experiência na festa Negras Noites* (Campos, 2014).

Propõe-se, com ele, apreender: 1) o processo de atravessamento entre circulação midiática e a circularidade do afro na diáspora; 2) o movimento de territorialização e desterritorialização das culturas negras em diáspora através de circuitos midiáticos; 3) a afetação tempo-espaço decorrente do processo de constituição de ambiências midiáticas; 4) as dinâmicas comunicacionais de uma tradição permanentemente presentificada; 5) a midiatização do *éthos* afro; 6) as estratégias de usos insubordinados das mídias por grupos historicamente silenciados; e, ainda, 7) a construção de identidade negra e pertencimento afro pelo consumo coletivo das mídias.

Mais do que uma conclusão, a reflexão demanda reafirmar a intenção inventiva do circuito não só no aspecto teórico-metodológico, mas pelo tensionamento epistêmico da Comunicação. Igualmente dedica não somente a atenção às culturas negras dessa espacialidade complexa, como busca elementos epistêmicos nessas culturas para a sua constituição. Apresenta-se enfim como uma pesquisa em processo e uma proposta-tentativa sobre o afro a partir da Comunicação.

Referências

AMARAL, R.; SILVA, V. G. da. Foi conta para todo canto: as religiões afrobrasileiras nas letras do repertório musical popular brasileiro. *Revista Afro-Asia*, n. 34, 2006. p. 189-235.

BENJAMIN, W. *Magia e técnica, arte e política*: ensaios sobre literatura e história da cultura. São Paulo: Brasiliense, 1994.

BRAGA, J.L. Circuitos de Comunicação. In: BRAGA, J.L., RABELO, L., MACHADO, M., ZUCOLO, R., BENEVIDES, P., XAVIER, M.P., CALAZANS, R., CASALI, C., MELO, P.R., MEDEIROS, A.L., KLEIN, E., and PARES, A.D. *Matrizes interacionais:* a comunicação constrói a sociedade [online]. Campina Grande: EDUEPB, 2017, pp. 43-64.

BRAGA, J. L. Disciplina ou campo? O desafio da consolidação dos estudos em Comunicação. In: FERREIRA, J.; FREITAS, L.A.S.; PIMENTA. F.J.P. *Estudos da Comunicação:* transversalidades epistemológicas. São Leopoldo: Ed. Unisinos, 2010.

CAMPOS, D. M. C. de. *Do disco à roda*: a construção do pertencimento afro--brasileiro pela experiência na festa Negra Noite. Tese (Doutorado em Comunicação) – Universidade do Vale do Rio dos Sinos, São Leopoldo, 2014.

CESAIRE, A. *Discurso sobre a negritude*. Belo Horizonte: Nandayala, 2010.

COSTA, A. L. *Estratégia discursivo-midiáticas do Ministério Público Federal e tensões entre os sistemas midiáticos e jurídicos*. III Seminário internacional de Pesquisas em Midiatização e processos Sociais. PPGCC-Unisinos. São Leopoldo, RS – 6 a 10 de maio de 2019.

DU BOIS, W. E. B. *The Souls of Black Folk*. The eletronic Text Center. University of Virginia Library,1996. Disponível em: http://etext.lib.virginia.edu. Acesso em: 31 ago. 2022.

FANON, F. *Os condenados da terra*. Juiz de Fora: Ed. UFJF, 2005.

FAUSTO NETO, A. Circulação: trajetos conceituais. *Rizoma*, Santa Cruz do Sul, v. 6, n. 2, p. 8, dezembro, 2018.

GARCÍA-CANCLINI, *N. Consumidores e cidadãos. Rio de Janeiro: Ed. UFRJ, 2008.*

GILROY, P. *Entrecampos*: nações, culturas e o fascínio da raça. São Paulo: Annablume, 2007.

GILROY, P. *O Atlântico Negro*: modernidade e dupla consciência. São Paulo: Ed. 34. 2001.

GLISSANT, E. *Introdução a uma poética da diversidade*. Juiz de Fora: Ed. UFJF, 2005.

GROHMANN, R. O que é circulação na comunicação? Dimensões Epistemológicas. *Revista Famecos*, Porto Alegre, v. 27, p. 1-13, jan.-dez. 2020. Disponível em: https://revistaseletronicas.pucrs.br/ojs/index.php/revistafamecos/article/view/35881/26276. Acesso em: 22 nov. 2022.

HALL, S. *Da diáspora*: identidades e mediações culturais. Belo Horizonte: Ed. UFMG, 2003.

HALL, S. Identidade cultural e Diáspora. *Revista do Patrimônio Histórico e Artístico Nacional*, n. 24, 1996.

LUHMANN, N. *Introdução à Teoria dos Sistemas.* Petrópolis: Vozes, 2010.

MALDONADO-TORRES, N. A topologia do ser e a geopolítica do conhecimento: modernidade, império e colonialidade. In: SANTOS, B. de S.; MENESES, M. P. *Epistemologias do Sul.* São Paulo: Cortez, 2010.

OLIVEIRA, E. D. de. *Cosmovisão africana no Brasil*: elementos para uma filosofia afrodescendente. Fortaleza: LCR, 2004.

SODRÉ, M. *A ciência do comum*: notas para o método comunicacional. Petrópolis: Vozes, 2017.

SODRÉ, M. *As estratégias sensíveis*: afeto, mídia e política. Petrópolis: Vozes, 2006.

SODRÉ, M. *Antropológica do espelho*: uma teoria da comunicação linear e em rede. Petrópolis: Vozes, 2002.

Controvérsias e interdições
ao debate estético na esfera pública

Gabriela Machado Ramos de Almeida[1]

Situamdo o fenômeno: o contexto e as questões

A enorme repercussão em torno de *Black is King*, álbum visual da cantora Beyoncé lançado em 31 de julho 2020 na plataforma de streaming *Disney+*, deu a ver de forma mais explícita, para além dos comentários sobre os atributos da obra em si, controvérsias que vêm se repetindo em casos diferentes, mas com algumas semelhanças entre si: a complexidade dos juízos estéticos e os limites da crítica cultural em um contexto de intensa participação política e ativista via redes sociais digitais.

Em 2022, com o lançamento do disco *Renaissance*, também de Beyoncé, novamente controvérsias se instalaram. Uma delas foi o caso de um texto publicado no site de música eletrônica *Resident Advisor*[2] em que a jornalista e produtora de conteúdo negra e *queer* Kiana Mickles afirma que falta a Beyoncé, enquanto mulher cisgênera e rica, uma compreensão mais detida "das subculturas das quais ela toma algo emprestado [nesse caso, a cultura *ballroom*] e que esse interesse repentino e aleatório na cultura *queer underground* torna sua execução estranha, na melhor das hipóteses, e dolorosamente indulgente, na pior". (Mickles, 2022). A autora diz ainda que é difícil compreender se o disco opera pela chave da apreciação ou da cooptação da cultura *ballroom*.

A crítica teve grande circulação no Twitter, na maioria dos casos acompanhada de comentários duros contra Mickles, cujo texto foi qualificado

---

[1] Doutora em Comunicação e Informação pela Universidade Federal do Rio Grande do Sul (UFRGS). Professora do Programa de Pós-Graduação em Comunicação e Práticas de Consumo da Escola Superior de Propaganda e Marketing (PPGCOM/ESPM), onde coordena o grupo de pesquisa Sense – Comunicação, consumo, imagem e experiência (CNPq). E-mail: gabriela.almeida@gmail.com.

[2] Disponível em: https://ra.co/reviews/35009. Acesso em: 15 out. 2022.

pelo apresentador do *podcast Popcast*[3] como "corajoso". Os comentários[4] evidenciam os modos como os fãs tomam como ofensa pessoal uma eventual crítica negativa à obra de artistas por eles admirados, ainda que se trate de uma crítica escrita, no caso do site *Resident Advisor*, por uma mulher negra e *queer*. Muitos usuários desqualificaram Kiana Mickles e o *site*, que classificaram como desimportante (mas mesmo assim se sentiram compelidos a "defender" Beyoncé da crítica publicada nesse espaço).

Essa dinâmica está relacionada a fatores como a popularidade imensa de Beyoncé, a lógica comumente religiosa dos *fandoms* de artistas pop, que não admitem críticas negativas à obra de artistas por eles adorados, e também ao enorme potencial de circulação e consumo nas redes de qualquer produção simbólica (do disco em si às críticas a ele dirigidas), o que, por sua vez, pode se desdobrar em infindáveis discussões sobre um mesmo assunto.

Gostaria de retomar, no entanto, o uso do adjetivo "corajoso" para se referir à crítica de Kiana Mickles e mencionar outro caso em que a posição de sujeito e as credenciais de especialista do autor da crítica não foram suficientes para evitar a enérgica reação nas redes sociais. Em 18 de fevereiro de 2022, foi publicada na *Folha de São Paulo* – epicentro de diversas das controvérsias mapeadas até o momento no Brasil no processo de acompanhamento de casos que motivou a elaboração do projeto de pesquisa do qual este artigo é um primeiro desdobramento – uma crítica[5] de autoria de Luiz Maurício Azevedo ao livro *Homens Pretos (Não) Choram*, do escritor Stefano Volp, com os seguintes título e linha fina: *'Homens Pretos (Não) Choram' soma clichês ao tentar parecer poético | Livro de Stefano Volp sofre da mesma condescendência dos que pensam que literatura é uma peça de defesa.*

---

[3] Disponível em: https://open.spotify.com/episode/5npd0qJt8rZTWMqkdL49UB?si=aVkZwK0zSoW ISwaUL7OGyQ. Acesso em: 12 out. 2022. A entrevista com Kiana Mickles tem início no minuto 40 do *podcast*, aproximadamente.

[4] Mapeados com a própria ferramenta de busca do Twitter, utilizando os termos "Kiana Mickles Beyoncé" e "Resident Advisor Beyoncé".

[5] Disponível em: https://www1.folha.uol.com.br/ilustrada/2022/02/homens-pretos-nao-choram-soma-cliches-ao-tentar-ser-poetico.shtml. Acesso em: 2 nov. 2022.

Azevedo atribui ao livro uma estrela (ou seja, a pior cotação) e questiona, em seu texto, como conciliar uma tendência de mercado – a publicação de mais obras de autores e autoras negros/as – com uma recepção crítica que não seja condescendente. Também qualifica o trabalho de Volp como "má literatura" e diz que a estratégia de lançamento do livro, com

> [...] paratextos adulatórios de nomes que já provaram seu valor no cenário cultural brasileiro — como Jeferson Tenório e Emicida — reforça a sensação de que talvez essa obra seja importante porque quem a escreveu o é.
> Isso, é claro, funciona muito bem para a celebração das mídias sociais, mas não para o ofício literário. A existência de Volp, afinal, merece nosso festejo. A julgar por essa obra, sua literatura ainda não (Azevedo, 2022).

Talvez seja possível chamar a crítica de Luiz Maurício Azevedo também de corajosa, mas a própria ideia de que é necessário ter coragem para emitir juízos em um contexto que deveria ser de livre circulação de ideias – imprensa, arte e cultura – é um dos pontos de atenção para a discussão proposta aqui. O fato de Azevedo ser um dos idealizadores e editores-chefes de uma editora especializada na publicação de autores/as negros/as, crítico literário com doutorado e dois pós-doutorados, bem como autor de diversos ensaios sobre literatura negra e afrodiaspórica publicados em jornais, revistas e periódicos acadêmicos, aparentemente não foi suficiente para autorizá-lo a escrever uma crítica negativa de uma obra de um escritor também negro.

Stefano Volp publicou um post[6] no Twitter em que diz "Meu livro hoje foi detonado em uma crítica literária na @folha! "Má literatura". A credibilidade da editora que me publica foi colocada em cheque [sic] por publicar um livro como o meu.". O post também reproduz o *link* para o texto na *Folha*, bem como uma foto do jornal impresso, com a crítica de sua obra ocupando a metade inferior de uma página inteira no influente caderno "Ilustrada". Sem que tenha dirigido palavras ofensivas ao crítico

---

[6] Disponível em: https://twitter.com/stefanovolp/status/1495156454076125193?s=20&t=NPrdI-AJJpjb89fU3WGHuw. Acesso em: 13 out. 2022.

ou conclamado um escracho, o post de Volp foi suficiente para a produção de outra controvérsia envolvendo a crítica cultural. Com um total de 4.898 curtidas e 547 compartilhamentos, sendo 286 deles acompanhados de comentários[7], o *tweet* viralizou e acabou originando uma série de ataques pessoais a Luiz Maurício Azevedo, que tornou o caso público em seu perfil no Instagram, recebendo inclusive a solidariedade do próprio Volp[8].

Seja na leitura das respostas ao *post* do escritor ou nos comentários da publicação de Azevedo no Instagram, fica evidente a circulação de um entendimento de que, no caso de arte produzida por uma pessoa negra, um juízo negativo *não precisaria* ou mesmo *não deveria* se tornar público, perspectiva que ignora dois aspectos importantes: primeiro, que uma obra tornada pública estará sujeita a um possível escrutínio, seja do crítico ou do consumidor não especialista; segundo, que, quando a obra se torna pública, não se controla a sua recepção[9].

À crítica publicada na *Folha* e sua repercussão no Twitter após o post de Volp seguiram-se algumas interessantes reflexões sobre o papel da crítica cultural e a importância de uma crítica comprometida ética e politicamente, o que significa, entre outras coisas, não adotar posições condescendentes em relação à produção oriunda de sujeitos inscritos em grupos historicamente subalternizados. Entre esses textos, destaco o da escritora e crítica literária Amara Moira, doutora em Teoria Literária pela Unicamp e travesti, que afirma, entre outras coisas:

> Há tempos que o trabalho da crítica literária, sobretudo no contexto imediatista das redes sociais, vem se convertendo numa espécie de sub-ramificação do campo das relações públicas, impondo a nós a incumbência de estimular uma visão mais positiva do que crítica sobre as obras analisadas. Nem é uma questão de estimular as ven-

---

[7] Até o dia 16 de outubro de 2022.

[8] Disponível em: https://www.instagram.com/p/CaNkqjJuPwu/?igshid=YmMyMTA2M2Y=. Acesso em: 13 out. 2022.

[9] Tomo por produção artística toda e qualquer obra, independente de linguagem e formato, com circulação pública nos meios de comunicação massivos e pós-massivos e, quando for o caso, em circuitos de exibição e/ou expositivos, como salas de cinema, festivais, museus e galerias de arte. No entanto, para fins deste trabalho, interessa a produção simbólica de forma mais ampla, e não apenas aquilo a que se pode atribuir a classificação de arte.

das, pois sabemos que embates virulentos podem ter efeitos muito mais interessantes na vendagem. Trata-se pura e simplesmente de uma crítica voltada para o elogio retórico e a condescendência, uma crítica pautada pelo medo de melindrar autores(as) ou se indispor com o público/fã-clube, algo que nem de longe acontece na abordagem de Luiz Mauricio. E, como ele aponta, essa condescendência tem levado a uma conjuntura bastante delicada para quem escreva a partir da margem (Moira, 2022)[10].

Um dado contextual importante de ser considerado, e que explica parcialmente a reação ao texto de Luiz Maurício Azevedo sobre a obra de Stefano Volp, é que a crise de circulação e de credibilidade da imprensa (outrora local prioritário de circulação da crítica) e a popularização dos críticos e comentaristas em *blogs*, *podcasts* e *sites* e aplicativos de vídeo como YouTube e TikTok, com implicações comerciais importantes conforme apontado por Moira, produziram um esvaziamento do papel do crítico e a diluição de certa autoridade que lhe era conferida, baseada no seu capital simbólico e no seu conhecimento especializado[11]. Ao mesmo tempo, é preciso considerar também como os juízos estéticos na esfera pública estiveram associados historicamente às lógicas de exclusão de artistas mulheres, pessoas negras e/ou LGBTs, para quem as condições de visibilidade eram e ainda são desiguais, desde o acesso à produção de suas obras até a consagração pelas instâncias de reconhecimento (Bourdieu, 2005; 2007), entre as quais a própria crítica. Aponto aqui, na tentativa de compreender com mais nuances o caso, a possibilidade de que a reação seja oriunda também de um incômodo dessa ordem (o que, nesse acontecimento específico, de forma alguma é responsabilidade do crítico)[12].

---

[10] Disponível em: https://buzzfeed.com.br/post/por-uma-critica-que-nao-seja-condescendente. Acesso em: 16 out. 2022.

[11] A esse respeito, ver Kammer, 2015, Kristensen; From, 2015a e Kristensen; From, 2015b.

[12] A crítica cultural também se pauta por formas de exclusão e hierarquização próprias da vida social. Como já amplamente informado por pesquisadoras e pesquisadores de música, por exemplo, a manutenção de padrões sociais machistas, racistas e homofóbicos que incidiram sobre a crítica musical contribuíram para o estabelecimento de cânones exclusivamente masculinos em determinados gêneros musicais, como o rock e o rap, e também para a cristalização de estereótipos em torno do consumo de outros gêneros, como a música pop (Amaral, Soares, Monteiro, 2017; Cardoso Filho, 2018; Almeida, 2020).

Mais recentemente, no dia 29 de setembro de 2022, um dia após a estreia do filme *Blonde*, cinebiografia da atriz Marylin Monroe produzida pela Netflix, um fio no Twitter gerou imenso engajamento. Com 96,1 mil curtidas e quase 25 mil compartilhamentos (sendo 2.304 deles acompanhados de comentários[13]), o texto do *tweet* inicial diz, numa tradução livre: "Desmascarando *Blonde* e por que você não deve assisti-lo: um fio. A exploração, as histórias fabricadas e as falsas recordações de uma mulher que não pode se defender e merece mais"[14]. A esse *tweet* seguem-se outros escritos pela mesma pessoa, não identificada no perfil, totalizando 22 posts num fio em que são expostos diversos argumentos contra o filme, a maioria deles centrados na acusação de que a obra "mente" e não representaria de forma fidedigna a vida da artista. Chama a atenção, nesse caso, a sugestão não de um convite a discutir e criticar o filme, mas sim ao seu boicote. O recado é categórico: "você não deve assisti-lo". Aqui não se trata de uma tentativa de interdição à crítica possível, mas à própria obra. Uma importante questão se coloca: diante de determinada produção simbólica que se considera questionável do ponto de vista das representações de grupos minoritários – nesse caso, de gênero – o que resta é a sugestão de boicote?

Em relação às representações de gênero, questões semelhantes podem ser colocadas à produção e ao consumo de pornografia. Fora do âmbito da produção artística mas ainda no campo do simbólico – e do conteúdo mais consumido da internet em todo o mundo –, a pornografia *mainstream* heterossexual, tomada aqui como um discurso audiovisual *com* e *sobre* mulheres, mas quase nunca produzido *por* elas, é fruto de infindáveis controvérsias, mais genéricas e menos pontuais do que as que foram elencadas anteriormente, e normalmente ancoradas menos na materialidade visual e sonora da pornografia em si e mais em questões de natureza ética e moral.

Nos últimos anos, tornou-se muito comum nos feminismos midiáticos nas redes sociais a adoção de posturas antipornografia apriorísticas que parecem remeter às disputas do final dos anos de 1970 e dos anos 80

---

[13] Dado colhido no dia 16 de outubro de 2022.

[14] No original: "Debunking BLONDE and why you shouldn't watch it: a thread. The exploitation, fabricated stories, and false recalling of a woman who cannot defend herself and deserves better". Disponível em: https://twitter.com/remainsofilies/status/1575505702994460672?s=46&t=wZYL9E_vTg4BpMt-ZA0Wi8Q. Acesso em: 16 out. 2022.

nos Estados Unidos entre o chamado feminismo antissexo e a vertente *sex-positive* (ou pró-sexo, formada por mulheres que defendem a existência desse tipo de produção), no contexto da explosão da produção e do consumo da pornografia audiovisual em função do advento do vídeo doméstico. Talvez seja possível estabelecer um paralelo, do ponto de vista da expansão do consumo, entre a pornografia dos anos 80 e o chamado *netporn*, e esse paralelo pode ajudar a compreender a retomada calorosa de posições contrárias à pornografia que estabelecem relações diretas e sem qualquer nuance entre pornô e violência contra mulheres[15]. Além da observação de posicionamentos em redes sociais, é possível mencionar também algumas experiências recentes de debate sobre consumo pornográfico em turmas de graduação em Comunicação, em que tenho notado uma posição unívoca, por parte das alunas mulheres (jovens em torno dos 20 anos com posicionamentos feministas), de condenação de toda e qualquer pornografia, associada direta e necessariamente à violência.

Ao trazer alguns casos que envolvem distintas dimensões das políticas do corpo (raça e gênero) e acontecimentos também diferentes, a intenção é sinalizar que as controvérsias em torno da produção simbólica estão inscritas em lugares também específicos e que os ativismos de grupos minoritários não se materializam em afetos de natureza e intensidade iguais, e menos ainda nas mesmas agendas políticas[16]. As reações não são uniformes, nem discursiva nem performaticamente, de modo que interessa aqui pensar nessas diversas formas de embates nas redes e, no caso da discussão sobre gênero e sexualidade, interrogar o papel da moral e das moralidades na construção de leituras de mundo no presente. Consideramos moral, nos termos de Foucault, como:

---

[15] Conforme explica Camilla Santana: "Em 1976 foi criado o Women Against Violence in Pornography and Media (WAVPM), e em 1979 o Women Against Pornography (WAP) cujos discursos antipornográficos elevaram esse gênero a um problema político e moral (RUBIN, 1999). O pânico sexual fomentado por tais posicionamentos, curiosamente, influenciou o surgimento de uma nova vertente oposta, que seria chamada de sex-positive – pró-sexo, anti-censura ou anti-puritana – cujo primeiro representante oficial foi o grupo lésbico sado-masoquista, surgido em 1978, denominado Samois." (Santana, 2016, p. 64).
[16] Para ajudar no entendimento dessas especificidades, a perspectiva da interseccionalidade pode ser de grande auxílio. Ver Collins, 1998, 2017 e 2019.

[...] conjunto de valores e regras de ação proposto aos indivíduos e aos grupos por intermédio de aparelhos prescritivos diversos, como podem ser a família, as instituições educativas, as igrejas, etc. Acontece de essas regras e valores serem bem explicitamente formulados numa doutrina coerente e num ensinamento explícito. Mas acontece também de elas serem transmitidas de maneira difusa e, longe de formarem um conjunto sistemático, constituírem um jogo complexo de elementos que se compensam, se corrigem, se anulam em certos pontos, permitindo, assim, compromissos ou escapatórias (Foucault, 2018, p. 32).

A realização da pesquisa é motivada pela observação de episódios como os citados antes, tanto no Brasil quanto no exterior, em que a discussão pública em torno de obras *de* ou *em torno de* artistas mulheres, pessoas negras e/ou dissidentes de gênero e sexualidade, nas mais diversas linguagens e suportes, se tornou ruidosa ou mesmo inviável – seja essa discussão motivada por críticas publicadas em espaços como a imprensa especializada ou mesmo originada diretamente nas redes sociais digitais.

O pressuposto, nem sempre claramente enunciado mas usualmente perceptível, é de que juízos negativos a respeito de obras produzidas por sujeitos(as) inscritos em grupos minoritários não deveriam se tornar públicos, pois seriam instrumento de normatividade e sinônimo de opressão e tentativa de apagamento desses grupos. Ou mesmo, no caso do filme *Blonde* ou da pornografia, de que esse tipo de produção não deveria ser consumida em função de questões éticas (uma das perguntas a se fazer, no entanto, é se trata-se de ética ou de moral). O mote da pesquisa são as interdições, nos espaços públicos comunicacionais, de debates que operam na interface entre estética e políticas do corpo.

Importante enfatizar que, ao mencionar nominalmente algumas das pessoas envolvidas (os casos são públicos e divulgados pelos próprios envolvidos), o objetivo não é "fulanizar" a discussão e apontar possíveis culpados, mas sim apresentar algumas evidências materiais do fenômeno que se pretende investigar com o texto que se apresenta. Interessa mapear um cenário e convidar à discussão, e não atribuir responsabilidades individualmente. Isso seria incoerente com a proposta mesma do trabalho, que, conforme argumentação apresentada adiante, aponta a centralidade das lógicas da plataformização e da economia da atenção para os processos de sociabilidade no presente e para a falta de disposição ao dissenso. De forma bem mais modesta, o que se busca é levantar pontos para um debate sobre circulação de ideias, juízos estéticos e mediação das/nas redes.

O artigo se organiza, desse modo, em torno do diagnóstico do lugar do debate estético no presente, considerando as condições atuais da esfera pública e a aparente interdição (ou tentativa de interdição) dessa discussão em um contexto de centralidade da condição estruturante das plataformas, da economia da atenção e da consequente radicalização dos afetos políticos catalisada pela lógica da *treta*, própria das redes digitais. Bem como em diversos outros âmbitos da experiência, essa radicalização se reflete no que está sendo chamado aqui de debate estético.

Busco oferecer um convite à discussão a partir de questões como: se, como se sabe, não há produção simbólica descolada de seu contexto de produção, de circulação e de consumo, o que é possível reivindicar como forma de fruir e debater as obras hoje? Na esfera pública afeita a posições consensuais nas bolhas algorítmicas das redes digitais, em que a economia da atenção instiga a reatividade imediata e a tomada de posições belicosas, é possível articular leituras que considerem os aspectos expressivos das obras e seus contextos políticos localizados, especialmente no caso da produção *de* ou *sobre* grupos minoritários? Qual o espaço para um debate estético – seja ele fomentado pela crítica cultural ou pela conversação nas redes – em que obra e contexto sejam considerados e em que juízos possam ser emitidos de forma responsável, sem reivindicar uma perspectiva de análise imanente? Qual o papel da moral e das moralidades nas mediações em ambientes digitais quando se pensa especificamente na estética?

O trabalho está ancorado nas seguintes perspectivas teóricas: 1) os estudos em torno da cultura digital centrados especificamente na plataformização e sua relação com o capitalismo (Terranova, 2000; Rivera, 2020) e na consequente economia da atenção (Bueno, 2017); 2) os esforços recentes de autores que vêm buscando atualizar a teoria habermasiana e questionando o ideal normativo da Esfera Pública pós-redes sociais digitais (Fabrino; Aggio, 2021; Mateus, 2022); e 3) as contribuições de autoras e autores brasileiros dos estudos *queer* que vêm discutindo, no campo do gênero e da sexualidade, as potências, os limites e os impasses dos ativismos identitários (Miskolci, 2021; Pelúcio; Duque, 2020)[17].

Plataformização e a atenção como insumo produtivo

O capitalismo digital, conforme Javier Rivera (2020), baseia-se na renovação e na expansão das estratégias de reprodução do capital, com vistas a superar momentaneamente a tendência de declínio da taxa de lucro que é contradição própria e intrínseca do capitalismo. Essa expansão seria mais um desdobramento do capitalismo, alimentada por e fomentadora também pelas possibilidades inauguradas pelos mercados digitais e pelas funções regulatórias e estruturantes das plataformas digitais, que permitem uma expansão do capitalismo sobre o campo da subjetividade humana de maneira inédita. De maneira análoga, Claudio Celis Bueno diz que, ao contrário do que previa Marx, a crise do capitalismo industrial não trouxe o fim do sistema capitalista como um todo, mas a "transformação radical dos processos de produção, incluindo [...] a emergência de máquinas cibernéticas e do trabalho imaterial" (Bueno, 2017, p. 54). Num ambiente digital supersaturado, a atenção torna-se bem escasso e um dos principais insumos de produção e de geração de valor:

> A estratégia de capturar a atenção com o objetivo de instrumentalizar o campo da subjetividade para fins mercadológicos não é, naturalmente, grande novidade. Há décadas a publicidade é utilizada para sugerir comportamentos, o consumo de produtos e serviços e promover a circulação de determinadas ideias. Mas a internet, com seu caráter participativo e sua capacidade de prospecção de dados, inaugura algo novo. A atenção do usuário é capturada para estimular prolongadas e recorrentes interações com a estrutura digital através de *likes*, comentários e o consumo de imagens. Essas interações geram uma infinidade de informações sobre hábitos, preferências e outros aspectos da subjetividade e das

---

[17] Os textos de Jacques Rancière que ajudam a pensar nas relações entre estética e política a partir das noções de política, política e dissenso são um fundamento epistêmico para o trabalho, mas não foram explorados aqui por limitações de espaço (Ver Rancière, 1996, 2009, 2018).

paixões humanas, que, uma vez coletadas e organizadas, oferecem às empresas que controlam as plataformas digitais a possibilidade de incorporá-las em seus processos produtivos em tempo real (Almeida; Belo, 2022).

O capitalismo digital é conhecido também como a era da economia da atenção ou capitalismo cognitivo, em função do modo como instrumentaliza o conhecimento e a informação extraídos de ambientes digitais para transformá-los em produção e acumulação de capital. Mas, antes de se constituir como um capitalismo *outro*, trata-se de uma forma que é consequência das contradições internas do próprio capitalismo, de modo que pode ser mais apropriado tratá-la como parte de um processo de mutação e reconfiguração capitalista, e não como um novo tipo de capitalismo, como os distintos termos utilizados para tentar dar conta desse atual estágio podem sugerir.

Uma vez que a economia da atenção se vale das interações dos usuários com as plataformas digitais para coletar e organizar informações que se tornam peças-chaves do ciclo de acumulação de capital, inaugura-se uma nova forma de trabalho imaterial, específica dessa fase do capitalismo, que ultrapassa os espaços físicos convencionais de trabalho e que faz da subjetividade humana território que reproduz relações de poder (Bueno, 2017; Terranova, 2000). Essa forma de expansão se caracteriza por acontecer sem tempo ou espaço determinados, ou, melhor ainda, a todo tempo e todo lugar, principalmente nos tempos e espaços outrora entendidos como não produtivos. Isso ocorre toda vez que o indivíduo interage com a estrutura digital através de seu computador, celular e outros dispositivos tão onipresentes na contemporaneidade, transformando cada aspecto da experiência humana em trabalho imaterial:

> Para o funcionamento adequado da dinâmica de *feedback* que se dá entre o sistema produtivo e os usuários das plataformas digitais, é essencial que se garanta não só uma eficiente e constante captura da atenção dos usuários, mas também que eles se sintam instados a interagir intensamente e apaixonadamente com a estrutura digital, de maneira a fornecer dados não só em quantidade, mas também de qualidade para os processos de produção (Almeida; Belo, 2022).

Há mais de dez anos, Mark Andrejevic (2011) propôs uma revisão do conceito de economia afetiva proposto por Henry Jenkins para investigar o modo como as paixões dos indivíduos se tornam um recurso explorável e parte da estrutura capitalista. Assim como se dá com os esforços para conquistar a atenção do consumidor, a exploração das paixões pela estrutura capitalista não é novidade. O que o capitalismo digital traz de ineditismo é, aqui também – como no caso da atenção –, a transformação das paixões em insumo produtivo em escala e intensidade inéditas. Diferentemente da perspectiva otimista de Jenkins, Andrejevic (2011) afirma uma ambiguidade constitutiva da cultura da convergência: ao mesmo tempo que proporciona uma participação ativa dos sujeitos, o que tem sido notavelmente relevante para grupos historicamente subalternizados, também estabelece e facilita regimes de controle e monitoramento.

O aparato de monitoramento ao qual se refere Andrejevic (2011), viabilizado justamente por uma participação mais ativa dos usuários da internet, permite que seja possível medir sentimentos sociais, garimpar desejos, ansiedades e interesses dos indivíduos e usar essas informações nas estratégias de criação, de aprimoramento e de circulação de seus produtos e serviços. A economia afetiva, como uma das lentes para entender as dinâmicas do capitalismo digital, define então a canalização e o direcionamento dos desejos, paixões e afetos auferidos e interpretados pela estrutura digital a serviço do capitalismo (Andrejevic, 2011):

> Em uma intersecção entre os conceitos de economia da atenção e de economia afetiva, é possível dizer que o capitalismo digital se sustenta em sua capacidade de capturar a atenção do indivíduo e de estimular seus afetos, direcionando-o, assim, a se tornar um participante ativo, engajado e apaixonado em suas interações com a estrutura digital, cujas partículas informacionais resultantes permitem ao capital elaborar estratégias produtivas e comunicacionais dotadas de qualidade, especificidade e nuance (Almeida; Belo, 2022).

Andrejevic (2011) recupera ainda a preocupação de Sunstein (2001) de que a fragmentação do público e a customização excessiva do consumo midiático ameacem eventuais entendimentos coletivos produzidos a partir de pontos de referência comuns oferecidos pelas mídias massivas: na medida em que os consumidores optam por selecionar informações e meios de comunicação que reflitam suas preferências políticas, satisfazendo-as e reforçando tanto uma determinada compreensão do mundo quanto uma reação apaixonada aos acontecimentos, corre-se o risco de que eles deixem de ser expostos a perspectivas que desafiam as suas próprias, ou seja, a qualquer forma possível de dissenso.

Em relação a esse ponto, um curioso paradoxo emerge: ainda que as chamadas bolhas algorítmicas existam e sejam determinantes na produção de vieses de confirmação, a falta de contato com posições dissensuais parece se dar mais no campo do confronto das ideias do que do mero desconhecimento do contraditório: afinal, as guerras culturais e as batalhas morais (Miskolci, 2021) se dão justamente pelo conhecimento – e consequente negação – das visões de mundo que circulam em bolhas distintas daquelas às quais o indivíduo se filia. Ou seja, em geral os indivíduos sabem o que pensam aqueles que pensam diferente de si em termos político-ideológicos. O que aparentemente ainda não se conseguiu mapear integralmente são as variáveis sociológicas que incidem sobre os processos de produção de subjetividades e a socialização on-line, e que operam de forma conjunta/complementar à lógica estruturante das plataformas, que favorece os vieses de confirmação.

Esfera pública, identidades e o debate estético

Alguns autores vêm tentando atualizar a proposição habermasiana em torno da ascensão e declínio da esfera pública, questionando inclusive se, no limite, teria se tornado inviável sequer seguir utilizando a denominação, tal qual formulada em 1962 por Jürgen Habermas (2014) como ideal normativo, como é o caso de Samuel Mateus (2022). Ricardo Fabrino Mendonça e Camilo Aggio (2021) defendem, por sua vez, que estamos diante de uma nova mudança estrutural da esfera pública, que conduziria a um terceiro momento fruto de processos decantados ao longo do tempo com evidências bastante visíveis na atualidade.

Esses processos diriam respeito, para os autores, a quatro eixos: 1) a ascensão do neoliberalismo no campo da economia política, com incidência fundamental no borramento de fronteiras entre público e privado e uma hipertrofia do privado; 2) a natureza dos processos de subjetivação e a formação de sujeitos críticos que, apesar de emitirem juízos sobre tudo, teriam dificuldade em se perceber e atuar como seres sociais, naquilo que Wendy Brown (2015) considera o esvaziamento das condições da existência do *demos*; 3) um ecossistema comunicacional marcado pela abundância informacional e pela plataformização da vida, que não possui impactos estritamente democratizantes ao fortalecer a lógica das bolhas e fragilizar noções como competência, autoridade e conhecimento acumulado, que outrora organizaram papéis e condições de reconhecimento no espaço público (ainda que de forma fundamentalmente assimétrica em relação a marcadores como gênero, raça e classe); e 4) a configuração do funcionamento político e o papel normativo do debate, que dizem respeito ao caráter entrincheirado da discussão política em que a "lacração" catalisa "os antagonismos em um mundo polarizado, no qual vai se tornando cada vez mais custoso tolerar os adversários e mais fácil reprimi-los" (Mendonça; Aggio, 2021, p. 19).

Richard Miskolci (2021), de forma complementar, defende que a polarização contribuiu para o descrédito das instituições mediadoras, como a justiça, a universidade e a imprensa, e, aliada a maneiras neoliberais de agir, como a hipertrofia do individualismo, o culto ao amadorismo e a elevação da opinião individual ao *status* de doutrina particular, levou os indivíduos a buscarem pontos de referência e marcadores de identidade nas bolhas comunicacionais com as quais se identificam. Nesse processo de formação de identidades, isolados em seus grupos, os indivíduos criam sua própria e idiossincrática epistemologia, favorecendo a criação de um abismo comunicacional e de "fatos alternativos" que, enquanto isola grupos dissonantes, delimita e valida a existência de seu grupo de pertencimento (Mendonça; Aggio, 2021, p. 14). Somos nós porque não pensamos como eles; são eles porque não pensam como nós.

Miskolci, autor filiado aos estudos *queer*, aponta ainda que determinados grupos de ativismos de gênero e sexualidade dissidentes optaram por se filiar a uma perspectiva identitária de caráter essencialista e passaram a atuar politicamente produzindo escrachos e cancelamentos – não apenas daqueles que seriam seus opositores no debate e/ou eventuais agressores (como segmentos sociais que abraçam a pauta do pânico moral ou que contribuem, de diversas formas, para a violência física e simbólica contra minorias), mas também contra sujeitos e instituições do próprio campo progressista, disseminando "anti-intelectualismo nos estudos de gênero" (Miskolci, 2021, p. 27). O mapeamento desse cenário é central para a pesquisa, na medida em que esse também é o contexto – ruidoso, belicoso, confuso – do fenômeno que busco analisar.

Como se sabe, o consumo midiático no capitalismo digital abraça contornos identitários que incitam acaloradas discussões nas quais o que está em jogo é a prevalência de um ponto de vista sobre qualquer ponto de vista dissonante – a confirmação de uma identidade às custas da negação da alteridade. Como afirmam Larissa Pelúcio e Tiago Duque (2020), é necessária atenção para não cair em "armadilhas identitárias", uma vez que "o conforto psíquico dos discursos do óbvio opera com a afirmação linear de crenças e opiniões dominantes, desqualificando elaborações teóricas que demandem reflexão e crítica." (Pelúcio; Duque, 2020).

Em linha com as discussões rápidas, curtas, rasas e eventualmente agressivas características do meio digital, "[...] disputas entre grupos de interesse podem se cristalizar em oposições binárias, simplistas e moralizantes como a de uma luta do bem contra o mal" (Miskolci, 2021, p. 56). Nesse contexto, a identidade é conquistada e garantida a partir da manutenção de contornos, fronteiras de definição que expulsam e negam a alteridade e, como consequência, o debate público tem sido profundamente afetado. Como apontam Ricardo e Camilo Aggio, quando a expectativa do esclarecimento recíproco é esvaziada, o debate se torna entrincheirado:

> Se, como teorizara Dahl (1997), a democracia depende de que os custos de supressão sejam maiores que os de tolerância, vemos uma crise vinculada a esta inversão, e uma esfera pública armada (*weaponized*) para a desconstrução do lugar em que o outro faz sentido. Importante expor a interlocutora, evidenciar suas contradições, jogar com sarcasmo e minar o seu lugar de fala como sujeito e/ou tribo. As lógicas e *affordances* das mídias digitais se desenvolvem em torno dessa forma de fazer política e a alimentam, como bem assinala Gerbaudo (2018) (Mendonça; Aggio, 2021, p. 20).

O nó parece estar, então, no empobrecimento do debate público decorrente de dois fatores principais que se retroalimentam: a condição estruturante das plataformas orientadas para extrair o máximo da economia da atenção e a aparente falta de disposição dos indivíduos para a exposição ao dissenso (nos termos de Rancière). Em vez de sugerir uma relação de causa e efeito entre um e outro, aposto aqui, ao menos provisoriamente, na hipótese de que esses fenômenos se complementam.

Na medida em que mobiliza e aciona as paixões dos usuários e favorece a competividade e a eliminação do dissenso, a dinâmica de conflitos geradora de engajamento nas redes produz o isolamento de grupos para quem o viés de confirmação acaba por produzir regimes de verdade com implicações em diversas áreas, incluindo o consumo cultural e de entretenimento (referido aqui também como produção simbólica). A esse dado soma-se outro, não menos importante, que diz respeito às condições de circulação dessa produção: se não é o caso, tratando-se especificamente da arte, de defender qualquer ideal anacrônico de arte autônoma ou de análise imanente, é fato que, no presente, grande parte da produção artística/simbólica já chega codificada em certas chaves, e que alguns marcadores de diferença têm sido prescritivos na discussão sobre as obras, especialmente gênero, raça e sexualidade.

Qual o lugar do dissenso – como condição para a produção da política, como ensina Rancière (1996, 2009, 2018) – diante de um cenário em que tanto a discussão informal nas redes quanto a crítica cultural deixam de funcionar como ferramentas orientadoras do consumo e, quando negativas, passam a ser vistas como um ataque a determinados grupos?

Considero, de forma inicial e provisória, que a obstaculização do debate estético é consequência da dinâmica de conflito geradora de engajamento nas redes, que produz mais valor quanto mais mobiliza e aciona as paixões de seus usuários e favorece a discussão baseada na lógica da competitividade, da celebrificação, numa perspectiva neoliberal bastante individualista e da eliminação de ideias dissonantes: se um juízo negativo a respeito da obra de um/a artista inscrito/a de contexto minoritário é uma ação contra um coletivo de sujeitos e implica necessariamente em práticas discriminatórias, a reação muitas vezes tem sido "denunciar" o ato com a exposição pública de quem o praticou, produzindo uma espiral em que, no final da contas, o trabalho artístico é o que menos importa. Sendo redundante, afinal, o ponto de chegada é semelhante ao de partida: com os sujeitos condicionados a um estado reativo permanente, a lógica do embate constante torna o dissenso sinônimo de ataque, retroalimentando uma lógica, nos termos de Eve Sedgwick (2020), bastante paranoica e pouco reparadora.

Referências

ALMEIDA, G. Por uma gramática feminina da música pop. In: SOARES, T; LINS, M.; MANGABEIRA, A. (orgs.). *Divas Pop*: o corpo-som das cantoras na cultura midiática. Belo Horizonte: Selo PPGCOM UFMG, 2020, p. 11-14.

ALMEIDA, G.; BELO, F. Plataformização, economia da atenção e a crítica cultural: Qual o lugar do debate estético hoje?. *Anais do XVI Congreso de la Asociación Latinoamericana de Investigadores de la Comunicación (ALAIC)*, Buenos Aires, 2022.

ALTER, A. *Irresistible*: the rise of addictive technology and the business of keeping us hooked. New York: Penguin Books, 2017.

AMARAL, A.; SOARES, T.; MONTEIRO, C. "What's Going On é o Sgt. Pepper's da soul music": autonomia, cânone e valor numa lista de maiores álbuns da música. *Comunicação, Mídia e Consumo*, v. 14, n. 41, p. 126, dez. 2017. Disponível em: https://revistacmc.espm.br/revistacmc/article/view/1272/pdf. Acesso em: 13 out. 2022.

ANDREJEVIC, M. The work that affective economics does. *Cultural Studies*, v. 25, n. 4-5, p. 604–620, set. 2011. Disponível em: https://www.tandfonline.com/doi/abs/10.1080/09502386.2011.600551. Acesso em: 16 out. 2022.

AZEVEDO, L. M. 'Homens Pretos (Não) Choram' soma clichês ao tentar parecer poético. *Folha de São Paulo*, São Paulo, 2022. Disponível em: https://www1.folha.uol.com.br/ilustrada/2022/02/homens-pretos-nao-choram-soma-cliches-ao-tentar-ser-poetico.shtml. Acesso em: 2 nov. 2022.

BOURDIEU, P. *As regras da arte*: gênese e estrutura do campo literário. São Paulo: Companhia das Letras, 2005.

BOURDIEU, P. *A economia das trocas simbólicas*. São Paulo: Perspectiva, 2007.

BROWN, W. *Undoing the demos*. New York: Zone Books, 2015.

BUENO, C. C. *The attention economy*: labour, time and power in cognitive capitalism. London; New York: Rowman & Littlefield International, 2017.

CARDOSO FILHO, J. A "roqueira baiana" Pitty: performance, o estético--político e (des)estabilizações a partir de críticas culturais. *Anais do 41º Congresso Nacional da Intercom*, Univille, Joinville: 2018. Disponível em: https://portalintercom.org.br/anais/nacional2018/resumos/R13-0810-1.pdf. Acesso em 14 out 2022.

COLLINS, P. H. It's All In the Family: Intersections of Gender, Race, and Nation. *Hypatia*, v. 13, n. 3, jun-set 1998. Disponível em: https://is.muni.cz/el/1423/podzim2012/SAN237/um/HillCollins_Hypatia-_Intersections.pdf. Acesso em: 2 nov. 2022.

COLLINS, P. H. Se perdeu na tradução? Feminismo negro, interseccionalidade e política emancipatória. *Parágrafo*, v. 5, n. 1, jan-jun 2017. Disponível em: https://revistaseletronicas.fiamfaam.br/index.php/recicofi/article/view/559/506. Acesso em: 2 nov. 2022.

COLLINS, P. H. *Pensamento feminista negro*. São Paulo: Boitempo, 2019.

FOUCAULT, M. *História da sexualidade 2*: o uso dos prazeres. São Paulo: Paz e Terra, 2018.

HABERMAS, J. *Mudança estrutural da esfera pública*. São Paulo: Ed. Unesp, 2014.

KAMMER, A. Post-Industrial Cultural Criticism. *Journalism Practice*, v. 9, n. 6, p. 872-889, 2015. Disponível em: http://dx.doi.org/10.1080/17512786.2015.1051371. Acesso em: 1 nov. 2022.

KRISTENSEN, N.; FROM, U. From Ivory Tower to Cross-Media Personas: the Heterogeneous Cultural Critic in the Media. *Journalism Practice*, n. 9, v. 6, p. 853-871, 2015a. Disponível em: http://dx.doi.org/10.1080/17512786.2015.1051370. Acesso em: 28 out. 2022.

KRISTENSEN, N.; FROM, U. Cultural Journalism and Cultural Critique in a changing Media Landscape. *Journalism Practice*, n. 9, v. 6, p. 760-772, 2015b.

Disponível em: https://doi.org/10.1080/17512786.2015.1051357. Acesso em: 28 out. 2022.

MATEUS, S. Publicness beyond the public sphere. *Mediapolis* - Revista de Comunicação, Jornalismo e Espaço Público, n. 14, p. 113-136, 20 jan. 2022. Disponível em: https://impactum-journals.uc.pt/mediapolis/article/view/9519/8090. Acesso em: 16 out. 2022.

MENDONÇA, R. F.; AGGIO, C. As metamorfoses da esfera pública ou a nova mudança estrutural. *Anais do 30 Encontro Anual da Compós*, Pontifícia Universidade Católica de São Paulo, São Paulo – SP. 2021. Disponível em: https://proceedings.science/proceedings/100173/_papers/130173/download/ fulltext_file1. Acesso em:16 out. 2022.

MICKLES, K. *Beyoncé – Renaissance*. Nova Iorque: Resident Advisor, 2022. Disponível em: https://ra.co/reviews/35009. Acesso em:15 out. 2022.

MISKOLCI, R. *Batalhas morais*: política identitária na esfera pública técnico- -midiatizada. Belo Horizonte: Autêntica, 2021.

MOIRA, A. *É hora de refletir sobre o papel da crítica literária*. Buzzfeed, 2022. Disponível em: https://buzzfeed.com.br/post/por-uma-critica-que-nao-seja- -condescendente. Acesso em: 16 out. 2022.

PELÚCIO, L.; DUQUE, T. Cancelando o cuier. *Contemporânea*, v. 10, n. 1, p. 125-151, jan./abr. 2020. Disponível em: https://www.contemporanea.ufscar. br/index.php/contemporanea/article/view/859/pdf. Acesso em: 12 out. 2022.

RANCIÈRE, J. O dissenso. In: NOVAES, A. (org.). *A crise da razão*. São Paulo: Companhia das Letras, 1996, p. 367-382.

RANCIÈRE, J. *A partilha do sensível*. São Paulo: Editora 34, 2009.

RANCIÈRE, J. *O desentendimento*: política e filosofia. São Paulo: Editora 34, 2018.

RIVERA, J. de. A Guide to Understanding and Combatting Digital Capitalism. *tripleC*: Communication, Critique and Capitalism, v. 18, n. 2, p. 725-743, 2020. Disponível em: https://www.triple-c.at/index.php/tripleC/article/view/1173. Acesso em: 16 out. 2022.

SANTANA, C. *Da pornografia à pornoteoria*: desafios e reimaginações feministas. Dissertação (Mestrado em Sociologia) Universidade de Brasília, Brasília, 2016. Disponível em: https://repositorio.unb.br/handle/10482/20009. Acesso em: 17 out. 2022.

SEDGWICK, E. Leitura paranoica e leitura reparadora, ou, você é tão paranoico que provavelmente pensa que este ensaio é sobre você. *Remate de Males*, n. 40, v. 1, p. 389-421. Disponível em: https://periodicos.sbu.unicamp.br/ojs/index.php/remate/article/view/8658630/22589. Acesso em: 2 nov. 2022.

SUNSTEIN, C. *Republic.com*. Princeton: University Press, 2001.

TERRANOVA, T. Free Labor - Producing culture for the digital economy. *Social Text*, v. 18, n. 2, p. 33-58, 2000. Disponível em https://web.mit.edu/schock/www/docs/18.2terranova.pdf. Acesso em: 16 out. 2022.

Telas, dispositivos e seres humanos

A didática das telas: estratégias do telejornalismo no combate à desinformação em ano eleitoral

Christina Ferraz Musse[1]
Cristiane Finger[2]
Fernanda Lília de Almeida[3]

Introdução

O primeiro caso confirmado de Covid-19 no Brasil aconteceu no dia 26 de fevereiro de 2020. A partir dessa data, uma série de estratégias e recomendações foram adotadas pelos órgãos de saúde. Barreiras sanitárias instaladas, afastamento social, uso de máscara, fechamento de diversos segmentos da economia e da educação até a chegada da vacina, uma das formas mais importantes para evitar casos mais graves da doença. No campo da Comunicação, a pandemia foi tema dos discursos jornalísticos de prevenção, descoberta científica das vacinas e investigação de supostas omissões e irregularidades nos gastos do Governo Federal. O coronavírus tornou-se pauta diária de cobertura do Jornalismo e, também, assunto inesgotável da sociedade nas redes sociais. A televisão, segundo Vizeu (2016), lugar de referência para os brasileiros, principalmente naquele momento de distanciamento social, reafirmou-se, através do telejornalismo, como uma importante mídia para desmistificar o fato verdadeiro do falso, perante um cenário de desinformação e propagação de notícias falsas, as *fakes news*, que se tornaram rotineiras na sociedade isolada por uma força maior de segurança.

Nesse sentido, as informações certificadas dividiram espaço com as *fake news*, conceito emergente nas eleições de 2018, no Brasil, seguindo a tendência inicialmente observada no pleito americano de 2015, que levou ao poder o republicano Donald Trump. A retórica do candidato, e depois presidente dos Estados Unidos, seguida disciplinarmente por

---

[1] Universidade Federal de Juiz de Fora (UFJF).
[2] Pontifícia Universidade Católica do Rio Grande do Sul (PUCRS).
[3] Universidade Federal de Juiz de Fora (UFJF).

seus apoiadores, inverteu o sentido do que é considerado falso, isto é, ele atrelou o sentido de verdade àquilo que circula nas redes sociais, feito por amadores ou milícias digitais, e parece autêntico, sem mediação, enquanto aquilo que é divulgado pela imprensa profissional teria um sentido falso, manipulado. No documentário *Endangered*, da HBO, produzido pelo jornalista investigativo Ronan Farrow, é possível acompanhar as declarações dos partidários de Trump, nos comícios que antecederam as eleições de 2020 (Gaglione, 2022).

Entretanto, o termo apresenta sentido controverso, pois uma notícia não pode ser falsa. Como afirmam Porcello e Brites (2018, p. 3), "uma vez que uma informação não é verídica, ela não pode ser notícia. Isso porque para ela existir precisa ser verdadeira, verificável, checada e chancelada por um jornalista". Becker e Góes (2020, p. 47) também apontam essa incoerência: "A definição de notícia pressupõe que o relato jornalístico tem como princípio a enunciação da verdade do fato. Logo, não seria possível existir uma notícia falsa, mas sim algo que se assemelha apenas ao formato de uma notícia (Becker; Góes, 2020, p. 47).

Assim, podemos entender as *fake news* como algo produzido estrategicamente com o mesmo formato de uma informação verdadeira, porém com o objetivo de gerar desinformação. Isto é, as *fake news* são um simulacro da notícia, elas adquirem credibilidade porque se estruturam de forma semelhante a uma notícia. Em plena pandemia, o cenário de informação falsa sobre formas de se prevenir, por exemplo, propiciou a alta no número de mortes no Brasil, que ultrapassou 500 mil, em junho de 2021.

Outros autores também trabalham com a ideia de as *fake news* terem um sentido contraditório. No artigo "Paulo Freire em tempos de Fake News", Nascimento (2020) aponta que:

> Seu uso é característico da época em que vivemos, que vem sendo chamada "era da pós-verdade", em que as pessoas decidem acreditar ou não nas informações que recebem, sem que isso implique em sua veracidade, de acordo com suas próprias convicções: a escolha é feita a partir de afinidades pessoais, sendo julgado verídico tudo aquilo que está consoante seus valores e crenças, atribuindo-se ao contraditório o título de Fake News – uma mentira destinada a aviltar seu posicionamento, substituindo-o por uma irrealidade (Nascimento, 2020, p. 89).

Nascimento ainda complementa o pensamento de que o fenômeno de espalhar notícias duvidosas e mentirosas não surgiu na era da "pós--modernidade". Isso pode ser observado ao longo dos tempos e torna-se mais forte ou não em determinados momentos da história. "Elas são largamente utilizadas em tempos de conflito, seja ele militar, social ou de interesses econômicos, porque são mais facilmente recebidas como verdade em tempos de crise" (Nascimento, 2020, p. 89). O diferencial agora é a atual capacidade de divulgação tecnológica digital, o que contribui para uma propagação em massa, em tempo recorde. Com a tela na palma da mão e aplicativos ágeis e fáceis no manuseio, a mentira passa a ser compartilhada em instantes e ganha status de notícia.

Na tentativa de combater a disseminação das produções falsas, o telejornalismo assumiu o papel que, segundo Vizeu (2016), é o de um lugar de referência, muito semelhante ao da família, dos amigos, da escola, da religião e do consumo. Assim foi usada a tarefa de explicar o mundo por meio da informação correta. Essa foi uma estratégia dos veículos de comunicação no auge da pandemia. A TV Globo, por exemplo, ampliou o horário dedicado ao Jornalismo. No dia 18 de março de 2020, entrava no ar o programa *Combate ao coronavírus*: "Apresentado pelo jornalista Márcio Gomes, o programa tem a participação de especialistas para tirar dúvidas. Repórteres trazem as últimas informações sobre o avanço da doença" (Gomes, 2020).

Além de programas específicos sobre o combate ao coronavírus, o telejornalismo diário foi fundamental na elaboração de pautas que contribuíssem com a informação segura e de qualidade, explicando sobre a doença, como evitar o contágio e, muitas vezes, desmentindo boatos de remédios que seriam a cura para a Covid-19, profilaxias não recomendadas pelos médicos, e outras tantas notícias falsas de um período crítico no mundo.

O presente artigo busca abordar formatos e conteúdos usados em uma série de reportagens para explicar as *fake news* que circulavam com frequência na pandemia. A estratégia foi adotada pela emissora afiliada da Globo em Campinas, São Paulo, e compartilhada com outras 35 afiliadas do Grupo. A série foi ao ar na última semana de janeiro de 2021. Optamos por esse recorte telejornalístico por ser um trabalho em TV específico para descortinar notícias falsas que circulavam principalmente em redes sociais e por meio de aplicativos de mensagens instantâneas.

A hipótese é que desmentir um fato na TV cria uma atmosfera propícia a um avanço de consciência do telespectador. Estamos em ano eleitoral e, mais que analisar notícias falsas, precisamos contribuir para que do outro lado da tela tenhamos espectadores capazes de analisar de forma crítica notícias e desinformações que os assolam.

Na tentativa de combater a propagação de tantas produções falsas, o telejornalismo realizou diversos trabalhos midiáticos para explicar sobre a doença, como evitar o contágio e, muitas vezes, desmentiu notícias falsas. Agindo assim, os telejornais atuaram de forma eficaz em um processo de educação para a mídia.

Media Literacy e comunicação

Uma das atitudes da imprensa profissional para combater as *fake news* tem sido apostar na checagem dos conteúdos que apresentam maior compartilhamento e engajamento nas redes sociais. O problema com as agências de checagem está em dar conta desse trabalho. Quanto mais os jornalistas se dedicam a desmentir as informações falsas, menos jornalismo de qualidade pode ser produzido por uma questão de desperdício de tempo, esforços, talento na produção de reportagens relevantes e investigativas. Por isso, é preciso arregimentar um exército junto ao público neste trabalho que pode ser formado pela literacia midiática. Esta deve ser a melhor forma de educar e preparar o telespectador ou internauta para o que vai encontrar a um clique. No artigo "Mídia, educação e democracia: diálogos e desafios em tempos de crise", as pesquisadoras Gabriela Borges e Carla Baiense falam bem desse papel pedagógico que os veículos de comunicação precisam ter:

> A importância da educação para e pelas mídias está assim relacionada com o exercício da cidadania, no sentido em que os cidadãos, ao estarem bem informados, saberem distinguir a veracidade das notícias que recebem, acessarem sites e conteúdos fidedignos e/ou saberem gerir a sua privacidade on-line poderão atuar e intervir ativamente na sociedade em que vivem (Borges; Baiense, 2019, p.1).

Educar a partir da mídia envolve uma série de questões que necessitam cada vez mais ganhar espaço no ambiente familiar, escolar, e ainda mais no campo acadêmico, para que se possam desenvolver ações a respeito do assunto. Em suas discussões sobre televisão e telejornalismo, Becker (2016, p. 196) diz:

> A educação para a leitura e apropriação da mídia pode contribuir para a formação de leitores/telespectadores/usuários mais ativos e capazes de identificar processos de construção de sentidos em combinações de imagens e palavras em suas interpretações dos textos, de produzir mensagens midiáticas com um grau mínimo de qualidade, de processar e integrar representações provenientes de diferentes meios e linguagem, de questionar as maneiras como os meios de comunicação apresentam a realidade e agendam a via social, e de se inserir conscientemente no ambiente midiático (Becker, 2016, p. 196).

Dessa maneira, a educação para as mídias deveria criar uma consciência crítica em crianças, jovens e adultos para que todos possam explorar as tecnologias disponíveis da melhor forma possível, para o bem de todos e principalmente evitando a propagação de conteúdos falsos.

O movimento de literacia para a mídia desenvolve-se ainda timidamente no contexto, principalmente, europeu, como uma forma de proteger o público através da compreensão do seu funcionamento, dos seus interesses e das suas limitações por meio do ensino formal. No Brasil, o movimento precisa ultrapassar essas questões e ampliar sua aplicação também fora das escolas, em um conjunto de práticas da sociedade civil. Aqui é notório que o tempo que as crianças e jovens dedicam, por exemplo, a assistir televisão pode ser maior que o tempo na escola. De acordo com a última pesquisa sobre o consumo de mídia da PNAD de 2016, divulgada em 2017, o consumo médio de televisão chega a 3 horas e 65 minutos por dia. E o acesso à internet atinge 4 horas e 52 minutos, no período de 24 horas. Por outro lado, a TV é o meio mais acessado diariamente, quase a totalidade da amostra, enquanto dois em cada três acessam a internet, principalmente pelo celular[4]. É preciso pensar em quanto tempo crianças e jovens ficam diariamente na escola, e a literacia para mídia passa a ser uma responsabilidade também da própria mídia.

Neste trabalho, ressaltamos a atuação das organizações midiáticas e dos profissionais de comunicação dentro do conceito de literacia para a mídia. Entre as estratégias indicadas pela Unesco para a Alfabetização Midiática e Informacional (AMI) estão: a) fazer com que os veículos de mídia expliquem seu trabalho ao público para promover a transparência em suas operações; b) trabalhar para intensificar a relação entre os cidadãos e a mídia e, assim, melhorar a compreensão sobre o potencial positivo e negativo dessa relação; c) estabelecer um mecanismo e um marco para o acesso à informação e a um sistema eficiente de *feedback*, de forma a aumentar o envolvimento dos cidadãos; e) compreender a publicidade e seu impacto nos jovens, promover exemplos positivos da publicidade, discutir violência e estereótipos da mídia, principalmente envolvendo gênero; f) oferecer serviços eficazes de representação midiática para garantir o acesso a fontes confiáveis de informação; entre outros. Foram esses os desafios que a série "*Fake News*", produzida pela EPTV de Campinas, SP, nosso objeto de investigação, se propôs vencer.

O telejornal como ferramenta para desmentir as notícias falsas

A narrativa dos telejornais exerce muitas vezes uma função pedagógica. Vizeu e Cerqueira (2016, p. 5) apontam que "o que os jornalistas fazem diariamente é 'organizar o mundo'", procurando torná-lo mais compreensível. Por isso, há uma preocupação pedagógica no jornalismo, que se legitima como o lugar de 'poder mostrar', de 'poder dizer', 'interpretar', de 'poder analisar'". A partir de uma série de reportagens sobre *fake news* exibidas no telejornal da EPTV Sul de Minas, 2ª edição, entre os dias 25 e 30 de janeiro de 2021, o telejornalismo desempenhou esse compromisso de desmistificar o que não é verdadeiro. Podemos sentir esse

---

[4] Disponível em: https://www.abap.com.br/wp-content/uploads/2021/06/pesquisa-brasileira-de--midia-2016.pdf. Acesso em: 29 jul. 2022.

compromisso com a informação de qualidade, na "cabeça" (abertura) da série, na apresentação de Marcelo de Castro.

> Durante a pandemia as comunidades médicas e científicas tiveram que travar uma outra batalha. Além de lidar com um vírus agressivo, os especialistas ainda enfrentam uma avalanche de notícias falsas. É mais uma ameaça em um período tão conturbado. Durante esta semana, a gente vai esclarecer algumas notícias mentirosas, onde a informação é fundamental (Camilotti, 25 jan. 2021).

Figura 1 – Apresentação da série *Fake News* da EPTV Campinas

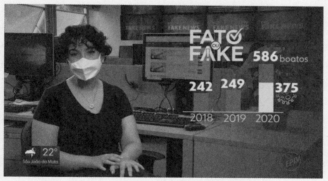

Fonte: Globoplay.

A primeira reportagem da série começa falando sobre o trabalho do apurador de notícias, que, normalmente, é desconhecido dos telespectadores. A jornalista Bárbara Camilotti trabalha na apuração e vai logo explicando ao telespectador que ela não aparece no vídeo, mas tem um papel importante na checagem das notícias. A reportagem tem um formato didático, se considerarmos o que Vizeu (2016, p. 5) bem coloca sobre o papel de mediação do telejornal, que também é um produto capaz de revelar a verdade e orientar homens e mulheres na contemporaneidade. E, a partir do momento em que a reportagem explica ao espectador como o conteúdo está sendo produzido e com qual objetivo, essa narrativa passa a "organizar o mundo" (Vizeu, 2016) para quem está do outro lado da tela, consumindo aquela informação. Vizeu afirma que os jornalistas têm uma preocupação "didática" com o que escrevem e reportam. Um trabalho que começa na Faculdade. Ele ainda cita Paternostro (2006), quando a jornalista e professora fala da clareza da informação, do texto objetivo e da ordem direta para atingir o telespectador de TV. "*O texto na TV: manual de telejornalismo*, adotado pela maioria dos cursos de Jornalismo no Brasil, é um exemplo disso. No capítulo que trata do texto coloquial, a autora diz que a tevê tem a obrigação de respeitar o telespectador e transmitir a informação em uma linguagem coloquial e correta" (Paternostro apud Vizeu, 2016, p. 6).

Nessa tendência clara e linear, toda a série é construída. No início do primeiro VT (videoteipe), a apresentadora fica no canto do vídeo, como uma professora em sala de aula, e apresenta dados ao telespectador, com o recurso de gráficos, sobre o aumento de índice de boatos e notícias falsas. Assim, vai levando à tela os números apurados desde o início da criação da Central de Checagem, em 2018.[5] Por meio de infográficos, os dados são dispostos na tela: em 2018, foram apurados 242 boatos. Em 2019, foram 249, e, em 2020, ano do início da pandemia, foram 587 boatos. E, destes, 375 eram informações falsas sobre o coronavírus. Mas a reportagem não faz uma distinção acerca do que é falso ou do que é boato. No artigo intitulado "Fake News: um problema midiático multifacetado", Felipe de Matos Müller e Márcio Vieira de Souza explicam sobre esse fenômeno.

> Há um uso frequente e indiscriminado entre os termos "fake news" e "boato". Por vezes, usuários das mídias sociais caracterizam determinada notícia como fake news, tendo como base sites de verificação de boatos. Todavia, as fakes news e os boatos parecem ser dois fenômenos distintos (Müller; Souza, 2018, p. 3).

Para os autores, a grande diferença é que as *fake news* são uma forma de informação que circula com o propósito deliberado de enganar ou confundir aqueles que as consomem, enquanto os boatos não têm necessariamente essa característica. Além disso, o boato deve passar por diversas

---

[5] "Fato ou Fake": serviço de checagem de conteúdos suspeitos. No ar, desde o dia 30 de julho de 2018. A seção identifica as mensagens que causam desconfiança e esclarece o que é real e o que é falso. A apuração é feita em conjunto por jornalistas de G1, O Globo, Extra, Época, Valor, CBN, GloboNews e TV Globo. Discursos de políticos também são conferidos.

pessoas, circular, enquanto as *fake news*, muitas vezes, são disparadas por robôs para o consumo simultâneo de diversas usuários.

Sem mencionar a diferença entre "*fake news*" e "boatos", a reportagem segue, com o depoimento da professora em Ciências da Comunicação da Pontifícia Universidade Católica de Campinas (PUC/Campinas) Juliana Doretto, que reforça a preocupação com a disseminação de notícias em massa. As fontes do campo da Comunicação não aparecem com frequência neste tipo de produto jornalístico, esta foi uma exceção, que mostra a preocupação de discutir as notícias falsas no âmbito desta área de produção de conhecimento. Mas uma das formas usadas pela emissora para que a reportagem não ficasse técnica, dando voz apenas a especialistas e, assim, distante do telespectador, foi a humanização. Com o uso da ferramenta de "povo fala" (enquete), os depoimentos mais diversos vão sendo exibidos. Não é mais a jornalista explicando, mas, sim, o depoimento de pessoas anônimas. Gente que viveu e vive a pandemia por meio das telas, acompanhando as informações na palma das mãos. A apresentadora diz: "E tem *fake news* referente a tudo que você imaginar". E vão entrando os depoimentos de populares: "Eu soube que a vacina coloca um chip para monitorar as pessoas", "eu recebi pelo telefone que água com limão ajuda na cura do coronavírus", "a pior coisa que recebi foi que a vacina altera o DNA das pessoas". Histórias que chegam e circulam a partir da facilidade de comunicação que vivemos na contemporaneidade. E são pessoas que acompanham as notícias por meio de redes sociais e de aplicativos de mensagens. Todos os depoimentos foram gravados na rua e em praças de grande circulação.

Figura 2 – Ilustrações da Série "*Fake News*" da EPTV Campinas

Fonte: Globoplay.

Ao todo foram seis reportagens desvendando o universo das notícias falsas. O tempo médio de exibição de cada uma foi de quatro minutos. Todas com o mesmo formato: apresentadora em quadro detalhando alguma informação, desmentindo uma notícia falsa, e fazendo as entrevistas também da redação. Todos os pesquisadores entrevistados deram depoimentos por meio da internet. Não houve contato físico com os profissionais de diferentes instituições do país.

Por mais que as notícias falsas ou os boatos sejam fugazes, eles causam certa desconfiança em quem ouve, vê e assiste. Mesmo assim, eles continuam sendo espalhados, disseminados. Um dos entrevistados, Leandro Tessler, pesquisador do Instituto de Física da Universidade Estadual de Campinas (Unicamp), explicou que a inteligência artificial tem sido usada a serviço da desinformação. E reforçou que a forma de evitar é "simplesmente não compartilhar". Daí a importância de séries jornalísticas que desvendem e que esclareçam o internauta, telespectador ou ouvinte. O serviço de checagem "Fato ou Fake" busca investigar a veracidade da notícia para o internauta. E, na TV, a série sobre as notícias falsas na pandemia veio ao encontro da necessidade de esclarecimento do público.

Nesse universo, em que vivemos conectados por diferentes telas, nos informamos por elas, mas também podemos ser desinformados por meio delas. Consumimos o que recebemos. E é muito ágil a disseminação de notícias e fatos, verdadeiros ou não. Assim como é rápida a interação e conexão entre pessoas por meio dos mais variados assuntos. O que vemos é um exagero de circulação de textos, fotos, vídeos nas redes sociais, desde a chegada da web 2.0. Uma forma de alcançar públicos diversos de várias plataformas. Tudo isso sendo possível a partir da popularização dos *smartphones*. O aparelho é multifuncional, autoexplicativo e traz agilidade para quem comunica, dissemina, cria conteúdo. Como explica Adriano Chagas (2019, p. 89), o *phoner* "é o novo personagem contemporâneo, conectado, que também circula pela cidade, como faz o seu oposto, mas agora o faz com a mediação do telefone celular". Os *smartphones* não exigem aprofundamento técnico na produção de vídeos ou edição de imagens.

A maioria dos vídeos amadores produzidos pelos usuários de telefones celulares que circula na internet é do tipo plano-sequência, ou seja, sem cortes. O áudio é captado pelo microfone do próprio aparelho, não há maquiagem ou caracterização, e muito menos iluminação específica. Sua duração também é reduzida, o que facilita o compartilhamento nas redes sociais e a visualização, por parte de outros sujeitos (Chagas, 2019, p. 42). Está aí um ambiente adequado para a disseminação das chamadas *fake news*. "Uma vez que compartilhar é uma das regras ou um dos apelos do funcionamento das redes sociais, geram-se aí as condições para a disseminação de falsas notícias e boatos" (Santaella, 2018, p. 31). Se a notícia é sensacionalista, espalha-se ainda mais rápido: "O sensacional atrai o clique que atrai mais compartilhamentos" (Santaella, 2018, p. 32).

As propostas para o combate à desinformação no período eleitoral

Diante do exposto, podemos concluir que a televisão e as diferentes formas de comunicação oficial têm um papel importante no combate à desinformação. Foi assim no auge da pandemia com reportagens que descortinavam as crendices, as notícias falsas, os mitos populares sobre saúde e tratamento de uma doença ainda desconhecida. E a mesma estratégia jornalística é também usada por emissoras de TV no período eleitoral. Uma forma de alertar ao telespectador sobre as armadilhas por vir em uma campanha pré-eleições. A TV Globo Minas e as três redes de emissoras afiliadas que atuam na cobertura em todo o estado – TV Integração (Juiz de Fora, Uberlândia, Uberaba e Divinópolis), EPTV Varginha e InterTV (Montes Claros e Governador Valadares) – já anunciaram, em seus sites, três séries de reportagens que vão ao ar no período eleitoral: todas com o objetivo de informar e educar por meio da tela.

Essas séries são feitas em parceria entre todas as emissoras do Grupo Globo. De acordo com informações da gerente de jornalismo da emissora em Uberlândia, Patrícia Amaral, cada emissora fica responsável pela captação de imagens e depoimentos em sua área de cobertura. "Assim a série que será fechada e editada na capital, ganha um caráter regional, e vai mostrar a todos os mineiros que se informam pela TV as principais demandas que deverão ser enfrentadas pelos próximos governantes" (Amaral, 2022).

O *BDMG, Bom Dia Minas*,[6] vai mostrar os principais desafios de cada região. O estado de Minas foi dividido em oito regiões, para que a série pudesse mostrar e ouvir telespectadores dos diferentes rincões das Gerais. O trabalho está sendo coordenado por uma equipe em Belo Horizonte. Os dois apresentadores do *BDMG*, Carlos Eduardo Alvim e Sérgio Marques, é que têm a responsabilidade de fechar os textos.

Tabela 1 – Planejamento da série sobre eleições

DESAFIOS

Vamos mostrar os principais desafios de cada região e ouvir
as propostas dos cinco principais candidatos para resolvê-las

	TEMA	REGIÃO	EXIBIÇÃO	VIVOS
1	Educação	Norte e Nordeste	29/ago	Montes Claros
2	Desenvolvimento Humano	Jequitinhonha e Mucuri	30/ago	Teófilo Otoni
3	Transporte	Centro-oeste	31/ago	Divinópolis
4	Finanças Públicas	Triângulo e Alto Parnaíba	01/set	Uberlândia
5	Emprego	Zona da Mata	02/set	Juiz de Fora
6	Saúde Pública	Sul	05/set	Varginha
7	Saúde	Leste	06/set	Governador Valadares
8	Mineração	Central	07/set	Belo Horizonte

Fonte: Globo Minas.

O *MG1*[7] vai levar ao ar a série "Como funciona o legislativo". Será um material bem didático, para que o telespectador mineiro saiba a importância de ficar atento aos candidatos que serão votados para a Assembleia Legislativa.

---

[6] *BDMG* – Telejornal matutino em rede estadual, em Minas Gerais. Vai ao ar das 6h às 8h, na Globo Minas e nas afiliadas Globo, diariamente. Exibido de segunda a sexta-feira.

[7] *MG1* – Também chamado de *Praça TV I*. Telejornal que vai ao ar de segunda-feira a sábado, das 11h45 às 13h, na Globo Minas e Afiliadas. Dá ênfase a notícias locais e regionais. Cada uma das emissoras em Minas retransmite o telejornal para a sua área de cobertura com apresentadores locais.

Tabela 2 – Conteúdo da Série "Como funciona o legislativo"

COMO FUNCIONA O LESGISLATIVO
Vamos mostrar como funciona o legislativo

- Composição das Casas Legislativas
- Como é o processo de discussão das leis
- Qual é o custo do legislativo

Exibição
de 16 a 19 de agosto

Fonte: Globo Minas.

E o *MG2*[8] vai abordar os desafios para o desenvolvimento de políticas de inclusão e combate à violência contra minorias.

Tabela 3 – Conteúdo da série "Inclusão"

INCLUSÃO
Vamos mostrar os principais desafios para o desenvolvimento de políticas de inclusão e combate à violência contra minorias

Fome
Políticas para deficientes
Combate ao Racismo
Diversidade no secretariado
Combate à violência contra mulheres

Exibição
de 19 a 23 de setembro

Fonte: Globo Minas.

---

[8] *MG2* ou *Praça TV 2* – Telejornal local que vai ao ar às 19h10, na Globo e Afiliadas. Dá ênfase a notícias locais e regionais. Cada uma das emissoras em Minas retransmite o telejornal para a sua área de cobertura com apresentadores locais. Mais pautado em factual do dia e em economia.

No período de confecção deste artigo, não foi possível aprofundar vários aspectos das séries a serem exibidas em período pré-eleitoral, porque muita coisa ainda estava sendo discutida, mas é nosso propósito analisar essas estratégias a partir de sua exibição.

Considerações finais

Na pandemia ou nas eleições, o fato é que, hoje, com o acesso à informação na palma da mão, o consumidor tem também diferentes opções. E a informação de qualidade ainda é garantia de que há uma preocupação e um movimento contra a desinformação. Um caminho que passa pela educação, pela didática da veiculação dos conteúdos, e que rende frutos aos profissionais comprometidos com o Jornalismo. O momento atual é extremamente propício para que a imprensa de qualidade confirme o seu lugar de fala, o seu compromisso ético, em um mundo cada vez mais complexo.

Num primeiro momento, por volta dos anos 2000, a principal preocupação dos estudos científicos estava em proteger o público das tendências editoriais de cada veículo e dar ferramentas para que as pessoas identificassem quem falava e com que intenção. A Alfabetização para a Mídia hoje exige mais. Além de identificar os interesses implícitos nas notícias, compartilhar não apenas conteúdos, mas a responsabilidade pela divulgação deles nas redes e, principalmente, tornar transparente os modos de produção e os critérios de escolhas do jornalismo profissional. Tarefas que não são fáceis de cumprir, mas as próprias organizações midiáticas e os comunicadores precisam disso para combater as notícias falsas e explicitar a relevância do próprio trabalho.

O movimento de descredibilização do jornalismo profissional, engendrado especialmente desde a campanha presidencial de Donald Trump, nos Estados Unidos, veio exigir mais da imprensa. Durante muitos anos, as relações pouco transparentes entre empresas de informação e os poderosos, seja na economia ou na política, não eram identificadas com clareza, ou interpretadas de forma crítica. Tudo parecia apenas uma questão ideológica, até que, na América Latina, por exemplo, vieram à tona as relações espúrias entre muitos veículos de imprensa e as ditaduras que marcaram o continente, no século XX. Agora, sacudida pelos movimentos que questionam o jornalismo profissional, a imprensa tem uma chance de explicar sua trajetória, reconhecer erros e projetar um futuro, em que evidencie a sua importância para a consolidação de sociedades mais humanas, de respeito às diferenças, com menos desigualdade, e maior sustentabilidade e defesa da vida em nosso planeta.

Referências

AMARAL, P. Entrevista concedida a Fernanda Lília de Almeida. 1 jul. 2022.

BECKER, B. *Televisão e telejornalismo*: transições. São Paulo: Estação das Letras e Cores, 2016.

BECKER, B.; GOES, F. M. de A. FAKE NEWS: uma definição possível entre a reflexão crítica e a experiência jornalística. *Revista Latino-Americana de Jornalismo*, ano 7, v. 7, n.1, p. 34-53, janeiro a junho de 2020.

BORGES, G.; BAIENSE, C. Mídia, educação e democracia: diálogos e desafios em tempos de crise. *Revista Mídia e Cotidiano*, 2019, p.1.

CAMILOTTI, B. *Série demonstra fake news em um período em que a população precisa de informação*. 25 jan. 2021. Disponível em: https://globoplay.globo.com/v/9209245/. Acesso em: 24 jul. 2022.

CAMILOTTI, B. *Em tempos de pandemia, redes sociais potencializam disseminação de fake news*. 26 jan. 2021. Disponível em: https://globoplay.globo.com/v/9212789. Acesso em: 24 jul. 2021.

CAMILOTTI, B. *Série Fake News desmente boatos sobre tratamentos caseiros contra a covid*. Disponível em: https://globoplay.globo.com/v/9216402/. 27 jan. 2021. Acesso em: 24 jul. 2022.

CAMILOTTI, B. *Série Fake News aborda influência da polarização política na pandemia*. 28 jan. 2021. Disponível em: https://globoplay.globo.com/v/9220132/. Acesso em: 24 jul. 2022.

CAMILOTTI, B. *Série Fake News aborda como o humor é usado para combater a desinformação*. 29 jan. 2021. 29 jan. 2021. Disponível em: https://globoplay.globo.com/v/9223436/. Acesso em: 24 jul. 2022.

CAMILOTTI, B. *Série Fake News mostra a importância dos profissionais da saúde para desmentir boatos*. 30 jan. 2021. Disponível em: https://globoplay.globo.com/v/9225942/ . Acesso em: 24 jul. 2022.

CHAGAS, A. *A imagem portátil*: celulares e audiovisual. Curitiba: Appris, 2019.

GAGLIONI, C. O retrato da crise do jornalismo pelos olhos de quatro mulheres. *Nexo*. 5 jul. 2022. Disponível em: https://www.nexojornal.com.br/util/busca/?q=endangered&r. Acesso em: 10 jul. 2022.

GOMES, M. *Combate ao coronavírus*. 2020. Disponível em: https://globoplay.globo.com/combate-ao-coronavirus/t/dNbXKsnNZx/. Acesso em: 21 jul. 2022.

GRIZZLE, A.; MOORE, P.; DEZUANNI, M. *Alfabetização midiática e informacional*: diretrizes para a formulação de políticas e estratégias. Brasília: UNESCO, Cetic.br, 2016. 204 p., ilus. Disponível em: https://nic.br/media/docs/publicacoes/8/246421POR.pdf. Acesso em: 30 jul. 2022.

MÜLLER, F. de M.; SOUZA, M. V. Fake News: um problema midiático multifacetado. 2018. *Anais do VIII Congreso Internacional de Conocimiento e Innovacion*. Guadalajara, México, 2018. Disponível em: file:///C:/Users/cferr/Downloads/511-Artigo%20completo-1781-1-10-20180920.pdf. Acesso em: 15 jul. 2022.

NASCIMENTO, F. Por que acreditamos em fake news? In: ABREU, J. M.; PADILHA, P. R. (orgs.). *Paulo Freire em tempos de fake news edição 2020*. Artigos produzidos durante a EaD Freiriana do Instituto Paulo Frei. Disponível em: https://www.paulofreire.org/download/eadfreiriana/E-book_Paulo_Freire_tempos_fake_news_2020.pdf. Acesso em: 15 jul. 2022.

PORCELLO, F.; BRITES, F. Verdade X Mentira: a ameaça das fake news nas eleições de 2018 no Brasil. *Anais do 41º Congresso Brasileiro de Ciências da Comunicação*. Joinville, SC, 2018. Disponível em: https://portalintercom.org.br/anais/nacional2018/resumos/R13-0364-1.pdf. Acesso em: 4 jul. 2022.

SANTAELLA, L. *A pós-verdade é verdadeira ou falsa?*. Barueri, SP: Estação das Letras e Cores, 2018.

VIZEU, A. P. CERQUEIRA DA SILVA, L. J. 65 Anos de Televisão: o conhecimento do telejornalismo e a função pedagógica. *Famecos*, Porto Alegre, v. 23, n. 3, 2016. Disponível em: https://revistaseletronicas.pucrs.br/ojs/index.php/revistafamecos/article/view/22638/14600. Acesso em: 12 jul. 2022.

Ao final de tudo: informação

Cárlida Emerim[1]

O objetivo comum

Cientes de que as transformações na sociedade que advêm de várias ordens são até possíveis de ser previstas, porém suas consequências totais e reais são desafios incógnitos, intelectuais e tecnólogos, cada a um a seu turno, dedicam-se a propor caminhos pelos quais se possa enfrentar as demandas que surjam dessas mudanças. Afinal, esta é a única certeza: as coisas mudam, se movimentam. Mesmo assim, há um medo inconsciente coletivo sempre que elas se impõem ao cotidiano social.

Esse contexto se aplica fortemente ao campo da comunicação e do jornalismo, principalmente no que tange às suas práticas e rotinas produtivas, desenvolvidas nos mais diferentes aspectos técnicos e mercadológicos. Tanto é verdade que, quando surge uma nova tecnologia ou se desenvolve uma nova forma de narrativa, concomitantemente surgem também as previsões de fim das suas predecessoras. Se até aqui estas palavras parecem vagas, vai-se, então, direto ao ponto, pois, se o que de fato interessa neste processo de tecnologização da comunicação e do jornalismo é o lucro, ele só se efetivará a partir da eficácia de um elemento comum: a informação.

Essa é uma questão de fundo a ser enfrentada a partir do fato de que é necessário ter capital financeiro para que o negócio da comunicação e do jornalismo se mantenha produtivo ao mesmo tempo que a informação por esse sistema (comunicação e jornalismo) distribuída não pode estar submetida ou subsumida – do ponto de vista ético e conceitual – ao lucro, de modo a comprometer os preceitos básicos de sua própria função social e existência.

---

[1] Doutora (PPGCOM/Unisinos). Pós-doutorado (Udesc/SC). Pesquisadora da Rede Telejor, Coordenadora do Grupo Interinstitucional de Pesquisa em Telejornalismo (GIPTele), do TJUFSC e do #JORCovergente, projetos integrados de pesquisa e extensão do PPGJOR da Universidade Federal de Santa Catarina (UFSC). E-mail: carlida.emerim@ufsc.br.

Porém, com a característica do "excesso", termo empregado por diferentes autores, como Byung Chul Han (2018),[2] para definir uma postura destes tempos nos quais não se consegue dar conta de tantas demandas concomitantes, tampouco entender com profundidade os resultados delas, gerando outro termo, "tempos líquidos", cunhado por Zygmunt Bauman (2021), cuja constituição efêmera e superficial fragiliza relações, noções de pertencimentos e existências. Tais características acabam espalhando-se por toda a esfera que envolve a sociedade, influenciando aspectos internos e externos. No centro dessa problemática está a comunicação e a informação. A comunicação, não como área, mas como ato de comunicar, de troca de dados informacionais. A informação como o próprio dado, conteúdo, matéria ou material que é motivo/constructo responsável por mobilizar as outras estruturas em torno de/e por si.

Por isso mesmo é ela, a informação, como conceito e matéria em fluxo, que merece ser analisada e observada, tendo em vista que sua natureza, a princípio clara e definida, passou a assumir aspectos dessa inconstância trazida pelo excesso e pelos tempos líquidos, ressignificando e reconfigurando tudo em seu entorno.

Dessas modificações talvez a mais complexa tenha sido aquela que paulatinamente apagou a fronteira entre o que definia realidade e ficção, que por tabela refletiu na diferença entre jornalismo e entretenimento, sendo a informação o centro da disputa questionando se um ou outro informa ou, ainda, é, por natureza, aquele ou este que "teria o direito" de informar. Sabe-se, porém, que esta não é a questão de fundo, pois tanto a Linguística, a Comunicação (como área) quanto a Semiótica, que se ocupam de entender a língua, as mensagens, os atos de fala e sua significação e sentido, afirmam que tudo no mundo informa, a seu modo, e o que mobiliza a atenção é como essa informação é compreendida – entendida. Portanto, os modos de (ou o como) informar tornam-se importantes na medida em que eles ajudam no processo de compreensão das informações. Processo tão importante que o uso sem o objetivo fundante tem sido um dos motivos para a proliferação da desinformação, causando o

---

[2] O autor emprega o termo "enxame", que aqui aproximamos para "excesso", relação a ser explicada ao longo do texto.

que se costumou definir como desinfodemia (Posetti; Bontcheva, 2020), causando confusão e distorções potencializadas pelo contexto do excesso e do tempo líquido, brevemente citados anteriormente.

Nessa direção, o telejornalismo – jornalismo de e para diferentes telas –, que tem uma natureza espetacular e, por consequência, esteticamente próxima ao entretenimento, não raramente é cobrado pela informação que transmite, sendo constantemente interpretado à luz do que exibe (enquanto tela) e não pela informação ou conteúdo informativo que relata. Em contrapartida, a popularização da produção e disseminação de vídeos via redes sociais, bem como a facilitação de aplicativos que simulam cenários e estéticas do telejornalismo, também as "cópias" ou a noção de que qualquer um que queira produzir, exibir e distribuir uma informação possa fazê-lo na escala em que a capacidade de redes de contato, acesso de internet, velocidade e potência de modem a seu dispor permita[3].

Por mais que se aponte um predomínio dos dispositivos móveis na sociedade contemporânea, o vídeo e os conteúdos televisuais encabeçam o ranking de interesse, como mostram diferentes pesquisas, como a Mídia Dados Brasil 2020, que aponta que os conteúdos da televisão seguem liderando o acesso e interesse da população, que usa a internet para buscar muitos programas da televisão aberta, por exemplo. A fluidez dos conteúdos audiovisuais talvez seja um dos motivos dessa preferência, mas há que se entender por quem e como esses acessos se dão.

O contexto de embaralhamento de sentidos

> Os jovens são a fotografia dos tempos que mudam. Impossível não os amar e odiar simultaneamente. De fato, eles são aquilo que mais amamos do nosso "ter sido", mas também aquilo que, em contraposição, detestamos porque não foi eterno, e sim apenas flutuante, líquido (Leoncini, 2021, p. 13).

---

[3] Em tempo, neste espaço não se pretende fazer juízo de valor, é apenas um aspecto importante para contextualizar a discussão sobre o que se quer desenvolver neste capítulo em relação à informação. Mas é inegável que este processo é um dos fatores que potencializaram o surgimento em maior escala de notícias falsas e contribuiu para esta pandemia de desinformação global.

Thompson (1998) afirma que toda a sociedade tem a mídia que merece na direção de que é ela que referenda, através da audiência/consumo, e repercute os temas, modelos e estratégias empregadas dos produtos midiáticos exibidos. Considerando, objetivamente, que o jornalismo e as empresas de comunicação midiática são um mercado e, como negócio, visam lucro, necessitam da aprovação do público que é consumidor/receptor. Mesmo com a mudança de status desse consumidor para um ser também produtor de conteúdo, ele ainda se mantém como audiência potencial e segue no papel de repercutir, a seu modo, os conteúdos exibidos pelo mercado das empresas ditas "tradicionais". Em tempo, já nos anos 1980 o termo "prosumer", cunhado por Toffler, apontava essa tendência de um consumidor que não seria mais passivo diante do que receberia; e mais, em 2019, o termo "prosumer-pro", apropriado e ampliado por Wasum Carvalho (2019), enfatiza essa função de produtor/receptor/fonte da informação de si mesmo, corroborando o que Beiguelman (2021) enfatiza:

> Em um mundo em que a autoexposição está diretamente relacionada à disputa pela inserção social, a necessidade de tornar-se visível coloca todos na linha compulsiva do "show do eu" de que fala a pesquisadora Paula Sibilia[4] (Beiguelman, 2021, p. 48).

Nessa perspectiva, o percurso da sociedade foi configurando uma forma cada vez mais veloz e excessiva de assumir essa visibilidade ou dar-se a ver do eu, contribuindo não só para ajudar a apagar as fronteiras entre o público e o privado como para derrubar a hierarquia natural entre os limites das liberdades individuais e coletivas, baseadas em convenções político-sociais (como direitos adquiridos de lutas sociais) e do respeito aos direitos humanos primordiais. Aqui combinam, de certa forma, Calabrese, Han e Bauman, que ajudam a pensar sobre este momento ou *punctum* – como diria Barthes.

Omar Calabrese colabora com a noção de **figura(s)**, que, para ele, são traços de conteúdo que estabelecem uma certa regularidade nos fenômenos

---

[4] Citado por Beiguelman, p. 48: SIBILIA, Paula. *O show do eu*: a intimidade como espetáculo. Rio de Janeiro: Nova Fronteira, 2008.

culturais, espaço de análise que permite compreender o que define como "gosto contemporâneo", considerando esses fenômenos como textos, pois sua base teórica parte da Semiótica. Dentre as várias figuras, recortam-se aqui o **ritmo** (aquelas que transcorrem num tempo e espaço urbano, insertas numa dinâmica do sistema, pois não são estáticas) e a **repetição** (traço recorrente que toma como base uma matriz única que se apresenta como produto do(s) enunciador(es) através da interação e do contexto em jogo, assume-se intertextual e conforma a repetição).

Entre ritmo e repetição, segundo Calabrese, é possível perceber o surgimento de algumas figuras correlatas ou complementares como o *Limite* e o *Excesso* (p. 57, 58), e é exatamente essa interlocução que interessa a este capítulo. Para o autor, partindo da noção de uma *estética da repetição* (não entendendo aqui a definição de repetição a partir de juízo de valor de bom ou ruim), esta estética estabelece um traço de uma época, uma proposta comunicativa que permite entender, por exemplo, a questão da autoexposição, como citada anteriormente. Calabrese explica que *limite* e *excesso* são formas de organização de sistemas culturais e que, enquanto o *limite* que está na organização espacial interna e externa, conformando-as respectivamente, ele modula/gradua as relações de tensão do meio para fora ou do fim para dentro; enquanto a figura do *excesso* é a força que percorre paralelamente o *limite* e o transforma e ultrapassa, reconfigurando-o, desordenando-o. Na lógica, o excesso é complementar ao limite, sendo que no universo ambos têm existência em tensão permanente, portanto as mudanças, as transformações que sempre estão em curso são passíveis de ser apreendidas através do estudo desses elementos constituintes.

Byung-Chul Han (2018) apresenta a noção de **enxame** ligado ao processo de digitalização da sociedade, que, grosso modo, permite "embolar" atos, seres e contextos de forma que individualidades e definições perdem suas especificidades. Ao longo da explanação nesta obra específica[5], com a definição de *enxame* e os exemplos nas mais diversas esferas sociais é possível aproximá-lo da noção de *excesso*, e articular a proposição de que nesse excesso de apagamento de individualidades e características essa massa sem um perfil busca incessantemente, a partir de uma *repetição* de

---

[5] *Do enxame: perspectivas do digital.* Referência completa na bibliografia.

estratégias, estéticas e fluxos, tornar-se algo palpável no espaço virtual/digital ou visível. Porém,

> Uma alma de massa ou um espírito de massa falta inteiramente ao enxame digital. Os indivíduos que se juntam em um enxame não desenvolvem nenhum Nós. Não lhes caracteriza nenhuma consonância que leve a massa a se unir em uma massa de ação. O enxame digital, diferentemente da massa, não é em si mesmo coerente. Ele não se externa como uma voz. Também falta ao Shitstorm a uma voz. Por isso ele é percebido como barulho (Han, 2018, p. 16).

Articulando, aliás, o que pondera Han com Beiguelman, ambos afirmam essa necessidade de existência digital dos indivíduos e o quanto essa condição está atrelada ao capitalismo midiático. Um movimento que, de certa forma, ao não trabalhar com as individualidades, as diferenças, vai se homogeneizando e padronizando-se numa massa anamórfica, que não espera por mudanças nem transformações e, assim, passa a vigiar o outro como se a manutenção desse corpo definisse a própria existência. Como bem diz Beiguelman (2021):

> Quando a economia e a vigilância passam a nutrir-se das formas que queremos ser vistos, todo um rearranjo de subjetividades se instaura. "Se a modernidade produziu uma topologia da subjetividade e do cotidiano que circunscrevia o espaço privado e seus diversos níveis de vida interior – casa, família, intimidade, psiquismo –," diz a pesquisadora Fernanda Bruno[6], "a atualidade inverte esta topologia e volta a subjetividade para o espaço aberto dos meios de comunicação e seus diversos níveis de vida exterior – tela, imagem, interface, interatividade". [...] A ameaça não é mais a de sermos capturados por um olho onipresente do tipo Big Brother. Mas o reverso, o medo de não sermos visíveis e desaparecermos (Beiguelman, 2021, p. 66-67).

---

[6] Obra citada em Beiguelman (2021): BRUNO, Fernanda. *Máquinas de ver, modos de ser*: vigilância, tecnologia e subjetividade. Porto Alegre: Sulina, 2013.

Bauman (2018, 2019, 2021) apresenta uma perspectiva de relações a partir do que define como *líquido*, mais especificamente, os tempos, os nascidos nestes tempos e o mal que se espraia por essa natureza líquida destes tempos e seres. Este importante termo cunhado pelo autor e que dá nome há muitos de seus escritos sintetiza uma noção de fluidez e de amálgama quase sem materialidade identitária, como o próprio autor esclarece:

> [...] a passagem da fase "sólida" da modernidade para a "líquida" – ou seja, para uma condição em que as organizações sociais (estruturas que limitam as escolhas individuais, instituições que asseguram a repetição de rotinas, padrões de comportamento aceitável) não podem mais manter sua forma por muito tempo (nem se espera que o façam), pois se decompõem e se dissolvem mais rápido que o tempo que leva para moldá-las e, uma vez reorganizadas, para que se estabeleçam (Bauman, 2021, p. 7).

Na proposta de Bauman, essa efemeridade atravessa os espaços e desliga os indivíduos das interlocuções mais "humanas" e os globaliza em grandes e externas situações cujos contextos não são mais diretamente vivenciados, mas sim mediados por dispositivos eletrônicos ou pela própria indiferença da inexperiência do convívio geracional, fruto das não vivências sociais que já vêm desarticulando a convivência presencial.

Assim, num mundo cada vez mais líquido e inconsistente, ainda se buscam tentativas de se ter alternativas de presença, de pertença e de existência menos liquefeita. Nesse contexto é a visibilidade que tem ocupado esse espaço, é na visibilidade que essa pseudomaterialidade da vida líquida tem se efetivado. E talvez aqui esteja, enfim, a congruência entre os autores até aqui trazidos: a visibilidade tem sido um espaço de excesso mostrando cada vez mais uma massa sem voz, sem características específicas, senão aquelas que lhes inseriam sempre num tipo de guerra ou briga pelo protagonismo num espaço sem materialidade, feito de excessos líquidos e enxames confusos ocupando o mesmo pixel, tensionando os limites sem conseguir transformar ou reconfigurar a existência. Num contexto como este, quais conteúdos circulam? Há informação ou é informação que conecta esses seres em busca desses espaços?

Pois bem, num universo inconstante, fragmentado, de vivências efêmeras e liquefeitas, interessa discutir como algo tão tradicionalmente ligado à materialidade como o fato, a realidade e a notícia tem sido configurado. E, nessa perspectiva, examinar ainda a informação e a desinformação, que são, em síntese, o que tem mobilizado as discussões do campo, principalmente depois da pandemia de Covid-19 (2020 e 2021) e dos processos eleitorais ocorridos em algumas partes do mundo e, mais recentemente, no Brasil (2022).

Nos últimos tempos cresceram vertiginosamente os ataques à credibilidade das práticas jornalísticas e da atuação dos jornalistas, assim como aumentou a quantidade de outros profissionais ocupando postos de trabalho dos jornalistas profissionais ou que passaram a produzir conteúdo assumindo como gênero jornalismo sem que efetivamente o façam. Em outro aspecto, a mudança do modelo de assistência – das mídias tradicionais para a visibilidade via dispositivos móveis – também modificou o público-alvo das empresas, que passaram a visar faixas etárias mais jovens e a modificar formatos e linguagens para alcançar esse objetivo. Tais situações contribuíram para construir uma atmosfera de desvalorização em torno da profissão e dos conteúdos produzidos, bem como acirraram uma crise mercadológica que vinha se desenvolvendo desde que o papel se tornou muito caro e ecologicamente incorreto para manter os grandes jornais no mercado.

A partir desse contexto, parte-se para a próxima seção, na qual se vê a necessidade de trazer alguns apontamentos breves sobre jornalismo e jornalismo para telas, o telejornalismo, visto que a informação e a desinformação que se pretende compreender e discutir estão relacionadas com a informação que envolve a produção de conteúdo em telejornalismo.

Do jornalismo ao jornalismo para telas – telejornalismo

> O jornalismo é o exercício diário da inteligência e a prática cotidiana do caráter (Cláudio Abramo, 1923-1987).

Sempre que se pretende discutir um campo ou área mais específica do jornalismo, parte-se da plataforma para diferenciar ou da tendência em se demarcar o que é conteúdo da realidade ou da ficção, sério ou não. Porém, a experiência tem comprovado que os preceitos basilares do jornalismo não mudam (ou não deveriam mudar), independentemente das adaptações que as plataformas de produção de conteúdo exijam em termos de linguagem ou formato. Afinal, o jornalismo não "repassa" meramente os acontecimentos, pois, para torná-los notícia, precisa adequá-los ao veículo e ao público a que se destina, visto que um dos propósitos da mídia é difundir informações de caráter atual, com o objetivo de informar e de orientar seu público consumidor.

> A interpretação jornalística consiste no ato de submeter os dados recolhidos no universo das ocorrências atuais e ideias atuantes a uma seleção crítica, a fim de proporcionar ao público os que são realmente significativos (Beltrão, 1980, p. 12).

Nesse aspecto, há também alguns elementos sobre o que se pode definir como jornalismo que se acredita ser, assim como afirma Meditsch (1999), *uma forma de conhecimento* que é científico e de rotinas práticas, aliando essas técnicas específicas e buscando contribuir para o desenvolvimento social. O famoso noticiário brasileiro *Repórter Esso*, que iniciou no rádio e depois ocupou os primórdios das telas da tevê, cunhou uma expressão que até hoje se utiliza para definir também o jornalismo como "testemunha ocular da história", profissional fundamental para o fortalecimento da democracia, aquele que narra a história de seu próprio tempo, um mediador entre o fato e o público. Faz parte da função do jornalista promover conhecimento através da notícia, utilizando-se da informação verificada, fontes referendadas e seleção de fatos de interesse público e do público. Há também, no cerne do perfil dos profissionais, uma luta constante contra as desigualdades, os modelos de opressão e de desrespeito aos direitos humanos.

Mas, segundo os autores mais tradicionais da área, como Bond (1959), Beltrão (1980), Lage (2001) e Amaral (1996), o jornalismo é em essência uma atividade que serve a população com a promoção e conhecimento através das notícias sobre a realidade, subsidiando-a para que ela possa com essas informações tomar as melhores decisões para a sua realidade. Para tanto, a atuação com comprometimento social, respeito e empatia com as fontes e a credibilidade com o trato dos fatos são fundamentais, o que perpassa pela seleção dos fatos, checagem/verificação e o máximo de isenção possível para que o trabalho corresponda ao desenvolvimento social a que se propõe, e não a serviço de empresas ou grupos específicos e minorias com interesses escusos. Os autores citados são unânimes em apontar que a imprensa deve ser independente de poderes políticos e econômicos, pautando-se pela sua função social, e não por interesses mercadológicos.

No jornalismo para diferentes telas – telejornalismo –, tais preceitos se mantêm, muito embora as rotinas, formatos e linguagem adéquem-se às plataformas imagéticas e audiovisuais[7]. A pauta para ser desenvolvida para as telas precisa trazer algumas características que permitem a sua exibição audiovisual; pela perspectiva do imediatismo da imagem em movimento, também exige que os fatos estejam mais próximos de sua ocorrência, ou seja, hora do acontecimento, e, ainda, que sua essência seja de interesse do público e para o interesse público, que tenha credibilidade das fontes. Ademais, deve considerar os interesses em causa, a continuidade da notícia e a repercussão do acontecimento.

Na questão estética, o jornalismo de telas sempre esteve muito próximo da visualidade ficcional, tendo em vista a plataforma ou suporte televisual. Nessa direção, muitas vezes sofreu certo preconceito por parte de uma parte de intelectuais que não conseguiam desvencilhar o conteúdo dos telejornais dos interesses das empresas responsáveis pela sua emissão. Não obstante, nos últimos tempos, há um amadurecimento nos estudos de e sobre o telejornalismo, fortalecendo o ensino e qualificando o campo com discussões mais lúcidas e contributivas, compreendendo as possibilidades e restrições do meio.

Contudo, diante do que foi apresentado até aqui, considerando o contexto deste tempo líquido e de excesso de conteúdo compartilhado via dispositivos móveis, os materiais audiovisuais são os mais compartilhados e, portanto, está no jornalismo para telas o maior tensionamento em torno da questão da informação e da desinformação. Em tempo, essa afirmação não se refere ao fato de que é o telejornalismo mais importante do que as

---

[7] Ver mais sobre estas adequações em Emerim (2012).

outras mídias, mas que é o modelo narrativo que mais alcança o grande público através dos celulares/smartphones, como mostram as pesquisas da Reuters (2021) e da Mídia Dados Brasil 2020.

No entanto, como se pode perceber, tal contexto não surge apenas pela facilitação dos processos de digitalização de dados e, consequentemente, de produção/distribuição de conteúdos audiovisuais pelas redes sociais e diferentes plataformas. Ele responde a um curso antropológico e sociológico que vem refletindo diferentes situações desde a industrialização pós-guerra e o avanço do capitalismo que monetizou o tempo e os afetos. Chega-se, assim, neste espaço social que acontece tão somente no universo midiático e no qual a exclusão da mídia é, em essência, a própria inexistência. Motiva, portanto, esta corrida exagerada, desenfreada e a qualquer custo (ou imagem) para ser e estar na mídia, na visualidade, no espaço da tela. Por assim dizer é que se concorda com Han quando ele enfatiza

> Hoje empunhamos nosso smartphone em todos os lugares e delegamos nossa percepção ao dispositivo. Percebemos a realidade através da tela. A janela digital dilui a realidade em informações que então registramos. Não há contato físico com a realidade. Ela é despojada de sua presença. Não percebemos mais as vibrações materiais da realidade. A percepção é desincorporada. O smartphone tira a realidade do mundo (Han, 2022, p. 49).

E nesse poder desenfreado dado ao dispositivo, àquele que se dá a ver e que não pode dar o que é do viver/vivido, o ***excesso*** novamente mostra a complexidade e tensiona o limite de fora para dentro, impulsiona o extrapolar, transborda e não consegue monitorar os resultados ou as consequências do "vazamento".

Para Moretzsohn (2014, n.p.), um dos problemas foi o deslumbre com a pseudoliberdade prospectada e equivocada com *a "eliminação" do papel de mediador do jornalismo*, esquecendo que uma das funções maiores é a de exatamente *filtrar as informações para separar fatos de boatos e oferecer ao público uma referência de credibilidade*. Para a autora, o engano foi achar que sem esse papel fundamental a comunicação fluiria livre, como o entusiasta Clay Shirky, exemplifica, que propôs "publicar primeiro e filtrar depois", como bem enfatiza em texto escrito no *Observatório da Imprensa*, em que a autora chama à responsabilidade os veículos de rede por erros de publicação com consequências graves e irreversíveis, citando o caso do linchamento e morte de uma dona de casa, em Guarujá, confundida com uma sequestradora, depois da divulgação de um suposto retrato falado numa página local do Facebook. Ainda complementa,

> Na parte final de seu livro sobre *Ética, jornalismo e nova mídia* (Editora Vozes, 2009), Caio Túlio Costa anotou: "A possibilidade de qualquer um ter nas mãos uma ferramenta de comunicação capaz de atingir milhões de pessoas é que é inédita e por isso espantosa". Espantosa em vários sentidos, inclusive neste que propicia a disseminação de boatos que resultam em tragédias e atiçam nossos instintos mais primitivos. Jornalistas, pelo menos em princípio, devem obedecer ao seu Código de Ética. Nas melhores escolas, recebem formação que lhes esclarece sobre suas responsabilidades. Mas o que dizer dessa multidão que atua na rede? (Moretzsohn, 2014, n.p.).

De lá para cá, viu-se a situação complicar ainda mais, não apenas com a proliferação desses perfis semiprofissionais do Facebook com "noticiários" locais, como também canais do YouTube, Instagram, contas no Twitter e redes menos abertas como Telegram e Deep Web. As ferramentas e aplicativos mais acessíveis que permitem mudanças de imagem, voz, cenários, roupas e muitas outras situações se, por um lado, incentivaram a criatividade para a criação e muitas produções e materiais interessantes, por outro, facilitaram o emprego maldoso para desdizer, contradizer e reconstruir narrativas repassando dados falsos com o mesmo tratamento discursivo e estético empregado pelos veículos de imprensa de credibilidade. No texto da época e agora, o trecho final de Moretzsohn ainda é extremamente pertinente:

> Ninguém deveria ignorar que a internet **não apenas reflete o comportamento das pessoas no mundo físico, mas também os exacerba e frequentemente os transforma devido à ausência do contato presencial e, em muitos casos, ao conforto propiciado pelo anonimato** (grifo nosso). Ainda assim, campanhas de alerta quanto aos riscos da disseminação de boatos, como as que já circu-

lam no Facebook, poderiam ser muito úteis. De nada adiantariam contra os interessados em promover o caos ou a barbárie, mas poderiam reduzir-lhes o número de seguidores. Não custaria tentar "viralizar" à contracorrente: insistir sobre a fonte das informações, desmontar boatos, estimular as pessoas a refletir antes de agir, a duvidar antes de acreditar. Quem sabe, o incentivo ao exercício da crítica possa ser capaz de reduzir o grau de irresponsabilidade no mundo virtual e suas nefastas consequências. (Moretzsohn, 2014, n.p.).

Mas a perspectiva mais complexa a se discutir talvez seja o movimento desenfreado da proliferação de compartilhamento irrestrito de conteúdos com desinformação, que não é uma novidade no mundo da comunicação humana, mas que, sem dúvida, a partir da produção audiovisual e da potencialidade das mensagens por ela repassadas, ganhou uma dimensão hiperbólica. O que nos exige trazer um pouco a discussão sobre os conceitos de informação e desinformação.

Informação e desinformação

A palavra "informação" é tão ampla que está presente em vários campos do conhecimento, quase sempre como base de sua epistemologia. Herreros (2007) dedica uma publicação inteira a pensar a informação audiovisual e, nos primeiros capítulos, apresenta uma perspectiva ampla sobre o termo "informação". Nesta seção, propõe-se abrigar-se nas propostas de Herreros e articulá-las com outros autores como Tavares e Berger (2010), Emerim (2012), Greimas e Courtés (2020) e Han (2018, 2022). Assim, a informação divide definições desde as ciências exatas (com a matemática, a informática, química, etc.) às ciências sociais e humanas (filosofia, linguística, comunicação, educação, etc.), passando pelas ciências da saúde (medicina, psicologia, fonoaudiologia, etc.). Na concepção mais geral, ela surge definida pela Teoria da Informação com a perspectiva de diminuir o caos e a incerteza (Herreros, 2007, p. 31). Em cada uma das áreas ela assume algumas funções como a de dar forma, ordem, esclarecimento através de dados que podem ser tratados dentro das mensagens, passível de ser quantificada a partir de fórmulas desenhadas para mapear seus movimentos e translados, ou seja, qualquer unidade que pode ser expressa por códigos.

> Adquiere un sentido antropológico radical que abarca la cobertura de las necesidades inmateriales del ser humano para sobrevivir. Empieza por lo más inmedito que está a nuestro alcance: por nuestro corpo. Los sentidos proporcionan información de nuestro entorno y además permiten difundir nuestras informaciones, sentimientos y datos a los demás (Herreros, 2007, p. 31).

Semioticamente falando, informação é objeto de saber, compreendida como um *fazer-saber*, matéria dos atos comunicativos, que nem sempre são novidade, pois podem já ter o conteúdo conhecido pelos seus interlocutores. Comunicar é veicular uma informação; e a informação configura-se como matéria-prima de muitos desses processos comunicativos, tanto no espaço da circulação dos discursos como na produção, onde assume uma posição estratégica. Em outra direção, Han (2018) ajuda a problematizar essa concepção ao relacionar informação, saber e verdade.

> A informação é cumulativa e aditiva, enquanto a verdade é exclusiva e seletiva. Diferentemente da informação, ela não produz nenhum monte [Haufen]. É que não se é confrontado com ela frequentemente. Não há massas de verdades, [mas] há, em contrapartida, massas de informação. Sem a negatividade se chega a uma massificação do positivo. Por causa da sua positividade, a informação também se distingue do saber. O saber não está simplesmente disponível. Não se pode simplesmente encontrá-lo como a informação. Não raramente, uma longa experiência o antecede. Ele tem uma temporalidade completamente diferente do que a informação, que é muito curta e de curto prazo. A informação é explícita, enquanto o saber toma, frequentemente, uma forma implícita (Han, 2018, p. 41).

Mas é bom lembrar que o fazer-saber é um processo que depende das relações que estabelece com os envolvidos no ato comunicativo, bem como há de se considerar o conteúdo da mensagem ou da informação. Retomando as noções e problematizações sobre o conceito de informação, na Linguística, como se sabe, transmitir uma mensagem é diferente de receber, assim, a informação pode ser transmitida, não necessariamente recebida/compreendida. Para tal é preciso significar que se estabelece através da linguagem e dos códigos partilhados entre os interlocutores de uma mensagem. Emerim (2012, p. 50) aponta:

> [...] *informação* nem sempre é sinônimo de novidade; nem sempre se contrapõe a desconhecimento; é um procedimento discursivo que opera sobre a "matéria" de um dado saber, já conhecido por muitos e/ou ignorado por outros, submetendo-a às diferentes lógicas que presidem o processo comunicativo em análise.

Para Tavares e Berger (2010), em relação ao jornalismo, a noção de informação está sempre vinculada à de notícia, quase como um termo autoexplicativo e de automática relação, afirmando que o conteúdo do jornalismo é a informação da notícia. Os autores propõem pensar a informação para além da notícia e fazem uma relação com o conhecimento, obtendo então um percurso mais complexo que permite olhar a informação dentro do jornalismo de forma mais explícita, centrando o foco mais nos processos do que no conteúdo. Como dizem,

> Nesse cenário, a ideia de informar como um ato de seleção e avaliação – perspectiva compartilhada pelo campo da Comunicação e da Ciência da Informação, como apontam Capurro e Hjorlan (2007) – tangencia o dizeres sobre o conhecimento que se constrói e se comunica a partir da notícia (Tavares; Berger, 2010, p. 35).

Por outro lado, na perspectiva filosófica da Byung-Chul Han (2022), a informação assume um papel diferente daquele compreendido até então, pois, com a ordem digital que se deseja onipresente e disponível, "*Seu lema é: Ser é informação. Assim, o ser é totalmente disponível e controlável*" (p. 18). Dessa forma, com cada vez mais conveniência dos processos digitais, aplicativos e interação com smartphones que reduzem as atividades e vivências presenciais entre os seres, o sistema vai ampliando o acesso ao usuário/indivíduo, que, com menos trabalho, acredita que está usufruindo de privilégios enquanto, de fato, está sendo vigiado e controlado. Han ainda discorre sobre a perda de autonomia e da capacidade de ação dos indivíduos diante de um mundo de algoritmos cujas camadas são tão complexas que os seres humanos nem têm acesso a elas. Neste caso, são as informações, os códigos algorítmicos que "comandam" o processo. Como aponta,

> Informações por si só não esclarecem o mundo. Podem até mesmo obscurecê-lo. Além de um certo ponto, as informações não são informativas, mas deformativas. Este ponto crítico já foi ultrapassado há muito tempo. O rápido aumento da entropia informacional, ou seja, do caos informativo, está nos mergulhando em uma sociedade pós-factual. A distinção entre verdadeiro e falso está sendo nivelada. As informações agora circulam sem nenhuma referência à realidade em um espaço hiper-real. *Fake News* também são informações que possivelmente são mais eficazes do que fatos. O que conta é o efeito a curto prazo. A efetividade substitui a verdade (Han, 2022, p. 20-21).

Nesse aspecto é que o problema de discutir a desinformação ou, pelo menos, compreender o processo de disseminação da desinformação se faz necessário para que se possa, de alguma forma, tentar conter ou reconfigurar esse percurso de efetividade. Assim, recorre-se às propostas de desinformação ou deformação/deformativa, como indica Han, que, a princípio, seria o posto de informar ou de estruturar-se com dados através de códigos passíveis de ser compreendidos. Mas esta é uma noção ampla, a desinformação que se tem acompanhado em ocorrência trata-se de um processo de produção de conteúdo com objetivos informativos, porém com proposta de enganar, manipular, desregular, fragmentar, desarticular, desorganizar, confundir, entre tantas outras ações cujo objetivo é manter o controle disseminando o medo e a insegurança, o que define Bauman (2019) como Mal Líquido. Tais estratégias foram tão fortemente disseminadas que mobilizaram importantes organizações, como a Unesco, que, em pleno período de pandemia de Covid-19, precisou criar estratégias para combater a disseminação de dados falsos sobre a doença, a contaminação e a cura, um contexto tão preocupante que foi definido como desinfodemia, ou infodemia massiva de desinformação.

Este resumo de políticas, o primeiro de dois volumes, emprega o termo desinformação para se referir, de forma ampla, a conteúdos que são falsos e têm impactos potencialmente negativos. Esses impactos podem ter consequências fatais durante uma pandemia (Unesco, 2020).

As jornalistas e pesquisadoras Julie Posetti e Kalina Bontcheva desenvolveram então dois documentos[8] – intitulados "Políticas 1 e 2" – nos quais analisaram as principais situações em que ocorriam a disseminação de falsas informações e, depois, as estratégias de enfrentamento com sugestões que envolviam não apenas as diversas empresas de mídia tradicional e da internet assim como os governos e a própria sociedade. Na próxima seção, algumas pistas de como o telejornalismo pode ou já vem agindo nesse enfrentamento.

Contra a desinformação, telejornalismo!

O jornalismo para diferentes telas e plataformas, o telejornalismo, segue mobilizando a maior parte do interesse da população, principalmente e ainda que seja para assistir os conteúdos da televisão aberta via smartphone, como mostram duas recentes pesquisas[9] publicadas no início de 2022, com dados de 2020 e 2021. Portanto, refletir sobre a desinformação nesse aspecto parece extremamente pertinente e premente.

Resultados de pesquisas recentes desenvolvidas por investigadores da Rede Telejor e apresentadas especialmente em duas publicações em 2022 demonstram que a maior parte da produção de conteúdo em telejornalismo que é distribuída e acessada ainda mantém a narrativa com base nos preceitos basilares do jornalismo. Mas importantes questões são apresentadas pelos investigadores, que demonstram, de fato, a necessidade de o enfrentamento ser de todos os envolvidos. Resumidamente, algumas pistas podem ser aqui elencadas. Como a que remonta à atitude das empresas com a extrema redução das equipes de jornalistas, resultando numa

---

[8] Os documentos estão referenciados na bibliografia como Políticas 1 e 2.
[9] Mídia Dados Brasil 2020 para todxs, de autoria do Grupo de Mídia São Paulo e o Reuters Institute Digital News Report 2021, do tradicional instituto americano.

menor diversidade de conteúdo, redução na amplitude da cobertura dos fatos, bem como uma repetição temática da produção realizada, o que pode resultar na figura do **excesso** e da **repetição,** como se apontou anteriormente, criando um espaço propício ao interesse do que pode "parecer ser" outra versão sobre o mesmo fato. Do ponto de vista da sociedade, afora a atitude responsável de compartilhar apenas aquilo que sabe que não vai prejudicar a terceiros, é dever de todos proteger o meio social e a democracia, verificando as informações que acessam antes de disseminá-las, embora ressalve-se que falta um maior investimento em educação crítica de mídia nas escolas brasileiras (em verdade, iniciativas das próprias empresas de mídia, também). Porém, não uma educação crítica que tente formatar o entendimento e a mente dos cidadãos contra os jornalistas ou a mídia/mercado midiático, mas que os ajude a entender os processos e modos de produção, para que possam compreender os resultados dos fazeres e aproveitar o conhecimento e o empoderamento que as notícias têm para lhes ofertar sobre a realidade em que vivem.

Do ponto de vista dos governos, políticas públicas de enfrentamento à desinformação talvez sejam as mais difíceis de ser implementadas num momento no qual fanatismos, extremismos e a confusão equivocada que mistura religião e política têm dominado a cena em muitas regiões pelo mundo (felizmente, ainda não são dominantes, há esperança!). Porém, é urgente, em nome de um desenvolvimento democrático e sustentável para os próximos anos, estabelecer políticas governamentais que auxiliem a sociedade no fortalecimento da democracia e da liberdade de expressão, estabelecendo legislações mais claras e limites para a produção de conteúdo, ajudando a combater a desinformação e a disseminação de falsas informações.

O jornalismo e o telejornalismo já vêm contribuindo nessa direção, mantendo-se como um importante canal de acesso democrático à informação, principalmente aquele exibido em televisão aberta e que também permite que seus conteúdos possam ser acessados via smartphone. O telejornalismo ou jornalismo para telas tem demonstrado qualidade e credibilidade junto à sociedade, e vem sendo cada vez mais contributivo, comprovando que é um espaço passível de interlocução social, tem muito a auxiliar nesta luta contra a desinformação, pois aqueles produtores e emissoras que estão reiterando e empregando os preceitos do jornalismo, compreendendo-o como uma forma de conhecimento específico, comprometendo-se com o social e buscando o desenvolvimento, o respeito aos direitos humanos e a liberdade democrática dos cidadãos, estão comprovando a sua qualidade e demonstrando ser essa a melhor estratégia de enfrentamento à disseminação de *fake news* e a desinformação. Pois, ao final de tudo, o importante ainda é a informação.

Referências

AMARAL, L. *A objetividade jornalística*. Porto Alegre: Sagra Luzzato, 1996.

BAUMAN, Z. *Nascidos em tempos líquidos*: transformações no terceiro milênio. Rio de Janeiro: Zahar, 2018.

BAUMAN, Z. *Mal líquido*: vivendo num mundo sem alternativas. Rio de Janeiro: Zahar, 2019.

BAUMAN, Z. *Tempos líquidos*. Rio de Janeiro: Zahar, 2021.

BEIGUELMAN, G. *Políticas da imagem*: vigilância e resistência na dadosfera. São Paulo: Ubu Editora, 2021.

BELTRÃO, L. *Jornalismo interpretativo*. Porto Alegre: Sulina, 1980.

BOND, F. *Introdução ao jornalismo*. Rio de Janeiro: Agir, 1959.

CALABRESE, O. *A idade neobarroca*. Lisboa: Edições 70, 1987.

EMERIM, C. *As entrevistas na notícia de televisão*. Florianópolis: Insular, 2012.

GOMIS, L. *Teoria del periodismo*: cómo se forma el presente. México: Paidós, 1991.

GREIMAS, A. J.; COURTÉS, J. *Dicionário de Semiótica*. São Paulo: Contexto, 2020.

GRUPO DE MÍDIA São Paulo. *Mídia Dados Brasil 2020 para todxs*. Disponível em: www.gm.org.br. Acesso em: maio 2022.

HAN, B.-C. *Do enxame*: perspectivas do digital. Petrópolis: Vozes, 2018.

HAN, B.-C. *Infocracia*: digitalização e a crise da democracia. Petrópolis: Vozes, 2022.

HAN, B.-C. *Não coisas*: reviravoltas do mundo da vida. Petrópolis: Vozes, 2022.

LAGE, N. *A reportagem*: teoria e técnica de entrevista e pesquisa jornalística. São Paulo: Record, 2001.

MEDITSCH, E. O jornalismo é uma forma de conhecimento? *Biblioteca On-Line de Ciências da Comunicação* (BOCC), p. 1-12, setembro de 1997. Disponível em: http://www.bocc.uff.br/pag/meditsch-eduardo-jornalismoconhecimento. pdf. Acesso em: 22 out. 2022.

MORETZSOHN, S. D. Para combater a irresponsabilidade na rede. *Observatório da Imprensa*, n. 798, 13 maio 2014. Disponível em: https://www.observatorio-daimprensa.com.br/jornal-de-debates/_ed798_para_combater_a_irresponsabi-lidade_na_rede/. Acesso em: 22 out. 2022.

PEREIRA, A.; MELLO, E.; EMERIM, C.; COUTINHO, I. (orgs.). *Contra a desinformação, telejornalismo!*: estratégias e divulgação de notícias audiovisuais de qualidade. Florianópolis: Insular, 2022.

PEREIRA, A.; MELLO, E.; EMERIM, C.; FINGER, C. (orgs.). *Qualificação da informação telejornalística*: propostas teórico-metodológicas de combate a desinformação. Florianópolis: Insular, 2022.

PORTO, S. D. (orgs.). *O jornal*: da forma ao sentido. Brasília: Editora UnB, 2002.

POSETTI, J.; BONTCHEVA, K. *Desinfodemia*: dissecando respostas à desin-formação sobre o Covid-19. Resumo de Políticas 1. 2020. Unesco. Disponível em: https://unesdoc.unesco.org/ark:/48223/pf0000374416_por. Acesso em: 22 maio 2022.

POSETTI, J.; BONTCHEVA, K. *Desinfodemia*: dissecando respostas à desin-formação sobre o Covid-19. Resumo de Políticas 2. 2020. Unesco. Disponível em: https://unesdoc.unesco.org/ark:/48223/pf0000374417_por. Acesso em: 22 maio 2022.

REUTERS. Reuters Institute Digital News Report 2021. Edição 10. Disponível em: https://www.digitalnewsreport.org/. Acesso em: maio 2022.

TAVARES, F. M. B.; BERGER, C. Na notícia e pra além dela: sobre o conceito de informação no jornalismo. *Informação e Sociedade*, João Pessoa, v. 20, n.1. p. 25-37, jan./abr. 2010. Disponível em: https://brapci.inf.br/index.php/res/v/91298. Acesso em: 21 out. 2022.

TOFFLER, A. *A terceira onda*. São Paulo: Record, 1980.

WASUM CARVALHO, L. *O telejornal Balanço Geral e os modelos de apropriação na produção da notícia em telejornalismo*. Dissertação (Mestrado) – Universidade Federal de Santa Catarina, Florianópolis, 2019.

Contemplação, ação e imersão: uma exploração de três sentidos das imagens técnicas em narrativas

Roberto Tietzmann[1]

Introdução

Este é um texto sobre imagem e tecnologia, em especial sobre imagens digitais. Foi escrito a partir de uma palestra[2], logo tem um tom mais conversado do que analítico. Veio de uma curiosidade latente: de que maneiras narrativas, tecnologias e imagens técnicas se aproximam? Há infinitas respostas a essa questão, e experienciamos aplicações práticas delas em todas as plataformas que conhecemos para informação e entretenimento com imagens animadas e som sincronizado, indo do cinema aos jogos digitais, da televisão à realidade virtual, entre outras tantas possibilidades existentes ou emergentes. É uma pergunta intimidadora para uma pesquisa, mas sugestiva para um passeio.

A ideia de uma convergência de mídias como uma síntese de experiências e possibilidades foi um conceito em voga durante a década de 1990, momento em que a digitalidade começou a se aproximar decisivamente do cotidiano, tendo sido explorado por Apple (1992), Mok (1996) e Negroponte (1996), entre outros tantos. Acabou ultrapassada por uma parataxe contemporânea em que a abundância de imagens e as possibilidades de consumo audiovisual são capazes tanto de detalhar qualquer tema quanto desafiar continuamente a concentração.

Nos espaços públicos, domésticos e pessoais é possível encontrar interstícios e oportunidades de consumo de conteúdo, palavra guarda-chuva que busca agregar as expressões culturais anteriores. A redução a esse termo evoca algo de tecnológico, em especial de digital, uma vez que digitalizar

---

[1] Doutor em Comunicação Social pela PUCRS (2010). Professor adjunto e pesquisador no Programa de Pós-Graduação em Comunicação Social da PUCRS. Pesquisador Gaúcho Fapergs (2021). Coordenador do Grupo de pesquisa ViDiCa – Cultura Digital Audiovisual. Coordenador do LABIme – Laboratório de Imagens Digitais. Integrante do projeto Plataformização da Produção Cultural no Brasil (CNPq).

[2] Este texto amplia discussões apresentadas primeiro em uma palestra no Instituto Ling, em Porto Alegre, em 2021.

é traduzir registros anteriormente realizados em suportes variados para espaços estruturados e imateriais de informação, o que permite, segundo Manovich (2001), uma dupla possibilidade de manter-se semelhante ao meio original na aparência, mas perder totalmente as restrições que o suporte material impunha.

O conceito de imagens técnicas, conforme definidas por Flusser (2002), se consolidou a partir da década de 1820 com as diversas técnicas em disputa nos primeiros dias do que viria a se chamar fotografia. Campany (2008) e Clarke (1997) recontam esses momentos, enquanto Mannoni (2003) faz a continuidade com os desenvolvimentos da imagem em movimento que chegariam ao cinema. Tidas como imparciais e científicas durante parte do século XIX, uma vez que eram fruto dos avanços da química, da mecânica e da óptica, tais tecnologias foram encontrando outros usos em suas aplicações, especialmente vinculadas a narrativas.

Contar histórias tem algo de profundamente humano, como colocam Assis Brasil (2019) e Pallotini (2017), pois é através das narrativas que elaboramos como sociedade boa parte do entendimento e identidade que temos sobre o mundo e nós mesmos. É uma coleção de relatos que se apropria de todos os meios disponíveis para se propagar e assim fazer aflorar o que há de mais humano em cada tecnologia, seja ela digital ou não.

As diversas camadas de tecnologia que continuam a avançar, se sobrepor, coexistir e recombinar acabam por ser usadas para mediar a comunicação entre pessoas através de narrativas mais ou menos estruturadas, ponto de origem e fim dessas trocas simbólicas. Neste capítulo propomos um passeio pela raiz da relação entre tecnologia e narrativa e por três relações com a imagem continuamente revisitadas e sobrepostas: a imagem como algo a ser contemplado, imagens como possibilitadoras de ações e como provocadoras de imersão.

Narrativas e tecnologias, desde os anfiteatros

O senso comum no começo da terceira década do século XXI, quando este texto é escrito, identifica tecnologias como o que Rheingold (2000) e Levy (1994) identificariam como máquinas capazes de potencializar o pensamento: computadores, telefones móveis, plataformas de comunicação na internet, e assim por diante. Tecnologias são, em essência, conhecimento aplicado em algo exterior a seus criadores, especialmente quando criadas a partir de um sentido prático. Esse movimento não depende exclusivamente de circuitos ou eletricidade, mas vem de um impulso humano para tirar melhor proveito dos recursos em seu entorno quando tem propósitos bem definidos. Tecnologias são, portanto, uma espécie de somatório de desejos e necessidades, das ciências e de visões de mundo, marcadas preferencialmente por um pragmatismo em seu uso primário.

Histórias não são tecnologias em si, mas podem delas se beneficiar. O cinema é um exemplo óbvio e mais que centenário, antes dele a imprensa de tipos móveis, mas criação e tecnologia são parceiras de longa data. Mesmo espaços aparentemente simples aos olhos atuais, como um anfiteatro em que o palco é cercado por uma arquibancada em formato de meia-lua – uma fórmula tão antiga quanto os espetáculos, como colocam Osnes, Osnes e Gill (2001) –, são lugares densos em tecnologias. Ao unir conhecimentos de engenharia, acústica e ergonomia, tais espaços buscavam proporcionar a melhor experiência aos artistas e ao público, fazendo convergir a atenção e facilitando a comunicação mesmo antes das possibilidades de amplificação eletrônica da voz.

Já nesse exemplo preliminar podemos observar a complexidade e a sobreposição desses pressupostos de tecnologia e narrativas. Conforme Blesser e Salter (2009), a construção de um anfiteatro era, para os engenheiros gregos de milênios atrás, uma questão de boas práticas e de aproveitamento de terrenos: como tirar proveito do relevo e, de quebra, fazer com que as plateias precisassem de menos esforço para ouvir os artistas? A questão tecnológica tinha em si uma essência pragmática em que era plausível discutir certo e errado diante das soluções possíveis. Mas o que essas tecnologias permitiam aos espectadores desfrutar?

Se considerarmos o teatro grego, elas abriam a possibilidade de experienciar tramas de poder, cobiça, amor, vingança e danação que continuam a dialogar com plateias atuais e refletir sobre a vida, as decisões e a subjetividade de cada espectador. Os textos que chegaram aos leitores contemporâneos foram escritos a partir do século VI a.C., período em que ocorria um amplo consumo de dramaturgia em espetáculos e festivais públicos de teatro em anfiteatros nas cidades-estados. Frequentemente essas peças tratavam da relação do homem com os deuses, uma discussão a respeito da imperfeição dos mortais perante o divino.

Sua relação com os leitores e espectadores que as percorrem é rica e marcada por uma única certeza: de não haver um pragmático certo ou errado absoluto em seu desenrolar, mas um prazer em acompanhá-lo e se posicionar a respeito das decisões tomadas pelos personagens. Afinal, o que há de absolutamente seguro na greve do sexo que Lisístrata lidera para encerrar uma guerra? Ou na irrefreável determinação da vingança por Hécuba? Ou ainda na perdição de Édipo Rei e Jocasta? As narrativas, estejam onde estiverem e seja por quem forem enunciadas, são um relato de acontecimentos ao longo de uma estrutura temporal definida que trazem alguma conexão entre si, sendo a mais corriqueira delas a causa e consequência de ações e reações.

Uma curiosa relação entre narrativas e tecnologia se apresenta aqui, marcada pela articulação em plataformas e por uma sugestão de transparência. A construção dos anfiteatros criava uma espécie de plataforma para espetáculos, boa o suficiente para a maioria deles, mas possivelmente não para todos. Para aqueles em que fosse adequada, e se a peça fosse envolvente, é plausível afirmar que poucos espectadores se preocupariam com os detalhes de construção, dedicando sua atenção ao espetáculo em questão.

Se uma obra exigisse espaços ou recursos diferentes dos disponíveis, talvez precisasse agregar outras tecnologias para sua encenação. Isso podia envolver cenários mais detalhados ou mesmo a aparição de deuses no palco, viabilizado com o uso de guindastes e outras soluções mecânicas. Narrativamente, cabia a esse *deus ex machina* a arbitragem de conflitos entre os personagens humanos e sua resolução. Além disso, era um precursor de efeitos visuais contemporâneos e um recurso tecnológico de apoio à narrativa e à encenação.

Ao se distanciarem do efêmero das apresentações teatrais, as narrativas foram traduzidas em imagens capazes de registrar seus feitos e ações, paisagens e elenco, dramas e tramas. Às plateias primeiro coube contemplar as imagens sem das narrativas participar.

Imagens, sentido de contemplação

Talvez o primeiro sentido da imagem como a conhecemos tenha sido a contemplação, uma palavra rica em conotações. Contemplar sugere uma distinção entre quem observa e o que – ou quem – é observado. Também parece sugerir uma restrição das ações possíveis, limitando-as ao olhar. Menos evidente, mas também presente está uma ideia de que criar a imagem e contemplá-la são duas ações diferentes, potencialmente com agentes diferentes e em momentos diferentes.

Essa distinção é banal dentro do cotidiano do consumo de cultura. Se vamos a um museu de arte, a maioria das obras expostas nas paredes convida os visitantes a contemplá-las, evitando interações próximas. Causa surpresa quando esse limite é cruzado, como no caso das ativistas climáticas que lançaram sopa de tomate em uma obra de Van Gogh (G1, 2022).

Obras de arte que propõem uma relação diferente com seus espectadores acabaram por encontrar uma identidade própria ao propor instalações, obras vestíveis e mesmo peças interativas potencializadas pela tecnologia digital. Ainda assim, a maior parte das imagens ainda nos convida a sentir através do olhar. Essa sugestão remonta à Grécia antiga e o mito do surgimento da primeira imagem.

Como tantas outras explicações vindas desse período da história e da cultura ocidental, aqui também há contradições e diferentes versões, ao que me esforço para fazer uma síntese que dialogue de forma coerente com o nosso contemporâneo tão saturado de imagens. Afinal de contas, como nasceram as imagens? O que faz delas algo especial? O que elas acrescentam ao invés apenas de observar o mundo e formar imagens mentais?

A narrativa que as explica começa em uma ilha do arquipélago grego em um dia comum da Antiguidade. Nessa ilha, um lugar sem muito destaque, exceto por ser um ponto de parada entre jornadas maiores, está situada uma estalagem. Dela cuidam um pai e sua filha, uma mulher jovem. Ali recebem viajantes, os hospedam por curtas durações e deles se despedem.

Em dado momento aporta na ilha um homem muito belo. Ele captura a atenção da moça e a retribui. Nesse local de trânsito efêmero, como acomodar a paixão nascente? Ele é firme: tem de partir na manhã seguinte, pois é um soldado e está a caminho da frente de combate. Se desertar e ficar na ilha, isso será uma desonra tremenda para seu povo, sua cidade.

Ela tampouco se sente confortável para abandonar o pai e o negócio familiar na ilha, e aproximar-se da guerra não parece muito promissor. O Sol está se pondo, e os jovens apaixonados têm pouco tempo. Acabam por se entregar a uma noite de amor, mesmo sabendo do afastamento iminente que paira sobre a relação.

O novo dia nasce e os amantes sabem que vão se separar. Com o carvão da fogueira que os aqueceu durante a noite, no primeiro raio de sol, a jovem desenha a silhueta do rosto do rapaz em uma rocha próxima. O contorno é o máximo que a garota conseguirá reter da aparência do rapaz fora de suas lembranças. E assim, fruto do desejo, da experiência e da perda, é criada a primeira imagem.

Um ponto que podemos destacar é que imagens estão invariavelmente no lugar de alguma coisa ou de alguém. Esta é uma relação semiótica básica, evidenciada quando a protagonista substitui indicialmente o rapaz pelo seu desenho, motivada pela impossibilidade de ter o homem de carne e osso próximo de si. Nem toda imagem representa algo que existe – ou existiu – materialmente fora da obra. Ainda assim, imagens não são aquilo que representam, e sua aparência invariavelmente é limitada em relação ao que é retratado.

Empresas como a Kodak encontraram sucesso com a fotografia do cotidiano, lembranças e registros familiares desde os primeiros anos do século XX, como coloca West (2000). Cada "momento Kodak", como o sorriso de uma criança, era fugaz, mas podia ser eternizado, afirmava a publicidade que revisitava o mito sem nem o conhecer. Das imagens em preto e branco, buscou popularizar os registros em cores e, eventualmente, fazer filmes domésticos com facilidade. Isso atendia ao pragmatismo da ideia tecnológica de tornar as imagens mais próximas da realidade experienciada. Se uma silhueta de carvão consolou a saudade de protagonista do mito, quem sabe o que um registro em movimento do amor perdido faria? A dor da perda, do tempo que se esvai, convoca a tecnologia a criar imagens cada vez mais refinadas. Talvez, como diziam os primeiros entusiastas do cinema, a partir daquele momento a própria morte – a maior de todas as perdas – teria sido cancelada porque seria sempre possível de devolver às pessoas filmadas o movimento como quando vivas estavam.

Admitimos, é um pouco de otimismo excessivo por parte desses primeiros cronistas, empolgados com a novidade e esquecendo por completo a subjetividade dos indivíduos para além de sua aparência. A própria Kodak tampouco sobreviveu. O modelo de negócios estava baseado na venda de material fotográfico, como filme sensível e papel para revelação das fotos, o que acabou por levar a empresa à falência quando se consolidou a transição para a fotografia digital.

Os primeiros passos dessa transição ofereciam uma experiência limitada em termos de qualidade de imagem aos consumidores. Por exemplo, a Apple se aproximou das câmeras digitais com a linha de câmeras QuickTake, oferecidas de 1994 a 1997. Outros fabricantes como Casio, Canon, Fuji e Nikon fizeram o mesmo, contando com uma gradual adesão dos consumidores. A imagem satisfatória apenas para o consumo em tela e insuficiente para a impressão em papel. Ainda assim, a possibilidade de registrar e verificar imediatamente o resultado sem precisar passar por processos laboratoriais aproximou a contemplação de uma gratificação instantânea, o que veio a ser aprofundado quando a fotografia chegou às redes sociais anos mais tarde.

Imagens, sentido de ação

Antes das fotografias digitais, as primeiras imagens técnicas digitalizadas amplamente divulgadas estavam nos jogos digitais. A partir dos anos 1970 tais jogos eletrônicos passam a ser amplamente difundidos em máquinas de uso público (agrupadas em salas designadas no Brasil de *fliperamas*) com versões simplificadas distribuídas como entretenimento doméstico.

Jogos digitais trouxeram um novo tipo de relação com a imagem: a possibilidade de operar com elementos presentes nas telas e não apenas assistir a uma programação ou contemplar uma imagem. Esta nova oportunidade trouxe uma ruptura na avaliação que se fazia das imagens. Se até a chegada desses dispositivos as imagens apresentadas em telas de cinema e televisores eram medidas pela fidelidade com que se assemelhavam ao que representavam ou pela verossimilhança de cenas imaginadas, dali em diante a acuidade da representação passou a ser secundária a, como coloca Koster (2005) aprender uma coerência de ação e reação entre os elementos apresentados na tela, somado a uma gratificação por tentar dominar tais ações e reações. Parece complicado, mas pode ser traduzido como *jogar bem*.

Tal ruptura separou gerações. Isso favoreceu a venda dos aparelhos a consumidores mais dispostos a entender suas reais virtudes e a desculpar suas limitações: as crianças e adolescentes dos anos 1970 e 1980, que entendiam suas qualidades incipientes, de seus pais, que avaliavam as imagens pelo que elas não ofereciam. O conceito de que a gratificação maior pode estar na ação e na reação do que na qualidade gráfica, contudo, não nasceu com os jogos digitais. Seus antepassados como damas, xadrez, jogo da velha, entre outros, continuam a envolver seus competidores com elementos visualmente tão simples quanto possível. A novidade consistiu em delegar parte do sistema de regras para um algoritmo e portar abstrações dos tabuleiros e das peças para a televisão, fazendo dessas imagens elementos de tomada de decisão de ações consequentes e partes de uma interface.

Como coloca Laurel (1990), uma interface é algo que liga dois ou mais pontos distintos entre si, estabelecendo a possibilidade de comunicação entre eles. No caso dos jogos, em um lado temos o dispositivo que executa o software do jogo e no outro, o humano que participa da partida. Ao fazer contato entre dois ambientes, tem conhecimento das propriedades, qualidades e peculiaridades de ambos.

Se levarmos tal exemplo de interfaces ao extremo, é possível executar um jogo sem apresentar suas imagens e sons nem receber comandos do jogador. Para a máquina pouca diferença faria, mas a experiência do jogador privado das interfaces para ter acesso ao que se passa no mundo abstrato de informação pura do interior de um computador ou assemelhado seria completamente frustrante. É preciso traduzir as ações abstratas em imagens e sons e introduzir uma categoria que separa a contemplação da ação: o dispositivo da entrada de comandos. Teclados, controles, sensores de movimento e toda a sorte de dispositivos capazes de ler alguma ação do jogador e traduzi-la para um estímulo que a máquina entenda. Muitas vezes são ações simples, como instruções direcionais ou seleções de botões, que ganham sentidos complexos dependendo do que está em jogo a cada momento.

As ações e reações presentes nas telas frequentemente envolvem alguma sugestão narrativa. Embora as possibilidades da história estejam pré-programadas no *software*, seu desenrolar depende das atitudes do jogador, deslocado aqui de seu papel de contemplação das imagens para um participante ativo. A fórmula clássica das narrativas em jogos digitais apresenta um estabelecimento do contexto e do conflito breve, envolve um longo segundo ato, sustentado por tanto tempo quanto o jogador tiver habilidade e uma resolução fulminante e trágica.

Um exemplo paradigmático está em Space Invaders (Taito, 1978) em que está em jogo a defesa da Terra perante uma invasão alienígena. Os extraterrestres vêm em ondas de ataque e cabe ao jogador explodi-los antes que consigam tocar o solo, esquivando-se em barreiras que sofrem danos à medida que recebem disparos. O combate sempre termina de maneira trágica, com a derrota do jogador e, portanto, da humanidade. A natureza de ser um jogo permite uma nova tentativa, com as consequências da tragédia anterior sendo apagadas e retomando o conflito do seu princípio.

Curiosamente, a apresentação da narrativa era compartilhada entre o gabinete da máquina e o que se desenrolava na tela. O gabinete era ricamente decorado e os adesivos e ilustrações traziam o contexto que embasava a situação que dependia da ação do jogador. A batalha acontecia na Lua, a última linha de defesa antes de chegar ao nosso planeta. Isso trazia um grau de urgência maior, complementando os gráficos simples. A resolução do conflito, no entanto, dependia do que acontecia no interior da tela a partir dos comandos alimentados na interface.

Nas décadas seguintes, tanto as imagens quanto as narrativas em jogos se tornaram mais sofisticadas. Uma diversidade ampla de jogos passou a ser comercializada, afastando-se muitas vezes das situações de conflito imediato para propostas com mais reflexão e exploração.

Imagens, sentido de imersão
Em meados da década de 1990, o aumento da capacidade de processamento nos consoles e computadores favoreceu a criação de ambientes

e personagens tridimensionais em jogos, o que permitiu aos criadores e jogadores usarem a leitura de pistas de espaço, posição, tamanho e perspectiva aprendidas no mundo para orientarem suas decisões em tela. A sensação de presença era limitada pelo formato da tela, um retângulo em que era possível identificar o que era a borda que separava o estar no jogo do estar fora do jogo.

A ideia da tela retangular é uma construção de longa data, que remonta às formas dos palcos dos anfiteatros, pontos focais da atenção do meio--círculo em seu entorno, às convenções de pinturas retangulares herdadas da história da arte e da noção técnico-econômica destinada a viabilizar a produção de película sensível à luz. Embora a óptica em si indique que uma câmera artesanal *pinhole* geraria uma imagem circular, formas retangulares no material sensível geravam menos desperdício e dejetos para a indústria. Isso acabou por consolidar a noção desse formato como sendo o formato de imagem principal de entrega de conteúdos audiovisuais. A proporção entre largura e altura de tela iniciada pelo cinema silencioso inspirou a televisão e assim deu forma às janelas que depois receberiam as imagens de jogos digitais, que a elas tiveram de se adaptar. Décadas e muitos formatos de janela depois, a experiência visual a olho nu continua sendo, para a maioria das pessoas, imersiva, tridimensional e em 360°, o que provocou o pragmatismo tecnológico a encontrar maneiras de alcançar tal patamar de experiência com imagens técnicas.

Essas vistas imersivas têm sua principal aplicação contemporânea em tecnologias de realidade virtual, costumeiramente baseadas no uso de uma espécie de óculos que bloqueia o campo visual e o substitui pela visão de um mundo sintético e responsivo a ações e ao movimento. Murray (2003) coloca que a sensação de ser transportado para um espaço de alteridade que captura os sentidos pode ser prazeroso em si, trazendo uma recompensa sensorial proporcionalmente grande para pouco esforço. Nesse sentido, a autora também coloca que essas plataformas tecnológicas tiram proveito de uma predisposição da consciência humana em se deixar levar pelo que absorva sua atenção, seja uma narrativa, uma experiência estética ou emocional. Os dispositivos imersivos facilitariam esse embarque ao restringir os estímulos externos, cabendo aos criadores de jogos, narrativas, conteúdos e experiências tirar proveito de tais possibilidades.

Revisitando o primeiro sentido da imagem, em que a contemplação se dava a partir da criação da silhueta pela mão humana na natureza, aqui chegamos a uma paisagem totalmente mediada pela técnica, em que as imagens provocam um efeito de presença e um convite à ação sobre o mundo apresentado. Kirner (2011) coloca a realidade virtual como uma tecnologia de interação profunda entre um sistema e um indivíduo com uma interface voltada para a exploração multissensorial. Essa interação profunda ainda coloca degraus de afastamento na manipulação de interface, mesmo tendo envolvido o visitante em seu campo visual e auditivo. É preciso traduzir as intenções em ações mediadas pelo controle, embora movimentos gestuais sejam em geral reconhecidos. Além disso, os sentidos engajados ainda carecem de estímulos como temperatura, olfato, tato e paladar, pelo menos nos sistemas domésticos – e por enquanto.

As narrativas construídas para estas plataformas tiram proveito do efeito de presença, traduzido em uma sensação de "eu estou aqui" que acompanha tais experiências. Definir o "aqui" cabe ao *software* da vez, mas em geral jogos e narrativas para espaços imersivos exploram a relação dos personagens e o espaço representado de maneiras mais intensas que equivalentes em janelas retangulares. Ryan (2001) sugere uma escala de imersão, sendo maior conforme a abrangência da agência permitida ao espectador pelos autores.

Considerações finais

Respondendo à pergunta inicial, narrativas, tecnologias e imagens técnicas se aproximam na disputa por nosso tempo e nossa atenção. Ao chegarmos ao final deste passeio, refletimos sobre obras de arte visual, peças de teatro, programas de televisão, filmes, conteúdos para a internet, jogos digitais, ambientes imersivos e outros tantos formatos de imagens técnicas como veículo de experiências. Experiências continuam sendo algo subjetivo e pessoal, inacessível mesmo aos aparelhos da medicina de imagem mais sofisticada, mas possível de ser compreendido através da empatia com o próximo e a escuta de seus relatos. Nas pontas do processo continuam a estar os indivíduos.

Referências

APPLE. *Multimedia Demistified : a guide to the world of multimedia from Apple Computer Inc.* Nova Iorque: Random House, 1992.

ASSIS BRASIL, L. A. *Escrever ficção*: um manual de criação literária. São Paulo: Companhia das Letras, 2019.

BLESSER, B. & SALTER, L.R. *Spaces Speak, Are You Listening? Experiencing Aural Architecture.* Cambridge: MIT Press, 2009.

CAMPANY, D. *Photography And Cinema.* Londres: Reaktion Books, 2008.

CLARKE, G. *The Photograph.* Nova Iorque: Oxford University Press, 1997.

FLUSSER, V. *Filosofia da caixa preta.* Rio de Janeiro: Relume Dumará, 2002.

G1. *Ativistas jogam sopa de tomate em obra de Van Gogh; veja vídeo.* Disponível em: https://g1.globo.com/pop-arte/noticia/2022/10/14/ativistas-jogam-molho--de-tomate-em-obra-de-van-gogh.ghtml. Acesso em: 6 nov. 2022.

KIRNER, C. Prototipagem Rápida de Aplicações Interativas de Realidade aumentada. In: TENDÊNCIAS E TÉCNICAS EM REALIDADE VIRTUAL E AUMENTADA, SOCIEDADE BRASILEIRA DE COMPUTAÇÃO (SBC), 2011, Uberlândia, MG. *Anais...* Porto Alegre, RS: v. 1, n. 1, 2011, p. 29-54.

KOSTER, R. *A Theory of Fun For Game Design.* Scottsdale : Paraglyph Press, 2005.

LAUREL, B. (ed.). *Art of Human-Computer Interface Design.* Reading: Addison Wesley, 1990.

LEVY, P. *As tecnologias da inteligência.* São Paulo: Editora 34, 1994.

MANNONI, L. *A Grande Arte da Luz e da Sombra.* São Paulo: Senac: Unesp, 2003.

MANOVICH, L. *The Language Of New Media.* Cambridge: Mit Press, 2002.

MOK, C. *Designing Business.* Nova Iorque: Adobe Press, 1996.

MURRAY, J. *Hamlet no Holodeck*: o futuro da narrativa no ciberespaço. São Paulo: Editora Unesp, 2003.

NEGROPONTE, N. *A vida digital.* São Paulo: Companhia. das Letras, 1996.

OSNES, B.; OSNES, M.; GILL, S. *Acting: An Encyclopedia of Traditional Culture.* Santa Barbara: ABC-CLIO, 2001.

PALLOTTINI, R. *O que é dramaturgia.* São Paulo: Brasiliense, 2005.

RHEINGOLD, H. *Tools for thought: the history and future of mind-expanding technology.* Cambridge: MIT Press, 2000.

RYAN, M. L. *Immersion and in literature and electronic media.* Baltimore: Johns Hopkins, 2001.

WEST, N. M. *Kodak and the Lens of Nostalgia.* Charlotesville: The University Press of Virginia, 2000.

"Ele consegue saber do que eu gosto": a percepção da audiência sobre algoritmos e sistemas de recomendação em plataformas de streaming[1]

Vanessa A. D. Valiati[2]

A dataficação[3] da audiência e a complexa relação com os sistemas algorítmicos são características que marcam o consumo e a produção de conteúdo em plataformas digitais. De forma geral, estes aspectos constituem a chamada cultura do *streaming* (Arditi, 2021), em um ambiente composto por uma ampla gama de plataformas, capazes de estabelecer a reprodução de fluxos interconectados e recursivos: de um lado, há a disponibilização contínua de conteúdo, e do outro o acesso rotinizado, marcado pela insaciabilidade da audiência e grande autonomia do tempo dedicado à prática (Valiati, 2020).

Poell, Nieborg e Van Dijck (2020, p. 4) definem plataformas como infraestruturas reprogramáveis "que facilitam e moldam interações personalizadas entre usuários finais e complementadores, organizadas por meio de coleta sistemática, processamento algorítmico, monetização e circulação de dados". E, ainda de acordo com os autores, o grande número de plataformas acaba permitindo a transformação de esferas de interação humana em dados, o que inclui o consumo de bens culturais (dentre eles a prática de assistir conteúdos). Lemos (2021) lembra que a dataficação é o procedimento básico da sociedade de plataformas e o motor desse

---

[1] Pesquisa financiada pela Fundação de Amparo à Pesquisa do Estado do Rio Grande do Sul (Fapergs). Projeto: "Panorama do consumo de conteúdo audiovisual sob demanda em plataformas digitais: mapeamento das dinâmicas regionais". Edital ARD/2019.

[2] Doutora em Comunicação e Informação. Professora e pesquisadora na Universidade Feevale (Mestrado em Indústria Criativa). Integrante do projeto Plataformização da Produção Cultural no Brasil (CNPq). Colaboradora do C3Dig (Grupo de Pesquisa em Comunicação, Cultura e Consumo Digitais – Feevale) e vice-líder do Laboratório de Interação Mediada por Computador (UFRGS).

[3] A dataficação é entendida neste texto, a partir de Lemos (2021, p. 195), como "a tradução de intenções, ações, reflexos, sentimentos em dados operacionalizáveis para gerar novas ações preditivas (coletivas ou individuais) a partir de coleta extensiva de informações".

processo de uso de dados são os sistemas algorítmicos performativos, capazes de induzir ações e prever eventos.

Nesse sentido, a noção de "plataformização", definida como "penetração de infraestruturas, processos econômicos e regras de plataforma em diversos setores da economia e da vida cotidiana" (Poell; Nieborg; Van Dijck, 2020), pode auxiliar na compreensão das alterações em curso no campo do consumo audiovisual. Para os autores, o conceito também envolve a reorganização de práticas e imaginários culturais em torno dessas plataformas. Assim, este estudo apoia-se no conceito de "imaginário algorítmico", de Bucher (2017), cujo cerne está nas experiências dos indivíduos com os algoritmos – não apenas como modelos mentais construídos, mas também sobre o poder produtivo e afetivo (no sentido de afetar e ser afetado por eles). Para a autora, o imaginário algorítmico não deve ser entendido como uma crença ou fetiche, "mas sim como a maneira pela qual as pessoas imaginam, percebem e experimentam algoritmos e o que essas imaginações tornam possível" (Bucher, 2017, p. 31). De acordo com ela, as experiências e percepções sobre o funcionamento podem moldar como as pessoas se orientam em relação aos sistemas algorítmicos. Diante disso, o objetivo aqui é compreender a relação entre usuários e as plataformas de streaming audiovisual sob demanda, e, mais especificamente, a percepção sobre os sistemas de recomendação algorítmica.

Cultura algorítmica e sistemas de recomendação

A indústria audiovisual foi recentemente transformada por serviços de streaming sob demanda, dependentes de plataforma, que utilizam algoritmos e sistemas de recomendação. Grandes conglomerados, como Netflix, Amazon, Disney, Apple, competem entre si por assinaturas e pela atenção da audiência (a chamada "guerra do streaming") e a forma como o conteúdo é disponibilizado, organizado e recomendado pode fazer a diferença no momento da escolha e da manutenção de assinaturas (Pajkovic, 2022). Os algoritmos operam de maneira invisível como parte de arranjos tecnológicos que dificultam entender o seu pleno funcionamento, o que torna pesquisas nesse campo desafiadoras (Silles et al., 2019).

Os algoritmos alcançaram um status privilegiado na ecologia digital contemporânea e diversos estudos discutem o papel que apresentam em uma possível redefinição da subjetividade e da própria cultura (Silles et al., 2019). Pesquisadores (Striphas, 2015; Cohn, 2016, Hallinan; Striphas, 2016) apontam a existência de uma "cultura algorítmica", que diz respeito ao uso de processos computacionais para classificar e hierarquizar pessoas, lugares, objetos e ideias e as condutas resultantes desse processo (Hallinan; Striphas, 2016).

Da mesma forma, como abordam Lomborg e Kapsch (2019), no contexto da comunicação, os algoritmos são materiais, baseados em regras e, portanto, podem regular a comunicação, mesmo que as regras sejam modificadas à medida que o algoritmo aprende dados. Ainda de acordo com os autores, eles também não codificam significados, mas realizam processos de ordenação social por meio de informações ou estruturas de dados. Seaver (2017) afirma que os algoritmos são culturais não porque funcionam em coisas como filmes ou música, mas porque são compostos de práticas humanas coletivas.

Em termos gerais, um sistema de recomendação como o da Netflix, um dos serviços mais populares no Brasil, é alimentado usando uma combinação de filtragem baseada em conteúdo e algoritmos de filtragem colaborativa para recomendar conteúdo. Pajkovic (2022) explica que a filtragem baseada em conteúdo depende dos dados anteriores de um usuário, que são coletados de acordo com suas interações com a plataforma (por exemplo, histórico de visualização, tempo de exibição, comportamento de rolagem, etc.). De acordo com o autor, para produzir recomendações e personalizar a experiência de um usuário, esses dados são combinados com outros grandes e conjuntos de dados complexos que contêm informações como títulos de filmes, categoria, atores, diretor e ano de lançamento. A filtragem colaborativa envolve o mesmo processo de extração de dados, mas faz suas recomendações de acordo com uma combinação ponderada das preferências de outros usuários, imitando assim as recomendações de pessoa para pessoa – os dados têm origem nas preferências de visualização de usuários em todo o mundo, e os próprios usuários são agrupados por algoritmos em "comunidades de gosto" globais (Pajkovic, 2022).

Nesse sentido, Alexander (2016) argumenta que o "recomendado para você" representaria o conjunto cumulativo de escolhas feitas, as classificações do sistema e os padrões de visualização meticulosamente coletados. Burroughs (2015, p. 126) lembra que "sempre que você parar, rebobinar ou voltar a assistir a qualquer parte de um conteúdo streaming, a Netflix registra essa atividade como um evento". Para o autor, esses eventos são tão confiáveis quanto as métricas tradicionais de audiência, e, dessa forma, há também a formação de uma "audiência algorítmica", no sentido de que o público é impulsionado pelas afirmações discursivas das empresas de streaming "de que os algoritmos estão apenas entregando ao público o que já disseram ao algoritmo que desejam consumir". Como aconteceu com a popular série *House of Cards* (2013-2018) – o autor explica que a Netflix diz à audiência que eles vão gostar de *House of Cards* porque o algoritmo diz que o público já gosta de *House of Cards* – esse discurso recurso recursivo é invocado constantemente para promover a marca e o streaming.

Silles e outros (2019), ao abordarem a relação entre usuários da Netflix e os sistemas de recomendação identificam elementos relevantes, tais como: a personalização, ou seja, as formas como são construídas as relações individualizadas entre os usuários e a plataforma; como as recomendações algorítmicas são integradas em uma matriz de códigos culturais; os rituais pelos quais são incorporados aos processos espaciais e temporais da vida cotidiana; a resistência ao agenciamento da plataforma; e a conversão ou transformação do consumo privado da plataforma em público. Há ainda, segundo os autores, uma "domesticação mútua", ou seja, a incorporação dos algoritmos de recomendação nas tarefas cotidianas, enquanto as plataformas utilizam os dados gerados para a conversão em consumidores ideais – os usuários dizem entender a lógica do processo de recomendação e assumem que suas suposições estão corretas.

Martinez e Kaun (2019) argumentam que a personalização do consumo por parte do usuário ocorre de maneira automatizada, onde são considerados algoritmos, interesses de marketing e comportamentos anteriores do consumidor, e, além disso, as escolhas pessoais também são determinadas por amigos, colegas e a opinião de sua comunidade). É importante notar que essa visão não implica determinismo nem anula a agência humana – os humanos criam o algoritmo e o modificam, em uma relação recursiva. Além disso, o usuário é ativo nesse processo, tem poder de escolha, podendo "enganar" o algoritmo (Cohn, 2016) com a criação de diversos perfis, por exemplo. Além disso, deve-se notar também que, como as plataformas não explicam como os dados são coletados e como funcionam os limites de uso, é possível adicionar e levantar questões sobre ética no uso dos dados, bem como o tempo de uso e armazenamento dos mesmos, e a privacidade, monitoramento e vigilância dos usuários (Mayer-Schönberger; Cukier, 2013).

O streaming e os sistemas de recomendação já são parte da cultura de consumo. Esses sistemas, de acordo com Beer (2013), podem moldar os encontros e as paisagens culturais, deixando os gostos e preferências visíveis. O gosto, segundo o autor, pode ser, pelo menos em parte, moldado algoritmicamente pelas plataformas, na medida em que elas dominam a cultura popular. Ao mesmo tempo, a (in)visibilidade, ou seja, como o conteúdo encontra o consumidor e é encontrado por ele, impacta na escolha e circulação dos bens culturais – assim, a agência algorítmica está, de certa forma, influenciando o que o indivíduo encontra. De acordo com Cohn (2019), o discurso dos sistemas de recomendação privilegia a "livre escolha" dos usuários enquanto, de fato, sempre orienta os usuários para certas escolhas, para encorajá-los a se encaixar melhor com aqueles que o sistema reconhece como sendo como eles. Dessa forma, ainda segundo o autor, assim como a sociedade de controle divide as pessoas de maneiras específicas, os sistemas de recomendação apresentam desejos, preferências e gostos do consumidor com grande impacto na construção de identidades e subjetividades. O gosto, nesse caso, como afirma Gaw (2022), é tanto o capital quanto o produto dos processos culturais (Bourdieu, 1984), portanto seria necessário ampliar conceitos para dar conta da complexidade do consumo cultural.

Procedimentos metodológicos

O enquadramento metodológico desta pesquisa parte do modelo proposto por Valiati (2020) e por Montardo e Valiati (2021). A ideia é uma adaptação do modelo de análise de Shove, Pantzar e Watson (2012) a partir dos elementos que compõem a prática: materiais (objetos, tecnologias, entidades fisicamente tangíveis, e coisas das quais os objetos são feitos), competências (habilidades, know-how e técnicas) e significados (que inclui significados simbólicos, ideias e aspirações). O foco recai, portanto, sobre o eixo dos significados, para compreender as diferentes percepções e práticas de consumo dos usuários relacionadas ao consumo audiovisual em plataformas de streaming audiovisual. Cabe ressaltar que não se pretende aqui apontar o algoritmo como um elemento único e isolado, mas a partir de uma perspectiva relacional (Bucher, 2017; Seaver, 2017). O *corpus* desta pesquisa consiste em depoimentos registrados em 20 entrevistas, realizadas de 12 de abril a 21 de maio de 2021. Os participantes foram selecionados na base de respondentes do *survey* disponível via Google Forms, entre os dias 30 de junho e 4 de setembro de 2020 (N = 248), conforme detalhado em artigo anterior (Zanin; Valiati, 2021). Os entrevistados, residentes no estado do Rio Grande do Sul, indicaram previamente o interesse em participar da fase qualitativa da pesquisa. Eles são oriundos de diversos campos de atuação e formação (comunicação, artes, fisioterapia, engenharia, ciência política, etc.) e estão situados na faixa etária entre 20 e 47 anos.

Foram realizadas entrevistas, agendadas por meio de mensagens eletrônicas, foram agendados horários para entrevistas individuais, com duração de até 60 minutos. Os encontros foram realizados de maneira on-line, pela plataforma Zoom. Os dados pessoais dos entrevistados são mantidos em sigilo e referidos neste texto pelas iniciais do nome, seguidos da idade. O roteiro de perguntas na sua totalidade contou com seções relacionadas ao consumo em plataformas de audiovisual, música, jogos digitais e *live streaming*. O recorte apresentado aqui traz os dados relacionados às plataformas de consumo audiovisual, especificamente o tópico sobre algoritmos e sistemas de recomendação.

"É uma bolha consciente": a percepção sobre o algoritmo e os sistemas de recomendação

A começar por uma breve descrição do cenário, cabe destacar que os dados da fase quantitativa desta pesquisa (Valiati; Pinheiro; Barth, 2021) apontam que Netflix e Amazon Prime estavam entre as plataformas de streaming audiovisual mais assinadas no período. Com relação à frequência de uso, grande parte dos entrevistados (38%) consome entre 1 e 6 horas por semana, seguida por aqueles que afirmam consumir de 8 a 14 horas semanais (33%). O período de maior consumo foi estabelecido entre 19h e 23h. Os perfis de respondentes contidos nesta primeira etapa serviram como base para a ampliação da investigação, direcionando para a fase qualitativa, a partir de entrevistas, conforme mencionado nos procedimentos metodológicos.

Os entrevistados disseram ter acesso a pelo menos três plataformas de streaming audiovisual (a mais citada foi a Netflix). Uma única entrevistada diz acessar apenas uma delas. O pagamento e o fluxo entre plataformas são, em grande parte, divididos com outros membros da família ou amigos. Como ilustra a entrevistada B. (23): "...a Netflix quem paga são os meus pais, [...] a Disney sou eu quem pago e a Amazon é um amigo meu, então a gente troca [...] e a gente divide, sabe?". O impacto no orçamento devido à quantidade de plataformas é suavizado pela divisão, como forma de amenizar os custos e ampliar o acesso, como evidencia R.R. (23): "[...] se tu for acessar todos, tu não vai ter como pagar porque é muito caro".

Em relação aos sistemas de recomendação há a percepção de que eles cumprem um papel no circuito de consumo, de acordo com a maior parte dos entrevistados. Em meio às conversas, havia consciência sobre a existência dos algoritmos e algumas possíveis consequências, conforme descreve M.R. (29): "Eu gosto que ele [o algoritmo] me coloque nessa bolha. Mas não é uma bolha inconsciente, é uma bolha consciente. Eu sei que está me mostrando isso, mas quando eu quiser outra coisa eu vou migrar". E continua: "eu gosto dos algoritmos porque eu sou muito objetiva". Enquanto para A.P. (33) os algoritmos conseguem atender necessidades: "ele consegue saber o que eu gosto [...] filmes que aparecem para mim são bem relacionados aos últimos [...] tendenciosamente aquilo que eu gosto de ver". Assim como para F.C. (41): "acho que agrega bastante [...] até o algoritmo já entendeu qual o meu ritmo e as minhas preferências. [...] Então eu vejo que é uma ferramenta bem interessante e economiza tempo".

O tempo e o a escolha de conteúdo foram tópicos constantes no decorrer das entrevistas. Com relação à organização do consumo, G.C. (24)

diz preferir os sistemas de recomendação ao sistema de buscas tradicional das plataformas, conforme explica: "[...] na maioria das vezes em que eu fazia isso [buscar pela ferramenta] eu acabava não achando o que eu estava procurando. Então, eu geralmente vou por essas indicações que eles já dão [...]. Às vezes, eu entro em um filme que não é o que eu quero assistir, apenas para ver os parecidos com ele". E continua: "[...] Já foi melhor, agora eu sinto que nenhum sistema de recomendação do streaming está funcionando para mim".

As recomendações das plataformas parecem compor uma estrutura conjunta com os serviços de mensagem (como grupos no WhatsApp) ou plataformas de rede social e indicação de amigos, familiares e laços próximos. B (23) ilustra: "[...] eu vou montando através de indicação e os recomendados também, porque geralmente aparece a aba de recomendados para você, eu dou uma olhada, mas eu seleciono". Já G.R. (23) explica: "as coisas que aparecem para mim, talvez sejam coisas que já apareceram nos grupos de recomendação. Então fecha bem direitinho".

Algumas críticas se concentram no "Top 10" ou nos mais assistidos. G.C. (24) explica que tem "uma birra mais interna, pois tudo o que está muito *hypado*, tem muita gente assistindo, eu fico com o pé atrás". Além disso, a frustração se encontra relacionada à visibilidade e a uma certa ansiedade causada pelo excesso, como afirma G.W. (41): "[...] isso me causa uma certa frustração porque existe uma série de coisas boas que estão lá e estão meio escondidas [...]. O próprio serviço de streaming mostrando o que estão lançando, e os grupos nas redes sociais onde eu estou, estão a toda hora dizendo alguma coisa. Eu preciso trabalhar também, preciso ler, eu preciso comer. [...]"

Com relação ao direcionamento, M.G. (38) relata: "eu sinto a falta da liberdade, porque a plataforma nos impõe pelo algoritmo, nos direciona sempre para a mesma coisa [...]". E continua: "eu vejo o top 10 e muitas vezes eu sei que o filme não é tudo aquilo e está lá em primeira posição, quase como a plataforma me induzindo a consumir aquele produto. Eu vejo esse problema de eles quererem fazer consumir uma coisa que às vezes eu não estou a fim de consumir e que eu não gosto [...]". Por outro lado, para R.R. (23), as indicações presentes no "Top 10", por exemplo, conseguem prendê-lo à plataforma. "Esse é um tópico que consegue me chamar a atenção [...] eu vejo que é o mais assistido da semana, aí eu penso: tem muita gente assistindo, então deve ser bom".

Considerações finais

De modo geral, as entrevistas indicam consciência sobre os sistemas de recomendação e a influência no consumo de conteúdo, a partir do relato das experiências com as plataformas. Como abordado por Siles e outros (2019), os participantes da pesquisa supõem entender algumas das lógicas dos sistemas de recomendação (entendimento a partir da percepção e do uso), e, de certa forma, esse conhecimento tácito está bastante atrelado ao que se trata na mídia – matérias de sites de notícia podem ser um dos grandes responsáveis pela construção dos imaginários algorítmicos (embora o discurso midiático não seja o cerne deste estudo). Notam-se aspectos do que Burroughs (2015) denomina como "audiência algorítmica", a partir das afirmações dos participantes, que muitas vezes estão atreladas ao discurso das empresas, como a promessa da personalização.

Além disso, o algoritmo é percebido como uma entidade poderosa: a menção é sempre a "ele", como um elemento externo capaz de ordenar, de auxiliar e de direcionar/induzir o consumo. É possível perceber também o tensionamento entre a resistência ao direcionamento desses sistemas e a aceitação da recomendação da plataforma. Ao mesmo tempo, os entrevistados dizem entender o direcionamento e utilizam táticas para buscar outros conteúdos — nesse caso a maior parte diz preferir aliar as recomendações automatizadas aos meios tradicionais, como a recomendação amigos, família, sites de redes sociais e mídia (Martínez; Kaun, 2019), há também casos de aceitação irrestrita e a preferência pela curadoria algorítmica. Outro aspecto relevante é que, nos casos de mais resistência (como no caso do "Top 10", por exemplo), é possível perceber traços de um discurso de busca pela distinção, diferenciando-se de um consumo em massa (representado pelo ranking dos mais assistidos).

É possível notar o processo de domesticação mútua, conforme mencionado por Siles e outros (2019), com a incorporação dos algoritmos de recomendação no consumo cotidiano dos respondentes e a agência de ambos os lados. Assim, torna-se possível identificar aspectos presentes na construção do imaginário algorítmico (Bucher, 2017) do grupo de entrevistados: o tempo (o algoritmo ajuda a encurtar o tempo na escolha), aprendizagem (algoritmo é capaz de aprender sobre o gosto), influência (o sistema de recomendação direciona a escolha por meio da visibilidade do conteúdo), resistência (é possível "enganar" o algoritmo, a partir da variação de conteúdo). Há menções sobre passar a consumir mais ou menos conteúdo a partir de indicações dos sistemas de recomendação (principalmente quando se relaciona ao conteúdo nacional ou a curadoria da própria plataforma). Pode-se inferir, portanto, que as percepções em relação a esses elementos indicam o impacto nas rotinas de consumo e as formas de relacionamento com a plataforma.

Por fim, cabe ressaltar que estes resultados não devem ser generalizados e dizem respeito a um recorte bastante específico. Estudos como esse podem auxiliar na sistematização de conceitos e na compreensão do consumo audiovisual em um cenário cada vez mais dependente de plataformas.

Referências

ALEXANDER, N. Catered to your future self: Netflix's "predictive personalization" and the mathematization of taste. In: MCDONALD, K.; SMITH-ROWSEY, D. (Ed.). *The Netflix effect*: technology and entertainment in the 21st Century. New York: Bloomsbury Academic, 2016

ARDITI, D. *Streaming Culture*: Subscription Platforms and the Unending Consumption of Culture. Bingley, UK: Emerald Publishing, 2021.

BEER, D. *Popular Culture and New Media*: The Politics of Circulation. New York: Palgrave Macmillan, 2013.

BOURDIEU, P. *Distinction*: A Social Critique of the Judgement of Taste. Cambridge: Harvard University Press. 1984.

BUCHER, T. The algorithmic imaginary: Exploring the ordinary affects of Facebook algorithms. *Information, Communication & Society*, 20(1), 30-44, 2017.

BURROUGHS, B. E. *Streaming media*: audience and industry shifts in a networked society. PhD (Doctor of Philosophy) thesis, University of Iowa, 2015. Disponível em: h3p://ir.uiowa.edu/etd/1833. Acesso em:10 dez. 2016.

COHN, J. *The Burden of Choice*: Recommendations, Subversion, and Algorithmic Culture. New Brunswick, NJ: Rutgers University Press, 2019.

COHN, J. My TiVo Thinks I'm Gay: Algorithmic Culture and Its Discontents. *Television & New Media*, 675-690, 2016.

GAW, F. Algorithmic logics and the construction of cultural taste of the Netflix Recommender System. *Media, Culture & Society*, 44(4), 706-725, 2022.

HALLINAN, B.; STRIPHAS, T. Recommended for you: The Netflix Prize and the production of algorithmic culture. *New Media & Society*, 18(1), 117-137, 2016.

LEMOS, A. Dataficação da vida. *Civitas: revista de Ciências Sociais*, v. 21, n. 2, p. 193-202, ago. 2021.

LOMBORG, S.; KAPSCH, P. H. Decoding algorithms. *Media, Culture, and Society*, 42(5), 745-761, 2020.

MARTÍNEZ, D. V.; KAUN, A. The Netflix Experience: a user-focused approach to the netflix recommendation algorithm. In: PLOTHE, T.; BUCK, A. M. (orgs.). *Netflix at the Nexus*: content, practice, and production in the age of streaming television (p. 197-211). Peter Lang Publishing Inc. New York, 2020.

MAYER-SCHONBERGER, V.; CUKIER, K. *Big data*: A revolution that will transform how we live, work, and think. Eamon Dolan/Houghton Mifflin Harcourt, 2013.

MONTARDO, S. P.; VALIATI, V. A. D. Streaming de conteúdo, streaming de si? Elementos para análise do consumo personalizado em plataformas de streaming. *Revista Famecos*, v. 28, n. 1, p. e35310, 1 jul. 2021.

PAJKOVIC, N. Algorithms and taste-making: Exposing the Netflix Recommender System's operational logics. *Convergence The International Journal of Research into New Media Technologies*, 28(1), 214-235, 2022.

POELL, T.; NIEBORG, D.; VAN DIJCK, J. Plataformização. *Fronteiras - estudos midiáticos*, 22(1), 2020.

SEAVER, N. Algorithms as culture: some tactics for the ethnography of algorithmic systems. *Big Data & Society*. 4 (2), 2017.

SHOVE, E.; PANTZAR, M.; WATSON, M. *The Dynamics of Social Practice*: Everyday Life and how it Changes. SAGE Publications, 2012.

SILES, I.; ESPINOZA-ROJAS, J.; NARANJO, A.; TRISTÁN, M. F. The mutual domestication of users and algorithmic recommendations on Netflix. *Communication Culture and Critique*, 2019.

STRIPHAS, T. Algorithmic culture. *European Journal of Cultural Studies*, 18(4–5): 395-412, 2015.

VALIATI, V. A. D. Consumo audiovisual em plataformas digitais: a configuração de práticas e fluxos na rotina de usuários da Netflix. *Galáxia* (São Paulo), 45, 194-206, 2020.

VALIATI, V.; PINHEIRO, C. M. P. ; BARTH, M. (orgs.). *Covid-19 e a Indústria Criativa do Rio Grande do Sul*: produção, processos criativos e consumo digital. Novo Hamburgo: Editora Feevale, 2021.

ZANIN, C. F.; VALIATI, V. Mapeamento do consumo audiovisual em plataformas digitais durante pandemia no Rio Grande do Sul. In: VALIATI, V.; PINHEIRO, C. M. P. ; BARTH, M. (orgs.). *Covid-19 e a Indústria Criativa do Rio Grande do Sul*: produção, processos criativos e consumo digital. Novo Hamburgo: Editora Feevale, 2021.

A inovação mais aguardada: (re)tornar a *ser humano*

Cristiane Mafacioli Carvalho[1]

Introdução

Há muito temos debatido, por meio dos estudos do Grupo de Pesquisa Inovação nas Práticas Publicitárias (Inovapp)[2], os inúmeros processos de inovação pelos quais o campo da Comunicação, em especial a Publicidade, vem sendo impactado. Desde 2013, o grupo tem se dedicado ao estudo das práticas publicitárias e seus desdobramentos de ordem mercadológica, social e significante, com a atenção voltada para o constante movimento de inovações da área.

Como pesquisadores-publicitários – de formação acadêmica, mas muitos de nós também publicitários atuantes no ambiente mercadológico –, compreendemos a Publicidade como uma importante ferramenta social e econômica. Sem dissociar nosso preponderante interesse sobre o social da lógica econômica existente, compreendemos que, ao estudar criticamente o potencial inovador da Publicidade e suas práticas, é possível indicar caminhos e respostas às demandas da sociedade, com vistas ao desenvolvimento econômico, cultural e social. Assim, os estudos circulam no entremeio do *ser publicitário* e do *fazer publicitário*, envolvendo reflexões sobre a profissão, a gestão, a criação, os novos produtos publicitários e seus formatos, sentidos e linguagem. Isso nos permite observar esse conjunto de práticas em relação, reconhecê-las e projetá-las, fortalecendo o campo.

As pesquisas realizadas até o momento levantaram e promoveram reflexões sobre: 1) inovações nas práticas publicitárias nas agências; 2) novas configurações da profissão, com atenção para o "publicitário além da agência"; 3) reflexo dessas dimensões nos currículos de Cursos Superiores de Publicidade; 4) discursos de publicidade social; 5) o campo de

---

[1] Professora e pesquisadora do Programa de Pós-Graduação em Comunicação da Pontifícia Universidade Católica do Rio Grande do Sul (PUCRS). Coordenadora do Grupo de Pesquisa INOVAPP/CNPq.

[2] Grupo de pesquisa cadastrado no CNPq, formado por mestrandos, mestres e doutores do PPGCom da PUCRS e pesquisadores convidados de outras IES.

trabalho em constante transformação; e, mais recentemente, 6) a cultura profissional da agência e seus reflexos na sociedade.

Às vésperas de completar 10 anos deste conjunto de estudos, começamos a perceber um movimento rumo ao que talvez venha a ser a inovação mais inusitada, mas também a mais esperada nos últimos anos. Referimo-nos a uma inovação que deixa de ser exclusivamente sobre tecnologia, sobre processos, sobre metodologias e passa a ser uma inovação comportamental, impactando os sujeitos e a identidade social.

Sem deixar de valorizar o quanto os campos da comunicação e da publicidade ganham socialmente com o avanço tecnológico e todos os seus recursos, observamos atentos aos processos chamados de *humanização* – das marcas, das relações, das atividades profissionais, dos discursos publicitários. *Ser humano* está em destaque e se revela uma das principais tendências de inúmeros debates, dentre os quais, a inovação em Publicidade. É esse enfoque que este texto pretende explorar.

Para tal, este ensaio tem início pela concepção de inovação e seu contexto. Dando sequência, amparado pela perspectiva de inovação, busca situar o avanço da tecnologia e o lugar do ser humano nesse processo. Em seguida, para organizar um direcionamento desses debates para o objeto deste estudo, ou seja, a Publicidade, relatam-se e observam-se alguns movimentos a favor da humanização na prática publicitária. E, por fim, conclui-se com reflexões sobre a perspectiva de *(re)tornar a ser humano* como objeto de inovação.

O contexto da inovação

Para tratar sobre inovação na publicidade e suas práticas, cabe antes compreender sob que perspectiva consideramos este conceito. Assim, apresentamos um contexto sobre o entendimento acerca de inovação e seus pressupostos.

Ainda que a palavra "inovação" esteja imediatamente associada a "criar algo novo", é importante dissociá-la do conceito de invenção. "Criar algo novo" está aqui associado a fazer algo muitas vezes já conhecido, mas de uma maneira diferente, atualizada, renovada. E, pela sua condição de resultar em algo novo ou diferente, a inovação está diretamente associada à criatividade – processo habitual também das práticas publicitárias.

Cabe, no entanto, retomar o conceito de inovação a partir de sua inserção na sociedade atual, com suas características marcadamente capitalistas. A repercussão do conceito ganha mais ênfase a partir do momento em que é associada às teorias econômicas. Uma das principais referências nesse meio é o economista e cientista político austríaco Joseph Schumpeter (1833-1950), a partir de sua obra *Teoria do desenvolvimento econômico*, de 1911.

> Schumpeter procurou compreender os movimentos gerais da economia [...] de um modo particular de produzir em sociedade: o capitalismo. Mas, ao contrário dos economistas clássicos, Schumpeter não considerava o crescimento da população, o aumento da produção e o acúmulo de recursos como os fatores determinantes do desenvolvimento econômico. Nesse assunto, estava mais próximo de Marx (Tigre, 2005) pelo papel relevante que atribuiu ao progresso técnico na dinâmica capitalista (Costa, 2006, p. 1).

Nesse sentido, Schumpeter é um dos primeiros pensadores a considerar as inovações tecnológicas como motor do desenvolvimento capitalista. Com o crescente avanço do cenário técnico e tecnológico a partir da década de 1980, ressurge o interesse pelas ideias de Schumpeter. Uma das obras que se destacam nesse sentido é *An Evolutionary Theory of Economic Change*, de Richard R. Nelson e Sidney Winter, publicada em 1982, considerada um marco no pensamento da corrente neoschumpeteriana ou evolucionária (Costa, 2006).

Nos anos 1990, com o avanço do processo de globalização, observa-se no ambiente econômico o início do compartilhamento de políticas comuns, estimuladas por governos e organizações. Uma destas organizações é a Organization for Economic Co-operation and Development (OECD)[3], instituição intergovernamental formada atualmente por 38 países[4], que visa

---

[3] Em português, Organização para Cooperação e Desenvolvimento Econômico (OCDE).

[4] Com base nos dados do site da organização, dos 38 países membros, identificamos 4 pertencentes à América Latina (Chile, Colômbia, Costa Rica e México) e nenhum da África. Os países Brasil, China,

"moldar políticas que promovam prosperidade, igualdade, oportunidade e bem-estar para todos" (OECD.org).

Um dos propósitos da OECD é "estabelecer padrões internacionais baseados em evidências e encontrar soluções para uma série de desafios sociais, econômicos e ambientais". A organização também promove o que chama de "um fórum único e um centro de conhecimento para dados e análises, troca de experiências, compartilhamento de melhores práticas e aconselhamento sobre políticas públicas e definição de padrões internacionais" (OECD.org). Dentre esses estudos, está uma das publicações mais reconhecidas sobre inovação, o *Manual de Oslo*.

O propósito do Manual consiste em "fornecer diretrizes para coletar e interpretar dados sobre inovação" (OECD/Eurostat, 2018). De acordo com a versão em português, publicada pela Financiadora de Estudos e Projetos (Finep) em 2006, é a partir dos resultados de experimentos em pesquisas pioneiras, associados à necessidade de um conjunto coerente de conceitos e instrumentos, que surge a primeira edição do Manual de Oslo em 1992, com foco na inovação tecnológica de produto e processo (TPP) na indústria de transformação. Desde então é referência para inúmeras pesquisas voltadas para os impactos da inovação no setor industrial e comercial.

Como resultado dessas pesquisas, a estrutura do Manual atualizou conceitos, definições e metodologia, em sua segunda edição publicada em 1997, expandindo sua perspectiva para o setor de serviços. E, mais recentemente, com a crescente noção de que muita inovação no setor de serviços não é adequadamente apreendida pelo conceito TPP, adicionou-se na edição mais recente do Manual a questão das inovações não tecnológicas. "Dessa forma, o escopo do que é considerado uma inovação foi [...] expandido para incluir dois novos tipos: inovação de marketing e inovação organizacional" (Manual de Oslo, 2006, p. 11).

Tomando então por parâmetro todo esse contexto da inovação levantado até aqui, observamos a dimensão da **tecnologia** associada à importância **do viés (ou poder) econômico** que envolve o ato de inovar,

---

Índia, Indonésia e África do Sul fazem parte dos chamados Parceiros-Chave. Disponível em: https://www.oecd.org/about/. Acesso em: 6 nov.2022.

sustentado pelo capitalismo e suas forças. E, ao mesmo tempo, observamos também um movimento das políticas de inovação que têm início na indústria, por meio de (1) **produtos** e **processos**, evoluindo para (2) o **setor de serviços** e, em seguida, avançando para as chamadas inovações não tecnológicas, como (3) o **marketing** e as **organizações**. Como provoca a reflexão deste estudo, e atentos às transformações sociais da atualidade, parece natural que o próximo movimento siga na linha das inovações não tecnológicas, desta vez em direção ao **ser humano,** como sujeito social no centro do processo de inovação (e não somente como consumidor das inovações). Aliás, este tem sido também o principal argumento do atual conceito acerca da Sociedade 5.0[5], cunhado por especialistas japoneses.

Em um exercício de buscar transferir esses aspectos da inovação para a prática publicitária, observamos que são todos elementos familiares ao ambiente da prática publicitária: tecnologia, economia, produtos, serviços, organizações e marketing são expressões comuns que fazem parte do cotidiano de *ser publicitário* e de *fazer publicidade*. Assim, é natural que, ao investigar a inovação neste ambiente, estejamos atentos a quais processos possam ser considerados inovadores também no quesito *ser humano*.

O avanço da tecnologia e o lugar do *ser humano*

Ainda que a tecnologia e seu entrelaçamento com nossas práticas cotidianas tenham amplo destaque na vida contemporânea, não é de hoje que esse tema vem à tona, com atenção voltada para o sujeito e sua relação com esse processo de desenvolvimento. Pensadores e estudiosos sociais abordam sobre o lugar que ocupa o ser humano em uma sociedade voltada à tecnologia há bastante tempo.

O exemplo que trazemos aqui é a reflexão proposta pelo psicanalista, filósofo e sociólogo alemão Erich Fromm (1900-1980). Ligado à Escola de Frankfurt, Fromm escreve, em 1968, o livro *A revolução da esperança: por uma tecnologia humanizada*. Escrito a partir da situação dos Estados

---

[5] Sociedade 5.0 deriva do conceito de Indústria 5.0, que tem como propósito "alavancar a criatividade única, o pensamento crítico e cognitivo de especialistas humanos para colaborar com máquinas poderosas, inteligentes e precisas". Por isso, especialistas acreditam que a Indústria 5.0 "trará de volta o toque humano à indústria manufatureira" (Brandão, 2022).

Unidos da época, o livro nasce da convicção de que se vivia diante uma encruzilhada:

> [...] uma estrada leva a uma sociedade completamente mecanizada em que o homem é um indefeso dente de engrenagem da máquina – se não à destruição pela guerra termonuclear; a outra leva a um renascimento do humanismo e da esperança – a sociedade que põe a técnica a serviço do bem-estar do homem (Fromm, 1984, p. 13).

O pensamento crítico de Fromm estabelece a preocupação de seu tempo com as inquietações de sua época: a mecanização e a possível guerra nuclear. Hoje, mais de 50 anos depois, atualizam-se as inquietações – com a tecnologia digital em suas infindáveis aplicações e a possibilidade de guerras biológicas, por exemplo –, mas o bem-estar do ser humano continua sendo almejado como a esperança de um renascimento do humanismo, como já sinalizava Fromm em sua obra.

Essas atualizações sobre nossas dinâmicas sociais são recorrentes, como ciclos. De tempos em tempos (re)tornamos a aspectos essenciais da nossa existência e os adaptamos aos novos tempos, fazemos releituras, incrementos, novas versões. Sobre isso, referenciamos aqui a perspectiva de outro sociólogo, desta vez Michel Maffesoli, a partir de suas reflexões acerca da passagem de um pensamento individualista do ser social (consolidado pela Revolução Industrial e seus efeitos) para um pensamento coletivo, de espírito comunitário, que partilha *comunhões emocionais* (2014). Para ele, o racionalismo moderno foi o responsável por estruturar a organização social, o sistema educativo e a economia (em suas diversas formas), moldando a vida coletiva e determinando a existência individual. "Foi sobre tais fundamentos que se constituíram elos sociais, essencialmente racionais, que [...] marginalizam todos esses afetos: emoções, paixões, sentimentos, que foram relegados para trás do muro da vida privada" (2014, p. 19).

Maffesoli reforça, no entanto, a perspectiva circular, em espiral desses comportamentos sociais, destacando o movimento dos ciclos: "Que haja ciclos, eis o que a mais elementar das honestidades intelectuais nos força a reconhecer" (2014, p. 19). Nesse percurso do sujeito social que transita em ciclos entre individual e coletivo (desde a Pré-História), há uma ressignificação a cada nova etapa. E Maffesoli não nega o valor da tecnologia; ao contrário, valoriza seu papel potencializador das conexões, ressignificando o espírito coletivo, mediado pela técnica contemporânea. Sobre isso, ele diz que

> É preciso não se deixar cegar pelo que seriam as novidades de nossa situação. Reconhecer com humildade que é próprio da espécie animal – nossa espécie – relacionar-se sempre com a técnica. É isso que marca essencialmente nossa especificidade, nossa singularidade. A relação com a técnica contemporânea não tem nada de novo. Isso mostra, porém, que em certos momentos, justamente por causa do desenvolvimento da tecnologia, as imagens e a imaginação agora retornam. Voltamos ao que o racionalismo moderno eliminou. Não existe nesse retorno, contudo, uma "eliminação da alma". Ao contrário, surge uma "alma multiplicada" [...] (Fronteiras, 2015).

E é nesse pensamento que se ampara uma importante consideração de Maffesoli (2014) acerca desse fenômeno, ao afirmar que "à época do 'eu' sucede, sem resistência, a época do 'nós'" (p. 83). No entanto, o sociólogo adverte que é preciso compreender essa revolução em seu sentido de origem, sem deixar de lado os aprendizados que traz cada novo ciclo: "[...] portanto, essa revolução do 'nós' é fortalecida pelo desenvolvimento tecnológico. O dos novos meios de comunicação interativos que favorecem uma religação contínua" (Maffesoli, 2014, p. 83).

Retomando o centro do pensamento dos dois sociólogos, Fromm reforça a busca de garantir o **bem-estar do ser humano** na relação inevitável com tecnologia, enquanto Maffesoli trata da r(evolução) do ser humano individualista para um **ser humano coletivo** em tempos de tecnologia. Na esteira dessas reflexões, reforçamos o quanto a área da Comunicação, totalmente adaptada a cada inovação técnica que se apresenta, tem o potencial (e a responsabilidade) de reconfigurar, a todo o momento, o lugar do ser humano em sociedade. E quando abordamos esses conceitos no campo das práticas publicitárias, que tanto pauta e atualiza os discursos sociais em torno dos modos de **ser** e dos modos **consumir** (ou consumir para ser), esse debate se torna ainda mais essencial.

Neste ambiente de constante inovação das práticas publicitárias – ora sobre ferramentas (tecnologia), ora sobre as novas dinâmicas e processos (mercado profissional), ora sobre meios e novas linguagens (discursos) –, deslizam dois sujeitos para os quais olhamos com atenção, buscando significar este *ser humano* de que estamos tratando: o *ser publicitário* e o *ser consumidor*. Portanto, pensar sobre o avanço da tecnologia e o lugar do ser humano a partir deste ponto de vista implica considerar esses dois sujeitos, em relação.

Os movimentos a favor da humanização na prática publicitária

Ao fazer um levantamento por meio de ferramentas de busca on-line pela expressão "humanização", surgem inúmeras associações de conteúdos voltados para a humanização da área da saúde e da educação – estes são considerados setores que já tratam do ser humano em primeira dimensão. No entanto, se associarmos a palavra "publicidade" na busca, os conteúdos que surgem dizem respeito à humanização das marcas. Em um desses conteúdos, a definição de *humanização das marcas* refere-se a uma estratégia de negócios "que tem como palavras-chave a empatia e a ética" e afirma ainda que o propósito é gerar conexão com os clientes, "o que acontece por meio do entendimento pleno de suas necessidades, sentimentos e motivações" (Silva, 2021). Interessante perspectiva. No entanto, perguntamos: se as marcas precisam ser humanizadas, quem cuida da humanização do campo publicitário (suas dinâmicas e seus profissionais), responsável pela visibilidade delas?

Quando falamos em prática publicitária, nos referimos a este lugar do *fazer publicidade*, construído por sujeitos sociais atuantes no campo: os publicitários. O profissional publicitário está inscrito em um campo de práticas próprio da área. Consideramos campo publicitário, aqui, a partir do conceito de Petermann (2017, p. 17), que parte da noção de campo de Bourdieu, para afirmar que "a institucionalização do campo publicitário [...] se dá também no seu interior, entre seus pares, e nas legitimações que são capazes de desconstruir e fazer circular".

Essa perspectiva nos leva a pensar que, nesse processo de responsabilidade do profissional da área sobre a concepção do produto publicitário e sua consecutiva circulação, também transitam, inevitavelmente, os sentidos apreendidos pelo sujeito consumidor – seja o consumo de ideias, de conceitos, de propósitos ou de produtos. Portanto, quando falamos no *ser publicitário* e no *ser consumidor,* falamos desses dois sujeitos conexos, interligados por essa relação.

Ora, se a crítica contundente (e necessária) sobre a publicidade e seu papel recai com frequência sobre os discursos publicitários que circulam socialmente – bem como seu poder sobre os sujeitos sociais –, é fundamental que se reflita sobre quem é o publicitário que está por trás dessa construção discursiva. Atualmente, graças ao movimento global de inclusão e atenção para a diversidade na sociedade, muito se tem debatido sobre o quanto a representatividade de minorias é necessária também nos ambientes profissionais. E o ambiente publicitário não escapa dessa pertinente reflexão.

Se desejamos que a perspectiva humana seja replicada pelos discursos publicitários, o profissional de publicidade, em sua completa representação como ser humano, deveria ser o porta-voz oficial desses conceitos e ideias. Não é o que vemos na atualidade na maior parte nas agências de publicidade, em que é falha a representação da diversidade de sujeitos e suas identidades[6] (Brum; Carvalho, 2022). Existem, no entanto, movimentos que surgem em torno desta problemática. Aqui, neste estudo, voltamos a atenção, em especial, a duas propostas nascidas de projetos de pesquisa em universidades: o projeto **50|50** e o projeto **Rumos Mais Pretos**.

O projeto **50|50 – Igualdade de gênero no ensino e no mercado publicitário** foi idealizado pelo grupo Nós – pesquisa criativa, da Universidade Federal de Santa Maria (UFSM). A proposta surge com o objetivo de problematizar a configuração de gênero na propaganda, desde o meio acadêmico (na formação do profissional) até o mercado de trabalho, oferecendo visibilidade para o assunto. Além disso, propõe promover ações no ambiente acadêmico, visando a que se reflitam no mercado publicitário e, consequentemente, na sociedade (Petermann, 2019). Em essência, a ideia do projeto é mudar no ensino para mudar no mercado. O depoimento de Petermann (2019, p. 105) situa a origem que motivou o projeto:

---

[6] Ver mais sobre o potencial de transformação nas identidades representadas pela publicidade brasileira em Brum & Carvalho (2022).

Depois de anos ministrando disciplinas da área da criação publicitária, encarei a realidade de que a predominância masculina no departamento de criação na indústria da publicidade é, ao mesmo tempo, produzida e reproduzida desde a universidade. Assim, assumir a minha responsabilidade nesse ciclo que perpetua o predomínio de aproximadamente 90% de homens em uma área específica foi o primeiro passo. E isso está se efetivando não em qualquer área, mas na área responsável por materializar o conteúdo publicitário em essência, aquela que cria um tempo e um espaço para as narrativas, dá vida às personagens, escolhe rostos, corpos e cores.

Com esse princípio, de igualar e melhorar a representação feminina no campo publicitário desde a formação profissional, o projeto 50|50 vem propondo, desde 2017, uma série de ações, como oficinas, rodas de conversa e palestras. É um projeto sem dúvida inovador, que interfere na prática publicitária de maneira crucial.

Já em 2019, tem início outro projeto de pesquisa, o Rumos da Publicidade, desenvolvido por pesquisadores de comunicação da Universidade Federal do Rio Grande do Sul (UFRGS), com a colaboração da UFSM e apoio da Coordenação de Aperfeiçoamento de Pessoal de Nível Superior (Capes). O propósito é aproximar a pesquisa do cotidiano de estudantes, professores e pesquisadores e oportunizar a formação de redes para mudar os rumos da publicidade. Faz isso por meio do mapeamento de pesquisas acadêmicas sobre publicidade e propaganda desenvolvidas recentemente no Brasil, no formato de artigos, dissertações e teses.

Foi da parceria com a agência digital DZ Studio, que criou o site do Rumos, que nasceu o desdobramento do projeto para o **Rumos Mais Pretos**. A iniciativa consiste em "uma ação para capacitar e integrar ao mercado os estudantes que ingressaram na Universidade pelas cotas raciais, contemplando workshops com profissionais da DZ e do mercado e o programa de estágio da agência" (UFRGS, 2021). A pesquisadora e coordenadora do projeto, professora Elisa Reinhardt Piedras, destaca os aspectos essenciais que a proposta carrega:

A publicidade é um lugar privilegiado de circulação de valores sociais, além de marcas e produtos. Pesquisas indicam que só teremos mais anúncios que representam a sociedade em toda a sua pluralidade quando os espaços de produção (as agências) forem inclusivos e agregarem colaboradores diversos. Idealizamos esse projeto para convocar o mercado a promover essa transformação [...] (UFRGS, 2021).

O projeto consiste em outra inovação que nasce de pesquisa universitária e que articula os valores éticos, sociais e humanos na realidade do fazer publicitário. Com esses dois exemplos de movimentos, tomados como referência de inovação que reflete na prática publicitária, consideramos que ainda há inúmeras oportunidades de gerar este ato de reflexão em ação, de promover o exercício de ser empático, de sair da visão exclusiva de si e aprender a *ser humano,* na diferença e à semelhança do outro. Como provoca a pensar Maffesoli, a nos obrigarmos "a ultrapassar a noção de sujeito para considerar a de comunidade", nos forçando, ainda, "a alargar nossa visão do humano" (Fronteiras, 2015).

(Re)tornar a *ser humano*

Em tempos de Automação, Inteligência Artificial e Metaverso, como considerar que a Inovação pode estar em outro foco que não no universo exclusivo da tecnologia, mas sim na essência das relações humanas?

Ser humano, neste lugar de inovação, tem significados inúmeros. Se considerarmos a inovação como a tecnologia no centro de sua concepção, teremos como resultado a tecnologia em benefício do ser humano. Se considerarmos a inovação tomando o ser humano como centro de sua concepção, teremos como resultado o ser humano em benefício do *ser humano*. E os reflexos na prática publicitária são muitos. Desde os processos de pesquisa e formação acadêmica, como levantamos aqui neste estudo, até o impacto desta concepção no produto publicitário em si, ou seja, nos anúncios e campanhas.

Nesse sentido, no que diz respeito ao produto publicitário, Martha Gabriel, considerada uma referência sobre o tema de transformação digital, ao comentar sobre a efemeridade do conteúdo da propaganda nos tempos atuais, afirma que o alinhamento de valores com os públicos é fundamental e está entre as tendências para engajar e prolongar a mensagem, seja por meio de propaganda seja por qualquer outra estrutura de comunicação. Segundo ela, "Isso nos conduz a um paradoxo interessante – quanto mais cercados de tecnologia estivermos, mais precisamos dos nossos recursos humanos para sobreviver" (ADNEWS, 2016).

No entanto, mais do que sobreviver é necessário considerar o bem--viver, em coletivo, em comunidade, atento a si, mas em relação direta com o outro. Complexo, é verdade, mas necessário. Na ordem desse pensamento, concluímos recuperando a reflexão do *homo eroticus* de Maffesoli (2014) em contraponto ao *homo economicus*. Diz ele:

> É essa radicalidade assim definida: retorno às raízes de um humano complexo e ambivalente, que permite compreender a reatualização contemporânea dessa "alma do mundo" (*psychekosmos*) dos neoplatônicos. Alma inconsciente, alma afetiva, alma da natureza, pouco importam as designações. Basta observar que tal visão intuitiva permite destacar a importância da saída de si para o outro. O termo empatia, frequentemente utilizado em nossos dias, apenas exprime essa interação entre um e outro: colocar-se intuitivamente no lugar do outro, porque se experimentam sentimentos comuns, ou para perceber as consequências de tal reversibilidade (Maffesoli, 2014, p. 254).

É preciso acreditar que é possível viver os benefícios da tecnologia, oportunizar o desenvolvimento social e econômico, mas sem deixar de considerar o "retorno às raízes" da nossa essência, como convoca Maffesoli (2014). Isso evidencia a necessidade de (re)tornar a *ser humano*, acima do *ser tecnológico* e/ou *ser digital*, como proclamaram tantos discursos recentes, inclusive os publicitários. Ainda que diante de inúmeros desafios e de complexas transformações sociais, acreditamos em um futuro próximo amparado pelo nosso melhor recurso, o ser humano, protagonista e potencializador das próximas inovações que estão por vir.

Referências

ADNEWS. *Os ensinamentos de Martha Gabriel para o marketing na era digital.* Entrevista. [2016]. Disponível em: https://adnews.com.br/os-ensinamentos--de-matha-gabriel-para-o-marketing-na-era-digital/. Acesso em: 5 nov. 2022.

BRANDÃO, M. O que é a indústria 5.0 e como ela vai impactar a sociedade. *Consumidor Moderno*. [2022]. Disponível em: https://www.consumidormoderno. com.br/2022/07/21/industria-5-0-sociedade-comsumo/. Acesso em: 5 nov. 2022.

BRUM, E.; CARVALHO, C. M. Iniciativas coletivas pró-diversidade e o potencial de transformação nas identidades representadas pela publicidade brasileira. *Mídia e Cotidiano*, v. 16, p. 87-107, 2022.

COSTA, A. B. da. O desenvolvimento econômico na visão de Joseph Schumpeter. ***Cadernos IHU Ideias***, São Leopoldo, ano 4, n. 47, 2006. Disponível em: https:// www.ihu.unisinos.br/images/stories/cadernos/ideias/047cadernosihuideias.pdf Acesso em: 6 nov. 2022.

FROMM, E. *A revolução da esperança*: por uma tecnologia humanizada. Trad. Edmond Jorge. 5. ed. Rio de Janeiro: Zahar Editores, 1984.

FRONTEIRAS DO PENSAMENTO. *Michel Maffesoli e o Homo eroticus pós- -moderno*: "Voltamos ao que o racionalismo moderno eliminou". Entrevista [2015]. Disponível em: https://www.fronteiras.com/leia/exibir/michel-maffesoli- -e-o-homo-eroticus-pos-moderno-voltamos-ao-que-o-racionalismo-moderno- -eliminou. Acesso em: 6 nov. 2022.

MAFFESOLI, M. *Homo eroticus*: comunhões emocionais. Trad. Abner Chiquieri. Rio de Janeiro: Forense, 2014.

MANUAL DE OSLO: DIRETRIZES PARA COLETA E INTERPRETAÇÃO DE DADOS SOBRE INOVAÇÃO. Organização para Cooperação e Desenvolvimento Econômico (OCDE) / Gabinete Estatístico das Comunidades Europeias (Eurostat). Trad. Flávia Gouveia. 3. ed. Rio de Janeiro: Finep, 2006. Disponível em: http://www.finep.gov.br/images/apoio-e-financiamento/manualoslo.pdf. Acesso em: 6 nov. 2022.

OECD/EUROSTAT. **Oslo Manual 2018**: Guidelines for Collecting, Reportingand Using Data on innovation, 4th Edition, The Measurement of Scientific, Technological and Innovation Activities, OECD Publishing, Paris/Eurostat, Luxembourg: 2018. DOI: https://doi.org/10.1787/9789264304604-en

PETERMANN, J. 50|50 – Igualdade de gênero no ensino e no mercado publicitário. In: OLIVEIRA-CRUZ, M. F. (org.). *Publicidade e gênero*: representações e práticas em questão. Santa Maria: Facos UFSM, 2019, p. 101-122. Disponível em: https://www.mulheressocialistas.org.br/campanha2020/wp-content/uploads/2020/10/genero-e-publicidade-Milena-Freire-Org.pdf.

PETERMANN, J. *Cartografia da criação publicitária*. Santa Maria: Facos UFSM, 2017.

SILVA, D. da. Humanização da marca: o que é e por que ela é tão importante? *Zendesk*. [2021]. Disponível em https://www.zendesk.com.br/blog/humanizacao--da-marca/. Acesso em: 6 nov. 2022.

UFRGS. *Projeto da UFRGS com DZ Estúdio oferece capacitação e estágio para estudantes cotistas PPI*. Porto Alegre, [2021]. Disponível em: http://www.ufrgs.br/ufrgs/noticias/projeto-da-ufrgs-com-dz-estudio-oferece-capacitacao-e-estagio--para-estudantes-cotistas-ppi. Acesso em: 6 nov. 2022.

Cartografia(s) no campo da publicidade

Juliana Petermann[1]

Introdução

Fazer um mapa não é caminhar em linha reta. É observar, depositar atenção em pontos determinados, percorrer todos os tipos de relevo, identificar similaridades e diferenças. Ter uma rota em mente e mudar o trajeto sempre que necessário. Fazer um mapa é se deixar sensibilizar pelas paisagens a ponto de representá-las a partir de outros códigos, outras linguagens. É traduzir aquilo que se vê em algo que se lê, e, como em toda tradução, constituir um novo texto, escrito com as marcas da pessoa que caminha e do modo como caminha. Por isso, é levar na mala a subjetividade, mas também o rigor científico, para não se perder ao longo do caminho: "Nesse momento é relevante observar que o rigor se constitui na precisão, no detalhamento, na consistência, já a rigidez se volta para o engessamento, num formato único e intransigente" (Coca; Rosário, 2018, p. 41).

Aqui temos um ponto-chave: a diferença entre rigor e rigidez num percurso de pesquisa, na construção de uma cartografia. Ter método, seguir pistas e respeitar os dados coletados ao longo do processo é ter rigor. Mas isso não significa abandonar o que se é e o que se sente. O método aliado à subjetividade de quem pesquisa serve para ampliar as visões sobre os objetos, ver as multiplicidades e as diferenças que os constituem. O rigor permite analisar o complexo e revela a base de um *iceberg*. Ao passo que a rigidez não nos permite ver além do gelo aparente, que está sobre a água, e, neste caso, é quando o método serve mais como um olhar pela

---

[1] Doutora em Ciências da Comunicação pela Universidade do Vale do Rio dos Sinos (Unisinos). Publicitária. Docente associada no Departamento de Ciências da Comunicação da Universidade Federal de Santa Maria (UFSM) e professora do Programa de Pós-Graduação em Comunicação da mesma universidade. Coordena o grupo Nós – Pesquisa Criativa (www.nospesquisacriativa.com.br), o Projeto de Ensino 50/50: abrindo portas para a equidade de gênero na comunicação e o Projeto de Extensão 4C – Observatório e Laboratório de Marcas da Quarta Colônia. E-mail: petermann@ufsm.br.

fechadura: revela apenas uma face, construindo uma metonímia da realidade que observamos.

A palavra "mapa" tem origem no latim, *mappa*, que significa lenço, pedaço de tecido, onde os mapas eram desenhados antigamente. O tecido é também uma boa analogia para o rizoma, conceito definido por Deleuze e Guattari (1996), que serve para construir um percurso científico, considerando as multiplicidades que constroem o objeto pesquisado. As multiplicidades dizem respeito ao conceito de *platô*, de Gregory Bateson, que trata de "uma região contínua de intensidades, vibrando sobre ela mesma, e que se desenvolve evitando toda a orientação sobre um ponto culminante ou em direção a uma finalidade exterior" (Bateson apud Deleuze; Guattari, 1996, p. 33). Os platôs são todas as multiplicidades conectáveis "com outras hastes subterrâneas superficiais de maneira a formar e estender um rizoma" (Deleuze; Guattari, 1996, p. 33).

Assim, um rizoma é como um tecido, linhas conectadas, de forma não hierárquica, em que cada ponto, se pudéssemos olhar com uma lupa, é exatamente igual, mas é também exatamente diferente dos demais. Cada milímetro de linha possui características gerais e comuns aos outros, mas também possui as suas particularidades. E, além disso, cada um desses milímetros, por menor que possa parecer, é fundamental para que o todo do tecido exista. Mesmo que analisemos um pequeno recorte do tecido, precisamos considerar que aquelas linhas se continuavam, a partir de padrões, mas também a partir de desvios, pequenas inconstâncias ou até mesmo grandes falhas de confecção, rasgos, desgastes. E tudo isso faz parte, interfere e constitui o que é a complexidade do objeto múltiplo: "Deixarão que vocês vivam e falem, com a condição de impedir qualquer saída. Quando um rizoma é fechado, arborificado, acabou, do desejo nada mais passa; porque é sempre por rizoma que o desejo se move e produz" (Deleuze; Guattari, 1996, p. 33).

Neste capítulo, vamos abordar a cartografia como método para pesquisas no campo da publicidade. Veremos sobre a necessidade de complexificar as perguntas, compor métodos de forma criativa e a partir de técnicas diversas. Além disso, vamos verificar como o pensamento divergente (Kraft, 2004) é vital tanto para o desempenho criativo da atividade publicitária, quanto para o desenvolvimento de pesquisas que se voltem para o contemporâneo, para atualizações no campo e na busca por outras perguntas e por respostas múltiplas. A partir da análise das pesquisas que estão sendo desenvolvidas no Grupo Nós Pesquisa Criativa[2], veremos como esforços diferentes de pesquisa se encontram, colaborando com a construção de um grande mapa do campo da publicidade, de seus processos e de suas práticas de produção. Relacionamos tal processo ao de Farina (2002, p. 47-58), descrito no artigo *"Artifícios perros. Cartografia de um dispositivo de formação"*:

> Aqui se ensaia o traçado de uma geografia de encontros. Traça-se uma espécie de cartografia, que é como Deleuze e Guattari chamaram a essa prática. Cria-se formas de expressão para impactos sofridos por um território subjetivo, para produzir com eles algum sentido, para produzir com eles conhecimento com e a partir da experiência.

Trata-se de publicitários e publicitárias que, tendo como base a sua formação, em nível de graduação e de pós-graduação, e/ou sua atuação no mercado publicitário, debruçam-se sobre os aspectos que lhes foram cruciais: os processos criativos na publicidade, a sobrecarga no mercado de trabalho, o ensino que tiveram, a atuação como profissionais a partir da latente preocupação em fazer da publicidade um lugar melhor, entre outras questões. Trata-se da produção de um conhecimento científico que é individual e coletivo, ao mesmo tempo. Trata-se do desenvolvimento de pesquisas em uma universidade, mas que se conecta a outros pesquisadores e pesquisadoras, além de grupos de pesquisa, em outras universidades no Brasil e fora dele.

Em termos teóricos, as pesquisas estão alimentadas por estudos recentes que revelam intensa produção científica no campo da publicidade[3] brasileira. Em termos metodológicos, temos a cartografia como principal método e o acionamento de um grande conjunto de técnicas de coleta

---

[2] Disponível em: https://www.nospesquisacriativa.com.br. Acesso em: 10 nov. 2022.

[3] Destacamos aqui a grande contribuição para a formação de pesquisadores e de pesquisadoras, no cenário acadêmico brasileiro, da Associação Brasileira de Pesquisadores em Publicidade (ABP2) e dos eventos Pró--Pesq PP – Encontro Nacional de Pesquisadores em Publicidade e Propaganda, em todas as suas edições.

de dados. Além disso, as pesquisas guiam-se pelo conceito de pensamento divergente, procurando não apenas uma única resposta correta, mas muitas respostas possíveis. Consideramos o pensamento divergente como um desafio: de modo geral, somos educados e formados pelo pensamento convergente, que nos faz acreditar que quando estamos de frente para um problema, só existe uma única resposta correta a ser encontrada.

Nossa proposta aqui é fazer um registro da história (mais recente) do grupo de pesquisa, bem como refletir sobre as estratégias criativas utilizadas para o desenvolvimento das atividades de ensino, pesquisa e de extensão, avaliando-as como parte de um único grande rizoma.

Muitos percursos, um grande mapa

Neste tópico veremos como se dá o funcionamento de um grupo de pesquisa, no caso o Nós Pesquisa Criativa, que possui como fundamentos o pensamento rizomático e o pensamento divergente. Tais fundamentos conduzem não apenas a produção científica, mas também as atividades de ensino e de extensão. Além disso, definem como serão elaborados os processos de divulgação científica e de popularização dos resultados naquilo que consideramos como nossos platôs: a pesquisa, o ensino e a extensão. A ideia central consiste em escapar do pensamento linear, construindo um mapa aberto das práticas do grupo, conectando os platôs, a partir de linhas de intensidade, que se continuam em processos constantes de criatividade, de inovação e de procedimentos de atualização.

> Pesadelo do pensamento linear, o rizoma não se fecha sobre si, é aberto para experimentações, é sempre ultrapassado por outras linhas de intensidade que o atravessam [...] Como um mapa se espalha em todas as direções, se abre, se fecha, pulsa, constrói e desconstrói. Cresce onde há espaço, floresce onde encontra possibilidades (Deleuze; Guattari, 2004).

Além do rizoma, o pensamento divergente permite o fluxo entre as suas linhas: "Entra em cena o pensamento divergente, com a finalidade de produzir diversas soluções possíveis: avança-se para muitos lados. Tão logo seja necessário, ele muda de direção e leva com isso a uma pluralidade de respostas que podem ser, todas elas, corretas e adequadas" (Guilford, 1950). Assim, aliar o pensamento rizomático ao pensamento divergente permite procurar respostas múltiplas e fazer perguntas múltiplas na pesquisa, no ensino e na extensão. E, além disso, procurar respostas múltiplas e fazer perguntas múltiplas da pesquisa no ensino, da pesquisa na extensão, da extensão na pesquisa, da extensão no ensino, do ensino na pesquisa, do ensino na extensão. Esse mecanismo é a chave na busca pelo pensamento complexo e, além disso, para que sejam elaboradas estratégias criativas para o desenvolvimento das atividades do grupo. Com isso, o rizoma principal se estabelece da seguinte forma:

Figura 1 – Mapa rizomático das atividades de ensino, pesquisa e extensão do Nós Pesquisa Criativa

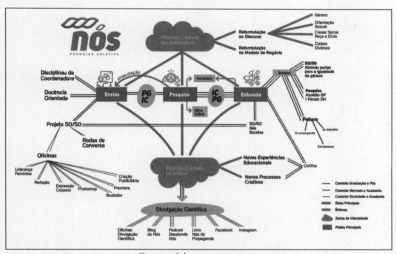

Fonte: elaboração própria.

Constituíram-se, por duas zonas de intensidade (práticas criativas em publicidade e práticas criativas no ensino), três platôs principais (ensino, pesquisa e extensão), três ênfases (atualização, olhar crítico e foco na sociedade), quatro eixos principais (reformulações no discurso publicitário, incluindo questões de gênero, de diversidade sexual, de classe social, étnico-raciais e de diversidade de corpos; reformulações no modelo de negócio publicitário, novas experiências educacionais e novos processos criativos), que conectam as zonas de intensidade aos platôs, mudando a sua natureza. Além disso, encontramos três tipos de conexões diferentes: entre a graduação (IC) e a pós-graduação (PG), entre o mercado publicitário e a universidade, entre a sociedade e a universidade.

Vejamos, então, como o pensamento divergente incide sobre esse rizoma, inclusive ajudando-o em sua definição. Kraft (2004) aponta seis traços do pensamento divergente. São eles: fluência de ideias (aspecto quantitativo da criatividade, ou quantas ideias e associações ocorrem para determinada pessoa, quando se apresenta a ela um novo conceito); pluralidade, flexibilidade (o critério aqui é encontrar o maior número possível de soluções diferentes); originalidade (aspecto qualitativo da ideia, ou seja, a capacidade de desenvolver possibilidades de solução peculiares); elaboração (define o talento de formular uma ideia e continuar desenvolvendo-a até que se torne solução concreta para um problema); sensibilidade para problemas (capacidade de perceber uma tarefa como tal e ao mesmo tempo identificar as dificuldades associadas a ela); e, por último, a redefinição (capacidade de perceber questões conhecidas sob um novo viés, é quando a decomposição de um problema sob aspectos parciais ajuda a ver as coisas sob uma luz totalmente nova).

E como é que o pensamento divergente entra em cena nas pesquisas do campo da publicidade? No que diz respeito à fluência de ideias, priorizamos orientações coletivas, a partir de um *brainstorming* guiado por uma pergunta-chave: onde você quer que a sua pesquisa o leve? No que diz respeito à pluralidade ou flexibilidade, atuamos compondo conjuntos de técnicas diversas de coleta de dados (diários de campo, entrevistas, questionários, grupos focais, análise documental, entre outras). Em relação à originalidade, temos a premissa de que as pesquisas no campo da publicidade devem conectar mercado e universidade, retornando ao final, e gerando um conhecimento que atualize o ensino. Quanto ao traço de elaboração, incentivamos para que as pesquisas e seus resultados se tornem um produto capaz de alcançar o mercado publicitário, ou um método, que proponha, altere ou questione alguma prática na esfera da produção. Ou ainda, que as pesquisas, e seus resultados, sejam transformadas em produtos de divulgação científica[4]. Em relação ao traço da sensibilidade para problemas, ressaltamos a necessidade de atuar ante um problema identificado no mercado publicitário ou no ensino, propondo alternativas e soluções, a partir de experimentações. A universidade possui um tempo mais propício para isso, em relação ao mercado publicitário. E, por último, o traço da redefinição tem sua base na construção dos mapas rizomáticos das pesquisas, a partir da cartografia, que funciona como o principal aspecto de desconstrução de um problema.

Dessa forma, tanto a estrutura rizomática quanto a base no pensamento divergente permitem que sejam desenvolvidas estratégias na busca por maiores índices de criatividade em nossas atividades de pesquisa, mas também de ensino e de extensão. Além das atividades de pesquisa na pós-graduação, e que veremos a seguir, destacamos o projeto de ensino 50|50 – Igualdade de gênero no ensino e no mercado publicitário. O projeto 50|50 é inspirado nos projetos Think Eva e na consultoria 65/10, e tem como objetivo promover a igualdade de gênero no ensino e no mercado publicitário. Outra estratégia que merece destaque é a organização do evento Qual seu Futuro com a Propaganda?. Evento esse que se configurou como uma tarde de debates sobre o futuro da propaganda, aproximando universidade e mercado publicitário, e que aconteceu no dia 22 de março de 2019, no Inovabra, em São Paulo. Também no ano de 2019 organizamos o evento EntreNós. Em sua primeira edição, o evento contou com as seguintes atividades: Um bate papo com a publicitária Hallana Vitória sobre o tema "E não sou eu mulher? Reflexões sobre a representação e identidade das profissionais afro-brasileiras no mercado publicitário"; o lançamento do livro *Publicidade em xeque: práticas de contestação dos anúncios*, da professora da UFRGS Dra. Laura Wottrich; o lançamento do livro *Nós da Propaganda*, organizado por Juliana Petermann, Lucas Schuch e Arion Fernandes, do Grupo Nós Pesquisa Criativa; e o lançamento do Podcast *Desatando – Nós da Propaganda* (*Desatando* é o podcast do Grupo Nós Pesquisa Criativa, no qual participantes trazem os temas das suas pes-

---

[4] Por exemplo, o podcast *Propaganda não é só isso aí* é resultado das pesquisas de Lucas Schuch, tanto no mestrado quanto no doutorado. Trata-se de material importante para análise da publicidade contemporânea. Disponível em: https://open.spotify.com/show/4KpiAwSKYpWljvdea4ejeZ. Acesso em: 20 out. 2022.

quisas sobre publicidade e discutem o futuro da indústria da comunicação). Todas essas atividades uniram atividades de ensino, pesquisa e extensão, além de contemplar a participação de estudantes de pós-graduação e de graduação, atuando em nossas três ênfases (atualização, olhar crítico e foco na sociedade). Além disso, todas essas estratégias tiveram grandes esforços na divulgação científica, a partir da divulgação de oficinas, do blog do grupo, do podcast *Desatando nós*, do livro *Nós da Propaganda*, da página de Facebook, Instagram e site do grupo de pesquisa.

Mapeando o campo da publicidade

No rizoma do tópico anterior, apresentamos como as atividades do Nós Pesquisa Criativa estão organizadas a partir do platôs de ensino, pesquisa e de extensão, das ênfases (atualização, olhar crítico e foco na sociedade) e de três tipos principais de conexões que consideramos como vitais: a conexão entre a graduação (IC) e a pós-graduação (PG), a conexão entre o mercado e a universidade, e a conexão entre a sociedade e a universidade. Agora veremos os dados coletados sobre as pesquisas concluídas e/ou em andamento no grupo, em nível de mestrado, doutorado e pós-doutorado, e o modo como articulam os platôs, as ênfases e as conexões.

Esses dados foram levantados a partir de formulário contendo as seguintes questões[5]: título da pesquisa, objetivo geral, resultados principais (alcançados ou pretendidos), como a sua pesquisa incide na sala de aula na graduação e quais são as suas principais referências bibliográficas. Algumas dessas informações estão organizadas no quadro a seguir.

---

[5] Durante a coleta de dados, consideramos apenas as pesquisas que se utilizam da cartografia como método. Do total de orientações, três pesquisas não foram incluídas.

Quadro 1 – Pesquisas desenvolvidas nos últimos anos no Nós Pesquisa Criativa

Nome	Tipo	Título	Objetivo geral	Resultados principais obtidos/pretendidos
Lucas Schuch	Dissertação concluída	Transformações na propaganda: um olhar rizomático sobre as práticas publicitárias.	Mapear os tensionamentos mais recorrentes em agências de propaganda, que geram reformulações no campo da publicidade, nas práticas institucionais e no *habitus* publicitário.	Identificamos princípios de transformações no *habitus* profissional que incidem diretamente no surgimento de novos modelos de negócio do campo.
Arion Fernandes	Dissertação concluída	Cartografia da publi-cidade: uma narrativa rizomática da cidade como mídia	Analisar as desterritorializações da publicidade formal a partir das ações táticas que ocorrem no espaço público.	Visualização da cidade como um espaço de atuação de marcas; o cotidiano como ambiente de referências e demandas para o trabalho publicitário; a publicidade com os novos tipos de entrega, formatos não definidos e atuação socialmente responsável; e novas práticas caracterizadas por criação aberta, multidisciplinaridade e trabalhos por projetos. O principal resultado foi a proposição do conceito de publi-cidade: proposta de atuação publicitária mais responsável e engajada com o ambiente urbano e com a sociedade.
Ariadni Loose	Dissertação concluída	Jovens da publicidade: uma cartografia das reconfigurações do perfil profissional	Mapear a configuração do perfil da juventude na publicidade, levando em consideração seu *sensorium* e as transformações na sociedade contemporânea e no campo publicitário.	O resultado da pesquisa aponta 12 pistas sobre os caminhos traçados pela juventude contemporânea em relação ao mercado e ao ensino de publicidade, levando em consideração que a construção de um perfil envolve diferentes contextos, subjetividades e vivências.
Lara Timm Cezar	Dissertação concluída	Aquilo que é tecido em conjunto: o ensino como unidade complexa do sistema publicitário em transformação	Mapear as reconfigurações do sistema publicitário que impactam a formação de profissionais de publicidade.	Teoria da complexidade e pensamento sistêmico aplicados ao ensino de publicidade, entendendo o sistema publicitário como um sistema complexo e o ensino como uma unidade desse sistema; mapas rizomáticos do sistema publicitário e suas reconfigurações, costurados a aspectos da formação de publicitários e publicitárias.

Lucas Schuch	Tese em andamento	"Crítico a publicidade e vivo dela": Cartografia de movimentos contra-hegemônicos internos ao campo da publicidade.	Identificar os movimentos de crítica à publicidade e que surgem, no interior do campo, na tentativa de romper com discursos lidos como hegemônicos.	Identificamos transformações no *habitus* no que diz respeito à postura frente aos problemas conhecidos do campo e também ao aumento de atitudes críticas. Mapeamos iniciativas contra-hegemônicas criadas por profissionais inseridos no mercado.
Arion Fernandes	Tese em andamento	Uma cartografia da função social da publicidade e o impacto no consumo.	Construir um mapa da publicidade social.	O resultado esperado é o desenho rizomático da publicidade social, com os conceitos e características, a percepção profissional dessa perspectiva e como esse modelo incide na esfera do consumo, propondo assim a análise de uma função social da publicidade.
Ariadni Loose	Tese em andamento	Ensina quem faz? A formação docente de publicidade na pós-graduação e suas potencialidades.	Mapear aspectos da formação docente em publicidade com os discentes da pós-graduação, visando propor um projeto de debates e reflexões pedagógicas e metodológicas, levando em consideração o *habitus* docente, as potencialidades do *sensorium* discente e as transformações do campo da publicidade.	Visualizar a publicidade na pós-graduação, fortalecer a área como um campo científico (principalmente as pesquisas sobre ensino) e propor uma ampliação do debate sobre metodologias de sala de aula, de modo a fortalecer aulas mais criativas no ensino de publicidade e propaganda.
Dayane da Cas	Dissertação em andamento	O discurso publicitário da marca Barbie: a produção de sentidos e a representação das mulheres	Analisar os valores que representam as mulheres na publicidade infantil da marca Barbie.	Tensionamentos da publicidade infantil da marca Barbie, destacando a estratégia do *femvertising*. Por meio da cartografia, se construiu o *corpus* da pesquisa e como resultado principal: um rizoma que abrange também os valores da marca e os processos de sua atualização discursiva. Consideramos que a linguagem publicitária altera sua abordagem com o passar do tempo, buscando uma proximidade e identificação com o público.

Amarinildo Osório de Souza	Tese em andamento	Criação Publicitária: modos de ensinar e fazer.	Propor estratégias e recursos que possam melhorar o ensino de criação publicitária a partir da adoção de novos processos criativos e da observação de mudanças no campo e *habitus* publicitário.	Que docentes, discentes e profissionais encontrem em nossa pesquisa recursos e estratégias que possam melhorar o processo de criação publicitária em sala de aula, considerando as etapas de pesquisa, planejamento, geração, seleção e validação de ideias.
Vitória Karina Rodrigues Pereira	Dissertação em andamento	Uma cartografia das lógicas da plataformização na publicidade: ressignificações no campo publicitário e no *habitus* profissional.	Mapear as lógicas mais recorrentes da plataformização na publicidade a partir das transformações no campo e *habitus* publicitário.	Nossa pretensão é que profissionais, docentes e discentes visualizem em nossa pesquisa as transformações na publicidade frente às lógicas de plataformização. Já em relação ao campo publicitário e ao *habitus* profissional, queremos evidenciar as mudanças que podem estar ocorrendo, principalmente em um cenário de plataformização a partir dos seguintes quesitos: criatividade e lógicas algorítmicas na criação de conteúdos, representatividade e precarização do trabalho criativo da propaganda.
Fernanda Sagrilo Andres	Pós-doutorado em andamento	Diversidade e inclusão: cartografia da comunicação organizacional	Identificar quais são as práticas de diversidade e inclusão desenvolvidas por empresas de comunicação para anunciantes e, ainda, nos próprios ambientes de trabalho das empresas de comunicação.	Desenvolver o mapa cartográfico da diversidade e inclusão, pela perspectiva da comunicação.

Fonte: a própria pesquisadora, com dados fornecidos pelos orientandos e orientandas.

A seguir, apresentamos a nuvem de palavras que representa essas pesquisas e seus principais aspectos, tanto teóricos – principalmente concentrados nos conceitos de *habitus* e de campo – quanto metodológicos – manifestos nas seguintes palavras em destaque: *cartografia, mapear, mapa, rizomático, desterritorialização*. A nuvem ilustra ainda a grande área que concentra as duas linhas de pesquisas do grupo: as práticas criativas da produção publicitária, representadas pelas palavras *mercado publicitário, criação, atuação, profissional, profissionais, práticas, trabalho*;

e as práticas criativas no ensino, manifestas pelas palavras *docente, ensino, discente, estudantes, pós-graduação*. Além disso, percebemos que cada uma das três ênfases está contemplada da seguinte maneira: 1) atualização, pelas palavras *novos, novas, ressignificações, reconfigurações, contemporânea, atualização*, entre outras; 2) olhar crítico, revelado pelas palavras *gênero, inclusão, diversidade, mulheres, juventude*; e 3) foco na sociedade, pelas palavras *cidade, social, sociorresponsável, responsável, engajada*, entre outras.

Figura 2 – Nuvem de palavras elaborada a partir das pesquisas desenvolvidas no grupo Nós

Fonte: a própria pesquisadora, com dados fornecidos pelos orientandos e orientandas.

No tópico a seguir, daremos destaque para os entrelaçamentos teóricos que surgem nas pesquisas e o modo como as constituem. Cada ponto enfatizado configura uma série de encontros e de trocas: uma busca coletiva por produzir conhecimento científico em rede no campo da publicidade.

Um rizoma também é rede

O exercício que procuramos fazer aqui é de análise do conjunto de pesquisas desenvolvidas no Nós Pesquisa Criativa que possuem como ponto de partida a tese "Do sobrevoo ao reconhecimento atento: a institucionalização da criação publicitária, pela perspectiva do *habitus*" (Petermann, 2011). Vejamos, por exemplo, o modo como essa referência assume lugar central na nuvem de palavras (apresentada a seguir), visto que as pesquisas desenvolvidas pelo Nós Pesquisa Criativa possuem, em maior ou menor grau, vinculação teórica com essa tese: em sua maioria, partem também do conceito de *habitus* e de campo da publicidade, desenvolvidos a partir de Bourdieu (1983). Lá também se iniciou a cartografia sobre a qual tratamos aqui neste texto. Assim, tanto a cartografia, como método, quanto os conceitos de *habitus* e de campo são mecanismos fundamentais para que diferentes pesquisas sejam feitas, compondo um único grande mapa. Frequentemente, tratam do campo, e, de modo geral, incidem sobre as práticas da produção criativa. Pensam o fazer da publicidade, o trabalho publicitário e o ensino, buscando por respostas para problemas complexos.

Além desses, são exemplos de conceitos que sustentam as investigações: publicidade contraintuitiva (Leite, 2014), publicidade numérica como uma nova ênfase algorítmica (Trindade, 2017), fluxo publicitário (Piedras, 2009), práticas de contestação da publicidade (Wottrich, 2017), hiperpublicidade (Perez; Barbosa, 2007), publicidade híbrida (Covaleski, 2010), publicização (Casaqui, 2011), ciberpublicidade (Atem; Oliveira; Azevedo, 2014), ecossistema publicitário (Perez, 2017), publicidade expandida (Machado; Burrowes; Rett, 2017), semiopublicidade (Pompeu, 2018), entre outros tantos. Vejamos, a seguir, como essas referências configuram-se na nuvem de palavras.

Figura 3 – Nuvem de palavras constituída a partir dos referenciais teóricos utilizados nas pesquisas

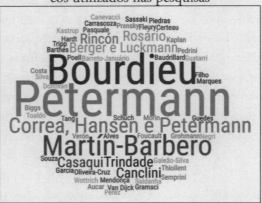

Fonte: a própria pesquisadora, com dados fornecidos pelos orientandos e orientandas.

Para além das inspirações das pesquisas de ordem conceitual, estão entre nossos balizadores o trabalho científico desenvolvido nos seguintes grupos: Grupo de pesquisa PHINC – Publicidade Híbrida e Narrativas do Consumidor (PPGCOM/UFPE/CNPq); Publicidade Conectiva (UFSM); Grupo de Pesquisa e Extensão Comunicação, Gênero e Desigualdades (UFSM), Grupo de Pesquisa Comunicação e Práticas Culturais (UFRGS), Grupo de Pesquisa Inovações das Práticas Publicitárias (Inovapp) da Pontifícia Universidade Católica do Rio Grande do Sul (PUCRS), com o qual estabelecemos diálogos profícuos sobre o mercado e o trabalho publicitário, bem como sobre as relações da juventude com a publicidade, na busca por melhores condições de trabalho e de vida mais feliz na profissão escolhida, a partir da criação de outros espaços de trabalho, novos modelos e formatos de negócios.

Além disso, destacamos parcerias desenvolvidas em conjunto com o Grupo IEP – Inovação no Ensino da Publicidade, com o qual pesquisamos durante aproximadamente dez anos sobre o ensino e a aprendizagem da criação publicitária (Petermann, Hansen, Correa, 2020). Outra importante pesquisa que desenvolvemos em parceria propõe a análise das funções criativas na publicidade, de redação e de direção publicitária. Em uma das investidas teórico-metodológicas mais recentes, analisamos vagas oferecidas para a redação publicitária no LinkedIn, quando identificamos que essa área é comumente apresentada às pessoas que se candidatam como um desafio, a partir da exigência constante de continuar aprendendo e se atualizando (Alves; Petermann, 2021). Outro destaque que podemos incluir aqui é da nossa atuação no projeto Rumos da Publicidade (UFRGS), coordenado pela professora Elisa Piedras, que desenvolveu o mapeamento de mais de 500 pesquisas acadêmicas sobre publicidade e propaganda desenvolvidas recentemente no Brasil, no formato de artigos, dissertações e teses.

Considerações finais

Por último, gostaríamos de ressaltar um aspecto primordial: o desejo de que este grande mapa, esta cartografia da publicidade, que se estabelece a partir de inúmeros encontros e de trajetórias diferentes de pesquisa na pós-graduação, se amplie e se estenda de forma contínua, a partir das suas linhas e de suas intensidades, até a sala de aula, nos cursos de graduação.

A partir dos dados que coletamos, sobre as pesquisas desenvolvidas no Nós Pesquisa Criativa, agrupamos as respostas, definindo sete principais incidências das pesquisas nas salas de aula em disciplinas diversas, mas com destaque para as relacionadas à criação publicitária. São elas: mapeamento dos tensionamentos e reformulações do campo da publicidade contemporânea; novos modelos de negócios no campo da publicidade; atualizações no perfil profissional, relacionadas, principalmente, às novas habilidades profissionais requeridas atualmente e a um olhar crítico-propositivo da juventude, que busca por melhores condições de trabalho publicitário; incrementos didático-pedagógicos, tanto para a formação de docentes, que atuarão nos cursos de publicidade, quanto para a formação estudantil em nível de graduação, especialmente nas disciplinas relacionadas à criação publicitária; análise de lógicas presentes na atualidade do campo, e resultantes de um contexto de digitalização, como a plataformização, a ampliação do uso dos dados e da inteligência artificial, redefinindo as lógicas do trabalho publicitário; ênfase em uma atuação sociorresponsável da publicidade e das marcas, tanto no que diz respeito aos espaços públicos quanto às pessoas na esfera do consumo; revisões éticas e críticas, nas práticas e nos discursos publicitários, pautadas nos princípios de inclusão social, racial, de gênero e de diversidade.

Esses aspectos dizem respeito aos três diferentes tipos de conexões que demarcamos em nosso rizoma e que relembramos aqui: conexões entre a graduação (IC) e a pós-graduação (PG), entre o mercado e a universidade, entre a sociedade e a universidade. E, além disso, revelam um traço do pensamento divergente que nos é fundamental e que diz respeito à originalidade, a partir do qual definimos a premissa de que as pesquisas no campo da publicidade devem conectar mercado e universidade, retornando, ao final, de modo a gerar um conhecimento que atualize a sala de aula. Trata-se de um mapa em aberto, que se potencializa com todo percurso científico que ainda está por vir, e que se intensifica a cada vez que se torna conhecimento, crítica, desejo e possibilidade de futuro para estudantes de graduação.

Referências

ALVES, M. C. D. *Mediações e os dispositivos dos processos criativos da publicidade midiatizada*: vestígios e perspectivas. Tese (Doutorado em Publicidade) – Universidade de São Paulo, São Paulo, 2016.

ALVES, M. C. D. ; PETERMANN, J. Pesquisar as agências e nas agências: um trabalho criativo em dupla. In: CONGRESSO BRASILEIRO DE CIÊNCIAS DA COMUNICAÇÃO, 4. 2021, Recife. *Anais...* São Paulo: Intercom, 2021.

ATEM, G. N.; OLIVEIRA, T. M. de; AZEVEDO, S. T. de (orgs.). *Ciberpublicidade*: discurso, experiência e consumo na cultura transmidiática. Rio de Janeiro: E-Papers, 2014.

BOURDIEU, P. *Questões de sociologia.* São Paulo: Ática, 1983.

CARVALHO, C. M.; CHRISTOFOLI, M. P. Da força das mídias ao poder do conteúdo: revisão de modelos de negócio na publicidade. *E-Compós*, *18*(3), 2015, p. 1-14. DOI: https://doi.org/10.30962/ec.1211.

CASAQUI, V. Por uma teoria da publicização: transformações no processo publicitário. *Significação*: Revista de Cultura Audiovisual, 38 (36), p. 131-151, 2011. DOI: https://doi.org/10.11606/issn.2316-7114.sig.2011.70935.

COCA, A. P.; ROSÁRIO, N. M. (2018). A cartografia como um mapa movente para a pesquisa em comunicação. *Comunicação & Inovação*, PPGCOM/USCS, v. 19, n. 41, p.34-48), set./dez. 2018

COVALESKI, R. *Publicidade híbrida*. Curitiba: Maxi Editora, 2010.

DELEUZE, G.; GUATTARI, F. *Mil platôs:* capitalismo e esquizofrenia. Rio de Janeiro: Ed. 34, 1996.

GUILFORD, J. P. Creativity. *American Psychologist*, 5(9), p. 444-454, 1950

KASTRUP, V. O funcionamento da atenção no trabalho do cartógrafo. *Psicologia & Sociedade*, abr. 2007, v. 19, n. 1, p. 15-22.

KRAFT, U. Em busca do gênio da lâmpada. *Revista Mente & Cérebro,* edição 142, nov. 2004.

LEITE, F. *Publicidade contraintuitiva*: Inovação no uso de estereótipos na comunicação. São Paulo: Appris, 2014.

MACHADO, M.; BURROWES, P. C.; RETT, L. *Para ler a publicidade expandida*: em favor da literacia midiática para análise dos discursos das marcas. XXVI Encontro Anual da Compós, Faculdade Cásper Líbero, SãoPaulo-SP, 6 a 9 de junho de 2017. Disponível em: http://www.compos. org.br/data/arquivos_2017/tra- balhos_arquivo_JOZRVNW1P9IQGVFY-2CA6_26_5144_17_02_2017_11_31_45.pdf.

MACHADO, M.; MARTINELI, F.; PINHEIRO, M. Publicidade para causas sociais: apontamentos sobre a experiência do Laboratório Universitário de Publicidade Aplicada (LUPA) da Escola de Comunicação – UFRJ. CONGRESSO BRASILEIRO DE CIÊNCIAS DA COMUNICAÇÃO, 34., 2010, Caxias do Sul. *Anais...* Caxias do Sul, 2010. Disponível em: http://www.intercom.org.br/papers/nacionais/2010/resumos/ R5-3077-1.pdf.

FILHO, B. P. *Semiopublicidade*: inovação no ensino: epistemologia e currículo da publicidade. Curitiba: Appris, 2018.

PEREZ, C. *Signos da marca*: expressividade e sensorialidade. 2. ed. São Paulo: Cengage Learning, 2017.

PEREZ, C.; BARBOSA, I. S. *Hiperpublicidade 1*. Teorias e fundamentos. São Paulo: Cengage Learning, 2007.

PETERMANN, J. *Do sobrevoo ao reconhecimento atento*: a institucionalização da criação publicitária, pela perspectiva do *habitus* e dos capitais social, cultural e econômico. 2011. 408f. Tese (Doutorado em Ciências da Comunicação) – Universidade do Vale do Rio dos Sinos, São Leopoldo, 2011.

PETERMANN, J. *Cartografia da criação publicitária*. Santa Maria, RS: Facos, 2017.

PETERMANN, J.; HANSEN, F.; CORREA, R. *Criação publicitária*: desafios do ensino. Porto Alegre: Sulina, 2020.

PETERMANN, J. Criatividade no ensino, na pesquisa e na extensão. In: PIQUINI. P. C. (org.). *Jornada Acadêmica Integrada*: compilação de artigos de 2019. Santa Maria, RS: Facos, 2019, p. 72-85.

PIEDRAS, E. *Fluxo publicitário*: anúncios, produtores e receptores. Porto Alegre: Sulina, 2009.

POMPEU, B. Semiopublicidade: inovação no ensino – epistemologia e currículo. Curitiba: Appris, 2018.

ROSÁRIO, N. M. do; AGUIAR, L. M. Pluralidade metodológica: a cartografia aplicada às pesquisas de audiovisual. *Revista Comunicación*, Sevilla, v. 1, n. 10, p. 1262-1275, 2012.

TRINDADE, E. Tendências para pensar a formação em Publicidade na contemporaneidade. *Revista Latinoamericana de Ciencias de la Comunicación*, v. 14, n. 27, p. 32-41, 2017.

WOTTRICH, L. *A publicidade em xeque:* práticas de contestação dos anúncios. Porto Alegre: Sulina, 2019.

Fone: 51 99859.6690

Este livro foi confeccionado especialmente para a
Editora Meridional Ltda.,
em AdobeGaramondPro, 11,5/15 e
impresso na Gráfica Noschang.